2023

Coleção **PERSONA**
COORDENADOR
BRUNELLO STANCIOLI

LUCAS COSTA
DE **OLIVEIRA**

GAMETAS COMO MERCADORIAS

A SUPERAÇÃO DOS DESAFIOS ÉTICO-JURÍDICOS DA COMODIFICAÇÃO DE GAMETAS HUMANOS

Dados Internacionais de Catalogação na Publicação (CIP) de acordo com ISBD

O48g   Oliveira, Lucas Costa de

Gametas como mercadorias: a superação dos desafios ético-jurídicos da comodificação de gametas humanos / Lucas Costa de Oliveira ; coordenado por Brunello Stancioli. - Indaiatuba, SP : Editora Foco, 2023.

236 p. : 17cm x 24cm. – (Coleção Persona)

Inclui índice e bibliografia.

ISBN: 978-65-5515-786-4

1. Direito. 2. Ciência jurídica. 3. Filosofia jurídica. I. Stancioli, Brunello. II. Título. III. Série.

2023-1246   CDD 340   CDU 34

Elaborado por Odilio Hilario Moreira Junior - CRB-8/9949

Índices para Catálogo Sistemático:

1. Direito 340   2. Direito 34

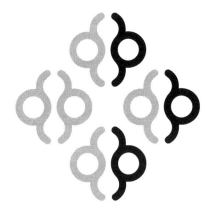

COLEÇÃO **PERSONA**

Coordenador
Brunello Stancioli

Coordenadores Adjuntos
Carolina Nasser
Daniel Mendes Ribeiro
Lucas Oliveira

Corpo Editorial
Alcino Eduardo Bonella
Arno Dal Ri Jr.
Caitlin Mulholland
Daize Fernanda Wagner
Daniel Carnaúba
Darlei Dall'Agnol
Delamar José Volpato Dutra
Eder Fernandes Monica
Flávio Guimarães da Fonseca
Iara Antunes de Souza
Marco Antônio Sousa Alves
Maria Fernanda Salcedo Repolês
Maria de Fátima Freire de Sá
Mariana Alves Lara
Renato César Cardoso
Telma de Souza Birchal
Yurij Castelfranchi

2023 © Editora Foco

Autor: Lucas Costa de Oliveira
Coordenador da coleção: Brunello Souza Stancioli
Diretor Acadêmico: Leonardo Pereira
Editor: Roberta Densa
Assistente Editorial: Paula Morishita
Revisora Sênior: Georgia Renata Dias
Capa Criação: Leonardo Hermano
Diagramação: Ladislau Lima
Impressão miolo e capa: PRINT PARK

DIREITOS AUTORAIS: É proibida a reprodução parcial ou total desta publicação, por qualquer forma ou meio, sem a prévia autorização da Editora FOCO, com exceção do teor das questões de concursos públicos que, por serem atos oficiais, não são protegidas como Direitos Autorais, na forma do Artigo 8º, IV, da Lei 9.610/1998. Referida vedação se estende às características gráficas da obra e sua editoração. A punição para a violação dos Direitos Autorais é crime previsto no Artigo 184 do Código Penal e as sanções civis às violações dos Direitos Autorais estão previstas nos Artigos 101 a 110 da Lei 9.610/1998. Os comentários das questões são de responsabilidade dos autores.

NOTAS DA EDITORA:

Atualizações e erratas: A presente obra é vendida como está, atualizada até a data do seu fechamento, informação que consta na página II do livro. Havendo a publicação de legislação de suma relevância, a editora, de forma discricionária, se empenhará em disponibilizar atualização futura.

Erratas: A Editora se compromete a disponibilizar no site www.editorafoco.com.br, na seção Atualizações, eventuais erratas por razões de erros técnicos ou de conteúdo. Solicitamos, outrossim, que o leitor faça a gentileza de colaborar com a perfeição da obra, comunicando eventual erro encontrado por meio de mensagem para contato@editorafoco.com.br. O acesso será disponibilizado durante a vigência da edição da obra.

Impresso no Brasil (05.2023) – Data de Fechamento (05.2023)

2023
Todos os direitos reservados à
Editora Foco Jurídico Ltda.
Rua Antonio Brunetti, 593 – Jd. Morada do Sol
CEP 13348-533 – Indaiatuba – SP

E-mail: contato@editorafoco.com.br
www.editorafoco.com.br

Para todos aqueles que,
em tempos de negacionismo,
continuam acreditando na razão.

O caminho que não tomei

Dois caminhos, um para cada lado:
Ah, ir por ambos na mesma viagem!
Olhei para o primeiro, ali parado,
Nesse bosque de tom amarelado,
Até perder-se longe entre a folhagem.

Mas o outro também me atraía,
Por uma razão diferente, afinal:
Desbastar erva que densa crescia.
Quem por eles passara, todavia,
Os fora desgastando por igual.

E cada um nessa manhã jazia
Com a mesma cor, a mesma frescura.
Reservei o primeiro para outro dia!
Como um caminho a outro levaria,
Duvidei lá voltar noutra altura.

Daqui a mil anos, o que aconteceu,
Suspirando, estarei contando a ti:
Dois caminhos bifurcavam, e eu –
O menos pisado tomei como meu,
E a diferença está toda aí.[1]

---

1. FROST, Robert. O caminho que não tomei. In: SIMÕES, António. *Antologia de poesia anglo-americana*: de Chaucer a Dylan Thomas. Porto: Campo das Letras, 2002, p. 395.

APRESENTAÇÃO

O presente livro é resultado da minha pesquisa de doutorado, desenvolvida junto ao Programa de Pós-graduação em Direito da Universidade Federal de Minas Gerais, defendida em 29 de junho de 2021. O texto, agora publicado pela Editora Foco, a qual acolheu com entusiasmo o projeto da Coleção Persona, contém a íntegra da tese defendida, com revisões pontuais de conteúdo e estilo, especialmente a partir das valiosas contribuições da banca avaliadora, composta pelos seguintes professores doutores: Brunello Stancioli, Maria de Fátima Freire de Sá, Marco Antônio Sousa Alves, Daniel Mendes Ribeiro e Mariana Alves Lara.

Escrever uma tese é um ato, paradoxalmente, solitário e coletivo. Solitário, pois, no momento da escrita, coloca-se o autor como o único indivíduo apto a concluir sua pesquisa, com seus medos e angústias, dúvidas e incertezas, cercado por um universo particular de artigos, livros e ideias que necessitam ser articuladas em um texto que marcará em definitivo a trajetória acadêmica do pesquisador. Não obstante, escrever uma tese sem uma robusta rede de apoio e interlocução se mostra uma tarefa infactível. O pesquisador, enquanto ser incrustado em um mundo de relacionamentos, precisa permitir uma abertura ao outro, em um processo dialógico de alteridade que possibilita a construção da tese. Assim, neste momento, em uma perspectiva pessoal, agradeço a todos aqueles que, de maneira direta ou indireta, serviram de suporte para que este trabalho fosse finalizado, especialmente em um momento de pandemia em que todos os sentimentos e sensações foram potencializados.

Agradeço ao Prof. Brunello Stancioli pela orientação e estímulo à pesquisa, pela influência, inspiração e, principalmente, por ter me permitido ingressar no mais vetusto programa de doutorado do país, onde pude ter contato com um ensino público e gratuito de máxima qualidade, com professores incríveis que, sem sombra de dúvidas, engendraram novas e melhores perspectivas de enxergar o mundo – para além de meros tecnicismos ou dogmatismos. Vida longa à Universidade Federal de Minas Gerais!

Aos professores que integraram as bancas de qualificação – Prof. Daniel Mendes Ribeiro, Prof. Marco Antônio Sousa Alves, Profa. Nara Pereira Carvalho e Prof. Renato César Cardoso – agradeço pelas críticas sinceras, sugestões e elogios que foram essenciais para a construção do texto final da tese. Agradeço, ainda, aos professores que compuseram a banca examinadora de defesa da tese, os quais contribuíram de maneira determinante para novas e melhores versões desta pesquisa. Em especial, gostaria de agradecer ao prof. Dênis Franco Silva (*in memoriam*) pelas conversas, debates e orientações em momentos cruciais deste estudo; à Profa. Maria de Fátima Freire de Sá, pelo apoio, carinho e incentivo perenes, por estar sempre aberta e disponível para me acompanhar nesta travessia acadêmica; e à Profa. Mariana Alves Lara, por todas as precisas contribuições ao trabalho e por ter aceitado prefaciar o presente livro, o que, para mim, é motivo de grande felicidade.

Aos amigos e colegas do programa de pós-graduação, agradeço o compartilhamento de sonhos, projetos, ideias, referências e angústias que deixaram essa caminhada mais leve e humana, especialmente a Daniel Andrade, David Hosni e Henry Colombi. Sigamos juntos nessa jornada! Aos meus bons e velhos amigos de Mariana, Minas Gerais, obrigado por estarem sempre vibrando com minhas conquistas, por trazerem risadas em momentos de tristeza, por permanecerem ao meu lado, mesmo com tantas ausências!

A todos os alunos que tive a oportunidade de lecionar e aprender até aqui, seja como professor ou estagiário de docência, na UFOP, UFMG, PUC Minas, UNIPAC e UFJF-GV, agradeço por despertarem em mim o desejo de estar sempre melhor e mais preparado, por me mostrarem que este é, de fato, o caminho em que me reconheço e que desejo continuar trilhando! Agradeço, ainda, ao grupo de estudos "Corpo, Propriedade e Comodificação", vinculado ao Grupo Persona, composto por alunas da graduação em Direito da UFMG, pelas discussões de alto nível, por me ajudarem a construir os pilares metodológicos desta pesquisa.

Agradeço à Universidade de Birmingham, Reino Unido, nas pessoas da Profa. Muireann Quigley e dos pesquisadores Joseph Roberts e Rachael Dickson, por me receberem para um inestimável período de pesquisa que impactou diretamente nos debates e referências trazidas nesta tese. Esse período de estudos em Birmingham me trouxe novas perspectivas e possibilidades acadêmicas e pessoais, razão pela qual serei eternamente grato pela oportunidade. Devo ainda agradecer à calorosa recepção dos amigos que me acolheram durante minha estadia no exterior e que, com certeza, levarei para vida!

Aos meus pais, Antônio e Cláudia, agradeço imensamente por me proporcionarem todas as condições de buscar meus sonhos, com amor e incentivo incondicionais. Aos meus irmãos, Filipe e Júlia, agradeço o companheirismo, o cuidado e o compartilhamento de vivências neste longo percurso. A toda minha família, pequena na extensão, mas gigante em afeto e cuidado, muito obrigado por estarem sempre comigo!

Por fim, preciso agradecer à Anna, por continuar acreditando em mim, por estar sempre ao meu lado, por entender as ausências, as variações de humor, os projetos adiados, os livros e artigos levados para viagens, mas, sobretudo, pelo amor inexorável que foi tão importante para que eu conseguisse concluir este trabalho!

"Happiness is only real when shared"

PREFÁCIO

A presente obra é resultado da tese de doutorado defendida pelo autor, Lucas Costa de Oliveira, junto ao Programa de Pós-Graduação em Direito da Universidade Federal de Minas Gerais, com estágio de pesquisa na *University of Birmingham*, Inglaterra. Por meio de um trabalho sério, criterioso e denso, são desenvolvidos diversos argumentos que fundamentam a tese de que gametas humanos podem ser comercializados sob um mercado regulado de acordo com parâmetros de justiça.

Um dos inúmeros méritos do trabalho é lançar luz sobre questões aparentemente assentadas no Direito Privado, balançando as estruturas conservadoras e moralizantes que sacralizam o corpo humano e concebem-no como inviolável e insuscetível de relações econômicas. O Direito brasileiro está repleto de disposições paternalistas que, sob a escusa de tentar proteger a pessoa dela mesma, minam a autonomia privada e limitam de maneira inaceitável o livre desenvolvimento da personalidade, corolário do reconhecimento da dignidade da pessoa humana como valor no qual se baseia o Estado.[2]

Muitos argumentos contrários à liberdade de uso e (auto)manipulação da esfera corpórea, o que inclui a comodificação de partes destacadas do corpo humano, giram em torno da imposição de padrões morais de comportamento, que impedem que a pessoa possa se autodeterminar. Ocorre que em um Estado democrático de direito é preciso garantir um espaço para o exercício da criatividade humana, entendida como "a capacidade de agir ou pensar de maneira inovadora em relação aos modos de atividade preestabelecidos".[3]

Neste contexto, a partir de um encadeamento lógico de ideias, permeado por vários exemplos, Lucas Costa de Oliveira leva o autor a uma conclusão (incômoda para alguns), de que não há argumentos éticos ou jurídicos suficientemente convincentes para justificar a proibição de tratar óvulos e espermatozoides como mercadorias passíveis de comercialização. Eventuais problemas normalmente apontados não decorreriam diretamente da comodificação de gametas, mas de circunstâncias periféricas que podem ser eliminadas por meio de uma regulamentação com base em valores éticos socialmente partilhados. Assim, o presente trabalho demonstra ser imperiosa a alteração da lógica muito presente no sistema jurídico brasileiro de tudo proibir para, então, fundamentar as permissões; para um sistema em que sejam *a priori* permitidas as decisões sobre questões pessoais, sendo eventuais proibições justificadas e fundamentadas. Deve-se

---

2. PINTO, Paulo Mota. O Direito ao Livre Desenvolvimento da Personalidade. *Boletim da Faculdade de Direito [da] Universidade de Coimbra: Portugal-Brasil Ano 2000*, Coimbra, 1999, p. 149-246.

3. GIDDENS, Anthony. *Modernidade e Identidade*. Sexualidade, amor e erotismo nas sociedades modernas. Tradução de Magda Lopes. São Paulo: UNESP, 1993, p. 44.

buscar uma normatividade democrática que priorize, na teoria e na prática, a liberdade da pessoa humana, fundamental para a construção de um Estado laico e plural.

Destaca-se que a presente obra é um amadurecimento de ideias que começaram a ser desenvolvidas durante o curso de mestrado realizado pelo autor junto à Pontifícia Universidade Católica de Minas Gerais, que resultou na publicação do livro *Mercado Regulado de Órgãos e Tecidos Humanos: entre o Direito, a Economia e a Ética*.[4] Assim, o livro que agora chega a público materializa a conclusão de mais uma etapa na exitosa jornada acadêmica do autor, atualmente professor adjunto da Universidade Federal de Juiz de Fora, campus Governador Valadares, que tem sempre dado mostras de sua competência e seu comprometimento com a construção de um saber sólido e coerente.

Fica, então, o convite ao leitor para que, despindo-se de preconcepções e preconceitos, aventure-se na leitura desta obra jurídica instigante e corajosa.

Mariana Alves Lara

Doutora em Direito Civil pela Universidade de São Paulo. Mestre em Direito pela Universidade Federal de Minas Gerais. Professora Adjunta de Direito Civil na Universidade Federal de Minas Gerais.

---

4. OLIVEIRA, Lucas Costa de. *Mercado Regulado de Órgãos e Tecidos Humanos*. Entre o Direito, a Economia e a Ética. Porto Alegre: Editora Fi, 2020.

Prólogo
UMA BREVE DIGRESSÃO INICIAL

Figura 1 – Shylock: "Is that the Law?"[5]

Uma "libra justa de sua carne alva, a ser cortada e tirada de uma parte de seu corpo que na hora da escolha me aprouver".[6] Essa foi a garantia imposta pelo opulento judeu Shylock para emprestar a pecúnia requisitada pelo mercador Antônio. Por infortúnios do destino, o mercador de Veneza acaba por perder as cargas que se encontravam em alto-mar, tornando-se incapaz de solver o empréstimo realizado. Sendo assim, seu próprio corpo se torna responsável pelo cumprimento do avençado. Sem demonstrar piedade, Shylock exige o cumprimento da garantia, estando disposto a levar o acordo às derradeiras consequências. Resignado com seu fado, Antônio acaba sendo salvo por

---

5. DUDLEY, Robert. *Shylock: "Is that the Law?"* – Ilustration of Act IV, scene 1 of "The Merchant of Venice" (1597). London: The Library Shakespeare, 1856.
6. SHAKESPEARE, William. O mercador de Veneza. In: SHAKESPEARE, William. *Comédias e romances*: teatro completo. Tradução de Barbara Heliodora. Rio de Janeiro: Nova Aguilar, 2009, p. 564. v. 2.

uma sagaz tese jurídica: o judeu poderia retirar uma justa libra de carne alva do corpo do mercador, porém sem derramar uma única gota de sangue, uma vez que não havia tal previsão contratual. Posto em uma situação incontornável, Shylock renuncia à garantia, tem seu patrimônio confiscado e se converte ao cristianismo como única maneira de ter sua vida poupada e parte dos bens resguardada para sua subsistência.

A vetusta comédia de William Shakespeare é marcada pela vasta gama de interpretações que enseja e pela pluralidade de assuntos que aborda. Contudo, o acordo firmado entre o judeu e o mercador de Veneza ilustra bem os medos e incômodos que surgem ao tratar o corpo e suas partes, em maior ou menor extensão, como mercadorias fungíveis. No âmbito jurídico, a *Lex Poetelia Papiria,* datada de 326 a.c., é narrada como um dos grandes avanços do direito privado ocidental, uma vez que extirpou do direito romano a execução das obrigações sobre o corpo do devedor, recaindo unicamente sobre o seu patrimônio.[7]

Qualquer tentativa de tratar o corpo humano e seus componentes como mercadorias é vista, por muitos, como um retrocesso perigoso. Chega-se ao extremo de comparar a introdução de incentivos econômicos para disposição de partes do corpo a práticas escravagistas e nazistas.[8] O corpo, nessa perspectiva, seria confundido com a própria pessoa – por sua própria natureza, sagrado e inviolável. Vender o corpo seria, portanto, vender a própria pessoa. Nesse sentido, recorda-se o posicionamento de Immanuel Kant, segundo o qual argumenta que a disposição com intuito lucrativo de um dente ou de qualquer parte do corpo humano seria equivalente a tornar a pessoa uma simples coisa a serviço de desejos de terceiros.[9]

Contudo, é preciso pensar para além de maniqueísmos. Faz-se necessário dessacralizar o debate, seja essa sacralidade religiosa ou mercadológica.[10] O corpo hoje se identifica como uma mercadoria em diversos aspectos. Embora esta possa ser uma afirmação dura, é como se observa a atual fenomenologia do corpo na sociedade de consumo. Assim, o debate franco, aberto ao melhor argumento, atento às consequências que cada alternativa engendra, é a única possibilidade para se alcançar uma linha condutora para o agir prático nessas situações.

Pegue-se como exemplo a lista elaborada por Stephen Wilkinson: vende-se o corpo enquanto objeto físico (v.g. sangue, gametas, órgãos); vende-se o corpo enquanto objeto abstrato (v.g. pornografia, patenteamento genético, venda de dados genéticos); e vende-se o corpo enquanto serviço (v.g. prostituição, gestação de substituição, cobaias humanas).

---

7. ALVES, José Carlos Moreira. *Direito Romano.* 19. ed. Rio de Janeiro: Forense, 2019, p. 364.
8. Cf. GARRAFA, Volnei. O mercado de estruturas humanas. *Revista Bioética*, v. 1, n. 2, 1993, p. 6: "Cabe ressaltar, no entanto, que a responsabilidade de quem defende a introdução de 'incentivos' financeiros para a doação de órgãos talvez não esteja sendo medida e compreendida na sua essência nem pelos próprios proponentes que, de criativos promotores de acusação do atual momento, talvez transformem-se em réus de um novo Nuremberg do século 21". No mesmo sentido, cf. BERLINGUER, Giovanni; GARRAFA, Volnei. *O mercado humano:* estudo bioético da compra e venda de partes do corpo. Tradução de Isabel Regina Augusto. 2. ed. Brasília: Editora UnB, 2001, p. 43.
9. KANT, Immanuel. *Lectures on ethics.* Trans. Peter Heath. Cambridge: Cambridge University Press, 1997, p. 157.
10. AGAMBEM, Giorgio. *Profanations.* Trans. Jeff Fort. New York: Zone Books, 2007, p. 73-92.

Zygmunt Bauman vai além ao lembrar que o próprio trabalho consiste em uma forma de comodificação do corpo, e que o destino da sociedade de consumidores é tornar o próprio corpo uma mercadoria vendável.[11] Talvez, o prognóstico de Marx esteja certo: o destino final da sociedade capitalista seria mesmo a comodificação do próprio corpo.[12]

Em face desse cenário, é preciso investigar, limitar as práticas danosas e prejudiciais à pessoalidade e à sociedade. Mas também é preciso compreender que, em um contexto em que poucas coisas são deixadas alheias ao mercado, não é possível uma teoria generalista. O mercado e a economia não são um mal em si mesmos. Pelo contrário, como recorda Amartya Sen, a economia tem sua gênese na ética. Mesmo em autores liberais, como Adam Smith, existe uma nítida preocupação com questões sociais e de justiça.[13] Assim, cada prática deve ser analisada com cuidado e atenção às suas especificidades, sem concluir, de antemão, ser a venda ou o incentivo econômico errados em suas próprias naturezas.

Essa digressão inicial é fundamental para evidenciar as intuições morais que surgem quando se investiga a comodificação do corpo humano. Embora possa haver uma intuição no sentido de que qualquer tipo de mercantilização do corpo é errada por si só, é necessário ir além da discussão metafísica e de uma moralidade sacrossanta. Afinal, retomando-se a história do mercador de Veneza, Shylock é visto, na maioria das interpretações, como o judeu avarento que reivindicava sua garantia corporal a todo custo. Acontece que poucas interpretações conseguem analisar o contexto mais amplo que o levou até esse ato: o cenário de antissemitismo e a degradação e humilhação vivenciadas por atos praticados pelo próprio mercador que agora se via em uma situação conturbada.[14] Não se quer avaliar ou justificar a correção moral da garantia exigida, mas apenas defender a necessidade de uma análise ampla e aberta ao melhor argumento. É o que se tentará fazer a partir de agora.

---

11. BAUMAN, Zygmunt. *Vida para consumo*: a transformação das pessoas em mercadoria. Tradução de Carlos Medeiros. Rio de Janeiro: Zahar, 2008.
12. MARX, Karl; ENGELS, Friedrich. *Manifesto comunista*. Tradução de Álvaro Pina e Ivana Jinkings. São Paulo: Boitempo, 2010.
13. SEN, Amartya. *Sobre ética e economia*. Tradução de Laura Teixeira Motta. São Paulo: Companhia das Letras, 1999.
14. Sob a perspectiva jurídica, recorda-se da conhecida posição de Jhering, na qual demonstra as incoerências e injustiças da decisão contra Shylock. Cf. JHERING, Rudolf Von. *A luta pelo Direito*. Tradução de João de Vasconcelos. Rio de Janeiro: Forense, 2017, p. 4-9.

SUMÁRIO

APRESENTAÇÃO.. VII

PREFÁCIO IX

PRÓLOGO – UMA BREVE DIGRESSÃO INICIAL XI

INTRODUÇÃO – OS GAMETAS NA ERA DAS BIOTECNOLOGIAS 1

1. Gametas como mercadorias 1
2. A comodificação de gametas no contexto brasileiro............................ 6
3. Do problema ao método 12

CAPÍTULO I – O ESTATUTO JURÍDICO DOS GAMETAS 17

1. Introdução.. 17
2. Análise e metafísica: uma investigação constitucional 18
3. Da personalidade à pessoalidade: revisão crítica da extrapatrimonialidade 30
4. Os limites normativos do conselho federal de medicina.................... 35
5. Os paradoxos da importação de gametas 43
6. A venda de gametas e suas implicações jurídicas 47
7. Conclusão... 51

CAPÍTULO II – O DIREITO DE PROPRIEDADE SOBRE GAMETAS 55

1. Introdução.. 55
2. Os problemas da indeterminação jurídica.. 57
3. Pessoas e coisas: uma dualidade incontornável?................................. 64
4. Uma proposta fundada nos direitos da personalidade 69
5. O direito de propriedade como tutela adequada 71
   5.1 O problema da fundamentação.. 73
   5.2 O problema da titularidade.. 75
   5.3 O problema do conteúdo.. 82
   5.4 As vantagens da abordagem proprietária 91
   5.5 As objeções ao enfoque proprietário 95
6. Repensando a dicotomia pessoa-coisa 103
7. Conclusão 111

CAPÍTULO III – A COMODIFICAÇÃO DE GAMETAS HUMANOS 113

1. Introdução 113

2. Comodificação: a construção de um conceito 115

3. Excurso: em busca dos limites morais do mercado 121

   3.1 A hipótese da comodificação universal 123

   3.2 A hipótese da não comodificação universal 132

   3.3 A hipótese da compartimentalização 136

   3.4 A hipótese da comodificação incompleta 145

4. Comodificar ou não comodificar, eis a questão 158

   4.1 Comodificação e valores comunitários 161

      4.1.1 Solidariedade 161

      4.1.2 Justiça 172

   4.2 Comodificação e pessoalidade 176

      4.2.1 Exploração 177

      4.2.2 Coerção 181

      4.2.3 Danos 185

      4.2.4 Objetificação 188

5. Conclusão 193

CONCLUSÃO – A SUPERAÇÃO DOS DESAFIOS DA COMODIFICAÇÃO DE GAMETAS 199

REFERÊNCIAS 205

Introdução
OS GAMETAS NA ERA DAS BIOTECNOLOGIAS

Os anúncios começaram a aparecer na semana passada em jornais das melhores escolas do país. "Precisa-se de doadora de óvulos", diziam os anúncios, adicionando: "Grande incentivo financeiro". Os anúncios pediam uma mulher atlética, com 1,78 metros de altura, que tivesse atingido pelo menos 1.400 no seu Teste de Aptidão Escolar e que não tivesse grandes problemas médicos na família. Em troca, receberia 50.000 dólares. Mais de 200 mulheres já responderam ao que se acredita ser a maior quantidade de dinheiro oferecida por óvulos de uma mulher.[1]

1. GAMETAS COMO MERCADORIAS

Adriana é uma paulistana radicada em Los Angeles, Califórnia. Mudou-se para os Estados Unidos em 2003. Viveu no âmbito da ilegalidade até o ano seguinte, quando se casou com um americano. Com a documentação em ordem, decidiu doar sangue – atividade que realizava de maneira corriqueira em São Paulo. Ao pesquisar mais sobre o assunto, acabou se deparando com um recrutamento para a doação de óvulos. Embora a nomenclatura se referisse à doação, pagava-se bem. Em 2005, inscreveu-se em uma companhia chamada *The Egg Donor Program*. Com 25 anos, olhos azuis, cabelos castanhos e cacheados, pele clara e pontuada por sardas, Adriana tinha muitas das qualidades buscadas no mercado reprodutivo, o que tornava seus óvulos bastante valiosos. Ao se alistar para o programa, menciona que duas foram as razões que a motivaram: os 6.500 dólares que receberia a cada procedimento, além da possibilidade de ajudar alguém com obstáculos para gerar um filho. Até 2007, já havia realizado quatro transferências. As negociações envolviam a necessidade de se submeter a uma série de exames iniciais, além de ser imprescindível uma forte terapia hormonal com o objetivo de gerar a estimulação ovariana e sincronizar os ciclos reprodutivos. Nos contratos, Adriana renunciou a qualquer responsabilidade moral e legal em relação aos filhos gerados, bem como se comprometeu a se abster de relações sexuais durante o período de ovulação. Com o dinheiro obtido desde então, algo em torno de 60 mil reais, conta que viajou o mundo e realizou uma cirurgia de lipoaspiração – algo que dificilmente conseguiria com o salário de garçonete e gerente em um restaurante italiano.[2]

Poder-se-ia pensar que o caso narrado constitui uma ocorrência excepcional. Entretanto, a racionalidade econômica tem dominado o contexto da reprodução humana assistida. Pode-se afirmar, nesse sentido, que existe um profícuo negócio de bebês, na

---

1. KOLATA, Gina. $50,000 Offered to Tall, Smart Egg Donor. *The New York Times*, 3 mar. 1999, tradução nossa.
2. KAZ, Roberto. Toma que o óvulo é teu. *Revista Piauí*, v. 9, 2007.

denominação difundida por Debora Spar. O esperma foi um dos primeiros materiais de origem humana a se inserir em uma lógica mercantil. A facilidade na coleta e a possibilidade de criopreservação deram origem a diversos bancos de esperma ao redor do mundo a partir da década de 1960. Inicialmente, tratava-se de uma prática destinada aos casais que tinham problemas reprodutivos e desejavam armazenar os gametas masculinos para fertilizações futuras. Com o passar do tempo, as clínicas de fertilidade se aproximaram de um negócio de intermediação, tornando-se um sistema mais impessoal. Em 1970, instituiu-se o primeiro banco com intuitos lucrativos, em Minnesota. Uma década depois, havia 17 bancos de congelamento de esperma nos Estados Unidos, com mais de 100 mil amostras destinadas à comercialização.[3]

De modo geral, o público-alvo a ser atingido pelas clínicas são estudantes ou jovens profissionais, sendo escolhidos por suas características físicas, intelectuais e genéticas. Recebem cerca de 75 dólares por recolhimento, o que gera entre três e seis frascos que serão vendidos por 250 a 400 dólares cada – uma margem de lucro colossal. Contudo, o preço dos gametas pode alcançar valores exorbitantes, a depender do nível de instrução, histórico de saúde, características fenotípicas e genotípicas, ou, até mesmo, a universidade em que se estuda. O *Repository for Germinal Choice*, por exemplo, era uma clínica especializada em doadores especiais, incluindo laureados com o Prêmio Nobel e atletas olímpicos.[4]

As informações destinadas aos clientes também são bastante variadas. Na *Cryobank*, localizada na Califórnia, disponibiliza-se um relatório com mais de vinte páginas contendo informações sobre a origem do esperma, incluindo crenças religiosas, textura do cabelo, profissão, habilitação acadêmica e até mesmo gravações de áudio em que o fornecedor responde a perguntas com sua própria voz. A *Fairfax Cryobank*, localizada na Virgínia, oferece perfis amplos dos seus fornecedores, contando com o histórico de saúde de três gerações, além de permitir que seus clientes enviem fotografias das pessoas com quem gostariam que seus filhos se assemelhassem. Ainda, alguns bancos oferecem a oportunidade de que os filhos gerados contatem os provedores dos gametas após completarem a maioridade, prática conhecida como doação aberta, enquanto outros facultam aos clientes o recebimento dos nomes completos e fotografias dos "doadores".[5]

A situação dos óvulos é, por sua vez, mais complexa e controversa. O processo de retirada dos gametas femininos demanda acompanhamento médico, altas doses de hormônios, além de uma cirurgia para a retirada dos oócitos. Os riscos são maiores, assim como o desgaste físico e emocional. A prática ganha importância a partir da primeira

---

3. SPAR, Debora. *O negócio de bebés:* como o dinheiro, a ciência e a política comandam o comércio da concepção. Tradução de Benedita Bittencourt. Coimbra: Almedina, 2007, p. 64-65.
4. SPAR, Debora. *O negócio de bebés:* como o dinheiro, a ciência e a política comandam o comércio da concepção. Tradução de Benedita Bittencourt. Coimbra: Almedina, 2007, p. 66-68.
5. SPAR, Debora. *O negócio de bebés:* como o dinheiro, a ciência e a política comandam o comércio da concepção. Tradução de Benedita Bittencourt. Coimbra: Almedina, 2007, p. 65-68.

Fertilização *In Vitro* (FIV) bem-sucedida, realizada por Patrick Steptoe e Robert Edwards, em 1978.[6] Os avanços biotecnológicos viabilizaram a separação, manipulação e transferência dos óvulos, tornando mais fácil a sua circulação. Inicialmente, essa circulação ocorria entre familiares e amigos que optavam por ajudar aqueles que não conseguiam gerar seus filhos de maneira natural, ou nos casos em que existiam óvulos excedentários em virtude de técnicas de reprodução assistida. A dificuldade em encontrar mulheres dispostas a se submeter ao exaustivo procedimento clínico de maneira altruísta acabou por ocasionar um cenário de escassez.[7]

Durante a década de 1990, em razão da alta procura por óvulos e do desenvolvimento das técnicas de manipulação dos gametas, tem-se o surgimento de um mercado em torno dessas células reprodutivas. Nos Estados Unidos, em face da ausência de normas explícitas proibindo o comércio de gametas, as clínicas passaram a procurar potenciais "doadoras" dispostas a ajudar casais inférteis. Buscava-se, especialmente, estudantes universitárias, jovens mães e outras mulheres que poderiam se interessar em receber o pagamento aproximado de 3.000 a 8.000 dólares, a depender de uma série de características desejadas pelos receptores.[8]

Em 1999, um curioso caso chamou a atenção da mídia e de estudiosos. Ron Harris, um antigo fotógrafo da revista *Playboy,* decidiu desenvolver um *website* destinado ao leilão de óvulos e esperma de modelos. A ideia surgiu quando Harris percebeu que a sociedade vivia em busca da perfeição. Os casais que procuravam gametas para a reprodução assistida eram obcecados com a aparência e sempre almejavam determinadas características físicas. Por outro lado, modelos no início da carreira desejavam obter uma renda extra enquanto perseguiam o sonho do sucesso. A disponibilização do catálogo online custava 24 dólares, enquanto as ofertas se iniciavam em 30.000 dólares.[9]

O mercado de óvulos ganha uma outra dimensão a partir do desenvolvimento de novas técnicas de criopreservação. Devido à grande presença de água em sua constituição biológica, o congelamento de óvulos trazia consigo o infortúnio da ruptura de suas membranas, tornando-os inviáveis para fins reprodutivos. Assim, a utilização dos gametas femininos necessitava de uma perfeita sincronização entre os ciclos reprodutivos da doadora e da receptora para que a transferência fosse efetivada com os óvulos frescos. Somente a partir do processo ultrarrápido de congelamento, denominado de vitrificação, somado a novas substâncias crioprotetoras, é que se tornou possível a sua criopreservação. Trata-se de um avanço recente, pois apenas em 2013 foi declarado pela

---

6. HEALY, Mae Wu; HILL, Micah; DECHERNEY, Alan. IVF: the first four decades. In: GARDNER, David; SIMÓN, Carlos (Ed.). *Handbook of in vitro fertilization.* 4. ed. Boca Raton: CRC Press, 2017, p. 2-3.
7. SPAR, Debora. *O negócio de bebés:* como o dinheiro, a ciência e a política comandam o comércio da concepção. Tradução de Benedita Bittencourt. Coimbra: Almedina, 2007, p. 72.
8. SPAR, Debora. *O negócio de bebés:* como o dinheiro, a ciência e a política comandam o comércio da concepção. Tradução de Benedita Bittencourt. Coimbra: Almedina, 2007, 74-76.
9. BAUM, Kenneth. Golden eggs: towards the rational regulation of oocyte donation. *Brigham Young University Law Review,* 2001, p. 109.

Associação Americana de Medicina Reprodutiva que o congelamento de óvulos não era mais considerado uma técnica experimental.[10]

Desse modo, a criopreservação deixa de ser uma técnica utilizada apenas com finalidades medicinais, passando a apresentar novas facetas sociais, principalmente com o objetivo de planejamento familiar, possibilitando às mulheres novos mecanismos em busca da autonomia procriativa.[11] A partir dessas novas circunstâncias, marcadas pela expansão das possibilidades de usos medicinais e sociais de óvulos, a criação e difusão de bancos de criopreservação de gametas femininos se tornou uma realidade. Seguindo a lógica dos bancos de esperma, as práticas se afastam do altruísmo puro, adotando uma postura mercadológica para o armazenamento e transferência dos óvulos.

Ainda, faz-se importante observar que a ausência de regulação, somada a uma crescente e lucrativa indústria biotecnológica, proporciona a formação de um excedente de gametas para exportação a países estrangeiros que, em razão de políticas públicas e legislativas mais restritivas, acabam criando um cenário de escassez. O Reino Unido ilustra bem a lógica que se tem instaurado no contexto global da reprodução assistida. Em 2017, houve 1.099 importações de gametas de países que não fazem parte da União Europeia, sendo 989 delas provenientes dos Estados Unidos.[12] É necessário destacar que o *Human Fertilisation and Embryology Act* dispõe que "nenhum dinheiro ou benefício deverá ser dado ou recebido em relação a qualquer fornecimento de gametas".[13]

Poder-se-ia argumentar que se trata de um modelo vigente apenas nos Estados Unidos, onde vigora um pungente liberalismo econômico, sem muitos questionamentos morais ou jurídicos sobre os avanços do mercado, existindo poucas coisas que o dinheiro não pode comprar.[14] Nesse sentido, a comercialização dos gametas seria apenas mais um desdobramento desse paradigma. Contudo, a mercantilização de gametas humanos é uma prática presente em diversos países, com diferentes culturas, valores e sistemas jurídicos. A Dinamarca é um dos países de vanguarda nesse mercado, por meio de clínicas como a *Cryos International Sperm Bank*. O serviço é reconhecido pela rapidez com que fornece os gametas, rígidos parâmetros de qualidade e controle, ampla variedade de características e rigoroso anonimato dos doadores. Em 2002, já exportava cerca de 85% do esperma coletado para mais de 50 países, com uma alta margem de lucro.[15] Na Bélgica, por exemplo, 63% das inseminações que utilizam sêmen de terceiros são realizadas com gametas importados da Dinamarca. Na Irlanda, durante o ano de 2011,

---

10. COBO, Ana. Oocytes and embryo cryopreservation. In: GARDNER, David; SIMÓN, Carlos (Ed.). *Handbook of in vitro fertilization*. 4. ed. Boca Raton: CRC Press, 2017, p. 273-289.

11. GOOLD, Imogen. Trust women to choose: a response to John A. Robertson`s "Egg freezing and Egg banking: empowerment and alienation in assisted reproduction". *Journal of Law and the Biosciences*, 2017, p. 507-541.

12. MARREN, Niamh; JONES, Nick. Movement of gametes and embryos across borders (HFEA 872). *Human Fertilisation and Embryology Authority*, 8 mar. 2018.

13. ENGLAND. *Human Fertilisation and Embryology Act* (1990), section 12 (e).

14. Cf. SANDEL, Michael. *O que o dinheiro não compra*: os limites morais do mercado. Tradução de Clóvis Marques. Rio de Janeiro: Civilização Brasileira, 2014.

15. SPAR, Debora. *O negócio de bebês*: como o dinheiro, a ciência e a política comandam o comércio da concepção. Tradução de Benedita Bittencourt. Coimbra: Almedina, 2007, p. 67-68.

uma única clínica de reprodução assistida comprou cerca de 80 mil libras em amostras de esperma de bancos dinamarqueses.[16]

Por outro lado, há países que proíbem a compra e venda de células reprodutivas, mas admitem uma compensação pela doação em razão do desgaste físico e emocional, além do tempo dispendido no procedimento. A Espanha, um dos principais destinos internacionais para os interessados em reprodução assistida, admite uma "compensação econômica ressarcitória" pela doação de gametas, justificada pelo desconforto físico, gastos com o deslocamento e prejuízos laborais, conforme disposto pela Lei 14/2006. Embora haja previsão legal, a ausência de critérios precisos para se determinar o montante devido a título compensatório permite que a remuneração apresente uma ampla variação, proporcionando o desenvolvimento de um verdadeiro mercado, conforme observação de Donna Dickenson.[17] Na Catalunha, por exemplo, as clínicas acordaram a fixação de um valor único para evitar a concorrência: paga-se 900 euros para os óvulos e 50 euros para o esperma.[18]

Em documento publicado pela Comissão Europeia sobre a implementação do princípio da doação voluntária e gratuita de tecidos e células humanas nos países membros da União Europeia, com acréscimo da Noruega e do Liechtenstein, relata-se que 27 dos 30 países possuem um princípio expresso estabelecendo que as doações de tecidos e células humanas devem ser sempre voluntárias e gratuitas. Dentre esses países, 25 estabelecem penalidades diversas em caso de descumprimento do princípio, tais como a imposição de multas às clínicas e aos hospitais, a suspensão da autorização para o funcionamento, chegando até mesmo à pena de prisão em alguns casos excepcionais.[19]

Embora seja proibida a remuneração para a disposição de tecidos e células humanas na maioria dos países membros da União Europeia, a compensação é excluída do escopo proibitivo.[20] A compensação é definida como uma reparação estritamente delimitada às despesas e inconveniências relacionadas à doação, enquanto o incentivo econômico é definido como um estímulo ou induzimento à doação. O relatório indica que 19 países admitem alguma forma de compensação, podendo-se mencionar o reembolso das despesas com o deslocamento, compensação pelo que a pessoa deixou de ganhar durante o procedimento, entrega de uma quantia predeterminada em dinheiro, reembolso dos custos médicos, dentre outras. A permissão da compensação, especialmente no caso do

---

16. PENNINGS, Guido. Import and export of gametes: ethical and legal issues. In: LUNDIN, Susanne; PETERSEN, Michael; KROLØKKE, Charlotte et al (Ed.). *Global bodies in grey zones*: health, hope, biotechnology. Stellenbosch: Sun Press, 2016, p. 106.

17. DICKENSON, Donna. *Body shopping*: the economy fuelled by flesh and blood. Oxford: Oneworld, 2008, p. 1.

18. GOSÁLBEZ, Pablo Enguer; FERNÁNDEZ, Francisca Ramón. Dilemas bioéticos y jurídicos de la reproducción asistida en la sociedad actual en España. *Revista Latinoamericana de Bioética*, v. 18, ed. 34, 2018, p. 120.

19. EUROPEAN COMMISSION. *Commission staff working document*: on the implementation of the principle of voluntary and unpaid donation for human tissues and cells. Brussels, 2016, p. 4-6.

20. A União Europeia, por meio da Diretiva 2004/23/EC, proíbe apenas a finalidade lucrativa nos procedimentos para obtenção de tecidos e células. Para uma análise mais aprofundada das normas que fundamentam esse posicionamento, cf. LENK, Christian; BEIER, Katharina. Is the commercialisation of human tissue and body material forbidden in the countries of the European Union? *Journal of Medical Ethics*, v. 38, 2012, p. 342-346.

GAMETAS COMO MERCADORIAS • Lucas Costa de Oliveira

pagamento de quantias predeterminadas, representa um aspecto bastante problemático, uma vez em que se torna uma tarefa complexa determinar as fronteiras entre compensação e remuneração. Estabelece-se, por exemplo, uma quantia compensatória máxima de 628 euros em Portugal, 898 euros no Reino Unido e 320 euros na Dinamarca para a doação das células reprodutivas femininas, sendo o valor substancialmente mais baixo no caso das células reprodutivas masculinas.[21] Alguns pesquisadores entendem que a determinação de um valor fixo teria a vantagem de se evitar as principais objeções de um sistema puramente mercadológico, sobretudo aquelas relacionadas aos riscos de eugenia – mas essa é uma afirmação que merece um maior aprofundamento.[22]

2. A COMODIFICAÇÃO DE GAMETAS NO CONTEXTO BRASILEIRO

Levando em consideração as circunstâncias apresentadas, faz-se necessário analisar a maneira que essas práticas se incorporam ao contexto brasileiro. Em 2017, foi publicado pela Agência Nacional de Vigilância Sanitária (ANVISA) o 1º Relatório de Amostras Seminais para o uso em Reprodução Humana Assistida. Os dados deram publicidade ao vertiginoso crescimento da importação de gametas masculinos, saindo de 16 anuências para importação em 2011, para 436 em 2016 – um aumento de 2.635%.[23] A situação se mostra mais alarmante com a publicação do mais recente relatório, divulgado no final de 2018, em que há uma maior abrangência, uma vez que passa a dispor sobre dados de importação de células e tecidos germinativos para uso em reprodução humana assistida. As anuências para importação de amostras seminais praticamente dobraram após um ano do primeiro estudo, perfazendo um total de 860 autorizações. Em relação aos oócitos, o crescimento também foi expressivo. Entre 2011 e 2016, o número de importações foi pequeno, totalizando 36 óvulos. Já em 2017, houve a anuência para importação de 51 amostras, totalizando 321 óvulos – um aumento de 1.359% em relação ao período anterior. Enquanto as amostras seminais são todas provenientes dos Estados Unidos, especialmente da *Fairfax Cryobank* (70%), as amostras de oócitos são provenientes, em sua maioria, da Espanha e da Grécia, por meio da *Ovobank* (86%). O principal destino dos gametas é o Sudeste brasileiro, correspondendo a 72% das amostras seminais e 100% das amostras de oócitos.[24]

Conforme reportagem publicada pelo *The Wall Street Journal*, a tendência de crescimento nas importações seria justificada pelas mudanças sociais na sociedade brasileira, especialmente o sucesso em reduzir a desigualdade de gênero, razão pelas quais as mulheres estariam buscando seus objetivos profissionais e optando por postergar a

---

21. EUROPEAN COMMISSION. *Commission staff working document*: on the implementation of the principle of voluntary and unpaid donation for human tissues and cells. Brussels, 2016, p. 8-16.
22. SHANLEY, Mary Lyndon. El derecho reproductivo y el mercado de esperma y óvulos. *Revista Internacional de Filosofía Política*, v. 18, 2001, p. 113.
23. ANVISA. Agência Nacional de Vigilância Sanitária. *1º Relatório de amostras seminais para uso em reprodução humana assistida*. Brasília, 2017, p. 6.
24. ANVISA. Agência Nacional de Vigilância Sanitária. *2º Relatório de dados de importação de células e tecidos germinativos para uso em reprodução humana assistida*. Brasília, 2018, p. 5-8.

maternidade. Além disso, menciona-se a ampliação dos grupos que recorrem às técnicas de reprodução assistida, levando mulheres solteiras e casais homoafetivos a importarem gametas em face da insuficiência dos repositórios nacionais.[25] Realmente, a partir dos dados apresentados nos relatórios, o perfil dos solicitantes de amostras seminais é composto em sua maioria por mulheres solteiras (38%) e casais homossexuais (20%), em contraponto aos casais heterossexuais (42%).[26] Outro aspecto que pode justificar o crescimentos das importações de gametas é a ampliação do número de clínicas de reprodução humana assistida no Brasil. No início dos anos 2000, estima-se que havia apenas algumas dezenas em funcionamento, ao passo que, em 2018, já era possível encontrar 182 clínicas credenciadas, sendo 90% privadas.[27]

O processo de importação é intermediado pelas clínicas privadas brasileiras que têm, cada vez mais, buscado estabelecer convênios com bancos de esperma e óvulos no exterior. Isso ocorre em razão da crescente demanda por gametas nas técnicas de reprodução assistida, aliada a uma escassez dessas células em território nacional, uma vez que existem poucos bancos de gametas disponíveis. Ainda, em relação à utilização dos bancos brasileiros, há uma série de limitações quanto às informações disponíveis aos receptores, além de impossibilidade da escolha das características, conforme proibições do Conselho Federal de Medicina (CFM), o que torna o procedimento realizado no exterior mais atrativo. Não é incomum observar reportagens sobre pessoas com maior poder aquisitivo que optam por realizar a fertilização *in vitro* em outros países em razão das restrições nacionais. O grande diferencial para as importações de amostras seminais é, portanto, a possibilidade de se escolher com detalhes as características dos doadores, mesmo que o procedimento seja realizado totalmente no Brasil. São os próprios clientes brasileiros que escolhem os gametas por meio da disponibilização do acesso digital ao repositório americano. O preço a se pagar pela importação do esperma fica em torno de 1.500 dólares. No caso da importação de óvulos, o principal atrativo é a profunda dificuldade em se encontrar doadoras dispostas a passar pelo laborioso procedimento para estimulação e extração das células reprodutivas de maneira puramente altruísta.

As incoerências dessa situação são evidentes. Em tese, proíbe-se a compra e venda de gametas em território nacional, limitam-se as informações disponíveis para os casais, proíbe-se a escolha de características, dentre uma série de outras restrições impostas pelo Conselho Federal de Medicina, mas permite-se a importação de gametas de países em que há um livre comércio ou que, ao menos, permitem uma compensação pela doação. O paradoxo é incontestável e pode ser compreendido a partir do fenômeno do "turismo de direitos", na expressão utilizada por Stefano Rodotà, em que as proibições nacionais são contornadas pela possibilidade econômica de se escolher as normas que irão reger determinadas práticas e condutas, enfraquecendo a própria soberania

---

25. PEARSON, Samantha. Demand for american sperm is skyrocketing in Brazil. *The Wall Street Journal*, 22 mar. 2018.
26. ANVISA. Agência Nacional de Vigilância Sanitária. *2º Relatório de dados de importação de células e tecidos germinativos para uso em reprodução humana assistida*. Brasília, 2018, p. 15.
27. QUEIROZ, Christina. Gestações transnacionais. *Revista Pesquisa Fapesp,* julho de 2018, p. 72.

nacional e a imperatividade do direito, além de levantar questões sobre desigualdade e justiça distributiva.[28]

Desse modo, a importação de gametas pode ser compreendida como mais um desdobramento do turismo reprodutivo, situação em que pessoas desconsideram quaisquer barreiras geográficas, econômicas, éticas ou jurídicas na busca incessante pelo exercício da liberdade de procriação.[29] Assim, a reprodução assistida já pode ser considerada como um dos principais exemplos do turismo de direitos, seja em decorrência das conhecidas práticas de gestação de substituição onerosa transnacionais, especialmente implementadas na Índia; do desenvolvimento de um mercado global de gametas e embriões; ou da busca por tarifas mais acessíveis para os procedimentos, o que leva milhares de pessoas a clínicas estrangeiras.

Ainda em relação aos dados evidenciados pelos relatórios sobre a importação de gametas, deve-se destacar outras questões problemáticas. As resoluções do Conselho Federal de Medicina limitam as informações e as escolhas de características dos doadores, mas o relatório é bastante claro em revelar que não há essas restrições nos casos de importação. Veja-se que há um predomínio na escolha de doadores caucasianos (90% para espermatozoide e 88% para óvulos); olhos azuis ou verdes (56% para espermatozoide e 39% para óvulos) e cabelos castanhos (cerca de 65% para ambas as células reprodutivas). Os dois doadores com maior número de amostras solicitadas são o #4382, descrito como caucasiano, de olhos verdes e cabelos castanhos e o #9601, descrito como caucasiano, olhos azuis e loiro.[30] Ou seja: limitam-se as informações no caso das doações realizadas em território nacional, mas não há qualquer restrição nos casos de importação. Discussões sobre eugenia podem e devem ser levadas em consideração em um pais amplamente miscigenado e diversificado, especialmente em virtude do histórico de escravidão que ainda tem reflexos marcantes na sociedade contemporânea.

Outro aspecto que merece ser mencionado a respeito da entrada da racionalidade econômica na esfera da reprodução assistida é a doação compartilhada de oócitos, prevista na Resolução CFM 2.320/2022.[31] A prática funciona da seguinte maneira: por um lado, existem mulheres, normalmente com idade avançada e com maior independência financeira, que desejam realizar procedimentos de fertilização artificial, mas seus óvulos não possuem condições biológicas para a fecundação; por outro, existem mulheres jovens e com óvulos saudáveis, mas sem condições de arcar com os altos custos da re-

---

28. RODOTÀ, Stefano. *La vida e las reglas*: entre el derecho y el no derecho. Traducción de Andrea Greppi. Madrid: Editorial Trotta, 2010, p. 74-80.

29. Cf. SPAR, Debora. Reproductive tourism and the regulatory map. *New England Journal of Medicine*, v. 352, n. 6, 2005, p. 531-533; SÁ, Maria de Fátima Freire de; MOUREIRA, Diogo Luna. Os novos rumos da reprodução humana: turismo reprodutivo e aspectos polêmicos das técnicas de reprodução. In: SILVA, Michael César (Org.). *Transformações do Direito na Contemporaneidade*: reflexões sobre direito, mercado e sustentabilidade. Belo Horizonte: Centro Universitário Newton Paiva, 2015, p. 19-36.

30. ANVISA. Agência Nacional de Vigilância Sanitária. *2º Relatório de dados de importação de células e tecidos germinativos para uso em reprodução humana assistida*. Brasília, 2018, p. 14.

31. BRASIL. Conselho Federal de Medicina. Resolução CFM 2.320/2022. Adota normas éticas para a utilização das técnicas de reprodução assistida [...]. Diário Oficial da União, 20 set. 2022. Seção IV (8).

produção assistida. Desse modo, a alternativa consiste em autorizar a transferência dos óvulos saudáveis e excedentários, mediante o pagamento dos custos do procedimento pela receptora, de modo que ambas as partes obtenham vantagens. Dessa maneira, há o compartilhamento tanto das despesas médicas, quanto dos óvulos coletados após o procedimento.

Em relação à doação compartilhada de oócitos, há quem defenda não haver um caráter comercial na prática, afastando-se do contrato de compra e venda por não conter uma contraprestação direta e equivalente, o que impediria a caracterização da comutatividade inerente a esse tipo contratual.[32] Não obstante, parece ser inegável a presença de uma lógica econômica na prática, uma vez que se fundamenta em uma concepção utilitarista de custo-benefício. Pode-se denominar doação compartilhada, doação onerosa, ou permuta. O que não se pode negar é o afastamento de uma prática estritamente altruísta e gratuita, tão presente nesses debates. Vários problemas ético-jurídicos decorrem da doação compartilhada. Para citar dois mais evidentes, poder-se-ia argumentar sobre a correspondência com a comercialização dos gametas femininos e sobre a provável coerção exercida sobre as mulheres que optam por dispor dos seus óvulos, uma vez que essa opção pode se apresentar como a última alternativa disponível para gerar um filho.

Por fim, é possível observar a existência de um sistema desenvolvido de maneira paralela àquele praticado pelas clínicas credenciadas para a reprodução assistida. Os altos custos dos procedimentos, a insuficiência de bancos de gametas e a escassez de clínicas que permitem o acesso via Sistema Único de Saúde (SUS) demostram a ausência de políticas públicas para efetivação do direito fundamental ao planejamento familiar, garantido pela Constituição da República de 1988 (CR/88).[33] A solução encontrada por aqueles que não possuem condições econômicas para arcar com um tratamento privado é recorrer a mecanismos informais para alcançar o sonho da procriação. As chamadas inseminações caseiras têm se difundido no Brasil por meio de grupos criados em redes sociais, apesar dos questionamentos éticos e jurídicos que o procedimento enseja, além dos riscos envolvidos.

Nesse sentido, recorda-se do caso de João Carlos Holland, amplamente noticiado pela mídia jornalística. Desde outubro de 2015, João e sua esposa disponibilizam quartos da própria casa, em São Paulo, para mulheres que desejam passar pelo procedimento da inseminação artificial caseira. Atualmente com 63 anos de idade, anuncia a si próprio em grupos de doação de espermatozoides em redes sociais. Em 2017, já havia realizado cerca de 150 doações, estimando ter colaborado para a gravidez de 24 mulheres. Em 2019, a estimativa era de 99 testes de gravidez positivos em mulheres espalhadas por todo o Brasil, com 49 bebês nascidos. Descreve-se como um homem loiro, de olhos

---

32. NAVES, Bruno Torquato de Oliveira Naves; SÁ, Maria de Fátima Freire de. Panorama bioético e jurídico da reprodução humana assistida no Brasil. *Revista Bioética y Derecho*, n. 34, 2015, p. 71.
33. CORRÊA, Marilena; LOYOLA, Maria Andrea. Tecnologias de reprodução assistida no Brasil: opções para ampliar o acesso. *Revista de Saúde Coletiva*, v. 25, n. 3, 2015, p. 763-764.

azuis, com 1,80 metros de altura, 80 quilos, tipo sanguíneo O negativo, com ascendência portuguesa, inglesa, alemã e indígena. João afirma que fica feliz em ajudar as mulheres a realizarem o sonho da maternidade e acredita estar exercendo a empatia e "praticando a imortalidade". O analista de sistemas assegura que não existe qualquer tipo de remuneração pela inseminação, mas somente o pagamento de uma taxa diária de 100 reais para que as receptoras permaneçam em sua casa, uma vez que muitas vêm de outros estados e permanecem por vários dias.[34]

Embora no caso narrado não haja, a princípio, a comercialização de gametas, o relato demonstra a facilidade que a variável econômica pode ser inserida nos modelos informais de reprodução humana assistida, principalmente em decorrência da impossibilidade fática de fiscalização dessas práticas. Em uma rápida pesquisa na internet é possível encontrar diversos *websites* hospedados no exterior com anúncios de brasileiros, residentes e domiciliados no país, oferecendo seus óvulos e esperma mediante remuneração.[35] No mesmo sentido, recentemente foi divulgado o desenvolvimento de um aplicativo para *smartphones* com a finalidade de conectar pessoas em busca de gametas a pessoas dispostas a ceder suas células reprodutivas – sem qualquer alusão à gratuidade. Seguindo o padrão dos aplicativos de relacionamento, a facilidade em encontrar brasileiros em ambos os polos é estarrecedora.[36]

Percebe-se, portanto, que o fenômeno da comodificação de gametas humanos ocorre de diversas maneiras, para além da compra e venda direta – sua manifestação mais evidente. Tanto a compensação, a doação compartilhada de oócitos, as importações, quanto o mercado paralelo e informal, demonstram que a comodificação ocorre em diferentes graus e nuances. Contudo, apesar de todas as situações apresentadas, quando se pensa em problemas relacionados a materiais de origem humana, especialmente concernentes à reprodução assistida, há uma tendência a reduzir os questionamentos ético-jurídicos a um elemento central: o embrião. Discute-se sobre sua natureza jurídica e ontológica, sobre a possibilidade de pesquisa, manipulação, destruição, criopreservação, transferência e diversos outros desdobramentos.[37]

Ao contrário do que se verifica com os embriões, existem poucas pesquisas com o objeto de estudo restrito às configurações éticas e jurídicas dos gametas, especialmente em território nacional. A falta de interesse pela temática é reverberada nas normas vigentes do ordenamento jurídico brasileiro, algo próximo à anomia. Apesar do aumento considerável da utilização das técnicas de reprodução assistida no Brasil, não há legislação específica sobre o tema. Desse modo, as resoluções do Conselho Federal de Medicina se destacam no estabelecimento de diretrizes para a solução de conflitos nessa

---

34. LEMOS, Vinícius. Os brasileiros que doam sêmen para inseminações caseiras. *BBC Brasil*, 29 nov. 2017; CORSINI, Camila. Este brasileiro busca a imortalidade inseminando desconhecidas. *Vice Brasil*, 21 fev. 2019.
35. Cf. <www.surrogatefinder.com>; <www.findsurrogatemother.com>; <www.mysurrogatemom.com>.
36. CAMPBELL, Olivia. This new app is tinder for sperm and egg donors. *HuffPost*, 5 mai. 2017.
37. Cf. FRIAS, Lincoln. *A ética do uso e da seleção de embriões*. Florianópolis: Editora da UFSC, 2012; MEIRELLES, Jussara. *A vida humana embrionária e sua proteção jurídica*. Rio de Janeiro: Renovar, 2000.

área, embora não tenham caráter de lei e sejam direcionadas aos médicos e às clínicas. A respeito da comercialização de gametas humanos, o posicionamento mais explícito consiste em interpretar o art. 199, § 4º da Constituição da República de 1988 como uma proibição absoluta a qualquer tipo de uso comercial do corpo, suas partes e substâncias. No mesmo sentido, a Resolução CFM 2.320/2022 dispõe que a doação de gametas e embriões não poderá ter caráter lucrativo ou comercial, ressalvada a possibilidade da doação compartilhada de oócitos.[38]

De todo modo, apesar da constatação da diminuta importância dos gametas humanos em pesquisas para além das ciências biológicas, a situação fática exige uma postura crítica. Com os avanços biotecnológicos em relação à reprodução humana assistida, os gametas passaram a ocupar posição de destaque no cenário da medicina reprodutiva. Óvulos e espermatozoides constituem a matéria-prima de todo o processo de fertilização artificial. Sem a estimulação, extração, manipulação, conservação e transferência desses biomateriais, não seria possível a aplicação de nenhuma das técnicas mais eficazes para superar a infertilidade, como a Fertilização *In Vitro* e a Injeção Intracitoplasmática de Espermatozoide.[39] Assim sendo, a procura por células reprodutivas tende a aumentar ao longo do tempo, como se depreende da experiência norte-americana e espanhola, fragilizando ainda mais o sistema brasileiro que, impossibilitado de suprir a demanda atual, observa o crescimento das importações, das doações compartilhadas e das inseminações e transferências caseiras.[40]

Dessa maneira, pode-se concluir que existem ao menos quatro modelos que incidem sobre as práticas de transferência de gametas humanos, excluindo-se os países que não permitem a cessão, ainda que de maneira gratuita, de células reprodutivas, como ocorre na Alemanha. O primeiro modelo é o de *livre mercado*, representado pelos Estados Unidos, em que não há limites claros para a remuneração dos gametas transferidos, ficando sob o encargo das partes definirem os termos da cessão. O segundo modelo é o do *mercado regulado*, em que se estabelece rígidos parâmetros éticos e jurídicos para a transferência onerosa de gametas. Poder-se-ia determinar, por exemplo, um preço fixo para remunerar as pessoas que escolham ceder suas células reprodutivas. O terceiro modelo é o da *compensação*, presente em países como Espanha, Portugal e Reino Unido, em que se permite algum tipo de recompensa pelo tempo despendido e pelos danos ocorridos durante o processo de transferência, embora haja uma limitação decorrente do princípio da gratuidade para as doações de materiais humanos. Por fim, há o modelo *altruísta*, em que não se permite qualquer

---

38. BRASIL. Conselho Federal de Medicina. Resolução CFM 2.320/2022. Adota normas éticas para a utilização das técnicas de reprodução assistida [...]. Diário Oficial da União, 20 set. 2022. Seção IV (1).
39. Cf. OLMOS, Paulo Eduardo. *Quando a cegonha não vem*: os recursos da medicina moderna para vencer a infertilidade. São Paulo: Cia dos Livros, 2010.
40. TOBER, Diane; PAVONE, Vicenzo. Las bioeconomías de la provisión de óvulos en Estados Unidos y en España: uma comparación de los mercados médicos y las implicaciones en la atención a las donantes. *Revista de Antropología Social*, v. 27, n. 2, 2018, p. 162.

tipo de remuneração ou compensação pela doação de gametas, como ocorre supostamente no Brasil e na Itália.[41]

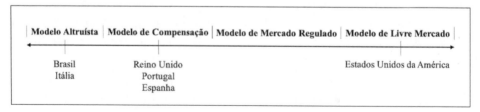

Tabela 1 – Modelos de transferência de gametas humanos[42]

Certamente, esse é um quadro inicial que será analisado de maneira crítica ao longo da pesquisa. Não obstante, a partir desse primeiro esboço, pode-se identificar o fenômeno sobre o qual se constitui a presente pesquisa: a compreensão dos gametas como mercadorias.

3. DO PROBLEMA AO MÉTODO

Apresentado o problema da pesquisa, faz-se necessário evidenciar sua delimitação metodológica. O objetivo principal desta investigação consiste em verificar se os gametas humanos devem ser categorizados como objetos de propriedade passíveis de comercialização sob um mercado regulado, levando em consideração parâmetros éticos e jurídicos.

Parte-se do pressuposto fático de que os gametas são frequentemente utilizados como objetos e, em algumas situações, como mercadorias inseridas em um contexto puramente econômico. Diversos dados podem sustentar o referido pressuposto: a extração, manipulação, criopreservação e transferência de gametas, o crescimento vertiginoso nos contratos de importação e exportação, pesquisas científicas envolvendo o descarte e a destruição das células reprodutivas, doações puras e compartilhadas de oócitos, dentre outras práticas mencionadas.[43]

---

41. Em sentido similar, Christian Lenk e Katharina Beier apresentam um diagnóstico em relação aos níveis de comercialização de materiais corporais humanos, a partir da análise da legislação dos países europeus. No primeiro nível estaria a abordagem contrária a qualquer tipo de comercialização. No segundo nível estaria permitida apenas a comercialização admitida pelo doador, fundada no seu direito de determinar os usos lícitos de seus materiais biológicos. No terceiro nível haveria a fixação pelo governo, em maior ou menor medida, dos preços permitidos para a disposição dos materiais biológicos de origem humana. Por fim, no quarto nível haveria um livre-comércio. O grande mérito dos autores consiste em identificar que a comercialização ocorre em diferentes graus e de diversas maneiras, apresentando nuances específicas em cada nível. Cf. LENK, Christian; BEIER, Katharina. Is the commercialisation of human tissue and body material forbidden in the countries of the European Union? *Journal of Medical Ethics*, v. 38, 2012, p. 343.
42. Trata-se de lista exemplificativa, realizada a partir de revisão bibliográfica e percepções pessoais do autor. A escolha dos países se dá pela presença recorrente nos debates sobre a comodificação de gametas humanos.
43. Cf. ANDREWS, Lori, NELKIM, Dorothy. *Body bazaar*: the market for human tissue in the biotechnology age. New York: Crown Publishers, 2002; WALDBY, Catherine; MITCHELL, Robert. *Tissue economies*: blood,

Com base nesse pressuposto, entende-se que a maneira mais adequada de regular e tutelar os gametas ocorre com a utilização da estrutura dogmática do direito de propriedade, uma vez que garante aos titulares a proteção e o controle sobre o uso e a destinação dos seus biomateriais.[44] Nesse sentido, observa-se a tese proposta por Muireann Quigley:

O direito de propriedade nos dá uma estrutura pragmática e estabelecida para lidar com coisas. Ele já possui um compreensivo conjunto de doutrinas e regras para tratar sobre a transferência de bens. Por meio do seu sistema de regras nós podemos resolver muitos dos variados problemas que podem surgir em relação aos biomateriais: de interferências não consentidas, como o furto, transferências ilegítimas e até danos por negligência. O direito de propriedade pode, portanto, prover meios para proteger os interesses dos provedores sobre seus biomateriais, não apenas aqueles de terceiros que podem adquiri-los.[45]

Ainda, defende-se o posicionamento de que não há, do ponto de vista ético e jurídico, argumentos suficientemente convincentes para justificar a proibição total de comercialização de gametas, desde que seja de maneira regulada.[46] Nesse sentido, adota-se como marco-teórico a teoria da comodificação incompleta, proposta por Margaret Radin. A sua proposição central indica que, em diversas situações, é possível que razões econômicas e não econômicas coexistam e se complementem. Nesse sentido, a divisão artificial entre sujeito e objeto, entre o comodificado e o não comodificado, poderia ser mitigada ou, até mesmo, superada. Assim, essa pluralidade complexa e conflitante de valores incidentes sobre um mesmo bem social levaria à concepção de mercadorias contestadas.[47] Essa proposta direciona a solução para um mercado regulado, uma vez que seria a maneira mais adequada para fomentar os diversos valores conflitantes que uma dada comunidade deseja incentivar.

Quero argumentar por um diferente tipo de meio-termo. Neste livro desenvolvo uma noção de comodificação incompleta que espero nos ajudar a lidar melhor com as complexidades da comodificação como a experimentamos. Essas complexidades incluem a pluralidade de significados de cada interação particular, a natureza dinâmica desses significados, sua instabilidade e os possíveis efeitos (bons ou ruins) no mundo, tanto em promover, quanto em tentar impedir um entendimento comodificado de algo que nós previamente valoramos de maneira não econômica.[48]

---

organs and cell lines in late capitalism. London: Duke University Press, 2006; SPAR, Debora. *O negócio de bebés*: como o dinheiro, a ciência e a política comandam o comércio da concepção. Coimbra: Almedina, 2007; DICKENSON, Donna. *Body Shopping*: the economy fuelled by flesh and blood Oxford: Oneworld, 2008.

44. Cf. GOLD, Richard. *Body parts*: property rights and the ownership of human biological materials. Washington: Georgetown University Press, 1996; HARDCASTLE, Rohan. *Law and the human body*: property rights, ownership and control. Portland: Hart Publishing, 2007; HOPPE, Nils. *Bioequity*: property and the human body. Farnham: Ashgate Publishing, 2009.

45. QUIGLEY, Muireann. *Self-ownership, property rights, and the human body*: a legal and philosophical analysis. Cambridge: Cambridge University Press, 2018, p. 303, tradução nossa.

46. Cf. WILKINSON, Stephen. *Bodies for sale*: ethics and exploitation in the human body trade. New York: Routledge, 2003; SATZ, Debra. *Why some things should not be for sale*: the moral limits of markets. New York: Oxford, 2012; SANDEL, Michael. *O que o dinheiro não compra*: os limites morais do mercado. Tradução de Clóvis Marques. Rio de Janeiro: Civilização Brasileira, 2014.

47. RADIN, Margaret Jane. *Contested commodities*. Cambridge: Harvard University Press, 2001, passim.

48. RADIN, Margaret Jane. *Contested commodities*. Cambridge: Harvard University Press, 2001, p. XIII.

Com a finalidade de estruturar e operacionalizar o argumento central da pesquisa, utiliza-se o layout de argumento proposto por Stephen Toulmin, conforme tabela a seguir:

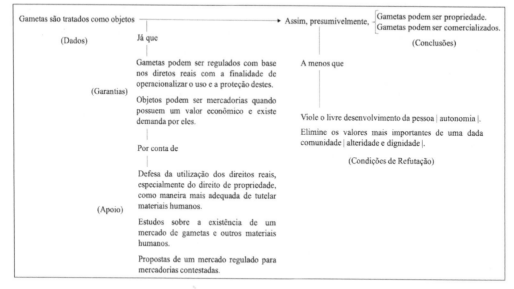

Tabela 2 – O *layout* do argumento da pesquisa[49]

Partindo do pressuposto das grandes vertentes teórico-metodológicas da pesquisa social e jurídica, a presente pesquisa adota uma linha crítica-metodológica, uma vez que supõe uma teoria crítica da realidade, buscando repensar o direito, seus fundamentos e objetos. Aproxima-se, portanto, da vertente jurídico-sociológica, na medida em que se propõe a compreender o fenômeno jurídico em um ambiente social mais amplo – para além da pura dogmática.[50]

Trata-se de uma pesquisa de caráter transdisciplinar, haja vista não ser possível fragmentar os diversos setores do conhecimento necessários para o enfrentamento do problema apresentado. Dessa maneira, Direito, Economia, Filosofia e Medicina são as principais áreas do saber articuladas de modo conexo, sem prejuízo de diálogos com a Sociologia e a Antropologia. Objetiva-se, portanto, a produção de novos conhecimentos em uma unidade desenvolvida de forma inter-relacionada.[51]

A investigação possui um enfoque teórico-conceitual, utilizando-se do procedimento de análise de conteúdo. Para tanto, a revisão bibliográfica se mostrou fundamental para o desenvolvimento da pesquisa, com a análise de fontes primárias (leis, resoluções,

---

49. TOULMIN, Stephen. *Os usos do argumento*. São Paulo: Martins Fontes, 2006, p. 135-207.
50. GUSTIN, Miracy Barbosa de Sousa; DIAS, Maria Tereza Fonseca. (*Re)pensando a pesquisa jurídica*: teoria e prática. 4. ed. Belo Horizonte: Del Rey, 2015, p. 21-22.
51. GUSTIN, Miracy Barbosa de Sousa; DIAS, Maria Tereza Fonseca. (*Re)pensando a pesquisa jurídica*: teoria e prática. 4. ed. Belo Horizonte: Del Rey, 2015, p. 73.

dados empíricos) e secundárias (livros e artigos científicos). Houve a necessidade de ampla consulta à literatura estrangeira, especialmente de países anglófonos, em razão do debate sobre objetificação e comodificação do corpo se encontrar mais avançado nesse contexto. De todo modo, a delimitação geográfica não inviabilizou a pesquisa bibliográfica em países como a Espanha, com grande influência nos estudos sobre reprodução humana assistida, e a Itália, precursora dos estudos sobre a sistematização dos direitos da personalidade.[52]

Outra estratégia utilizada, de maneira pontual, foi a do Direito Comparado, com base na teoria do método funcional, especialmente para a análise da adequação do direito de propriedade para a tutela dos gametas. O método pode ser dividido em cinco etapas centrais: (i) questionamento sobre como um determinado problema é solucionado; (ii) escolha dos ordenamentos jurídicos a serem analisados e relatório sobre as soluções para o problema; (iii) análise das semelhanças das soluções nos sistemas escolhidos; (iv) construção sistemática para o esclarecimento de semelhanças e diferenças; (v) valoração crítica dos resultados.[53]

Com a finalidade de alcançar o objetivo proposto por meio do método indicado, a investigação percorre três capítulos essenciais. No primeiro, busca-se evidenciar o posicionamento do ordenamento jurídico brasileiro a respeito da comercialização de gametas humanos. Para tanto, adota-se uma postura crítica em relação aos dispositivos legislativos que versam sobre a comodificação do corpo humano. Também são analisadas as resoluções do Conselho Federal de Medicina, uma vez que, na ausência de lei específica sobre reprodução assistida, as diretrizes deontológicas têm ganhado força na solução de questões éticas e jurídicas sobre a temática. Ao final, conclui-se que não há vedação expressa à compra e venda de gametas, muito menos a criminalização dessa prática. Todavia, em uma interpretação sistêmica e teleológica, a proibição da mercantilização de quaisquer materiais de origem humana parece ser o sentido mais evidente a ser extraído da legislação brasileira na busca pela *mens legis*.

No segundo capítulo, o objetivo primordial consiste em identificar o enquadramento jurídico dos gametas, especialmente para identificar se as partes destacadas do corpo humano podem ser objetos do direito de propriedade – uma vez que a comodificação pressupõe a atribuição de propriedade. Procura-se, portanto, compreender como os gametas devem ser categorizados para a sua melhor tutela e regulação, tendo em vista os amplos problemas que surgem da indeterminação jurídica. Para tanto, parte-se da dicotomia pessoa-coisa, concebida de maneira intocável ao direito, para analisar as vantagens e os problemas que surgem nas propostas fundadas no direito de personalidade e no direito de propriedade. Ao final, problematiza-se e relativiza-se a dicotomia

---

52. GUSTIN, Miracy Barbosa de Sousa; DIAS, Maria Tereza Fonseca. (*Re)pensando a pesquisa jurídica*: teoria e prática. 4. ed. Belo Horizonte: Del Rey, 2015, p. 74-75, 91-92.

53. As etapas descritas foram retiradas do material de apoio da palestra ministrada pelo prof. Dr. Fabio Queiroz Pereira no Programa de Pós-Graduação em Direito da Universidade Federal de Minas Gerais, durante o Seminário de Direito Civil Comparado, ocorrido em 25 out. 2018. Cf. REITZ, John C. How to do comparative law. *The American Journal of Comparative Law*, v. 46, 1998, p. 617-636.

pessoa-coisa com a finalidade de trazer uma melhor compatibilidade com os novos desafios trazidos pelas biotecnologias. Como conclusão parcial, defende-se a hipótese de que a melhor maneira de compreender os gametas é por meio do enquadramento *prima facie* como objetos de propriedade, uma vez que atribui poderes de controle e proteção aos titulares, bem como permite uma maior coerência teórica e pragmática.

Por fim, o terceiro capítulo versa sobre os questionamentos éticos que surgem com a proposta da comodificação de gametas. Inicialmente, busca-se estabelecer um arquétipo teórico para avaliar quais tipos de objetos devem ser mercantilizados e em que situações a racionalidade econômica seria adequada. Busca-se, desse modo, critérios para determinar os limites morais do mercado. Posteriormente, adota-se uma postura analítica, voltada para a ética prática. Assim, analisam-se os principais argumentos contrários à comodificação de gametas humanos, tais como a exploração, coerção, danos, objetificação e erosão da solidariedade e da justiça.

Ao final, a conclusão aponta para a constatação de que não há argumentos éticos e jurídicos suficientemente robustos para justificar uma limitação à autonomia daqueles que escolham dispor economicamente de seus gametas, desde que seja feita uma regulação que elimine ou, ao menos, enfraqueça as principais objeções a essa prática.

Capítulo I
O ESTATUTO JURÍDICO DOS GAMETAS

De forma cada vez mais intensa, pede-se ao direito, entendido no sentido moderno, que regule uma série de dimensões da vida que deveriam permanecer confiadas às decisões autônomas dos interessados, à sua personalíssima maneira de entender a vida, as relações sociais, sua relação consigo mesmo.[1]

1. INTRODUÇÃO

Em matéria de reprodução humana assistida, o direito brasileiro se encontra em uma situação próxima à anomia. Mais de quatro décadas após o nascimento do primeiro bebê de proveta, a inglesa Louise Brown, ainda não se encontra uma legislação específica sobre a temática em território nacional. Desse modo, torna-se necessário recorrer às resoluções do Conselho Federal de Medicina e às interpretações extensivas de normas inadequadas para regulamentar as complexas situações jurídicas ocasionadas pelos avanços biotecnológicos.

Questões fundamentais, como o anonimato dos doadores, o vínculo de filiação estabelecido, a gestação de substituição, a compensação ou incentivos econômicos pela doação de gametas e embriões, dentre diversos outros aspectos controvertidos, continuam sem respaldo legislativo. Consequências indesejadas surgem desse contexto. A insegurança jurídica e a instabilidade social podem ser mencionadas como desdobramentos imediatos e evidentes. O domínio de outras esferas com pretensões normativas é um fenômeno latente, mas que traz uma nova dimensão argumentativa ao debate.

Ao escrever sobre o imperialismo jurídico, Stefano Rodotà recorda que o movimento de expansão do direito positivo foi condicionado por uma sociedade governada por outras esferas normativas, a exemplo da religião, da moral e dos costumes sociais.[2] Assim, pode-se inferir que, na ausência de razões jurídicas, outros tipos de racionalidade passam a governar as condutas e relações humanas, como se percebe em relação à reprodução humana assistida no Brasil. Sem um posicionamento claro por parte do direito, há uma expansão de normas deontológicas, mercadológicas e religiosas que disputam a colonização normativa e axiológica das práticas relacionadas ao contexto reprodutivo.

Dessa maneira, o objetivo deste capítulo consiste em evidenciar, por meio de uma análise crítica, as normas e construções teóricas que abordam de maneira direta

---

1. RODOTÀ, Stefano. *La vida y las reglas*: entre el derecho y el no derecho. Traducción de Andrea Greppi. Madrid: Editorial Trotta, 2010, p. 31, tradução nossa.
2. RODOTÀ, Stefano. *La vida y las reglas*: entre el derecho y el no derecho. Traducción de Andrea Greppi. Madrid: Editorial Trotta, 2010, p. 29.

ou indireta o problema de comercialização de gametas humanos, com a finalidade de identificar se há uma proibição nesse sentido. Assim, busca-se estabelecer os inegáveis pontos de partida da investigação jurídico-dogmática.[3]

2. ANÁLISE E METAFÍSICA: UMA INVESTIGAÇÃO CONSTITUCIONAL

Ao partir de uma perspectiva jurídica em relação à comercialização do corpo humano, suas partes separadas e substâncias, a norma fundamental que deve orientar o debate se encontra insculpida na Constituição da República de 1988:

> Art. 199. A assistência à saúde é livre à iniciativa privada.
>
> [...]
>
> § 4º A lei disporá sobre as condições e os requisitos que facilitem a remoção de órgãos, tecidos e substâncias humanas para fins de transplante, pesquisa e tratamento, bem como a coleta, processamento e transfusão de sangue e seus derivados, sendo vedado todo tipo de comercialização.[4]

Um método promissor para a determinação do escopo da norma constitucional consiste na investigação histórica do texto normativo, por meio da análise dos anais da Assembleia Nacional Constituinte. Em 1986, no anteprojeto preliminar elaborado pela Comissão Provisória de Estudos Constitucionais já havia dispositivo que proibia o comércio de órgãos humanos (art. 358, parágrafo único).[5] Na Subcomissão de Saúde, Seguridade e Meio Ambiente houve extensa discussão sobre aspectos gerais do transplante de órgãos e tecidos humanos, muito em razão da propagação das técnicas em território nacional em um cenário de insegurança jurídica. Discutiu-se sobre a viabilidade de normas específicas na Constituição e sobre a necessidade do consentimento do doador ou seus familiares para se efetivar o procedimento. Contudo, em relação à proibição do comércio de órgãos e tecidos humanos não houve questionamentos, sendo tratada como matéria consensual. Ao final, o anteprojeto da subcomissão estabeleceu a proibição do comércio de órgãos e tecidos humanos (art. 9º, § 3º),[6] repetida no anteprojeto da Comissão de Ordem Social (art. 62, parágrafo único).[7]

Ao chegar na Comissão de Sistematização, o dispositivo é retirado dos substitutivos apresentados, sem qualquer justificativa. Somente com a elaboração do primeiro projeto apresentado ao plenário da Assembleia Nacional Constituinte há a reinserção da vedação ao comércio de órgãos e tecidos humanos, mas com o acréscimo do termo

---

3. Cf. FERRAZ JR, Tercio Sampaio. *Introdução ao estudo do direito*: técnica, decisão, dominação. 5. ed. São Paulo: Atlas, 2007.
4. BRASIL. *Constituição da República Federativa do Brasil de 1988*. Disponível em: <http://bit.ly/2zaHKw2>. Acesso em 19 ago. 2019.
5. BRASIL. *Anteprojeto Constitucional*: elaborado por meio da Comissão Provisória de Estudos Constitucionais, instituída pelo Decreto 91.450, de 18 de julho de 1985. Brasília: Diário Oficial, 26 set. 1986. Disponível em: <https://bit.ly/2YeAQTp>. Acesso em 19 ago. 2020.
6. BRASIL. *Assembleia Nacional Constituinte*: Subcomissão de Saúde, Seguridade e Meio Ambiente (Atas da Comissão). Brasília: 1987. Disponível em: <https://bit.ly/319NW5Z>. Acesso em 19 ago. 2020.
7. BRASIL. *Assembleia Nacional Constituinte*: Comissão da Ordem Social (Anteprojeto da Comissão). Brasília: jun. 1987. Disponível em: <https://bit.ly/2E8uLRt>. Acesso em 19 ago. 2020.

"substâncias humanas" (art. 234, § 3º). A última alteração relevante do artigo ocorreu com a elaboração do segundo projeto, no qual se inseriu expressamente a proibição de todo tipo de comercialização do sangue e seus derivados (art. 204, § 4º). Dessa maneira, chega-se à redação final do dispositivo que se encontra na Constituição da República de 1988 (art. 199, § 4º).[8]

A partir dessa análise, algumas conclusões podem ser inferidas. Resta evidente que o escopo original da norma era a proibição do comércio de órgãos e tecidos humanos. O contexto fático sob o qual se instaurou o art. 199, § 4º foi a necessidade de se garantir uma regulação basilar para o transplante de órgãos e tecidos humanos em face dos recentes avanços da medicina nessa área. Nesse sentido, a vedação ao caráter comercial da prática era um aspecto lateral, embora com amplo consenso. Apenas em um momento posterior é que os debates alcançaram a temática do sangue e seus derivados. Embora seja, em sentido técnico, um tecido, os constituintes entenderam ser prudente a explicitação da proibição em relação ao sangue. Dentre as justificativas indicadas, destaca-se a noção de que o sangue não poderia ser considerado uma simples mercadoria. Argumentou-se também contra a exploração dos pobres e marginalizados, além da violação da dignidade humana. Contudo, a justificativa mais recorrente para a previsão específica do sangue era referente às consequências danosas da prática, conforme deixa claro a seguinte proposta de emenda, aprovada pela comissão:

> A justificação baseia-se no fato de que o comércio de sangue é responsável pela propagação de do-enças infecciosas, entre elas, a terrível Síndrome da Imunodeficiência Adquirida (AIDS), pois a compra de sangue sempre recai sobre indivíduos debilitados, mendigos, dependentes de drogas de baixa renda e outras pessoas de alto risco como portadores de doenças. Somente a doação altruística a partir de pessoas sadias, com espírito de solidariedade humana, pode reduzir os riscos de propagação de doença por meio da transfusão de sangue.[9]

Ainda em relação ao sangue, uma discussão que gerou grande divergência entre os constituintes foi a extensão da vedação de comercialização aos derivados do sangue. Para alguns, a proibição da mercantilização de hemoderivados (v.g. reagentes, albumi-na) causaria um colapso no sistema de saúde, uma vez que grande parte da produção se dava por indústrias particulares. Por outro lado, havia aqueles que entendiam em sentido contrário, uma vez que cerca de 95% do sangue e de hemoderivados eram, ao tempo do debate, importados. Nesse contexto, houve importante ponderação sobre o sentido da vedação contida no texto constitucional: "o que é vedado é fazer do sangue mercadoria, é tirar lucro do sangue, é a mais-valia; mas todo o trabalho necessário de coleta, processamento e transfusão do sangue, sem dúvida, poderá ser cobrado".[10]

---

8. LIMA, João Alberto de Oliveira; PASSOS, Edilenice; NICOLA, João Rafael. *A gênese do texto da Constituição de 1988*. Brasília: Senado Federal, Coordenação de Edições Técnicas, 2013, v. I, p. 327.

9. BRASIL. *Bases da Assembleia Nacional Constituinte*. Comissão de Sistematização. Emenda 00977. Autoria: José Fogaça (PMDB/RS). Apresentada em 13 jan. 1988. Disponível em: <https://bit.ly/3l79KqO>. Acesso em 20 ago. 2020.

10. BRASIL. *Assembleia Nacional Constituinte*. Ata da 331ª sessão da Assembleia Nacional Constituinte, em 28 de agosto de 1988, p. 349. Disponível em: <https://bit.ly/3hsKAAI>. Acesso em 20 ago. 2020.

Faz-se importante destacar que houve diversas propostas de emendas com o propósito de delimitar ou aclarar a abrangência da proibição contida na norma. A emenda de Eduardo Jorge, por exemplo, propunha a inserção do termo "elementos" em acréscimo à vedação de comercialização de órgãos e tecidos. A proposta foi rejeitada pela subcomissão por entenderem que "[a] expressão elementos, referindo-se no corpo humano, poderia ter futuramente uma interpretação diferente da pretendida neste momento, por ter uma conceituação ampla em diferentes setores do conhecimento".[11] Em sentido semelhante, a proposta do constituinte Vivaldo Barbosa foi ainda mais específica: propunha a proibição de comercialização de órgãos, tecidos, células, líquidos e substâncias do corpo – o que seria interessante para se confirmar o caráter generalista da norma. No parecer do relator, considerou-se a proposta prejudicada, uma vez que a palavra "tecidos" já seria ampla o suficiente para incluir células, líquidos e substâncias.[12] Em outra proposta de emenda, tentou-se inserir a inseminação dentre as finalidades descritas no texto constitucional, tendo sido aprovada pela Comissão de Sistematização, embora tenha ficado de fora do projeto final.[13]

Assim, a partir da análise do processo histórico de elaboração do dispositivo constitucional em questão, conclui-se que o debate ocorreu em torno dos órgãos, tecidos, sangue e seus derivados, não havendo menção a outros elementos corpóreos. O acréscimo do termo "substâncias humanas" ocorreu sem maiores discussões, razão pela qual se faz necessário realizar uma investigação mais aprofundada e para além do método histórico.

Uma hermenêutica possível é aquela que retira do texto constitucional um comando definitivo e generalista, no sentido de proibir qualquer tipo de comercialização de órgãos, tecidos, sangue e outras substâncias de origem humana, estando os gametas inseridos no escopo da proibição.[14] Não obstante a referida interpretação, faz-se necessário adotar um enfoque analítico, porquanto a redação do texto normativo traz consigo imprecisões conceituais que acabam por gerar variados problemas teóricos e práticos. No entendimento de Peter Strawson, "[a]nálise deve significar demolir ou decompor alguma coisa. Temos, portanto, a imagem de desmontar intelectualmente idéias ou conceitos; descobrir os elementos que compõem um conceito ou uma idéia e como eles se relacionam".[15]

---

11. BRASIL. *Bases da Assembleia Nacional Constituinte.* Comissão de Ordem Social. Emenda 00616. Autoria: Eduardo Jorge (PT/SP). Apresentada em 09 jun. 1987. Disponível em: <https://bit.ly/2EobXNI>. Acesso em 20 ago. 2020.

12. BRASIL. *Bases da Assembleia Nacional Constituinte.* Comissão de Ordem Social. Emenda 00120. Autoria: Vivaldo Barbosa (PDT/RJ). Apresentada em 09 jun. 1987. Disponível em: <https://bit.ly/3hc9lBc>. Acesso em 20 ago. 2020.

13. BRASIL. *Bases da Assembleia Nacional Constituinte.* Comissão de Sistematização. Emenda 00767. Autoria: Vivaldo Barbosa (PDT/AC). Apresentada em 13 jan. 1988. Disponível em: <https://bit.ly/3l3aDkd>. Acesso em 20 ago. 2020.

14. OLIVEIRA, Deborah Ciocci Alvarez; BORGES JR., Edson. *Reprodução humana assistida*: até onde podemos chegar. São Paulo: Editora Gaia, 2000, p. 32.

15. STRAWSON, Peter. *Análise e metafísica*: uma introdução à filosofia. Tradução de Armando Mora de Oliveira. São Paulo: Discurso Editorial, 2002, p. 15.

Os gametas não podem ser compreendidos como órgãos, tecidos ou sangue, uma vez que tais palavras possuem significados bem delimitados pela linguagem médico-biológica. Gametas são as células sexuais (óvulos e espermatozoides) que se unem para formar o zigoto no processo de fecundação humana, enquanto tecidos podem ser conceituados como o "conjunto de células de um organismo que desempenham a mesma função".[16] Dentre os diversos tipos de tecidos humanos (v.g. conjuntivo, epitelial, muscular, nervoso), encontra-se o tecido sanguíneo, formado por componentes celulares suspensos em plasma.[17] Os órgãos, por sua vez, são unidades mais complexas, compostas por tecidos que desempenham uma função bem delimitada e distinta de outras partes do corpo, tais como os ovários e os testículos.[18] Desse modo, resta somente a tentativa de enquadrar os gametas na moldura conceitual estabelecida pelo termo "substâncias humanas".

Identificar a extensão conceitual da expressão "substâncias humanas" não é uma tarefa simples, pois "[o] termo é absolutamente impreciso, quase pré-moderno. Apesar de significar 'suporte', seu uso é maior na teologia (natureza essencial de algo). Só por derivação seria utilizado para definir elementos químicos ou biológicos".[19] Tanto na linguagem corrente, quanto na linguagem técnica, a palavra é marcada por sua polissemia. Todavia, é no âmbito filosófico que o debate atinge sua maior complexidade.

Embora haja uma vasta literatura sobre o tema, possuindo grande relevância histórica, evidenciam-se dois significados proeminentes para o termo "substância". O primeiro pertence à metafísica tradicional e diz respeito a uma essência necessária. Essa definição remonta ao pensamento de Aristóteles e designa aquilo que existe necessariamente, indicando uma estabilidade ou continuidade do ser.[20] Contudo, como observa Simon Blackburn, "a metafísica inspirada na ciência moderna tende a rejeitar o conceito de substância em favor de conceitos como os de campo ou processo, que parecem proporcionar melhores exemplos de categorias físicas fundamentais".[21] O segundo significado pertence ao empirismo e remete à ideia de uma "conexão constante entre determinações simultaneamente dadas pela experiência".[22] Nesse sentido, John Locke pode ser mencionado como um influente filósofo dessa vertente, na medida em que afirma que "[n]ossas faculdades não nos levam ao conhecimento e distinção das substâncias além das agrupadas por uma coleção dessas idéias sensíveis que observamos nelas".[23] Assim, com base na percepção crítica do empirismo filosófico, o conceito de

---

16. MANUILA, Ludmila et al. *Dicionário médico*. Adaptação por João Alves Falcato. 3. ed. Lisboa: Climepse Editores, 2004, p. 282 e 580.
17. MARCOVITCH, Harvey (Ed.). *Black`s medical dictionary*. London: A&C Black Publishers, 2005, p. 82.
18. MARCOVITCH, Harvey (Ed.). *Black`s medical dictionary*. London: A&C Black Publishers, 2005, p. 518.
19. STANCIOLI, Brunello. Geração X: Lei não prevê crime para venda de óvulos. *Consultor Jurídico*, 28 abr. 2013.
20. ABBAGNANO, Nicola. *Dicionário de Filosofia*. 5. ed. São Paulo: Martins Fontes, 2007, p. 925-926.
21. BLACKBURN, Simon. *Dicionário Oxford de Filosofia*. Tradução de Desidério Murcho et al. Rio de Janeiro: Jorge Zahar Editor, 1997, p. 371.
22. ABBAGNANO, Nicola. *Dicionário de Filosofia*. 5. ed. São Paulo: Martins Fontes, 2007, p. 925-926.
23. LOCKE, John. *Ensaio acerca do entendimento humano*. 5. ed. Tradução de Anoar Aiex. São Paulo: Nova Cultural, 1991, p. 110.

substância como essência tende a ser substituído pela busca das qualidades sensíveis das coisas e suas coocorrências regulares.[24]

Embora não se tenha realizado uma completa genealogia do vocábulo em análise, pode-se concluir que o sentido da norma constitucional não se aproxima das discussões filosóficas acima delineadas, uma vez que possuem propósitos distintos. O legislador constituinte parece ter seguido por um caminho mais elementar e menos abstrato. Tanto a medicina, quanto outras ciências de matriz químico-biológica, compreendem "substância" como "qualquer produto químico ou matéria orgânica de composição homogênea", ou, em um sentido geral, como "qualquer matéria concreta".[25] Contudo, observa-se que o texto constitucional apresenta uma adjetivação ao substantivo em questão, não sendo suficiente que seja uma substância, sendo também necessário que seja humana.

Dessa maneira, faz-se indispensável verificar quais são as características ou qualidades necessárias para que uma substância seja considerada humana. Poder-se-ia alegar que substâncias humanas são todas as matérias químicas ou orgânicas que compõem ou são produzidas pelo corpo humano. Partindo de conhecimentos básicos de química orgânica, porém, essa definição se torna questionável. Desde a sintetização da ureia, um composto orgânico, a partir de uma solução aquosa de cloreto de amônio e cianeto de prata, ambos compostos inorgânicos, por Friedrich Wöller, em 1828, a separação absoluta entre o orgânico e o inorgânico passou por uma completa reformulação. Por extensão, a separação absoluta entre substâncias humanas e não humanas também se tornou extremamente vulnerável:

> Recentemente, os métodos têm se tornado tão sofisticados que há poucos compostos orgânicos naturais, não importa quão complexos, que os químicos não possam sintetizar em laboratório. Compostos feitos em laboratório são idênticos, tanto em propriedades químicas como físicas, àqueles encontrados na natureza – supondo, é claro, que sejam 100% puros. Não há como identificar se uma amostra de qualquer composto específico foi feito por químicos ou obtido diretamente da natureza.[26]

Basta pensar nos hormônios humanos produzidos de maneira sintética pela indústria farmacêutica e biotecnológica, tais como a insulina, a testosterona, o estrogênio, a adrenalina, os hormônios do crescimento e da tireoide, dentre vários outros.[27] Seriam substâncias humanas ou não humanas? Salienta-se que os hormônios sintéticos possuem a mesma composição químico-biológica e a mesma função dos hormônios produzidos naturalmente pelo organismo humano. Assim, torna-se imprescindível a seguinte indagação: o que constitui uma substância humana? Seria sua composição, funcionalidade, origem, localização, maneira de produção ou alguma outra qualidade não mencionada? A fragilidade do conceito se mostra evidente também da perspectiva químico-biológica.

---

24. BLACKBURN, Simon. *Dicionário Oxford de Filosofia*. Tradução de Desidério Murcho et al. Rio de Janeiro: Jorge Zahar Editor, 1997, p. 371.

25. MANUILA, Ludmila et al. *Dicionário médico*. Adaptação por João Alves Falcato. 3. ed. Lisboa: Climepse Editores, 2004, p. 570.

26. BETTELHEIM, Frederick et al. *Introdução à química orgânica*. 9. ed. Tradução de Mauro de Campos Silva e Gianluca Camillo Azzellini. São Paulo: Cengage Learning, 2012, p. 275.

27. Cf. HORMÔNIO no mercado. *Revista Pesquisa Fapesp*, edição 82, dezembro de 2002, p. 62-65.

Outro problema dessa definição é a sua generalidade, o que implica em questionamentos sobre a utilidade e a necessidade do conceito, conforme sintetizado na afirmação de Locke: "Quanto mais gerais nossas idéias, mais incompletas e parciais serão".[28] Se toda e qualquer matéria oriunda do corpo humano pudesse ser considerada uma substância humana, não haveria nenhum parâmetro para que ocorresse qualquer diferenciação entre as diversas matérias que compõem ou são produzidas pelo organismo humano. Saliva, suor, leite materno, cabelo, hormônios, linhagens celulares, dejetos ou gametas estariam sujeitos à mesma vedação de comercialização prevista pela Constituição da República de 1988.

Esse tipo de interpretação pode causar grandes e indesejáveis consequências práticas. Pegue-se o exemplo das células HeLa. A história da mais conhecida linhagem celular imortal humana tem sua origem no tratamento de um agressivo tumor cervical descoberto em Henrietta Lacks, no início da década de 1950, em Baltimore, Estados Unidos. Sem qualquer tipo de consentimento informado, foram retiradas duas porções de tecido cervical durante um procedimento para inserção de placas de rádio em seu colo do útero. As amostras foram entregues a George Gey e sua equipe, uma vez que estavam há anos pesquisando uma maneira de desenvolver uma cultura celular de origem humana que permanecesse viva e se reproduzindo em laboratório. Ao contrário de todas as células estudadas até então pelos pesquisadores, as células cancerígenas de Henrietta Lacks continuavam sobrevivendo e crescendo com uma intensidade avassaladora. Inicialmente distribuídas de maneira gratuita por Gey, logo começaram a ser criadas fábricas de células HeLa em razão do seu enorme potencial para servir de matéria-prima para pesquisas nas mais variadas áreas, sendo vendidas para laboratórios em todo o mundo.[29] As células HeLa podem ser consideradas como uma das principais conquistas da medicina do século passado:

> [As] células [HeLa] fizeram parte de pesquisas dos genes que causam câncer e daqueles que o suprimem. Ajudaram a desenvolver remédios para o tratamento de herpes, leucemia, gripe, hemofilia e mal de Parkinson, e têm sido usadas para estudar a digestão da lactose, doenças sexualmente transmissíveis, apendicite, longevidade humana, acasalamento dos mosquitos e os efeitos celulares negativos de trabalhar em esgotos. Seus cromossomos e proteínas foram estudados com tamanho detalhe e precisão que os cientistas conhecem cada uma de suas peculiaridades. Como os porquinhos-da-índia e camundongos, as células de Henrietta se tornaram o burro de carga típico dos laboratórios.[30]

A história das células HeLa é marcada por diversas controvérsias ético-jurídicas que não podem ser ignoradas, especialmente em relação à ausência de consentimento informado e à inexistência de qualquer vantagem econômica para Henrietta e seus familiares. Contudo, a produção em massa e subsequente comercialização mundial das

---

28. LOCKE, John. *Ensaio acerca do entendimento humano*. Tradução de Anoar Aiex. São Paulo: Nova Cultural, 1991, p. 114.
29. SKLOOT, Rebecca. *A vida immortal de Henrietta Lacks*. Tradução de Ivo Korytowski. São Paulo: Companhia das Letras, 2009, cap. 3, 4 e 13.
30. SKLOOT, Rebecca. *A vida immortal de Henrietta Lacks*. Tradução de Ivo Korytowski. São Paulo: Companhia das Letras, 2009, p. 21.

células HeLa possibilitou avanços sem precedentes na história da medicina, a exemplo da vacina contra pólio, a quimioterapia, o mapeamento de genes, a fertilização *in vitro*, dentre outros acima mencionados. Certamente, trata-se de uma abordagem utilitarista, mas que deve ser levada em consideração nos debates sobre comodificação do corpo humano. As linhagens celulares humanas passaram a ser indispensáveis para as pesquisas na área das ciências biológicas, de tal sorte que uma proibição ampla de comercialização de substâncias humanas ocasionaria a interrupção de pesquisas capazes de proporcionar um bem maior para a coletividade, como ocorrido com as células HeLa. Sem a adoção de uma racionalidade econômica, a circulação dessas linhagens celulares se tornaria impraticável, haja vista a necessidade de uma complexa estrutura física e logística para tal finalidade.

Todavia, convém salientar que o Instituto Nacional de Propriedade Industrial (INPI) tem se posicionado de maneira contrária à concessão de patentes a linhagens celulares derivadas de seres humanos em território nacional.[31] O posicionamento se baseia no art. 10, inciso IX da Lei 9.279/1996 – Lei de Propriedade Industrial, o qual determina que não será considerado invenção ou modelo de utilidade "o todo ou parte de seres vivos naturais e materiais biológicos encontrados na natureza, ou ainda que dela isolados, inclusive o genoma ou germoplasma de qualquer ser vivo natural e os processos biológicos naturais".[32] Não obstante, a vedação não impede a ampla comercialização de linhagens celulares por meio de bancos de células com sede no Brasil e em países estrangeiros.[33]

Essa escolha legislativa se afasta da abordagem adotada pelos Estados Unidos e pelos países da União Europeia. Motivados pela revolução biotecnológica, esses países reformaram a legislação e o entendimento jurisprudencial para determinar que materiais biológicos de origem humana podem ser objeto de propriedade intelectual, desde que não sejam meras descobertas, caracterizando-se como invenções com aplicação industrial. Veja-se, nesse sentido, o art. 5º, inciso II da Diretiva 98/44/CE do Parlamento Europeu relativo à proteção jurídica das invenções biotecnológicas: "[q]ualquer elemento isolado do corpo humano ou produzido de outra forma por um processo técnico, incluindo a sequência ou a sequência parcial de um gene, pode constituir uma invenção patenteável, mesmo que a estrutura desse elemento seja idêntica à de um elemento natural".[34] Nesse contexto, a grande questão que se tem colocado diz respeito ao grau de inovação necessária para permitir a atribuição da propriedade intelectual: "a partir de quando os elementos celulares podem ser considerados suficientemente separados e diferenciados

---

31. BOFF, Salete Oro; PEREIRA, Marta Carolina Giménez. Limites ao patenteamento de material humano na legislação brasileira. *Revista do Programa de Pós-Graduação em Direito da UFBA*, v. 28, n. 01, 2018, p. 241.
32. BRASIL. *Lei 9.279, de 14 de maio de 1996*: Regula direitos e obrigações relativos à propriedade industrial. Disponível em: <https://bit.ly/2DeYKGU>. Acesso em 31 ago. 2020.
33. Nesse sentido, tem-se o Banco de Células do Rio de Janeiro, com ampla variedade de células e linhagens celulares de diferentes espécies – inclusive de seres humanos, como as células HeLa. Cf. <http://bcrj.org.br/>.
34. UNIÃO EUROPEIA. Parlamento Europeu e Conselho da União Europeia. *Directiva 98/44/CE do Parlamento Europeu e do Conselho de 6 de julho de 1998 relativa à protecção jurídica das invenções biotecnológicas*. Disponível em: <https://bit.ly/34RVdKe>. Acesso em 31 ago. 2020.

para ser objeto de comércio?".[35] De todo modo, percebe-se que há uma tendência em se permitir a propriedade intelectual sobre invenções que tenham como base materiais biológicos de origem humana, uma vez que as biotecnologias desempenham um papel fundamental na sociedade contemporânea, sendo a sua tutela necessária para promover avanços nessa área, com segurança jurídica.

Retomando a análise do dispositivo constitucional, uma interpretação generalista acabaria por ocasionar a ilegalidade da venda de materiais menos complexos, como no caso da compra e venda de cabelos humanos, prática consolidada no mercado brasileiro e que não gera discussões éticas ou jurídicas a seu respeito:

> Em São Paulo, nas duas principais empresas que compram cabelos humanos para confecção de perucas e apliques, entre cinco e dez pessoas, a maioria mulheres, aparecem todos os dias para oferecer as madeixas. E 90% delas dizem que só decidiram pelo corte porque estão precisando do dinheiro para pagar contas – de luz ou água, empréstimos no banco ou o rotativo do cartão de crédito –, contam os proprietários. Os valores pagos começam em R$ 200, mas podem chegar a R$ 1.200.[36]

Não é difícil encontrar decisões aplicando o Código de Defesa do Consumidor em contratos de compra e venda de cabelos humanos defeituosos, sem qualquer discussão sobre a ilegalidade da comercialização de tais produtos. Em um dos casos, julgado pelo Tribunal de Justiça do Rio de Janeiro, a lide versava sobre a compra de mechas de cabelo humano no valor de R$ 1.246 que se tornaram "ressecadas, quebradas e sem peso" após a utilização de um produto químico para matização do loiro. Condenada em primeira instância a pagar indenização por danos materiais e morais em razão de vícios do produto, a decisão foi revertida em segunda instância a favor da vendedora, com base em provas de que informou a consumidora sobre a impossibilidade de utilização de produtos químicos nas mechas adquiridas.[37] Até mesmo o Superior Tribunal de Justiça já se manifestou sobre um caso de vícios do produto na compra de uma prótese capilar em que 80% dos fios de cabelo eram de origem sintética, condenando a vendedora ao pagamento de danos materiais e morais, sem nenhuma menção sobre a inconstitucionalidade da prática.[38]

Com base no exposto, pode-se concluir que não há um comando constitucional definitivo e incontestável no sentido de proibir a comercialização de gametas no Brasil, a menos que se interprete a expressão "substâncias humanas" de maneira ampla e generalista. Embora seja uma hermenêutica possível, defende-se que não se trata da mais adequada, na medida em que traria consequências práticas indesejáveis. Assim,

---

35. BERGEL, Salvador Darío. Aportes para un estatuto de las partes separadas del cuerpo. *Alegatos*, n. 82, México, 2012, p. 716-717.
36. PARA pagar contas, pessoas vendem os cabelos para fabricantes de perucas. *Época Negócios*, 18 set. 2016.
37. RIO DE JANEIRO. Tribunal de Justiça do Rio de Janeiro. *Apelação Cível 0003652-18.2017.8.19.0004*. Relator: Des. Ricardo Rodrigues Cardozo. Julgado em 30 jul. 2019. Disponível em: <http://bit.ly/2Nqeud1>. Acesso em 22 ago. 2019.
38. BRASIL. Superior Tribunal de Justiça. *Agravo em Recurso Especial 1.081.023 – SE (2017/0076567-8)*. Relator: Min. Paulo de Tarso Sanseverino. Julgado em 24 abr. 2018. Disponível em: <http://bit.ly/2TZNhPt>. Acesso em 22 ago. 2019.

entende-se que o debate a respeito da proibição de comercialização de materiais de origem humana deve ser feito casuisticamente, analisando-se os valores em jogo e as prováveis consequências.

Outro aspecto que o enfoque analítico permite evidenciar diz respeito às condutas contidas na vedação constitucional à comercialização do corpo, suas partes e substâncias. Qualquer forma de incentivo econômico estaria enquadrada na proibição normativa? Somente a compra e venda estaria banida ou também a compensação pelo desgaste e tempo despendidos? E quanto aos chamados benefícios indiretos, compostos por vantagens não pecuniárias, tais como a redução de tarifas elétricas e o acesso privilegiado a serviços públicos, também estariam suprimidos?[39] Sendo assim, faz-se necessário esclarecer o que se compreende por "comercialização" no contexto previsto pela norma constitucional.

O Supremo Tribunal Federal pode servir como ponto de partida na busca pelo alcance da proibição. O primeiro caso em que a Suprema Corte enfrentou de maneira explícita a temática foi concernente à promulgação da Lei 7.737/2004, editada pela Assembleia Legislativa do Estado do Espírito Santo, com a finalidade de estabelecer o benefício de meia entrada em locais públicos de esporte, cultura e lazer mantidos pelas entidades e órgãos da administração direta e indireta do Estado do Espírito Santo, para aqueles que se enquadrassem como doadores regulares de sangue. Em dissonância com a novel legislação, o governador propôs a Ação Direta de Inconstitucionalidade 3.512-6/ES com base em dois argumentos centrais: primeiro, alegou que o poder legislativo havia invadido uma esfera de competência exclusiva do executivo estadual; segundo, defendeu que a referida legislação seria uma afronta ao art. 199, § 4º da Constituição da República, uma vez que a recompensa pela doação de sangue consistiria em uma maneira de comercialização, ainda que indireta.[40]

Em seu voto, o Ministro Eros Grau, responsável pela relatoria do caso, responde ao primeiro argumento no sentido de que a norma constitucional prevê que a lei disporá sob as condições e os requisitos que facilitem a coleta, processamento e transfusão de sangue e seus derivados, sem especificar a competência para tanto. Assim, a previsão legislativa poderia ser tanto federal, quanto estadual, sem qualquer tipo de vício formal. Em relação ao segundo argumento, o ministro entendeu que a instituição do benefício de meia entrada para doadores regulares de sangue não constitui uma forma de comercialização, visando apenas um estímulo para as doações, baseando-se em uma atuação estatal no domínio econômico por indução. Essa forma de atuação na economia seria marcada por uma postura regulatória que não possui a mesma força cogente de outras formas de intervenção, embora também tenha um caráter prescritivo ou deôntico. Seriam, portanto, normas dispositivas, tendo por objetivo o estímulo a opções econômicas

---

39. BERLINGUER, Giovanni; GARRAFA, Volnei. *O mercado humano*: estudo bioético da compra e venda de partes do corpo. 2. ed. Brasília: Editora UnB, 2001, p. 131 e 181.

40. BRASIL. Supremo Tribunal Federal. *Ação Direta de Inconstitucionalidade n. 3.512-6/ES*. Relator: Min. Eros Grau. Julgado em 15 fev. 2006, p. 93-94. Disponível em: <http://bit.ly/2lClQhm>. Acesso em 03 set. 2019.

de relevante valor social e coletivo. Ao invés de operar em uma lógica sancionatória e coercitiva, adota-se a lógica do direito premial, gerando benefícios àqueles que optem por se enquadrar na *fattispecie* prevista pela lei.[41]

Ao final, a ação foi julgada integralmente improcedente por maioria de votos. O único a manifestar um posicionamento distinto foi o Ministro Marco Aurélio, compreendendo que o benefício de meia entrada concedido aos doadores regulares de sangue seria uma forma de remuneração, violando a proibição contida na Constituição, sem aprofundar seu raciocínio.[42]

Convém destacar que o Supremo Tribunal Federal foi instado a se manifestar novamente em outro caso de promulgção de lei municipal estabelecendo meia entrada para doadores regulares de sangue. Em 2017, o Ministro Ricardo Lewandoswki, em decisão monocrática, julgou o Recurso Extraordinário 987.891/SP, reconhecendo a legitimidade da Câmara Municipal de Sorocaba para legislar sobre esse tipo de incentivo econômico, sem qualquer violação de preceitos constitucionais.[43] Cria-se, dessa maneira, importantes precedentes sobre a temática da comercialização de sangue no Brasil.

O posicionamento sedimentado na corte constitucional, embora restrito aos casos de doação de sangue, estabelece parâmetros para a interpretação de casos semelhantes e começa a delimitar a extensão da vedação à comercialização do corpo, suas partes e substâncias. A abertura semântica que os precedentes possibilitam é ampla. No Rio de Janeiro, por exemplo, foi publicada a Lei 5.816/2010 que garante aos doadores voluntários de sangue o recebimento de ingressos para jogos no Maracanã e outros estádios. No Distrito Federal (Lei 1.321/1996), no Mato Grosso (Lei 7.713/2002), em Santa Catarina (Lei 10.597/1997) e em São Paulo (Lei 12.147/2005), o estímulo à doação de sangue ocorre por meio da dispensa ao pagamento da taxa de inscrição para concursos públicos. Em Goiás (Lei 12.121/1993), os doadores assíduos de sangue, medula óssea e órgãos têm direito à meia-entrada em eventos de cultura, esporte e lazer, prioridade nos serviços de saúde no âmbito estadual, além do recebimento de vales-transportes para o deslocamento até o hemocentro.[44] Ainda, em nível nacional, tem-se o Projeto de Lei 1.322/2019, aprovado no plenário do Senado Federal e encaminhado à Câmara dos Deputados, que estabelece a meia entrada a doadores de sangue que comprovem a realização de no mínimo três doações em um período de doze meses.[45]

---

41. BRASIL. Supremo Tribunal Federal. *Ação Direta de Inconstitucionalidade n. 3.512-6/ES.* Relator: Min. Eros Grau. Julgado em 15 fev. 2006, p. 100 -101. Disponível em: <http://bit.ly/2lClQhm>. Acesso em 03 set. 2019.

42. BRASIL. Supremo Tribunal Federal. *Ação Direta de Inconstitucionalidade 3.512-6/ES.* Relator: Min. Eros Grau. Julgado em 15 fev. 2006, p .108. Disponível em: <http://bit.ly/2lClQhm>. Acesso em 03 set. 2019.

43. BRASIL. Supremo Tribunal Federal. *Recurso Extraordinário 987.891/SP.* Relator: Ministro Ricardo Lewandowski. Julgado em 30 out. 2017. Disponível em: < http://bit.ly/2lAEQwM >. Acesso em 03 set. 2019.

44. ROSA, Júlia Chequer Feu; FERREIRA, Laura de Amorim; ZAGANELLI, Margareth Vetis. Disposição do próprio corpo: interesses comerciais das partes destacáveis do corpo humano à luz do ordenamento jurídico brasileiro. *Cadernos de Dereito Actual*, 9, 2018, p. 223-224.

45. BRASIL. Senado Federal. *Projeto de Lei 1.322/2019.* Autoria: Senador. Fabiano Contarato (REDE/ES). Disponível em: < http://bit.ly/2ksCeRr>. Acesso em 03 set. 2019.

A mesma lógica pode ser estendida a outros tipos de benefícios indiretos, relacionados a variadas práticas que se pretenda incentivar. Nesse sentido, tem-se o Projeto de Lei 275/2017, em tramitação na Câmara Municipal de Belo Horizonte, no qual se estabelece a dispensa de pagamento ao serviço funerário municipal, composto de taxas e emolumentos, incluindo a remoção e o transporte do corpo, o velório e o sepultamento, aos usuários que comprovem a doação de órgãos de parentes ou familiares sepultados.[46] O fundamento é o mesmo em ambos os casos: há um cenário de escassez de sangue e órgãos, não suprida pelas doações puramente altruístas, de tal sorte que o Estado intervém com o objetivo de incentivar as doações, por vias alternativas ao pagamento direto, buscando o crescimento da oferta.

Recorda-se, ao analisar esse tipo de legislação, da argumentação de João Baptista Villela por uma ordem social não violenta. Em seu conhecido ensaio, defende um modelo de direito que seja menos calcado na coerção, em direção a um direito que reconheça a liberdade como seu fundamento precípuo e a responsabilidade moral como limite e resposta às ações humanas. Em seu pensamento, "[a] consciência de que é necessário *descoercibilizar* a prática do direito deve seguir-se o esforço de aperfeiçoar as instituições no sentido de se obter a adesão espontânea do homem às normas jurídicas da coletividade".[47] Sob tal perspectiva, não seriam as leis construídas pela ótica do direito premial uma maneira de caminhar rumo a um direito menos coercitivo? Incentivam-se condutas consideradas valorosas para a comunidade política, em oposição à instituição de sanções às práticas indesejadas. De todo modo, do ponto de vista pragmático, tal abordagem do direito pode significar uma maneira de efetivar consequências desejáveis para a coletividade.

Por fim, cabe questionar se a compensação econômica pelo tempo despendido e pelo desgaste físico e emocional estaria também abarcada pela exceção. Se o que se proíbe é apenas a finalidade lucrativa, permitindo-se a concessão de benefícios indiretos com o propósito de fomentar a doação de elementos corpóreos, haveria também fundamentos para se permitir a compensação, uma vez que a sua função seria meramente reparatória. Como se argumentou anteriormente, a doação de gametas, especialmente a doação de óvulos, envolve uma série de medidas, tais como a estimulação ovariana por meio de altas doses hormonais, consultas médicas frequentes, além de um procedimento cirúrgico para retirada dos óvulos. Em 1997, uma comissão sobre técnicas de reprodução assistida, sediada na Catalunha, calculou que os gastos com deslocamento, horas de trabalho perdidas e dietas especiais poderia chegar aos 600 euros.[48] Tendo em vista esse contexto, a maioria dos países europeus, embora proíbam a compra e venda de gametas, permitem

---

46. BELO HORIZONTE. Câmara Municipal de Belo Horizonte. *Projeto de Lei 275/2017*. Autoria: Vereador Pedro Bueno (PTN/MG). Disponível em: <http://bit.ly/2lQnCM2>. Acesso em 03 set. 2019.
47. VILLELA, João Baptista. *Direito, coerção e responsabilidade*: por uma ordem social não-violenta. Belo Horizonte: Faculdade de Direito da UFMG, 1982, p. 35, destaque no original.
48. AMAYUELAS, Esther Arroyo. Entre propiedad y persona: disposición de partes y productos del cuerpo. Un análisis desde el Derecho Civil. In: CASADO, Maria (Ed.). *De la solidariedad al mercado*: el cuerpo humano y el comercio. Barcelona: Edicions de la Universitat de Barcelona, 2017, p. 149.

a compensação pelo desgaste e danos sofridos no processo de doação, como mencionado no relatório da Comissão Europeia apresentado alhures. O fundamento legal para esse posicionamento é a Diretiva Europeia sobre Tecidos e Células, promulgada em 2004, a qual estabelece, em seu art. 12, que os "países membros devem se esforçar para garantir que a obtenção de tecidos e células seja realizada sem fins lucrativos".[49]

A prática compensatória tem recebido inúmeras críticas, principalmente em razão da ausência de critérios bem definidos para aferição do montante a ser recebido, além da falta de transparência no processo, o que acaba possibilitando uma comercialização velada dos gametas.[50] Tendo em vista esse problema, diversos autores buscam definir parâmetros para determinar a quantia devida a título de compensação. Em recente artigo, por exemplo, Emy Kool e colegas buscaram estabelecer critérios mais transparentes e consistentes para determinar o que constituiria uma compensação razoável para doações de oócitos sem fins lucrativos. Os autores buscam decompor a compensação em quatro elementos-chave, apresentados na ordem do mais aceitável, ao mais controvertido: (i) reembolso por despesas diretas, tal como as despesas com transporte e acomodação; (ii) reembolso por despesas indiretas, a exemplo do salário perdido; (iii) compensação pelo tempo e esforço dispendidos; (iv) oferecimento de benefícios (não)monetários.[51]

Os componentes (i) e (ii) não levantam grandes questionamentos éticos ou jurídicos, uma vez que podem ser objetivamente determinados, evitando-se ganhos lucrativos. Em contrapartida, os componentes (iii) e (iv) não apresentam uma maneira objetiva e imparcial de medida, uma vez que não há como quantificar o esforço e tempo dispendidos, ou o sofrimento mental sofrido pela mulher ao longo do procedimento de doação. Os pesquisadores chegam a propor um modelo de pagamento salarial, "no qual o tempo e o esforço são compensados de maneira proporcional aos salários por hora padronizados para empregos não qualificados, mas socialmente essenciais."[52] A proposta consiste, *grosso modo*, em compensar o tempo, esforço e sofrimento dos doadores de gametas de maneira proporcional ao salário-mínimo estabelecido no país em que ocorra a doação. Certamente, a quantificação se tornaria menos arbitrária no modelo proposto, mas se aproximaria de uma visão trabalhista da doação. Contudo, recorda-se que a retórica do trabalho assalariado não é uma retórica de altruísmo e gratuidade. O trabalhador, conforme construção teórica amplamente aceita, vende sua "força de trabalho" em troca de uma remuneração – não de uma compensação.

---

49. EUROPEAN UNION. *Directive 2004/23/EC of the European Parliament and of the Council on Setting Standards of Quality and Safety for the Donation, Procurement, Testing, Processing, Preservation, Storage and Distribution of Human Tissues and Cells,* 31 mar. 2004, art. 12. Disponível em: <https://bit.ly/2B7Ifv5>. Acesso em 3 set. 2020.

50. AMAYUELAS, Esther Arroyo. Entre propiedad y persona: disposición de partes y productos del cuerpo. Un análisis desde el Derecho Civil. In: CASADO, Maria (Ed.). *De la solidariedad al mercado:* el cuerpo humano y el comercio. Barcelona: Edicions de la Universitat de Barcelona, 2017, p. 149-154.

51. KOOL, Emmy et al. What constitutes a reasonable compensation for non-commercial oocyte donors: an analogy with living organ donation and medical research participation. *Journal of Medical Ethics,* v. 45, 2019, p. 737.

52. KOOL, Emmy et al. What constitutes a reasonable compensation for non-commercial oocyte donors: an analogy with living organ donation and medical research participation. *Journal of Medical Ethics,* v. 45, 2019, p. 738–740.

De todo modo, trata-se de uma alternativa em que não se vislumbra argumentos incisivos que justifiquem a sua inclusão dentre as práticas proibidas pela norma constitucional, especialmente se restritas as despesas que podem ser objetivamente quantificadas. Todavia, como a tendência da corte constitucional tem sido no sentido de admitir mecanismos de incentivo a condutas desejáveis à coletividade, uma vez que não seriam compreendidas como comercialização, abre-se a possibilidade de serem admitidos também valores não atrelados diretamente aos prejuízos sofridos no processo da doação, como a compensação pelo tempo, esforço e sofrimento vivenciados pelos doadores. A compensação, desde que seja bem regulamentada, não representa uma contraprestação pelo serviço, mas apenas uma reparação pela situação vivenciada no processo de doação. Assim, tal como ocorre – ou, ao menos, deveria ocorrer – no arbitramento dos danos morais, não há intuito lucrativo, afastando-se do escopo da vedação contida na norma constitucional.

Dessa maneira, conclui-se que a extensão da proibição de comercialização prevista no art. 199, § 4º da Constituição da República também não é clara, necessitando de uma postura ativa do intérprete para a aferição do seu sentido. De toda forma, o posicionamento do Supremo Tribunal Federal indica uma interpretação restritiva do que se entende por comercialização, abrindo margem para o estabelecimento de benefícios indiretos para diferentes práticas que se pretenda incentivar, desde que ausente a finalidade lucrativa – o que parece ser uma conclusão razoável.

3. DA PERSONALIDADE À PESSOALIDADE: REVISÃO CRÍTICA DA EXTRAPATRIMONIALIDADE

A compreensão acerca dos direitos da personalidade é marcada pela falta de clareza epistemológica sobre suas configurações conceituais e axiológicas. Segundo Rubens Limongi França, os direitos da personalidade seriam "as faculdades jurídicas cujo objeto são os diversos aspectos da própria pessoa do sujeito, bem assim seus prolongamentos e projeções".[53] Para Adriano De Cupis, com base na escola italiana sobre o tema, direitos da personalidade seriam

> [...] direitos sem os quais a personalidade restaria uma suscetibilidade completamente irrealizada, privada de todo o valor concreto: direito sem os quais todos os outros direitos subjetivos perderiam todo o interesse para o indivíduo – o que equivale a dizer que, se eles não existissem, a pessoa não existiria como tal.[54]

Em uma concepção pós-metafísica e processual dos direitos da personalidade, estes podem ser compreendidos como aqueles que possibilitam o livre desenvolvimento da pessoa enquanto ser criativo, autônomo e digno, a partir de um ambiente relacional e

---

53. FRANÇA, Rubens Limongi. Direitos da personalidade: coordenadas fundamentais. In: MENDES, Gilmar Ferreira; STOCO, Rui (Org.). *Doutrinas essenciais*: Direito Civil, parte geral. São Paulo: Ed. RT, 2011, v. 3, p. 654.
54. CUPIS, Adriano de. *Os direitos da personalidade*. Tradução de Afonso Celso Furtado Rezende. São Paulo: Quórum, 2008, p. 24.

fundado na alteridade. Por meio da proteção e promoção desses direitos existenciais, estabelece-se uma esfera intangível para que cada pessoa se torne o que escolha ser, com base em concepções autênticas de vida boa e em busca da afirmação de identidades pessoais.[55]

Embora os conceitos apresentados possuam redações semelhantes, o arcabouço teórico que fundamenta as proposições sobre os direitos da personalidade engendra características e exercícios bastante díspares. Percebe-se, na maioria dos trabalhos específicos sobre o assunto, uma busca por fundamentações metafísicas para esses direitos, calcados em uma visão de mundo naturalista. Em grande parte, o equívoco surge ao buscar as raízes históricas do instituto. Embora haja menções a respeito da tutela de aspectos existenciais da personalidade em sistemas jurídicos arcaicos, como no caso da *actio iniura* romana, há uma tendência em se estabelecer a Declaração dos Direitos do Homem e do Cidadão, de 1789, como marco determinante de uma proteção mais sistematizada e ampla da personalidade.[56]

O problema não consiste em aproximar direitos humanos, direitos fundamentais e direitos da personalidade. Embora seja possível apontar diferenças quanto às fontes e ao âmbito de aplicação,[57] concorda-se com o posicionamento de Anderson Schreiber, no sentido de que todas essas manifestações jurídicas têm o propósito de proteger o mesmo valor: a pessoa concebida em sua dignidade.[58] Assim sendo, o problema consiste em compreender os direitos da personalidade como um instituto estático e fundado em características naturalistas, oriundas de uma visão moderna do humano.[59]

Na transição para a modernidade, destacam-se os estudos humanistas de Giovanni Pico Della Mirandola, na medida em que descreve a pessoa humana como "árbitro e soberano artífice de [si] mesmo".[60] Essa concepção de pessoalidade, calcada na possibilidade de se tornar aquilo que quiser, é o germe da visão moderna de pessoa. Embora haja diferenças marcantes entre as teorias modernas, um traço que pode ser considerado comum entre elas é a crença demasiada na razão. Essa percepção do mundo reflete no conceito de pessoa, que passa a ter seu fundamento em uma racionalidade pura – o que é percebido de maneira radical na filosofia de Immanuel Kant. É essa compreensão de

---

55. Cf. GUSTIN, Miracy Barbosa de Sousa. *Das necessidades humanas aos direitos:* ensaio de sociologia e filosofia do direito. Belo Horizonte: Del Rey, 1999; STANCIOLI, Brunello. *Renúncia ao exercício de direitos da personalidade* (ou como alguém se torna o que quiser). Belo Horizonte: D'Plácido, 2017; TAYLOR, Charles. *A ética da autenticidade.* Tradução de Talyta Carvalho. São Paulo: Editora É Realizações, 2011.

56. SZANIAWSKI, Elimar. *Direitos de personalidade e sua tutela.* São Paulo: Ed. RT, 1993, cap. 1; GOGLIANO, Daisy. *Direitos privados da personalidade.* São Paulo: Quarter Latin, 2012, cap. 2 e 3.

57. NAVES, Bruno Torquato de Oliveira; SÁ, Maria de Fátima Freire de. *Direitos da personalidade.* Belo Horizonte: Arraes Editores, 2017, cap. 1.

58. SCHREIBER, Anderson. *Direitos da personalidade.* 3. ed. São Paulo: Atlas, 2014, p. 13.

59. Para compreender a evolução conceitual e histórica do conceito de pessoa, cf. SPAEMANN, Robert. *Persons:* the difference between someone and something. Oxford: Oxford University Press, 2006.

60. Cf. MIRANDOLA, Giovanni Pico Della. *Discurso sobre a dignidade do homem.* Tradução de Maria de Lurdes Sirgado Ganho. Edições 70, 1998.

pessoa que acaba servindo de fundamentação para as primeiras declarações de direitos humanos: uma visão moderna e jusracionalista.[61]

Contudo, vive-se em um contexto democrático, em que não se observa mais um *ethos* compartilhado. A pluralidade de visões de mundo e de vida boa coabitam o mesmo espaço democrático. É preciso, portanto, pensar e defender uma concepção de pessoalidade que permita que cada um possa se fazer pessoa a partir dos valores (hiperbens) que ela própria escolha em um ambiente de alteridade. Assim, não é mais permitido, seja da perspectiva moral, ou jurídica, conceber a pessoa como um ente estático, natural e fechado, sob pena de se aniquilar qualquer possibilidade verdadeira de emergência pessoal e o próprio fundamento de qualquer sistema jurídico que pretenda ser democrático. Nesse sentido, precisa é a conclusão alcançada por Brunello Stancioli:

> A pessoa tem sido tomada como uma unidade estável. Porém, ela pode ser mesmo uma *pluralidade*, e multiplicar-se, em busca de uma vida que vale a pena ser vivida, pois nós somos uma multiplicidade que se imaginou uma unidade. A expansão, no limite, ocorre como uma *quase transcendência*, no momento em que a pessoa pode se superar, na medida em que há capacidade cognitiva ilimitada, e, como consequência, há possibilidades de superar os limites normativos impostos por uma cultura particular. Ser pessoa é ser local e global. Ter identidade. Ter direitos da personalidade. Poder renunciar. Mas nunca ser uma possibilidade que se esgotou.[62]

Se assim se assimila o conceito de pessoa, cabe questionar se faz algum sentido estabelecer características imutáveis aos direitos da personalidade. É comum na literatura sobre o tema que se atribua uma série de características que seriam inerentes a esses direitos subjetivos. Segundo Carlos Alberto Bittar, "são direitos inatos (originários), absolutos, extrapatrimoniais, intransmissíveis, imprescritíveis, impenhoráveis, vitalícios, necessários e oponíveis *erga omnes*". Em seguida, defende que esses direitos "transcendem, pois, o ordenamento jurídico positivo, porque ínsitos à própria natureza do homem, como ente dotado de personalidade".[63] Essas passagens demonstram a relação intrínseca entre os famigerados atributos dos direitos da personalidade e a sua fundamentação naturalista.

Dessa maneira, a pergunta que se coloca é a seguinte: não seriam essas características limitadores à construção de uma pessoalidade autêntica? Pegue-se o exemplo da greve de fome. Se os direitos da personalidade forem compreendidos como absolutamente irrenunciáveis, uma pessoa que decida realizar uma greve de fome em prol de valores que julgue ser de maior importância poderá vivenciar a situação abjeta de passar por uma alimentação compulsória, o que significa "*negar qualquer afirmação plena do sentido da vida* em si, para muito além dos seus limites biológicos".[64]

---

61. STANCIOLI, Brunello. *Renúncia ao exercício de direitos da personalidade* (ou como alguém se torna o que quiser). 2. ed. Belo Horizonte: D'Plácido, 2017, cap. 3.
62. STANCIOLI, Brunello. *Renúncia ao exercício de direitos da personalidade* (ou como alguém se torna o que quiser). 2. ed. Belo Horizonte: D'Plácido, 2017, p. 158, destaque no original.
63. BITTAR, Carlos Alberto. *Os direitos da personalidade*. São Paulo: Saraiva, 2015, p. 43
64. STANCIOLI, Brunello. *Renúncia ao exercício de direitos da personalidade* (ou como alguém se torna o que quiser). 2. ed. Belo Horizonte: D'Plácido, 2017, p. 137, destaque no original.

Feita essa ressalva, faz-se necessário realizar uma revisão crítica das características que incidem de maneira imediata sobre a comercialização de gametas, uma vez que são interpretadas como limites intransponíveis para a prática. No que diz respeito ao tema em estudo, as características que se mostram mais problemáticas são a indisponibilidade e a extrapatrimonialidade. Contudo, como já se admite certos atos de disposição gratuita do corpo, percebe-se que a questão central não reside na disponibilidade de materiais de origem humana, mas na sua disposição econômica. Assim, se já se permite a doação altruística de gametas, não há porque refutar a venda com base em uma argumentação fundada na indisponibilidade do corpo humano e suas partes destacadas.

A extrapatrimonialidade indica que os direitos da personalidade não são suscetíveis de avaliação econômica por estarem conectados de maneira indissociável à própria pessoa, o que não impediria a ocorrência de reflexos econômicos nos casos de lesão aos direitos subjetivos, permitindo a indenização por danos materiais e morais.[65] Para Capelo de Sousa, os direitos da personalidade devem ser entendidos como direitos pessoais, alheios ao patrimônio jurídico, por não serem passíveis de avaliação em dinheiro. Assim, prender-se-iam "ao chamado hemisfério pessoal, dizendo directamente respeito à categoria do *ser* e não do *ter* da pessoa, muito embora influam nesta". O principal desdobramento dessa característica seria a não responsabilização patrimonial por meio dos direitos da personalidade.[66]

Alguns aspectos merecem ser levantados a respeito da extrapatrimonialidade. Primeiro, nota-se que não há qualquer previsão expressa do legislador nesse sentido no Código Civil de 2002 (CC/02). Dessa maneira, trata-se de uma construção teórica que retira seu fundamento de validade das características naturalistas dos direitos humanos e do próprio objeto dos direitos da personalidade que, por ser a própria pessoa em sua dimensão existencial, não seria passível de avaliação pecuniária. O corpo, a honra, a privacidade, o nome, dentre outros desdobramentos da pessoalidade, não permitiriam uma quantificação econômica, correspondendo, portanto, a direitos subjetivos extrapatrimoniais.

Acontece que a divisão das situações jurídicas de direito privado em situações patrimoniais e extrapatrimoniais pode se adequar a alguns casos, mas, em muitos outros, especialmente em razão dos avanços biotecnológicos e de mudanças na moralidade social, demonstra-se uma distinção artificial e insuficiente. Mesmo autores tradicionais chegam a conclusões em sentido parecido: "é discutível também a aceitação de uma divisão estanque entre direitos patrimoniais e direitos não patrimoniais, extrapatrimoniais ou pessoais".[67] No mesmo sentido, Menezes Cordeiro indica que, no domínio dos direitos da personalidade, há distinções quanto aos direitos subjetivos. Primeiro, haveria *direitos da personalidade não patrimoniais em sentido forte*, os quais não admitem permuta por dinheiro, como a vida, a saúde e a integridade corporal. Segundo, haveria

---

65. GOGLIANO, Daisy. *Direitos privados da personalidade*. São Paulo: Quarter Latin, 2012, p. 239.
66. SOUSA, Rabindranath Capelo de. *O direito geral de personalidade*. Coimbra: Coimbra Editora, 2011, p. 414-415, grifo no original.
67. SOUSA, Rabindranath Capelo de. *O direito geral de personalidade*. Coimbra: Coimbra Editora, 2011, p. 414.

direitos da personalidade não patrimoniais em sentido fraco, os quais podem ser objetos de negócios patrimoniais em alguma medida, como no caso do direito à saúde e à integridade física, desde que não sejam irreversivelmente atingidos, a exemplo dos casos de experimentação humana. Por fim, haveria os *direitos da personalidade patrimoniais*, os quais seriam avaliáveis em dinheiro, sendo lícita e possível a negociação no mercado, a exemplo do nome, imagem e frutos da atividade intelectual.[68]

Assim, defende-se que não há uma separação absoluta entre o *ter* e o *ser*.[69] A maioria das situações jurídicas são dúplices, uma vez que a pessoalidade se perfaz em um contexto que é, também, econômico. Dessa maneira, embora a identificação do caráter preponderante da situação jurídica possa contribuir para a determinação do tipo de racionalidade incidente em cada caso, faz-se indispensável compreender que a relação entre patrimônio e existência se estabelece de maneira complementar, afastando-se de visões absolutistas e antagônicas:

> Não se trata de estabelecer uma nova dicotomia. Essa "separação" tem uma complementariedade intrínseca, na medida em que as situações patrimoniais têm como finalidade última o livre desenvolvimento da pessoa. Diante disso, o perfil funcional é o mais adequado para a concretização dos objetivos constitucionais, pelo seu caráter dinâmico e evolutivo, em detrimento da perspectiva estrutural, hermética e paralisante. A averiguação da função da situação jurídica, entendida como síntese de seus efeitos essenciais, só poderá ser operada em concreto, uma vez que não há essencialidade previamente determinada pelo legislador, mas somente aquela constatada ante o fato concreto.[70]

Algumas situações podem ajudar a evidenciar o argumento apresentado. Uma pessoa pode decidir, por livre e espontânea vontade, dispor economicamente da sua privacidade e intimidade ao entrar em um *reality show* que divulga a todo momento aspectos da sua vida privada. Pode também utilizar a imagem e o nome com fins comerciais, como se observa de maneira corriqueira nos contratos de propaganda com celebridades. O corpo, a todo momento, é utilizado de maneira comercial, especialmente por meio do trabalho remunerado, como recorda Zygmunt Bauman.[71] Os dados pessoais, desdobramentos fundamentais da construção da pessoalidade em uma sociedade informacional e tecnológica, são transformados em mercadorias com alto valor de mercado. Mesmo os direitos de família, tradicionalmente inseridos no âmbito dos direitos existenciais, apresentam diversas situações jurídicas dúplices, como no caso do pacto antenupcial ou da prestação de alimentos.[72] Não obstante tais manifestações, é a partir

---

68. MENEZES CORDEIRO, António. *Tratado de Direito Civil português*. Coimbra: Almedina, 2004, v. I, Parte Geral, t. III, Pessoas, p. 97.

69. Cf. PERLINGIERI, Pietro. *Perfis do Direito Civil*: introdução ao direito civil constitucional. 3. ed. Rio de Janeiro: Renovar, 2007.

70. TEIXEIRA, Ana Carolina Brochado; KONDER, Carlos Nelson. Situações jurídicas dúplices: controvérsias na nebulosa fronteira entre patrimonialidade e extrapatrimonialidade. In: TEPEDINO, Gustavo; FACHIN, Luiz Edson (Org.). *Diálogos sobre Direito Civil*. Rio de Janeiro: Renovar, 2012, v. III, p. 8.

71. Cf. BAUMAN, Zygmunt. *Vida para consumo*: a transformação das pessoas em mercadoria. Rio de Janeiro: Zahar, 2008.

72. TEIXEIRA, Ana Carolina Brochado; KONDER, Carlos Nelson. Situações jurídicas dúplices: controvérsias na nebulosa fronteira entre patrimonialidade e extrapatrimonialidade. In: TEPEDINO, Gustavo; FACHIN, Luiz Edson (Org.). *Diálogos sobre Direito Civil*. Rio de Janeiro: Renovar, 2012, v. III, p. 14-17.

dos avanços biotecnológicos que essa dualidade se mostra mais radicalizada. A possibilidade de manipulação e modificação corporal atinge novos patamares, possibilitando novos usos do corpo, inclusive patrimoniais. Basta pensar nas hipóteses de gestação de substituição onerosa, na comercialização de órgãos e tecidos humanos e na compra e venda de gametas humanos.[73]

O mesmo ocorre em situações ditas patrimoniais. O contrato, a propriedade e a empresa, ao buscarem suas finalidades econômicas, devem também exercer uma função social que tem como pressuposto valores existenciais. Nesse sentido, recorda-se da teoria do patrimônio mínimo, calcada na defesa de um mínimo existencial para uma vivência digna.[74] Se fossem esferas totalmente apartadas, não haveria espaço para a promoção de outros valores além daqueles puramente instrumentais e econômicos. Contudo, essa é uma proposição bastante complexa que será analisa de maneira minuciosa ao longo da pesquisa.

Dessa maneira, conclui-se que o problema não reside no uso comercial dos direitos da personalidade, mas em algumas manifestações econômicas da personalidade. Assim, faz-se imperiosa a busca por parâmetros para avaliar as situações em que seriam permitidos tais desdobramentos. Percebe-se que os limites são calcados muito mais em um certo tipo de moralidade predominante, do que em uma fundamentação jurídica. Talvez, a menção frequente aos bons costumes e à ordem pública tenha possibilitado esse tipo de intepretação, como se essas cláusulas gerais estabelecessem uma tábua axiológica de cumprimento obrigatório para todos. Apesar de propostas recentes de atribuir novos significados aos bons costumes, entende-se que restringir a fruição dos direitos da personalidade com base nesse instituto, faz com que se retome os receios de uma intervenção injustificada na esfera privada de cada pessoa, como ocorreu com a apropriação desses termos em regimes totalitários.[75]

Assim, faz-se necessário, antes de mais nada, ressignificar os direitos da personalidade para que eles não representem grilhões ou mecanismos de controle e opressão dos corpos, mas meios de promoção da pessoalidade em sua busca por uma vivência digna e plena de sentidos.

4. OS LIMITES NORMATIVOS DO CONSELHO FEDERAL DE MEDICINA

Perante um Congresso Nacional letárgico, os avanços biotecnológicos se propalam a todo vapor, ocasionando profundos impactos sociais. O envolvimento legislativo em questões dessa estirpe é insuficiente, deixando um extenso vácuo normativo que tem

---

73. Nesse sentido, tem-se a história verídica retratada no filme tunisiano *"The man who sold his skin"*, concorrente ao Oscar de melhor filme estrangeiro em 2021, dirigido e roteirizado por Kaouther Ben Hania. O caso retratado diz respeito a noivos que buscavam fugir da Guerra na Síria. Na busca desesperada por dinheiro para viajar à Europa, Sam aceita ter suas costas tatuadas por um dos artistas contemporâneos mais controversos do Ocidente. Assim, seu próprio corpo se transforma em uma obra de arte viva, sendo imediatamente exibido em diversos museus ao redor do mundo.

74. Cf. FACHIN, Luiz Edson. *Estatuto Jurídico do Patrimônio Mínimo*. 2. ed. Rio de Janeiro: Renovar, 2006.

75. Cf. CASTRO, Thamis Viveiros de. *Bons costumes no Direito Civil brasileiro*. São Paulo: Almedina, 2017.

como principal consequência a insegurança jurídica a respeito de práticas que se desenvolvem e ganham importância na sociedade contemporânea, a exemplo da reprodução humana assistida.

Diante do contexto apresentado, o Conselho Federal de Medicina tem avocado a competência para a regulamentação dessas práticas, destacando-se como um norte para a solução de controvérsias éticas e jurídicas relacionadas à atividade médica, por meio de suas resoluções. Todavia, faz-se imperativo questionar a força normativa e a correção dessas resoluções que vêm ganhando importância em face da inércia legislativa.

O Conselho Federal de Medicina é uma autarquia federal criada pela Lei 3.268/1957, dotada de personalidade jurídica de direito público, com autonomia administrativa e financeira (art. 1º). A lei dispõe que os conselhos de medicina, seja o federal ou os regionais, são órgãos supervisores da ética profissional, sendo responsáveis por julgar e disciplinar a classe médica, cabendo-lhes zelar pelo perfeito desempenho ético da medicina e pelo prestígio e bom conceito da profissão e dos que a exerçam legalmente (art. 2º). Não há uma delimitação expressa sobre a competência normativa dos conselhos de medicina na lei ou em seu regulamento (Decreto 44.045/1958), uma vez que apenas atribuem ao conselho federal o dever de organizar o seu regimento interno e expedir as instruções necessárias ao bom funcionamento dos conselhos regionais (art. 5º).[76] Em seu regimento interno, prevê a competência para "expedir resoluções normatizadoras ou fiscalizadoras do exercício profissional dos médicos e pessoas jurídicas cuja atividade básica seja a Medicina" (art. 10).[77]

Tendo em vista a ausência de previsão explícita a respeito da competência normativa do Conselho Federal de Medicina, torna-se indispensável uma análise mais ampla sobre o assunto. As autarquias, conforme ensina Hely Lopes Meirelles, "são entes administrativos autônomos, criados por lei específica, com personalidade jurídica de Direito Público interno, patrimônio próprio e atribuições estatais específicas".[78] Diferente das pessoas jurídicas de direito privado, que têm o início da sua personalidade condicionada ao registro, as autarquias se originam com a entrada em vigor da lei específica que prevê sua criação, estando por esta delimitada em suas atribuições e funções administrativas. Embora estejam vinculadas ao ente que as cria, não há uma relação de subordinação, uma vez que as autarquias atuam com autonomia nos limites dos poderes que lhes foram outorgados.[79]

Por ser um ente da administração pública indireta, o poder normativo do Conselho Federal de Medicina segue a lógica dos regulamentos de execução, sendo hierarquicamente subordinado a uma lei anterior e possuindo a finalidade exclusiva de complementação e aclaramento da legislação. Como salienta Di Pietro, "o ato normativo não pode

---

76. BRASIL. *Lei 3.268, de 30 de setembro de 1957*. Dispões sobre os Conselhos de Medicina, e dá outras providências. Disponível em: <http://bit.ly/2kz5lTv>. Acesso em 13 set. 2019.
77. BRASIL. Conselho Federal de Medicina. *Resolução CFM 1.998/2012*. Aprova o Regimento Interno do Conselho Federal de Medicina. Disponível em: <http://bit.ly/2kIP2mX>. Acesso em 13 set. 2019.
78. MEIRELLES, Hely Lopes. *Direito administrativo brasileiro*. 42. ed. São Paulo: Malheiros, 2016, p. 440.
79. MEIRELLES, Hely Lopes. *Direito administrativo brasileiro*. 42. ed. São Paulo: Malheiros, 2016, p. 441.

contrariar a lei, nem criar direitos, impor obrigações, proibições, penalidades que nela não estejam previstos, sob pena de ofensa ao princípio da legalidade".[80] Assim, pode-se concluir que: (i) as resoluções dos conselhos de medicina não podem ser considerados lei *stricto sensu*, uma vez que não são oriundas do processo legislativo; (ii) o poder normativo do Conselho Federal de Medicina está subordinado à lei que o instituiu, não podendo atuar *contra* ou *ultra legem*. Assim, deve-se questionar a extensão do poder regulamentar dos conselhos de medicina com base nos parâmetros apresentados. Afinal, sobre quais assuntos é possível a normatização? Quem são os destinatários das normas? Quais são as consequências pelo seu descumprimento?

Em relação ao primeiro questionamento, entende-se que a competência do Conselho Federal de Medicina é restrita aos assuntos relacionados à prática médica, sejam estes administrativos, técnicos ou éticos. Em minucioso estudo tipológico sobre as resoluções publicadas até o ano de 2002, Sergio Pittelli as classifica em dois tipos:

> Isto posto, propomos, como um primeiro critério de classificação, a distinção entre normas de caráter estritamente administrativo, que se referem a aspectos organizacionais ou de funcionamento interno dos Conselhos, e normas que constituem prescrições de variada natureza, a serem observadas por destinatários externos aos próprios Conselhos, que são, naturalmente, médicos e pessoas jurídicas submetidas à fiscalização.[81]

Os destinatários das resoluções são os próprios conselhos de medicina (normas de caráter administrativo e organizacional), além dos médicos e das pessoas jurídicas que prestam serviços médicos (normas de caráter técnico, ético e fiscalizatório). Dentre estes, o médico se destaca como principal destinatário, uma vez que se apresenta como principal agente das práticas regulamentadas. Este ponto fica mais claro ao se analisar as consequências face ao descumprimento das normas previstas nas resoluções, iniciando-se com uma advertência confidencial em aviso reservado, podendo chegar à cassação do exercício profissional, *ad referendum* do Conselho Federal, conforme prevê o art. 22 da Lei 3.268/1957.

Assim, percebe-se que o Conselho Federal de Medicina possui atribuições similares a outros entes autônomos que regulam certas classes profissionais, como o Conselho Federal de Engenharia e Agronomia (CONFEA), ou mesmo a Ordem dos Advogados do Brasil (OAB). A grande distinção é que o exercício da medicina está conectado de maneira indissociável ao exercício de liberdades fundamentais vinculadas à esfera privada dos pacientes, o que provoca uma tensão entre a regulamentação técnica e ética da profissão médica e a vivência autônoma e biográfica dos pacientes.

Pegue-se a reprodução humana assistida como exemplo. Como já mencionado, não há lei específica no ordenamento jurídico brasileiro que regule essa prática de importância central no contexto do planejamento familiar e dos direitos reprodutivos.

---

80. DI PIETRO, Maria Sylvia Zanella. *Direito administrativo*. 32. ed. Rio de Janeiro: Forense, 2019, p. 121.
81. PITTELLI, Sergio Domingos. O poder normativo do Conselho Federal de Medicina e o direito constitucional à saúde. *Revista de Direito Sanitário*, v. 3, n. 1, 2002, p. 45.

A regulamentação de aspectos técnicos e deontológicos sobre a reprodução assistida se enquadra na esfera normativa do Conselho Federal de Medicina, sendo válida a sua regulamentação. Contudo, embora seja direcionada aos médicos, clínicas e hospitais que realizam as técnicas de reprodução assistida, as escolhas normativas impactam diretamente as pessoas que desejam se submeter aos procedimentos e exercer o livre planejamento familiar. Essa tensão fica evidente na imposição de uma idade máxima para se submeter à reprodução assistida; na delimitação do número de embriões que podem ser transferidos em cada ciclo; na vedação do caráter comercial ou lucrativo na doação de gametas e embriões; na imposição do anonimato entre doador e donatário, dentre diversas outras hipóteses previstas na Resolução 2.320/2022.[82]

Toda essa discussão acerca do poder normativo do Conselho Federal de Medicina pode parecer periférica ao problema abordado na pesquisa, no entanto, em razão da omissão legislativa nessas temáticas, as resoluções têm se firmado como principal parâmetro normativo para solução de controvérsias relacionadas ao exercício da medicina e suas práticas conexas, sendo tratadas, em muitos casos, como se lei fossem. Basta pensar na resolução que permite a prática da ortotanásia em determinadas circunstâncias (Resolução 1.805/2006), ou aquela que impõe ao médico a adoção de todas as medidas necessárias e reconhecidas para preservar a vida do paciente, independentemente da recusa terapêutica (Resolução 2.232/2019).[83]

Assim, feitas as devidas ressalvas a respeito das resoluções dos conselhos de medicina e seu poder normativo, passa-se a analisar a Resolução 2.320/2022, a qual estabelece as normas éticas para a utilização das técnicas de reprodução assistida, com o objetivo de trazer uma maior segurança e eficácia aos tratamentos e procedimentos médicos.[84] A referida resolução é o principal documento deontológico que aborda a temática reprodução humana assistida no Brasil, uma vez que enfrenta a prática de maneira direta, sem se esquivar das controvérsias éticas que estão envolvidas. A análise será restrita aos dispositivos relativos à utilização dos gametas na reprodução assistida, especialmente aqueles que abordam a sua mercantilização, em razão da delimitação metodológica da presente pesquisa.

A primeira disposição relevante prevê que "[a]s técnicas de RA podem ser utilizadas para doação de oócitos e na preservação de gametas, embriões e tecidos germinativos por razões médicas e não médicas" (Seção I-2). Apesar de parecer uma previsão sem maiores questionamentos éticos e jurídicos, há um extenso debate internacional sobre as causas

---

82. BRASIL. Conselho Federal de Medicina. Resolução CFM 2.320/2022. Adota normas éticas para a utilização das técnicas de reprodução assistida [...]. Diário Oficial da União, 20 set. 2022.
83. BRASIL. Conselho Federal de Medicina. *Resolução CFM 1.805/2006*. Na fase terminal de enfermidades graves e incuráveis é permitido ao médico limitar ou suspender procedimentos e tratamentos que prolonguem a vida do doente [...]. Disponível em: <http://bit.ly/2kAn50K>. Acesso em 14 set. 2019; BRASIL. Conselho Federal de Medicina. *Resolução CFM 2.232/2019*. Estabelece normas éticas para a recusa terapêutica por pacientes e objeção de consciência na relação médico-paciente. Disponível em: <https://bit.ly/31UGfjq>. Acesso em 14 set. 2019.
84. BRASIL. Conselho Federal de Medicina. Resolução CFM 2.320/2022. Adota normas éticas para a utilização das técnicas de reprodução assistida [...]. Diário Oficial da União, 20 set. 2022.

que podem gerar a preservação de gametas, havendo aqueles que defendem a restrição a casos clínicos, especialmente de origem oncológica, enquanto outros defendem uma motivação mais ampla e social para fundamentar a preservação dos gametas, fundado na autonomia procriativa e no livre planejamento familiar.[85]

O consentimento livre e esclarecido é obrigatório em qualquer técnica de reprodução assistida, com o intuito de assegurar a autonomia dos pacientes (Seção I-4). Todavia, o exercício da autonomia em relação à doação de gametas é bastante restringido pela resolução: (i) em relação à idade máxima para a doação – 37 anos para a mulher e 45 anos para o homem (Seção IV-3); (ii) em relação à quantidade de doações feitas por uma mesma pessoa em uma mesma região, com a finalidade de diminuir a probabilidade de ocorrência de relações incestuosas involuntárias (Seção IV-6); (iii) em relação à escolha do doador de gametas, atribuindo-se a competência ao médico assistente, que deverá garantir uma proximidade fenotípica com os receptores (Seção IV-9); e (iv) em relação às finalidades possíveis de fecundação de oócitos, restringindo-se à reprodução humana (Seção I-6).

Outra disposição relevante e com grandes implicações éticas e jurídicas é aquela que impõe o sigilo na prática de doação de gametas e embriões, possibilitando o fornecimento da identidade civil do doador exclusivamente para os médicos em casos excepcionais de necessidade médica (Seção IV-2 e Seção IV-4). Trata-se de uma questão polêmica e que traz desdobramentos jurídicos importantes, como o direito à identidade e à filiação. Em relação à criopreservação, prática que tem ganhado espaço em razão dos avanços nas técnicas de congelamento de óvulos, a resolução permite a criopreservação de gametas, embriões e tecidos gonadais (Seção V-1). Por fim, permite-se a reprodução assistida *post-mortem*, desde que haja autorização prévia específica do *de cujus* para uso do material biológico (Seção VIII).

Após essa breve contextualização de aspectos gerais sobre a regulação de gametas na resolução, deve-se abordar a questão da mercantilização das doações. A resolução é bastante clara ao dispor que "[a] doação não poderá ter caráter lucrativo ou comercial" (Seção IV-1). Não obstante a vedação, permite-se a prática da doação compartilhada de oócitos, prática também admitida, com algumas modificações, em países como a Espanha e o Reino Unido, descrita da seguinte maneira:

> É permitida a doação voluntária de gametas, bem como a situação identificada como doação compartilhada de oócitos em RA, em que doadora e receptora compartilham tanto do material biológico quanto dos custos financeiros que envolvem o procedimento (Seção IV-8).[86]

---

85. Cf. GOOLD, Imogen. Trust women to choose: a response to John A. Robertons's 'Egg frezing and egg banking: empowerment and alienation in assisted reproduction'. *Journal of Law and the Biosciences*, 2017, p. 507-541; GOOLD, Imogen; SAVULESCU; Julian. In favour of freezing eggs for non-medical reasons. *Bioethics*, v. 23, n. 1, 2009, p. 27-58.

86. No Reino Unido, por exemplo, a doação compartilhada de oócitos (*egg sharing*) permite que a mulher que esteja passando por um processo de reprodução assistida doe os óvulos excedentários, mediante um abatimento nas taxas cobradas pelo procedimento, além de permitir uma compensação de até 750 libras. BRANDT, Reuven; WILKINSON, Stephen; NICOLA, Williams. The donation and sale of human eggs and sperm. In: ZALTA, Edward (Ed.). *The Stanford Encyclopedia of Philosophy*, 2017, p. 13.

Deve-se questionar, inicialmente, se há fundamento jurídico para impor uma proibição à comercialização de gametas aos pacientes, uma vez que as resoluções devem ser direcionadas aos médicos e clínicas responsáveis, além de não haver vedação legislativa explícita, como já debatido anteriormente – a não ser que se conclua que a previsão constitucional pode servir como suporte imediato para essa previsão regulamentar.

De mais a mais, questiona-se se há uma diferença estrutural e funcional entre as práticas da doação compartilhada de oócitos e a compra e venda de gametas, de modo que justifique a diferença de regulação. Não seriam ambas maneiras de comercialização, fundadas, em alguma medida, na racionalidade econômica? Argumenta-se que o fato da receptora arcar com partes dos custos financeiros não implicaria em uma contraprestação direta e equivalente, razão pela qual estaria ausente o preço, elemento essencial nos contratos de compra venda. Desse modo, sendo a compra e venda um negócio jurídico, em regra, comutativo, sem a equivalência das prestações não haveria como a doação compartilhada de oócitos se enquadrar nessa tipicidade contratual. Poder-se-ia, no máximo, enquadrá-la como uma doação com encargo, sem descaracterizar a sua gratuidade.[87]

Outro aspecto que afastaria a doação compartilhada da compra e venda seria a maneira que a prática é estruturada no Brasil. Identificam-se duas relações distintas no procedimento. A primeira ocorre entre as mulheres ou casais que buscam as clínicas de reprodução assistida. A segunda ocorre entre as mulheres que optam por compartilhar os óvulos e os custos do procedimento. Acontece que, em razão do anonimato estabelecido pela resolução, não há o contato direto entre doadora e receptora, sendo todo o processo intermediado pela clínica. Assim, a ausência de uma relação direta entre as partes afastaria a prática da compra e venda.[88]

Uma argumentação relevante é aquela que entende que o fundamento para a distinção seria a motivação que leva a mulher a ceder seus gametas e, portanto, submeter-se aos riscos inerentes à prática. Na hipótese da doação compartilhada, já haveria uma intenção de se utilizar as técnicas de reprodução assistida, mas sem condições financeiras para arcar com o custoso procedimento, razão pela qual haveria a escolha de transferir os gametas excedentes a outra mulher que também já teria a intenção de se submeter às técnicas reprodutivas, mas sem condições biológicas para tanto. Por outro lado, na hipótese da compra e venda, a motivação seria estritamente econômica, sendo todo o procedimento conduzido, única e exclusivamente, com a finalidade lucrativa de se vender os gametas. Assim sendo, a distinção moral entre a doação compartilhada e a venda seria a assunção de riscos excessivos causados apenas pelo incentivo econômico, o que poderia viciar o consentimento.[89]

---

87. NAVES, Bruno Torquato de Oliveira; SÁ, Maria de Fátima Freire de. Panorama bioético e jurídico da reprodução humana assistida no Brasil. *Revista de Bioética y Derecho*, v. 34, 2015, p. 71.
88. RAMOS, Ana Virgínia Gabrich Fonseca Freire; COUTO, Débora Soares. Doação compartilhada de oócitos sob os aspectos do direito e da bioética. *Dom Helder Revista de Direito*, v. 1, 2018, p. 150-152.
89. BRANDT, Reuven; WILKINSON, Stephen; NICOLA, Williams. The donation and sale of human eggs and sperm. In: ZALTA, Edward (Ed.). *The Stanford Ecyclopedia of Philosophy*, 2017, p. 14.

Não obstante, em pesquisa na qual se buscou analisar as experiências vivenciadas no processo de doação compartilhada de oócitos, identificou-se que as motivações são múltiplas e variam de acordo as pessoas envolvidas. Dentre os casais participantes, onze mencionaram que o motivo para o compartilhamento de óvulos era o desejo de ajudar outros casais, além dos benefícios pessoais. Seis casais informaram que a motivação era primariamente financeira, mas que também incluía o desejo de ajudar outros casais. Por fim, dois casais afirmaram que a motivação principal seria apenas financeira. Nesse sentido, observa-se o depoimento de um dos casais entrevistados:

> Contra meu melhor julgamento na época, pensei que só faria isso pelo dinheiro, porque eu queria tanto um bebê que faria apenas por razões financeiras. Por nada mais, apenas pensando no dinheiro que entraria. Eu achei que era uma decisão terrível para me basear, mas a minha necessidade de uma criança era tão grande que eu pensei, se essa é a única maneira pela qual seremos capazes de pagar a fertilização *in vitro*, eu farei isso [...] Me senti um pouco culpada por causa da razão pela qual eu queria fazer isso e não ousei dizer [ao conselheiro]: "Estou fazendo isso por razões financeiras".[90]

Dessa maneira, depreende-se que a motivação econômica, ainda que acompanhada de motivações altruísticas, é frequentemente reportada como um fator de grande relevância – enfraquecendo a distinção entre a doação compartilhada e a venda direta dos óvulos. Embora levante uma perspectiva importante, separar a correção moral e jurídica de condutas pela sua motivação é sempre uma tarefa complicada, principalmente em razão das limitações fáticas em se aferir a esfera intencional das pessoas.

Em sentido semelhante, Donna Dickenson aponta a inconsistência da diferenciação entre a doação compartilhada e a compra e venda de gametas, uma vez que as mulheres que decidem compartilhar seus óvulos excedentários se descrevem, muitas das vezes, como desesperadas, já que a prática seria a última alternativa possível para arcar com os altos custos da fertilização *in vitro*.[91] Essa crítica é confirmada pelo depoimento de um casal participante da pesquisa empírica conduzida por Eric Blyth: "um homem afirmou que sua esposa 'eventualmente mudou de ideia em relação ao compartilhamento de óvulos, [como] se fosse um aspecto central. Se quiséssemos ter crianças, teríamos que compartilhar os óvulos'".[92] Em complemento, no desfecho do seu trabalho, conclui que, caso o sistema público de saúde tivesse um acesso mais amplo às técnicas de reprodução assistida, a doação compartilhada de oócitos seria definitivamente menos atrativa para as mulheres que consideram se submeter à essa prática.[93] Assim, pode-se inferir que problemas como a coação e a exploração também podem ocorrer no compartilhamento de oócitos, levantando-se questionamentos sobre a coerência de se regular de maneira distinta práticas com problemas potenciais tão semelhantes.

---

90. BLYTH, Eric. Patient experiences of an 'egg sharing' programme. *Human Fertility*, v. 7, n. 3, 2004, p. 158, tradução nossa.
91. DICKENSON, Donna. Exploitation and choice in the global egg trade: emotive terminology or necessary critique? In: GOODWIN, Michele (Ed.). *The global body market*: altruism`s limits. Cambridge: Cambridge University Press, 2013, p. 31-32.
92. BLYTH, Eric. Patient experiences of an 'egg sharing' programme. *Human Fertility*, v. 7, n. 3, 2004, p. 158.
93. BLYTH, Eric. Patient experiences of an 'egg sharing' programme. *Human Fertility*, v. 7, n. 3, 2004, p. 161.

Por outro lado, há pesquisas que trazem novas perspectivas sobre essa proposição. Em pesquisa empírica qualitativa conduzida por pesquisadores da *Newcastle University*, também se investigou as experiências das mulheres envolvidas no modelo de doação compartilhada de oócitos, com enfoque na ocorrência de exploração durante o procedimento.[94] No trabalho, analisou-se a prática do compartilhamento de óvulos para fins de pesquisas com células tronco, em troca de um abatimento de 1.500 libras nos custos da reprodução assistida – prática permitida no Reino Unido, desde que se cumpram alguns requisitos.[95] Dentre os resultados apresentados, alguns se destacam para o presente debate.

Muitas mulheres entrevistadas reconheceram o potencial para a exploração que o compartilhamento de óvulos pode causar, especialmente a grupos vulneráveis, tanto em termos emocionais, quanto patrimoniais. A comparação com outras práticas comuns no contexto da reprodução assistida também foi um aspecto mencionado por várias mulheres. Nesse sentido, os custos elevados das clínicas privadas, a venda de óvulos pela internet e o compartilhamento de óvulos com outros casais foram situações mencionadas com um potencial mais elevado para a exploração. Todavia, um aspecto foi abordado de maneira mais proeminente dentre as mulheres participantes. Houve uma forte defesa no sentido de garantir a autonomia das mulheres para tomada de decisões que afetem o seu próprio corpo, especialmente por se tratar de uma situação em que todos os envolvidos teriam algum tipo de benefício. Veja-se, nesse sentido, um dos depoimentos colhidos pelos pesquisadores:

> Pessoalmente, não acredito de maneira alguma [que houve exploração], porque foi uma escolha plena [...] foi apenas um folheto que eu tinha visto, não foi forçado, nem nada do tipo, foi apenas informativo [...] Se alguém está desesperado e não pode pagar por um ciclo completo, pode decidir fazer isso quando realmente não quer, mas ainda é uma escolha. O centro de pesquisa não está forçando [ninguém a compartilhar].[96]

Em síntese, os autores concluem que a exploração não é um relato frequente entre as mulheres que se submetem ao compartilhamento de óvulos para fins de pesquisa, embora haja um amplo reconhecimento da potencialidade da sua ocorrência, especialmente entre grupos vulneráveis. Ainda, houve uma defesa proeminente da autonomia corporal das mulheres, desde que decorrente de um consentimento informado. Contudo, se a

---

94. HAIMES, Erica; TAYLOR, Ken; TURKMENDAG, Ilke. Eggs, ethics and exploitation? Investigating women's experiences of an egg sharing scheme. *Sociology of Health & Illness*, v. 34, n. 8, 2012, p. 1199-1214.

95. (i) A mulher deve se apresentar voluntariamente; (ii) A mulher já deve ter se submetido à FIV previamente; (iii) A mulher deve ter menos de 35 anos; (iv) As informações sobre o esquema devem ser prestadas e o consentimento deve ser obtido por uma enfermeira independente; (v) Se a mulher produzir seis ou mais óvulos, metade será destinada para a pesquisa com células tronco; (vi) Se a mulher produzir cinco ou menos óvulos, ela poderá permanecer com todos e ainda receber o desconto; (vii) A mulher pode mudar de ideia a qualquer momento até a retirada dos óvulos, mas terá, nesse caso, que pagar com os custos totais do tratamento. HAIMES, Erica; TAYLOR, Ken; TURKMENDAG, Ilke. Eggs, ethics and exploitation? Investigating women's experiences of an egg sharing scheme. *Sociology of Health & Illness*, v. 34, n. 8, 2012, p. 1201.

96. HAIMES, Erica; TAYLOR, Ken; TURKMENDAG, Ilke. Eggs, ethics and exploitation? Investigating women's experiences of an egg sharing scheme. *Sociology of Health & Illness*, v. 34, n. 8, 2012, p. 1206.

linha de argumentação caminha em direção à efetivação da autonomia das mulheres, não deveria tal argumentação também ser expandida para a compra e venda de óvulos e outras práticas similares? Quais seriam as diferenças estruturais e funcionais entres as práticas a ponto de justificar a proibição de uma e a permissão da outra? A ponderação feita por Donna Dickenson parece ser correta: a distinção dessas práticas seria muito mais uma questão terminológica, buscando-se afastar a linguagem do mercado e as críticas em relação à exploração, do que uma diferença intrínseca entre essas práticas.[97] No entanto, essa discussão será aprofundada com maior rigor nos capítulos subsequentes.

5. OS PARADOXOS DA IMPORTAÇÃO DE GAMETAS

A importação de gametas tem crescido de maneira vertiginosa no Brasil, conforme relatórios publicados pela ANVISA, amplamente discutidos alhures.[98] A partir dos dados fornecidos, faz-se necessário evidenciar as incoerências em se reconhecer a validade da importação de gametas de países em que se permite a compra e venda ou a compensação pela doação, enquanto se proíbe, ao menos hipoteticamente, tal prática em território nacional.

Poder-se-ia pensar que a importação dos gametas tem sido efetivada de maneira informal, às margens da regulação estatal. Contudo, essa inferência é equivocada. A Agência Nacional de Vigilância Sanitária deve, obrigatoriamente, participar de todos os procedimentos para importação de materiais de origem humana, tais como órgãos, tecidos e células. A referida agência é uma autarquia sob o regime especial, criada pela Lei 9.782/1999. A sua finalidade institucional consiste em promover a proteção da saúde da população por intermédio do controle sanitário da produção e consumo de produtos e serviços submetidos à vigilância sanitária, inclusive dos ambientes, dos processos, dos insumos e das tecnologias a eles relacionados, bem como o controle de portos, aeroportos, fronteiras e recintos alfandegados.[99]

Em relação à importação de células reprodutivas humanas, o procedimento está previsto na Resolução da Diretoria Colegiada (RDC) 81, publicada em 5 de novembro de 2008, com alterações posteriores.[100] Dentre as normas previstas, destacam-se as seguintes: (i) necessidade da manifestação expressa e favorável da ANVISA previamente ao seu embarque no exterior; (ii) responsabilização pessoal do profissional que realizará o procedimento de reprodução humana assistida e do responsável legal da instituição

---

97. DICKENSON, Donna. Exploitation and choice in the global egg trade: emotive terminology or necessary critique? In: GOODWIN, Michele (Ed.). *The global body market*: altruism`s limits. Cambridge: Cambridge University Press, 2013, p. 31-32

98. ANVISA. Agência Nacional de Vigilância Sanitária. *1º Relatório de amostras seminais para uso em reprodução humana assistida*. Brasília, 2017; ANVISA. Agência Nacional de Vigilância Sanitária. *2º Relatório de dados de importação de células e tecidos germinativos para uso em reprodução humana assistida*. Brasília, 2018.

99. ANVISA. Agência Nacional de Vigilância Sanitária. *Institucional*. Disponível em:<http://bit.ly/2CMscjA>. Acesso em 16 nov. 2019.

100. ANVISA. Agência Nacional de Vigilância Sanitária. *Resolução da Diretoria Colegiada 81, de 5 de novembro de 2008*. Dispõe sobre o Regulamento Técnico de Bens e Produtos Importados para fins de Vigilância Sanitária. Disponível em: <http://bit.ly/33O9eFg>. Acesso em 16 nov. 2019.

de saúde onde o procedimento será realizado; (iii) obrigação pelo cumprimento das normas regulamentares e legais pelas medidas, formalidades e exigências do processo administrativo de importação; (iv) necessidade de identificação do Banco de Células e Tecidos Germinativos no qual o material será armazenado e do estabelecimento de saúde onde o procedimento terapêutico será realizado, com identificação das respectivas licenças sanitárias.[101]

Exige-se também a identificação do material biológico com a descrição da sua quantidade; a identificação da receptora, do casal receptor ou do proprietário; a justificativa da importação; as condições de armazenamento e de acondicionamento até o momento de sua utilização; o país de origem e de procedência do material a ser importado; a identificação do transportador; o local e a data prevista para sua chegada. No caso específico de importação de gametas, exige-se, ainda, a identificação, o endereço completo e os documentos da instituição fornecedora; os dados fenotípicos do doador; e os documento comprobatórios da ausência de células ou tecidos germinativos disponíveis no país.[102]

Há também diversas regras de caráter técnico sobre o acondicionamento e transporte do material na resolução em análise. Contudo, para o propósito da pesquisa, as informações apresentadas são suficientes. Uma vez que todo o procedimento de importação é regulado e fiscalizado de maneira minuciosa pela ANVISA, não há a possibilidade de desconhecimento da origem dos gametas, inclusive suas repercussões econômicas. Embora a resolução não entre no mérito da comercialização e outras matérias relacionadas ao cumprimento da lei, estabelece que "caberá ao importador a obrigação pelo cumprimento das normas regulamentares e legais, medidas, formalidades e exigências ao processo administrativo de importação".[103] Não obstante tal previsão, por ser uma autarquia federal, seus limites normativos se encontram amparados estritamente na legislação. Não seria lícito regular a importação de substâncias que são proibidas pela lei, por violar sua competência regulatória. Admitir o contrário seria equivalente a aceitar a possibilidade de se regular a importação de drogas ilícitas.

A compra e venda internacional de mercadorias, embora admita uma variação a respeito das normas jurídicas incidentes sobre o negócio jurídico, não pode violar preceitos de ordem pública. Assim, se a compra e venda de gametas em território nacional é vedada, não seria possível interpretar de maneira distinta no caso de compra e venda internacional, uma vez que se criaria um paradoxo legislativo. Nesse sentido, pode-se afirmar que o Brasil se tornou cúmplice do modelo de livre mercado praticado nos Estados Unidos. Trata-se de uma abordagem hipócrita, como se o direito tivesse

---

101. ANVISA. Agência Nacional de Vigilância Sanitária. *Processo para autorização de importação de pré-embriões humanos dos próprios genitores e de importação de sêmen para utilização em reprodução humana assistida.* Disponível em: <http://bit.ly/2NR6HER>. Acesso em 16 nov. 2019.

102. ANVISA. Agência Nacional de Vigilância Sanitária. *Processo para autorização de importação de pré-embriões humanos dos próprios genitores e de importação de sêmen para utilização em reprodução humana assistida.* Disponível em: <http://bit.ly/2NR6HER>. Acesso em 16 nov. 2019.

103. ANVISA. Agência Nacional de Vigilância Sanitária. *Resolução da Diretoria Colegiado 81, de 5 de novembro de 2008.* Dispõe sobre o Regulamento Técnico de Bens e Produtos Importados para fins de Vigilância Sanitária. Disponível em: <http://bit.ly/33O9eFg>. Acesso em 16 nov. 2019. Capítulo XXIII, Seção I, dispositivo 4.

uma pretensão de validade puramente nacionalista ou territorialista. Ainda, essa abordagem afasta qualquer argumentação ética que, no plano de justificação das normas, fundamenta a proibição de comercialização de "substâncias humanas", uma vez que a racionalidade ética levanta uma pretensão de universalidade. Desse modo, defender que uma prática rompe com padrões éticos e jurídicos em âmbito nacional, implica, obrigatoriamente, a necessidade de se estender a mesma racionalidade a outros contextos, ainda que estrangeiros.

Ainda assim, como observa Guido Pennings, esse tipo de abordagem tem se tornado comum na regulação das biotecnologias e biomateriais. Um exemplo conhecido é o da produção de embriões humanos com a finalidade de serem utilizados em pesquisas com células tronco. Em razão do contestado status moral dos embriões, muitos países proibiram ou limitaram a sua utilização com esse propósito. Contudo, devido ao potencial que as pesquisas com células tronco embrionárias possuem, países que adotaram medidas restritivas, a exemplo da Alemanha e da Itália, passaram a admitir a importação de embriões de países com uma legislação mais permissiva. A contradição é evidente: defende-se que o uso de embriões em pesquisas é errado, mas somente se forem embriões dos seus próprios cidadãos. Mais uma vez, entende-se que tais países se tornam cúmplices das práticas que desejam desestimular, perpetuando e fortalecendo uma situação no exterior que pretendem abolir em seus próprios territórios. Assim, não há qualquer tipo de superioridade moral ou distinção jurídica entre países que adotam um modelo de regulação calcado na importação – lógica que também pode ser observada em outros tópicos, como nas pesquisas com animais.[104]

Um caminho mais coerente, ainda que se discorde do conteúdo, pode ser observado no modelo francês. Em 2012, o Diretor Geral da Saúde escreveu uma carta para todos os diretores de clínicas de fertilidade da França informando que a obtenção de gametas de clínicas estrangeiras que não cumprissem os requisitos impostos pela legislação francesa poderia ser punida com pena de prisão e multa de 75 mil euros. Dentre os diversos limites impostos pela legislação francesa – casais heterossexuais, vivos, em idade reprodutiva, anonimato dos doadores e dos recipientes, motivação altruística e triagem dos doadores –, a proibição do pagamento se destaca. A França é um dos países europeus com regras mais rígidas em relação à compensação, limitando-se ao reembolso das despesas devidamente comprovadas.[105] Assim, pode-se concluir que a importação somente ocorre de maneira coerente quando se desenvolve em conformidade com as regras internas de cada sistema jurídico.

O grande problema é que a reprodução humana assistida é um tema complexo, de maneira que a total identificação na regulação de diferentes países é bastante improvável.

---

104. PENNINGS, Guido. Import and export of gametes: ethical and legal issues. In: LUNDIN, Susanne; PETERSEN, Michael; KROLØKKE, Charlotte et al. *Global bodies in grey zones*: health, hope, biotechnology. Stellenbosch: Sun Press 2016, p. 115-116.
105. PENNINGS, Guido. Import and export of gametes: ethical and legal issues. In: LUNDIN, Susanne; PETERSEN, Michael; KROLØKKE, Charlotte et al. *Global bodies in grey zones*: health, hope, biotechnology. Stellenbosch: Sun Press 2016, p. 113-114.

No caso do Brasil, embora não haja lei específica que aborde o tema – o que poderia afastar essa objeção – pode-se adotar a resolução do Conselho Federal de Medicina, uma vez que vincula as clínicas que efetuam os procedimentos. Além das diferenças em relação ao pagamento, compensação e compartilhamento de óvulos, já mencionadas anteriormente, há diversas outras nuances que devem ser analisadas. Pennings destaca três aspectos centrais que tornam a importação e exportação de gametas uma temática tão complexa. Primeiro, haveria uma dificuldade em se controlar os limites de descendentes gerados com os gametas de um mesmo doador. Trata-se de um aspecto importante e presente em diversas legislações, buscando-se a diminuição das chances de um relacionamento incestuoso. Contudo, o grande problema seria de ordem prática: como controlar a maneira que as clínicas internacionais estão utilizando os gametas? Os limites seriam restritos a cada país ou seria um limite global? Segundo, haveria o problema do anonimato, uma vez que cada país possui um entendimento diferente em relação a essa temática. Assim, questiona-se: qual legislação deve ser aplicada? A do país que exportou ou a do país que importou os gametas? Por fim, há o problema da obtenção do consentimento informado específico para essa finalidade, o que parece não estar sendo efetivado pelas clínicas. Desse modo, deve-se buscar um consentimento específico para a exportação? O doador teria o direito de restringir a cessão a certos países ou etnias? Como se percebe, a importação de gametas engendra problemas bastante amplos e complexos, para além da comercialização.[106]

Em sucinto artigo, Chin Heng sintetiza os principais problemas éticos e jurídicos nas transações internacionais de esperma e óvulos. Em primeiro lugar, destaca a contradição que existe na importação de gametas de países que possuem regulações distintas em relação à compensação do doador. Também é evidenciado o problema decorrente da ausência de uma legislação internacional clara e transparente para regular a prática da importação. No caso da cessão de óvulos congelados, o autor aponta que o uso da técnica ainda apresentaria taxas mais baixas de sucesso e que isso deveria ser devidamente informado. No entanto, desde a data de publicação do artigo, as técnicas evoluíram consideravelmente, apresentando índices similares à fertilização com óvulos frescos. Por fim, defende a necessidade de barreiras regulatórias para que as clínicas de fertilidade não atuem como corretoras de gametas.[107]

Dessa maneira, conclui-se que a importação de gametas desafia as regulações internas de cada país, além de contestar os fundamentos éticos para a proibição da comercialização de gametas humanos. Estabelecer rígidos parâmetros para a cessão de gametas em território nacional e desconsiderá-los completamente no contexto internacional é um paradoxo que somente se explica pela ausência de clareza no debate sobre a comodificação do corpo humano. Assim, argumenta-se que, independentemente da

---

106. PENNINGS, Guido. Import and export of gametes: ethical and legal issues. In: LUNDIN, Susanne; PETERSEN, Michael; KROLØKKE, Charlotte et al. *Global bodies in grey zones*: health, hope, biotechnology. Stellenbosch: Sun Press 2016, p. 109-110, 115.

107. HENG, Boon Chin. Legal and ethical issues in the international transaction of donor sperm and eggs. *The Journal of Assisted Reproduction and Genetics*, v. 24, 2007, p. 107-109.

maneira com que se regula a reprodução assistida, deve-se aplicar as mesmas regras e princípios nos casos de importação, sob pena de se criar uma nova forma de turismo de direitos em que, ao invés do movimento das pessoas, deslocam-se os próprios materiais humanos. Essa abordagem tem como principal efeito o enfraquecimento da validade e efetividade do direito interno, devendo, portanto, ser afastada.

6. A VENDA DE GAMETAS E SUAS IMPLICAÇÕES JURÍDICAS

Suponha que alguém tenha vendido seus gametas mediante um contrato de compra e venda celebrado no Brasil. Quais seriam as consequências jurídicas dessa conduta? Haveria a prática de um crime tipificado pela legislação penal? Haveria alguma invalidade no negócio jurídico? O contrato poderia ser exigido judicialmente? Essas são algumas questões que podem ajudar a compreender a situação jurídica dos gametas a partir do direito brasileiro.

A Constituição da República de 1988 estabelece como direito fundamental o princípio da legalidade, segundo o qual "não há crime sem lei anterior que o defina, nem pena sem prévia cominação legal".[108] Desse modo, faz-se necessário verificar se há, na legislação brasileira vigente, alguma norma que tipifique criminalmente a compra e venda de gametas humanos. Três são as leis que versam, de maneira direta, sobre comercialização de materiais de origem humana no ordenamento jurídico nacional: a Lei de Doação de Órgãos, Tecidos e Partes do Corpo Humano (Lei 9.434/1997); a Lei de Doação de Sangue (Lei 10.205/2001); e a Lei de Biossegurança (Lei 11.105/2005).

A Lei 9.434/1997 criminaliza a compra e venda de órgãos, tecidos e partes do corpo humano, estabelecendo uma pena de reclusão de três a oito anos e multa (art. 15). Acontece que a própria lei exclui do seu âmbito normativo o sangue, o esperma e o óvulo (art. 1º, parágrafo único). Assim, não há como realizar uma interpretação extensiva para incluir a criminalização de gametas, uma vez que a exclusão é expressa.[109]

A Lei 10.205/2001 proíbe a compra, venda e qualquer outro tipo de comercialização do sangue, seus componentes e derivados, considerados assim os produtos e subprodutos originados do sangue humano venoso, placentários ou de cordão umbilical (arts. 1º e 2º). Ainda, estabelece como princípios da Política Nacional de Sangue a proibição de remuneração ao doador pela doação de sangue e de comercialização da coleta, processamento, estocagem, distribuição e transfusão do sangue, componentes e hemoderivados (art. 14º, incisos III e IV). Contudo, não obstante a vedação, não há a criminalização das condutas mencionadas.[110]

---

108. BRASIL. *Constituição da República Federativa do Brasil de 1988*. Disponível em: <http://bit.ly/2zaHKw2>. Acesso em 19 ago. 2019, art. 5º, inciso XXXIX.
109. BRASIL. *Lei 9.434, de 4 de fevereiro de 1997*. Dispõe sobre a remoção de órgãos, tecidos e partes do corpo humano para fins de transplante e tratamento. Disponível em: <http://bit.ly/2Ke5fdt>. Acesso em 12 nov. 2019.
110. BRASIL. *Lei 10.215, de 21 de março de 2001*. Regulamenta o § 4º do art. 199 da Constituição Federal, relativo à coleta, processamento estocagem, distribuição e aplicação do sangue, seus componentes e derivados. Disponível em: <http://bit.ly/2Od9ibf>. Acesso em: 12 nov. 2019.

Por fim, a Lei 11.105/2005 proíbe a comercialização de embriões e células tronco embrionárias, equiparando a sua prática ao crime de comercialização de órgãos, tecidos e partes do corpo humano (art. 5º, parágrafo 3º). A única menção que existe em relação às "células germinais humanas" dispõe sobre a proibição de engenharia genética, sendo tal conduta punida com reclusão e multa (art. 25).[111] Dessa maneira, a única conclusão possível é no sentido de não haver a criminalização da compra e venda de gametas humanos no Brasil.[112]

Sob a perspectiva do direito privado, a investigação gira em torno das invalidades do negócio jurídico. Além da possibilidade de ocorrência de vícios do consentimento, comum a todos os negócios jurídicos, a única hipótese que poderia conduzir à invalidade do contrato de compra e venda de gametas humanos seria a ilicitude do objeto, ou, de maneira mais ampla, a proibição da prática sem cominação de sanção, conforme previsto no art. 166, incisos II e VII do Código Civil de 2002. Segundo Marcos Bernardes de Mello, a ilicitude do objeto seria caracterizada por sua contrariedade ao direito, aos bons costumes e à ordem pública.[113] Embora os conceitos de bons costumes e ordem pública sejam extremamente contestados, no caso em análise o fundamento seria a vedação constitucional do art. 199, parágrafo 4º da Constituição da República, ocasionando uma hipótese de nulidade do negócio jurídico.

A teoria das invalidades do negócio jurídico é uma das matérias que mais enseja dúvidas e interpretações equivocadas no âmbito civilístico, como recorda Valle Ferreira.[114] Um ponto em que há bastante divergência na literatura diz respeito aos efeitos do negócio jurídico nulo. Para alguns, o negócio jurídico nulo não estaria apto a produzir qualquer efeito.[115] Para outros, o negócio jurídico nulo não produziria efeitos jurídicos, mas apenas efeitos aparentes ou puramente fáticos.[116] Ainda, há aqueles que compreendem que a nulidade do negócio jurídico não impediria a produção de efeitos jurídicos, em decorrência da separação dos planos negociais (existência, validade e eficácia).[117]

Independentemente da classificação que se atribua aos efeitos do negócio jurídico, parece ser inegável que a nulidade não tem o poder de impedir a ocorrência de consequências fáticas e jurídicas que deverão ser desconstituídas, se possível, posteriormente. Aqui, mais uma vez, há uma robusta divergência entre os estudiosos. Há aqueles que

---

111. BRASIL. Lei 11.105, de 24 de março de 2005. Regulamenta os incisos II, IV e V do § 1º do art. 225 da Constituição Federal, estabelece normas de segurança e mecanismos de fiscalização de atividades que envolvam organismos geneticamente modificados e seus derivados. Disponível em: <http://bit.ly/2q8XSgo>. Acesso em: 12 out. 2019.
112. STANCIOLI, Brunello. Geração X: Lei não prevê crime para venda de óvulos. *Consultor Jurídico*, 28 abr. 2013.
113. MELLO, Marcos Bernardes de Mello. *Teoria do fato jurídico*: plano da validade. 14. ed. São Paulo: Saraiva, 2015, p. 133.
114. VALLE FERREIRA, José. Subsídios para o estudo das nulidades. *Revista da Faculdade de Direito da UFMG*, Belo Horizonte, v. 3, p. 29-38, 1963.
115. GOMES, Orlando. *Introdução ao Direito Civil*. 10. ed. Rio de Janeiro: Forense, 1992, p. 486-487; PEREIRA, Caio Mário da Silva. *Instituições de Direito Civil*: 22. ed. Rio de Janeiro: Forense, 2007. v. I.
116. MELLO, Marcos Bernardes de Mello. *Teoria do fato jurídico*: plano da validade. 14. ed. São Paulo: Saraiva, 2015, p. 279-280.
117. GUERRA, Alexandre. *Princípio da conservação dos negócios jurídicos*: a eficácia jurídico-social como critério da superação das invalidades negociais. São Paulo, Almedina, 2016, p. 140.

defendem a natureza meramente declaratória da sentença que reconhece a nulidade, enquanto outros compreendem a sua natureza desconstitutiva. Contudo, a respeito dos efeitos da sentença que reconhece a nulidade, parece haver uma convergência na literatura no sentido de possuir efeitos *ex tunc* – consenso que inexiste no caso de anulabilidade.[118]

Assim, torna-se possível o retorno ao problema em análise. Uma vez celebrado um contrato de compra e venda de gametas, caso corresponda a um negócio nulo, a consequência seria a desconstituição do negócio jurídico e o retorno ao *status quo ante*. Não obstante, em relação à transferência onerosa de gametas, de que maneira isso seria possível? Se os gametas vendidos tiverem sido criopreservados *in natura*, seria possível transferir a titularidade novamente ao vendedor, com a devolução do pagamento ao comprador. Por outro lado, se os gametas já tiverem sido utilizados para a formação de um embrião *in vitro*, a devolução seria inviável, uma vez estar fundido de maneira indissociável a outro gameta. Impor a destruição do embrião como consequência de um negócio jurídico nulo parece configurar um exercício abusivo de direito – portanto, um ato ilícito.[119]

De todo modo, a prática médica demostra que, nos casos de doação ou importação de gametas, a tendência é que eles sejam utilizados imediatamente para dar sequência às técnicas de reprodução assistida. Não há razões para manter os gametas congelados, com o pagamento de altas taxas para a criopreservação, quando há a possibilidade de adquiri-los novamente, caso seja necessário. Ainda, é comum que já sejam formados embriões, ao invés de manter os gametas separados. Desse modo, o retorno ao *status quo ante* seria uma situação virtualmente impossível na maioria dos casos de transferência gratuita ou onerosa de gametas.

Essas reflexões retratam a dificuldade em se aplicar a teoria das invalidades do negócio jurídico a situações que não são estritamente patrimoniais, fugindo do escopo originário desse arcabouço teórico. Nesse sentido, interessante é o exemplo apresentado por Taisa Maria Macena de Lima e Maria de Fátima Freire de Sá a respeito de uma situação hipotética em que um menor realiza uma doação de medula óssea em contrariedade com o procedimento previsto na Lei 9.434/1997:

> Em caso de autorização dada apenas pelo pai, ou havendo apenas um dos pais e este tenha sido destituído da autoridade parental, ou este pai tenha se tornado incapaz, existiria vício na declaração de vontade. Assim, não haveria consentimento válido para o transplante. Ocorre que as normas

---

118. VALLE FERREIRA, José. Subsídios para o estudo das nulidades. *Revista da Faculdade de Direito da UFMG*, Belo Horizonte, v. 3, p. 29-38, p. 36-38.

119. O exemplo se torna ainda mais esdrúxulo quando aplicado à doação de órgãos e tecidos humanos. Seria possível reconhecer a invalidade de um negócio jurídico de doação de rins em decorrência de erro ou coação? Para além de uma mera ficção jurídica, há diversos relatos na mídia de pessoas que buscam invalidar a doação, seja porque precisaram do órgão em momento posterior, ou porque se arrependeram do ato, ou porque consideram o negócio inválido. Em 2014, por exemplo, uma mulher britânica buscou a retomada do rim doado ao marido, uma vez que, pouco tempo após o ato de altruísmo, o marido a abandonou. Assim, além da indignação com a situação, pode-se pensar em uma avaliação equivocada da realidade, o que poderia ensejar a anulabilidade. Cf. WOMAN who donated kidney to husband now wants it back. *HuffPost*, 29 Jan. 2014. Disponível em: <https://bit.ly/3wiROhN>. Acesso em 19 mai. 2020.

jurídicas são fisicamente violáveis, não se podendo, por isso, afastar a possibilidade de realização da intervenção médica a despeito da proibição legal. E, uma vez realizada a cirurgia, o ato jurídico, embora nulo, terá produzido os efeitos desejados pelas partes. Tais efeitos não podem ser apagados do mundo jurídico, em face da sua irreversibilidade no âmbito da facticidade. A declaração de nulidade do ato de consentimento para o transplante seria relevante para apuração de responsabilidade do representante do incapaz ou mesmo a apuração de uma eventual responsabilidade médico-hospitalar.[120]

Dessa maneira, a consequência se daria de maneira mais contundente na seara deontológica, de acordo com as sanções impostas pelo Conselho Federal de Medicina. Como a Resolução 2.320/2022 proíbe uso comercial ou lucrativo na doação de gametas e embriões, o médico que intermedeia ou facilita a compra e venda desses biomateriais poderia sofrer as penas disciplinares previstas na Lei 3.268/1957, especialmente o médico responsável pela direção técnica da clínica de reprodução assistida. As penas previstas são as seguintes: (i) advertência confidencial em aviso reservado; (ii) censura confidencial em aviso reservado; (iii) censura pública em publicação oficial; (iv) suspensão do exercício profissional até 30 dias; (v) cassação do exercício profissional, *ad referendum* do Conselho Federal (Art. 22).

Mais uma vez, faz-se necessário ressaltar que, embora as resoluções do Conselho Federal de Medicina sejam direcionadas aos médicos e clínicas, acabam por atingir o exercício de liberdades fundamentais dos pacientes. Assim, o risco de punição disciplinar pode acabar por inviabilizar uma série de práticas que não possuem vedação legal expressa.

Por fim, a título de comparação, torna-se relevante analisar a abordagem adotada pelo direito francês após uma série de alterações normativas implementadas por meio da Lei de Bioética, em 1994.[121] Assim como hoje ocorre no direito brasileiro, o ordenamento jurídico francês era bastante impreciso e lacunoso em relação à regulação do corpo humano e seus elementos, especialmente no que diz respeito ao seu uso econômico. Dentre as modificações implementadas no âmbito do direito civil, destacam-se aquelas relativas ao segundo capítulo do *Code Civil*, denominado "Do respeito ao corpo humano". Em relação ao comércio de gametas, duas alterações são relevantes: a primeira diz respeito ao artigo 16-1, em que se determinou que "[o] corpo humano, seus elementos e seus produtos não podem ser objetos de direitos patrimoniais"; a segunda diz respeito ao artigo 16-5, em que se estabeleceu que "[a]cordos que têm por efeito a atribuição de valor patrimonial ao corpo, seus elementos ou produtos são nulos".[122] Houve também alterações importantes no Código Penal, sendo a disposição do artigo 511-4 a mais significativa, como se observa em seus próprios termos:

---

120. LIMA, Taisa Maria Macena de; SÁ, Maria de Fátima Freire de. Aplicação da teoria das nulidades aos atos jurídicos existenciais. In: TEIXEIRA, Ana Carolina Brochado; RIBEIRO, Gustavo Pereira Leite. (Org.). *Manual de Teoria Geral do Direito Civil*. Belo Horizonte: Del Rey, 2011, p. 670.

121. BERGEL, Salvador Darío. Aportes para un estatuto de las partes separadas del cuerpo. *Alegatos*, n. 82, México, 2012, p. 706.

122. FRANCE. *Code Civil*. Disponível em: <https://bit.ly/32zOkdx>. Acesso em 28 ago. 2020, tradução nossa.

A obtenção de tecidos orgânicos humanos, células ou produtos corporais de outra pessoa em troca de qualquer forma de pagamento é punida com cinco anos de prisão e multa de € 75.000. As mesmas penalidades se aplicam à atuação como intermediário para facilitar a aquisição de tecidos orgânicos humanos, células ou produtos humanos em troca de qualquer forma de pagamento, ou ao fornecimento de tecidos orgânicos humanos, células ou produtos do corpo de terceiros mediante pagamento.[123]

Dessa maneira, percebe-se que a regulação dessa matéria pelo direito francês, ainda que seja passível de críticas,[124] é mais precisa e clara em comparação com o direito brasileiro – seja em relação aos termos utilizados, seja em relação às consequências no âmbito do direito civil e do direito penal.

7. CONCLUSÃO

Ao longo do capítulo, tentou-se estabelecer os "inegáveis pontos de partida" do debate acerca da mercantilização de gametas humanos. Verificou-se que não há legislação específica sobre o tema no Brasil, razão pela qual a previsão constitucional que proíbe a comercialização de órgãos, tecidos e substâncias humanas se impõe como principal cânone hermenêutico para a compreensão do fenômeno moral da comodificação do corpo humano.

A única maneira de inserir os gametas no escopo proibitivo da norma constitucional é enquadrá-los nos limites semânticos do termo "substâncias humanas". A redação pré-moderna e metafísica do texto normativo não contribui para a sua delimitação conceitual. Adotando-se uma interpretação generalista, englobaria a vedação de comercialização de qualquer matéria de origem humana, inclusive aquelas sobre as quais não há qualquer problematização ética e jurídica, a exemplo dos cabelos. Ainda, uma interpretação generalista poderia levar a questionamentos acerca de substâncias produzidas sinteticamente, mas com a mesma composição química das substâncias humanas, como no caso dos hormônios. Por outro lado, negar qualquer força normativa ao termo em questão, parece contrariar os designíos da norma constitucional – a *mens legis*. Não se pode ignorar o texto normativo com base em valores ou crenças pessoais, sendo, portanto, necessário buscar parâmetros hermenêuticos mais amplos para resolver o problema apresentado.

O ordenamento jurídico brasileiro se posiciona, em diversos níveis e em momentos diferentes, de maneira contrária ao uso comercial do corpo humano. Essa conclusão pode ser alcançada com base na investigação histórica da norma constitucional, além das disposições previstas na Lei de Doação de Órgãos e Tecidos Humanos, Lei de Doação de Sangue, Lei de Biossegurança e, até mesmo, na Lei de Propriedade Industrial. O próprio Código Civil, embora não tenha previsão específica sobre o tema, é compreendido, de maneira majoritária, como um corpo legislativo que proíbe o uso comercial do corpo humano, fundado em uma leitura naturalizada dos direitos da personalidade. Assim,

---

123. FRANCE. *Code Pénal*. Disponível em: <https://bit.ly/34Jz68M>. Acesso em 28 ago. 2020, tradução nossa.

124. BAUD, Jean-Pierre. *Il caso della mano rubata*. Tradução de Laura Colombo. Milano: Giuffrè Editore, 2003, p. XIII.

em uma hermenêutica holística do ordenamento jurídico brasileiro, tem-se que a interpretação mais coerente é aquela que atribui uma vedação ampla de comercialização do corpo e dos elementos corpóreos, incluindo-se, portanto, os gametas. Contudo, não se trata da única interpretação possível, não podendo ser compreendida de modo absoluto.

Como será construído ao longo deste trabalho, a comodificação do corpo humano ocorre de diversas maneiras e intensidades, apresentando nuances próprias em cada hipótese. Caso houvesse uma proposição absoluta e generalista, haveria até mesmo a vedação ao trabalho remunerado, uma vez que representa, em alguma medida, um uso comercial do corpo. O texto normativo não deixa evidente se o que se proíbe é a comercialização dos elementos corpóreos, como sangue, gametas e órgãos, ou os atos que envolvem a comercialização. Nesse sentido, a venda de gametas pode ser descrita ao menos de duas maneiras distintas: na primeira, o fornecedor de gametas recebe o pagamento pela entrega dos gametas em si; na segunda, o fornecedor de gametas seria remunerado pelo serviço prestado, mas não pelos gametas. Trata-se de um fenômeno que não consegue ser explicado e regulado de maneira eficiente pelo ordenamento jurídico brasileiro.

Ainda, como se argumentou ao longo deste capítulo, proibir a compra e venda direta dos gametas enquanto se permite a concessão de benefício indiretos, doação compartilhada de oócitos e, principalmente, a importação de gametas de países em que se permite a ampla comercialização é uma abordagem paradoxal. Trata-se, em última instância, de uma distinção que busca seus fundamentos na carga axiológica e simbólica que termos como comercialização e comodificação carregam, especialmente quando aplicado ao corpo e seus elementos.

Assim, compreende-se que a resposta se encontra na análise minuciosa e casuística a respeito das práticas de comodificação. Defende-se a proposição de que há uma proibição ampla de comercialização do corpo e dos elementos corpóreos, contudo, trata-se de uma posição *prima facie*, podendo ser afastada quando a "substância" não se enquadrar como órgão, tecido, sangue ou hemoderivado. Nesse caso, há o ônus argumentativo de se demonstrar as razões para o não enquadramento na vedação do art. 199, § 4º da Constituição da República.

Não obstante, para além da discussão sobre os elementos corpóreos que devem ser enquadrados no escopo do dispositivo constitucional, há uma outra linha argumentativa que parece ser mais promissora, ainda em uma proposta de *lege lata*. Trata-se da controvérsia acerca das práticas que configuram uma comercialização indevida do corpo, suas partes e substâncias. Assim, o debate se instaura não em relação ao que deve ser comercializado, mas em relação ao que constitui a comercialização. A partir do momento em que o Supremo Tribunal Federal passa a entender que benefícios indiretos não estão enquadrados na vedação imposta pelo art. 199, § 4º da Constituição de República, há uma vasta gama de situações que podem ser excepcionadas da vedação constitucional.

Se o que se veda é apenas a vantagem pecuniária, o dinheiro em espécie, a amplitude da proibição se torna bastante limitada. Os exemplos mencionados ao longo do capítulo comprovam essa afirmação: meia-entrada em eventos culturais e isenção no pagamento de taxas para concursos públicos nos casos de comprovação de doação de sangue, pagamento das custas com sepultamento e funeral nos casos de doação de órgãos, isenções e abatimentos em tributos para incentivar as mais diversas práticas de doação. No caso dos gametas, pode-se pensar na permissão da compensação pelo desgaste físico e emocional envolvidos no processo de doação, nas conhecidas práticas de doação compartilhada de oócitos, na permuta por procedimentos clínicos para os doadores de gametas, e assim por diante.

Em última instância, trata-se de uma questão linguística e da semiótica inerente à linguagem. Uma vez que os benefícios indiretos também possuem valor econômico, a permissão destes, em contraponto à proibição do pagamento em espécie, pode ser identificada como uma incoerência lógica. Uma hipótese que pode servir para justificar a diferenciação é a de que se trata de uma questão puramente simbólica – mas essa proposição será analisada com maior profundidade ao longo da pesquisa.

Assim, o propósito dos próximos capítulos será buscar os fundamentos para justificar o enquadramento, ou não, dos gametas na vedação constitucional. Para tanto, será necessário levar em consideração os dois aspectos evidenciados ao longo deste capítulo inaugural: o que deve ser comercializado e o que constitui uma comercialização indevida. Faz-se importante destacar que, mesmo que não se concorde com a proposição de que há uma abertura no ordenamento jurídico brasileiro para se discutir a comercialização de gametas, hipótese defendida nesta pesquisa, há sempre a possibilidade de compreender a discussão dos próximos capítulos como propostas de *lege ferenda*.

Capítulo II
O DIREITO DE PROPRIEDADE SOBRE GAMETAS

Se há um postulado que parece organizar a experiência humana desde os seus primórdios, é o da divisão entre pessoas e coisas. Nenhum outro princípio possui uma raiz tão profunda na nossa percepção, e também na nossa consciência moral, quanto o da convicção de que não somos coisas – já que coisas são o contrário de pessoas. Porém, o que nos parece uma evidência quase natural é o êxito de um longuíssimo processo de disciplinamento que percorreu a história antiga e moderna modificando seus contornos.[1]

1. INTRODUÇÃO

O corpo representa uma dimensão incontornável para a emergência da pessoalidade. Não há pessoa sem corpo, embora a pessoalidade não se reduza à corporeidade. A partir de um paradigma pós-metafísico, compreende-se que ser pessoa é se encontrar em um processo de incessante construção e reconstrução de si mesmo. O corpo, apreendido como suporte para o livre desenvolvimento da pessoa, acompanha esse movimento de transvaloração.[2] A ampla possibilidade de uso e (auto)manipulação da corporeidade é inescapável para que cada pessoa se torne aquilo que quiser.[3] Assim, o corpo se afasta de uma concepção ontológica e estática, assimilado como algo sagrado e digno de contemplação, para se tornar um elemento imprescindível no processo dinâmico e ativo de se fazer pessoa.[4] Nesse sentido, a era das biotecnologias proporciona a radicalização das possibilidades de manipulação dessa plataforma empírica, a exemplo dos casos da incorporação de elementos externos aos corpos e da separação de elementos corpóreos – como se observa em relação aos gametas humanos.

Ao longo dos capítulos anteriores, buscou-se evidenciar a crescente importância dos gametas no âmbito da reprodução humana assistida, o que tem ocasionado uma constante busca pela extração, manipulação, criopreservação e importação das células germinais. A despeito da revolução biotecnológica, o direito vigente continua em estado letárgico. Essa constatação implica a necessidade de se utilizar de estruturas conceituais

---

1. ESPOSITO, Roberto. *As pessoas e as coisas*. Tradução de Adrea Santurbano e Patricia Peterle. São Paulo: Rafael Copetti Editor, 2016, p. 1.
2. STANCIOLI, Brunello. *Renúncia ao exercício de direitos da personalidade* (ou como alguém se torna o que quiser). 2. ed. Belo Horizonte: D'Plácido, 2017, p. 143-158.
3. LARA, Mariana. *O direito à liberdade de uso e (auto) manipulação do corpo*. Belo Horizonte: Editora D'Plácido, 2014, p. 122.
4. STANCIOLI, Brunello; CARVALHO, Nara Pereira. Da integridade física ao livre uso do corpo: releitura de um direito da personalidade. In: TEIXEIRA, Ana Carolina Brochado; RIBEIRO, Gustavo Pereira Leite (Org.). *Manual de Teoria Geral do Direito Civil*. Belo Horizonte: Del Rey, 2011, p. 271.

e normativas mais amplas para se estabelecer um arcabouço jurídico apto a solucionar as complexas situações que se originam dessa conjuntura. Exemplifica-se: há tipicidade nos contratos celebrados entre os biobancos e as pessoas que desejam criopreservar seus gametas? Qual é o fundamento da responsabilidade civil nos casos de danos a gametas criopreservados? A subtração ou utilização de células germinais sem consentimento constitui ilícito civil ou criminal? É válida a transmissão de gametas em vida e após a morte? Questões dessa natureza não podem esperar uma futura e incerta regulamentação, uma vez que o direito deve oferecer respostas aos casos concretos que têm se tornado corriqueiros nas cortes judiciais. Nesse sentido, entende-se que o caminho para encontrar as soluções adequadas consiste em identificar o enquadramento dogmático dos gametas humanos. Deve-se buscar a categorização jurídica para que seja possível estabelecer uma estrutura teórico-normativa para solucionar os diversos problemas que surgem em razão da indeterminação jurídica.

Ainda mais importante é a percepção de que a definição do status jurídico dos gametas constitui um pressuposto metodológico para o debate sobre a comodificação desses biomateriais.[5] Dessa maneira, entende-se que a compreensão dos gametas como mercadorias pressupõe o seu enquadramento como coisas passíveis de apropriação. Em síntese, compreende-se que toda mercadoria é também, necessariamente, um objeto do direito de propriedade, embora nem todo objeto do direito de propriedade seja uma mercadoria.[6] Daí a necessidade de se investigar o enquadramento dogmático dos gametas.

Na tradição jurídica de vertente romano-germânica, a literatura acerca do estatuto jurídico das partes separadas do corpo humano não possui a mesma extensão e profundidade do debate estruturado sob a égide da *common law*.[7] Todavia, a falta de interesse sobre a temática não implica a ausência de importância teórica e prática, como se observa nos inúmeros casos levados a tribunais nacionais e internacionais. Neste capítulo, após evidenciar os problemas que a indeterminação jurídica engendra, buscar-se-á identificar qual seria a melhor maneira de compreender e categorizar os gametas humanos a partir do instrumental técnico estabelecido pelo direito vigente,

---

5. Nesse sentido, Stephen Munzer: "Permitir a venda é reconhecer a existência de direitos de propriedade sobre partes do corpo". O autor, por outro lado, entende que a atribuição de propriedade implica, necessariamente, a mercantilização – posição divergente da adotada nesta pesquisa. Cf. MUNZER, Stephen R. An uneasy case against property rights in body parts. *Social Philosophy and Policy*, v. 11, n. 2, 1994, p. 259, tradução nossa.

6. Nesse sentido, Muireann Quigley: "Embora possa ser difícil separar a propriedade das transações de mercado, objeções à comercialização devem ser distinguidas das objeções à propriedade *per se*". Cf. QUIGLEY, Muireann. Propertisation and commercialisation: on controlling the uses of human biomaterials. *The Modern Law Review*, v. 77, n. 5, 2014, p. 678, tradução nossa.

7. Na tradição da *common law*, o estudo sistematizado acerca das configurações jurídicas do corpo e suas partes destacadas é recorrente, especialmente com base em uma abordagem partindo dos direitos reais, como se observa nas seguintes obras monográficas: GOLD, Richard E. *Body parts*: property rights and the ownership of human biological materials. Washington: Georgetown University Press, 2007; HARDCASTLE, Rohan. *Law and the human body*: property rights, ownership and control. Portland: Hart Publishing, 2007; QUIGLEY, Muireann. *Self-ownership, property rights, and the human body*: a legal and philosophical analysis. Cambridge: Cambridge University Press, 2018. Um exemplo excepcional de estudo monográfico na tradição da *civil law* pode ser encontrado em BAUD, Jean-Pierre. *Il caso della mano rubata*. Traduzione di Laura Colombo. Milano: Giuffrè Editore, 2003.

especialmente a partir da dicotomia pessoa-objeto – *summa divisio* desde as fundações do direito romano.[8] Deveriam os gametas ser concebidos como bens tutelados pelos direitos da personalidade, uma vez que possuem vinculação inarredável à pessoa? Ou, por outro lado, deveriam ser tutelados com base nas normas que regulam a propriedade, já que podem ser compreendidos como materiais destacados do corpo humano, com existência autônoma?

Tais proposições serão analisadas de maneira crítica, buscando-se evidenciar os problemas e implicações de cada alternativa. Defende-se a hipótese de que os gametas devem ser considerados coisas tuteladas pelo arcabouço teórico-normativo do direito de propriedade, na medida em que garante às pessoas um maior controle sobre os elementos corpóreos que vierem a ser destacados dos seus corpos, sem prejuízo de conexões com os direitos da personalidade ou com uma regulamentação específica. Ao final, discute-se a necessidade de se pensar para além da rigidez conceitual presente na dicotomia pessoa-objeto como meio de superar e resolver os problemas causados pelos avanços biotecnológicos que permitem a constante manipulação do corpo humano.[9]

2. OS PROBLEMAS DA INDETERMINAÇÃO JURÍDICA

Suponha que alguém, em decorrência de um acidente doméstico, venha a ter sua mão decepada. Antes de desfalecer, a pessoa consegue vociferar em busca de ajuda. A aglomeração logo se torna uma balbúrdia entre policiais, paramédicos e curiosos. Nesse momento, a mão é inserida em um saco plástico repleto de gelo, aumentando a possibilidade de um reimplante bem-sucedido. Um dos vizinhos, antigo desafeto do acidentado, aproveita-se da situação e subtrai a mão sem que fosse notado. O caso somente vem a ser desvendado após uma semana de investigação, ao encontrá-la em um aterro sanitário. Solucionadas as questões fáticas, a controvérsia passa a ser estritamente jurídica. Como um tribunal deveria enquadrar a conduta praticada pelo vizinho? Seria um crime contra o patrimônio ou um crime contra a pessoa? Para além do aclaramento teórico, essa determinação conceitual implica em consequências penais e civis bastante distintas, especialmente em razão das diferenças axiológicas que justificam cada uma das abordagens jurídicas.[10]

Por um lado, para que a conduta seja compreendida como um crime contra o patrimônio, há a necessidade de que alguém seja o proprietário de uma *coisa* que tenha sido lesada. Nesse sentido, observa-se a redação dos artigos 155 e 163 do Código Penal brasileiro: "Art. 155. Subtrair, para si ou para outrem, coisa alheia móvel: Pena: reclusão,

---

8. Cf. GAIUS. *Institutas do jurisconsulto Gaio*. Tradução de José Cretella Jr. e Agnes Cretella. São Paulo: Ed. RT, 2004.

9. Destaca-se que aspectos dos capítulos 2, 4, 5 e 7 foram *originalmente* desenvolvidos em OLIVEIRA, Lucas Costa de; STANCIOLI, Brunello. O corpo em pedaços: o direito de propriedade sobre partes destacadas do corpo humano. *Revista de Direito Civil Contemporâneo*, v. 29, p. 33-55, 2021.

10. Jean-Pierre Baud inicia sua investigação acerca das configurações jurídicas do corpo e suas partes destacadas com base em uma narrativa hipotética bastante similar à descrita. Cf. BAUD, Jean-Pierre. *Il caso della mano rubata*. Traduzione di Laura Colombo. Milano: Giuffrè Editore, 2003, p. 11-18.

de um a quatro anos, e multa; Art. 163. Destruir, inutilizar ou deteriorar coisa alheia: Pena: detenção, de um a seis meses, ou multa". Nessa hipótese, haveria a necessidade de compreender o membro amputado como uma coisa de propriedade da pessoa de quem foi retirado, o que parece atingir o postulado de que pessoas não podem ser tratadas como objetos, no todo ou em parte.[11]

Por outro lado, para que a conduta seja apreendida na moldura dos crimes contra a pessoa, seria necessário compreender que a mão destacada continuaria fazendo parte do *corpo humano*, sem qualquer alteração em sua tutela. Assim, um dano causado à mão amputada seria equivalente a uma lesão corporal, conforme disposto no Código Penal brasileiro: "Art. 129. Ofender a integridade corporal ou a saúde de outrem: Pena: detenção, de três meses a um ano".[12] Desse modo, o bem jurídico protegido seria a integridade física, ainda que, no caso hipotético, o vizinho não tenha praticado a conduta de amputar a mão do seu desafeto. A partir desse posicionamento, o debate passa a ocorrer em torno dos limites semânticos para extensão do conceito de corpo humano, especialmente em razão da maior gravidade das sanções.[13]

O caso narrado pode parecer inverossímil, mas a realidade afasta essa intuição. Em 2007, John Wood não conseguiu pagar um débito devido em decorrência de um contrato de depósito, o que culminou no leilão dos objetos armazenados. Dentre os bens leiloados, encontrava-se uma velha churrasqueira, adquirida por Shannon Whisnant. O que o comprador não podia imaginar era o que encontraria dentro da churrasqueira: parte de uma perna humana amputada, completamente mumificada. Assustado com a descoberta, Whisnant informou a polícia do ocorrido, culminando na apreensão do membro mutilado. Acontece que o caso tomou grandes proporções midiáticas, razão pela qual o comprador percebeu que podia lucrar com a situação, especialmente em virtude da curiosidade das pessoas em conferir sua excêntrica descoberta. A partir desse momento, inicia-se o litígio entre Shannon e John. O primeiro alegava ter o direito de propriedade sobre a perna, uma vez ter comprado a churrasqueira como um todo unitário, ao passo que o segundo argumentava estar guardando a perna como uma memória do acidente aéreo que levou ao falecimento do seu pai e à amputação do seu membro. O caso foi decidido pelo juiz Greg Mathis em uma sentença que determinou a devolução da perna, desde que houvesse a compensação de cinco mil dólares a Shannon.[14]

---

11. BAUD, Jean-Pierre. *Il caso della mano rubata*. Tradução de Laura Colombo. Milano: Giuffrè Editore, 2003, p. 15-16.

12. Recorda-se que haveria a possibilidade de se enquadrar a conduta praticada nos tipos qualificados da lesão corporal, quais sejam: a lesão corporal de natureza grave (art. 129, §§ 2º e 3º), ou, ainda, a lesão corporal seguida de morte (art. 129 § 4º), ambos com penas mais graves.

13. BAUD, Jean-Pierre. *Il caso della mano rubata*. Tradução de Laura Colombo. Milano: Giuffrè Editore, 2003, p. 12-14.

14. REITER, Eric H. Rethinking Civil-Law taxonomy: persons, things, and the problem of Domat's monster. *Journal of Civil Law Studies*, v. 1, 2008, p. 191-192. Para uma visão completa do caso, ocorrido na Carolina do Norte, pode-se conferir o documentário *Finders keepers*, dirigido por Bryan Carberry e Clay Tweel, lançado no Festival de Sundance, em 2015. Faz-se importante esclarecer que, embora o caso tenha sido levado inicialmente ao Juizado Especial (*Small Claims Court*), o litígio foi decidido em um *reality show* em que os casos são decididos por um juiz aposentado (*Judge Mathis*), baseado em preceitos de arbitragem.

Em *R v Kelly and Lindsay*, ocorrido no Reino Unido, em 1998, também se analisou o enquadramento jurídico de partes destacadas do corpo com a finalidade de se determinar a tipificação penal da conduta.[15] No referido caso, Kelly persuadiu Lindsay, uma jovem técnica do *Royal College of Surgeons*, a subtrair cerca de 40 partes destacadas e conservadas de corpos humanos que estavam armazenadas para serem utilizadas por estudantes de medicina. Kelly era um artista e pretendia utilizar as partes do corpo em suas obras, especialmente para a construção de moldes. A acusação se referia ao crime de furto, enquadrado na primeira seção do *Theft Act*. O principal argumento utilizado na defesa de Kelly e Lindsay foi a alegação de que o corpo humano e suas partes não poderiam ser considerados propriedade no sentido previsto pela lei, de tal modo que as partes subtraídas com fins artísticos não poderiam ser consideradas coisas passíveis de serem furtadas. Ao final, baseando-se em precedentes da Austrália e da Inglaterra, a Corte de Apelação entendeu que a conduta praticada poderia ser enquadrada no crime de furto, compreendendo os elementos corpóreos como objetos de propriedade.[16]

A lista de decisões em que se discute a possibilidade da prática de crimes contra o patrimônio em relação ao corpo e suas partes é extensa, especialmente no direito inglês, iniciando com os conhecidos casos de furtos e violações a cadáveres, até chegar aos casos relacionados ao furto de urina, sangue e cabelo.[17] Dessa maneira, observa-se que a categorização adotada a partir de elementos da teoria geral do direito privado possui reflexos para além de questões eminentemente civilísticas, embora seja neste âmbito que encontre as suas principais implicações jurídicas.

Poder-se-ia questionar a pertinência de se apresentar casos e decisões que fazem referência a outros elementos corpóreos que não sejam gametas. Não obstante, para se analisar o caso específico das células germinais humanas, faz-se necessário, em um primeiro momento, adotar uma abordagem mais abrangente, principalmente com a finalidade de se identificar o local e a maneira em que o debate se instaura. Na tradição da *civil law*, os gametas se inserem no âmbito do estudo das partes destacadas do corpo, expressão que traz consigo uma longa tradição teórica. Por "partes destacadas" entende-se qualquer elemento desvinculado do corpo humano, tais como membros, órgãos, tecidos e células. Dessa maneira, rins, cabelo, leite materno, cordão umbilical, sangue, gametas ou membros amputados estariam dentro dos limites semânticos do conceito. Por outro lado, exclui-se o corpo humano, o cadáver e o embrião, uma vez que se referem a um todo unitário, além de emanarem valorações éticas e interesses jurídicos distintos.[18] Assim, embora a análise seja direcionada ao status jurídico dos gametas, a

---

15. ENGLAND. Court of Appeal (Criminal Division). *3 All E.R. 741: R v Kelly and Lindsay*. Lord Justice Rose, Justice Ognall and Justice Sullivan. 21 may 1998.
16. HARDCASTLE, Rohan. *Law and the human body*: property rights, ownership and control. Portland: Hart Publishing, 2007, p. 31-32. Destaca-se que o caso apresenta argumentos mais complexos. As especificidades da abordagem do direito inglês acerca do corpo e suas partes destacadas serão analisadas de maneira mais aprofundada nos tópicos seguintes.
17. SMITH, Anthony T. H. Stealing the body and its parts. *Criminal Law Review*, 1976, p. 622-627.
18. Para um estudo aprofundado sobre o corpo, o cadáver e o embrião, a partir de uma perspectiva jurídica, cf. LARA, Mariana. *O direito à liberdade de uso e (auto) manipulação do corpo*. Belo Horizonte: Editora D'Plácido, 2014;

discussão realizada neste capítulo pode ser estendida a outras partes do corpo humano, possibilitando uma contribuição mais ampla ao debate.

Todavia, a menção a outras partes do corpo humano não indica a ausência de casos envolvendo diretamente os gametas. Um recente artigo publicado no periódico britânico *Journal of Medical Ethics* despertou a atenção dos meios de comunicação.[19] Em síntese, os pesquisadores argumentam a favor da doação *post-mortem* de esperma para terceiros não determinados, desde que exista uma prévia manifestação de vontade nesse sentido. Trata-se de um modelo próximo ao que se observa nos casos de doação *post-mortem* de órgãos e tecidos humanos previsto na Lei 9.434/1997. Para além dos casos em que o sêmen já tenha sido recolhido e depositado em bancos de criopreservação, os autores defendem a retirada dos gametas após a morte do doador, por meio de técnicas já consolidadas no conhecimento médico. Assim, o esperma coletado nessas circunstâncias poderia ser utilizado por quaisquer pessoas interessadas, suprindo grande parte da demanda por gametas na reprodução humana assistida, além de aumentar a variedade de características disponíveis. Ainda, argumentam que tal proposta traria vantagens sobre a doação em vida, uma vez que tornaria o processo de transferência mais simples e impessoal, evitando futuras interações entre o doador e o filho gerado, ou mesmo conflitos positivos de paternidade.[20]

Debates dessa natureza tendem a se tornar cada vez mais corriqueiros, especialmente em razão da propagação das técnicas de reprodução humana assistida ao redor do mundo. Questões referentes à destinação dos gametas após a morte, por exemplo, são bastante complexas. No Brasil, o caso *Androlab* ilustra alguns dos problemas que podem surgir nesse contexto.[21] Após tentativas frustradas de gerar filhos por meio da reprodução natural, Kátia Lenerneier e Roberto Niels foram aconselhados a buscar técnicas de reprodução assistida. Antes do processo ser concluído, Roberto foi diagnosticado com um melanoma em estágio avançado, motivo pelo qual optou por retirar e armazenar seu sêmen na *Androlab*, clínica especializada em reprodução humana assistida e andrologia. No entanto, Roberto veio a falecer sem ter deixado qualquer tipo de declaração de vontade acerca da destinação do seu sêmen criopreservado. A esposa requereu à clínica a retirada dos gametas para dar sequência ao procedimento de inseminação artificial, tendo o pedido negado em razão da ausência de autorização prévia do marido. Após recorrer ao judiciário, a decisão se desenvolveu no sentido de autorizar a utilização pela

---

SILVA, Denis Franco. *Entre o sagrado e o profano*: em busca de um estatuto jurídico para o cadáver. Dissertação (Mestrado em Direito) – Faculdade de Direito, Universidade Federal de Minas Gerais, Belo Horizonte, 2004; SCHETTINI, Beatriz. *O tratamento jurídico do embrião no ordenamento jurídico brasileiro*. Ouro Preto: Editora Ouro Preto, 2015.

19. ALVIM, Mariana. Por que cientistas defendem que esperma de homens mortos seja retirado – e doado. *BBC News Brasil*, 21 jan. 2020.

20. HODSON, Nathan; PARKER, Joshua. The ethical case for non-directed postmortem sperm donation. *Journal of Medical Ethics*, v. 47, n. 7, p. 1-4, 2020.

21. PARANÁ. 13ª Vara Cível de Curitiba. *Autos 27862/2010*. Juiz Alexandre Gomes Gonçalves. Sentença prolatada em 6 mar. 2012.

esposa com base em uma argumentação imprecisa e contraditória, utilizando-se do direito sucessório e da reconstrução judicial da vontade.[22]

Ainda sobre a destinação e uso de gametas após a morte, cortes australianas têm julgado tais casos de maneira peculiar, desenvolvendo importantes precedentes judiciais. Veja-se, nesse sentido, o caso *Bazley* – o primeiro de uma série de decisões sobre essa temática.[23] O contexto fático se assemelha ao caso anteriormente mencionado. Warren Bazley foi diagnosticado com câncer de fígado e seria submetido à quimioterapia. A possibilidade de causar danos permanentes à sua fertilidade e o desejo de ter outros filhos, conforme mencionado a funcionários do hospital, foram os fatores que o motivaram a armazenar seu esperma. O câncer se espalhou rapidamente e a morte ocorreu poucos meses após o diagnóstico. Sua esposa, Kate Bazley, requereu a manutenção do sêmen armazenado para uma eventual utilização. Todavia, o pedido foi negado pelo hospital sob o fundamento de que a manutenção do esperma contrariava as diretivas éticas do Conselho Nacional de Saúde e Pesquisa Médica em que se exige uma declaração clara e testemunhada autorizando o uso dos gametas após a morte. Apesar de ter redigido um testamento antes do seu falecimento, Warren não se manifestou sobre o destino dos gametas congelados, o que serviu como fundamento para a recusa do hospital. Após a judicialização do caso, a corte australiana compreendeu que os gametas podem ser considerados objetos de propriedade e que podem ter seu destino determinado em vida pelo falecido, ou por seus "representantes pessoais" após a morte. Assim, trata-se de uma abordagem fundada no direito de propriedade e na transmissão *causa mortis* desses bens, embora a sentença indique não se tratar de herança em sentido estrito.[24]

Os casos posteriores ao julgamento de *Bazley* foram além.[25] O pano de fundo se apresenta de maneira praticamente idêntica aos casos anteriores: viúvas desejavam ter acesso ao esperma dos maridos falecidos para a utilização em técnicas de reprodução assistida. O aspecto que se difere diz respeito à ausência de esperma coletado e armazenado previamente ao falecimento dos maridos. Tanto no caso *Edwards,* quanto no caso *Re H, AE*, não havia amostras de esperma em bancos de criopreservação. Contudo, as cortes australianas permitiram a extração e a conservação do sêmen em tutela de urgência, concluindo pela possibilidade de uso do esperma para fins reprodutivos, mesmo sem o consentimento expresso dos cônjuges. As referidas sentenças também foram fundamentadas em um raciocínio atrelado à atribuição de propriedade ao esperma e

---

22. NAVES, Bruno Torquato de Oliveira; SÁ, Maria de Fátima Freire de. Panorama bioético e jurídico da reprodução humana assistida no Brasil. *Revista de Bioética y Derecho*, n. 34, 2015, p. 75-77.
23. QUEENSLAND. Supreme Court. *QSC 118: Kate Jane Bazley v. Wesley Monash IVF Pty Ltd.* Justice White. 21 Apr. 2010.
24. SKENE, Loane. Proprietary interests in human bodily material: yearworth, recent australian cases on stored semen and their implications. *Medical Law Review*, v. 20, 2012, p. 230-235.
25. NEW SOUTH WALES. Supreme Court. *NSWSC 478: Jocelyn Edwards; Re the estate of the late Mark Edwards.* Justice Hulme. 23 May 2011; SOUTH AUSTRALIA. Supreme Court. *SASC 177: RE H, AE.* Justice Gray. 12 Oct. 2012.

à possibilidade de transmissão *causa mortis*, embora tenham se equivocado quanto à aplicação dos precedentes sobre a matéria na *common law*.[26]

Retomando o contexto jurisprudencial brasileiro, duas recentes decisões ilustram os problemas pragmáticos que a indeterminação conceitual dos gametas pode engendrar.[27] O primeiro, abordado sob a perspectiva do direito penal, aborda o crime de apropriação indébita de gametas femininos por um Centro de Medicina Reprodutiva, localizado em Belo Horizonte. O contexto fático se refere a um casal que contratou os serviços de reprodução assistida do Centro de Medicina Reprodutiva para a fertilização *"in vitro"* e transferência de embriões. Após consultas e exames preliminares, a contratante foi submetida à indução de ovulação e realizou a punção dos oócitos em 15 de agosto de 2012. Acontece que nove óvulos remanescentes foram transferidos para uma terceira pessoa, no mesmo dia da punção, sem a autorização dos contratantes. Em sequência, os óvulos foram fecundados com outros gametas, dando origem a oito embriões, dos quais seis foram implantados e dois congelados. Diante da transferência dos óvulos a outra paciente, as vítimas ajuizaram ação de reparação civil contra a Clínica de Reprodução Assistida, pleiteando indenização por danos morais e materiais, a qual deu origem à ação penal.[28]

No *Habeas Corpus*, a defesa argumenta que a conduta descrita na exordial acusatória seria atípica, uma vez que os óvulos não poderiam ser considerados "coisa", padecendo, portanto, de elementar do tipo penal de apropriação indébita. Argumentam, ainda, que os gametas femininos seriam insusceptíveis de valoração e mensuração econômica, inclusive por expressa vedação normativa, não constituindo patrimônio financeiro em sentido jurídico-penal para fins de tipificação da conduta como apropriação indébita.[29]

No julgamento, o Superior Tribunal de Justiça negou provimento ao Agravo Regimental, entendendo que os gametas podem ser considerados "coisas" para fins de enquadramento na conduta típica do crime de apropriação indébita:

> [...] os óvulos, enquanto gametas ainda não fecundados, ao menos em um conceito jurídico, não podem ser considerados como seres humanos ou mesmo "vida em potência" – conceito juridicamente inexistente –, como alegam os Recorrentes. E, como registrado no acórdão recorrido, "o ordenamento pátrio somente distingue pessoa (sujeito de direitos) de coisa, fazendo-o por exclusão: o que não é pessoa é passível de identificação à ideia de coisa, seja típica, seja por coisificação, ainda que fora do comércio" (e-STJ fl. 314), de forma que descabe falar, ao menos neste momento processual e em um juízo perfunctório, que está ausente a elementar do tipo penal de apropriação indébita. Afinal, tudo aquilo que tem existência física, ainda que não comercializável, se enquadra no conceito de coisa (fl.

---

26. QUIGLEY, Muireann; SKENE, Loane. Property interests in human tissue: is the law still in an ass? In: STANTON, Catherine et al. *Pioneering Healthcare Law*: essays in honour of Margaret Brazier. Oxford: Routledge, 2015, p. 162-166.

27. As referidas decisões foram contribuições trazidas pela Profa. Dra. Maria de Fátima Freire de Sá em arguição realizada na defesa da tese de doutorado do autor.

28. BRASIL. Superior Tribunal de Justiça. *AgRg no Recurso em Habeas Corpus n. 135.117 – MG*. Relator: Min. Nefi Cordeiro. Julgado em 2 fev. 2021. Disponível em <https://bit.ly/3Az7wYV>. Acesso em 9 set. 2021, p. 2.

29. BRASIL. Superior Tribunal de Justiça. *AgRg no Recurso em Habeas Corpus n. 135.117 – MG*. Relator: Min. Nefi Cordeiro. Julgado em 2 fev. 2021. Disponível em <https://bit.ly/3Az7wYV>. Acesso em 9 set. 2021, p.3

387). Realmente, não se verifica clara ilegalidade na persecução penal desenvolvida, porque a noção de "coisa" não afasta, em momento inicial de compreensão, nem mesmo parte do corpo humano quando dele destacada, como é a situação de órgãos retirados e de óvulos, como na espécie.[30]

Por outro lado, o Tribunal de Justiça de São Paulo, em análise de litígio envolvendo a incidência do ICMS sobre a importação de sêmen, entendeu que gametas não devem ser compreendidos como mercadorias – ainda que possam se entendidos como *res extra commercium*. O acórdão reverte decisão de primeiro grau em que se havia entendido que deveria incidir o imposto sobre circulação de mercadorias sobre a importação de sêmem de clínicas dos Estados Unidos. No agravo, os argumentos defendiam que o serviço prestado pela autora não deveria se sujeitar à cobrança de ICMS, uma vez que haveria a ausência de circulação de mercadoria, porquanto o sêmen humano não poderia ser considerado mercadoria em razão da vedação legal da sua comercialização.[31]

A agravante se dedicava, entre outras atividades, à manutenção de banco de sêmen, o que compreende o serviço de coleta, processamento, armazenamento e criopreservação de amostra de sêmen de pacientes e de doadores, além da prestação de serviços auxiliares de assessoria na área da saúde, tais como exames de espermograma e espermocultura. Para a manutenção do banco de sêmen, a agravante importava gametas do Estados Unidos da América, onde se permite a comercialização de gametas humanos, ocasionando um excedente de sêmen que possibilita a exportação a países com legislações mais restritivas. As faturas juntadas aos autos demonstram o pagamento pelo sêmen feito ao European Sperm Bank USA, o qual providenciava a remessa ao país.

No caso, a agravante havia submetido à Secretaria de Fazenda e de Planejamento do Estado de São Paulo a questão sobre a cobrança do imposto sobre o bem em questão, por intermédio da Consulta Tributária 18.849/2018, na qual se assentou o entendimento que de que o sêmen é uma mercadoria e, por isso, deve haver a incidência do ICMS.

O Tribunal de Justiça de São Paulo, por sua vez, compreendeu que a tradição de sêmen humano não pode ter caráter lucrativo ou comercial, nos termos da Resolução do Conselho Federal de Medicina e também da vedação constitucional. Entendeu-se que o conceito de mercadoria compreende bens móveis que estão sujeitos ao processo de circulação econômica. Assim, mercadoria seria, em regra, somente o bem adquirido pelo agente econômico com o propósito de revenda. Sendo a revenda vedada pela legislação, concluiu-se não ser devida a incidência do ICMS em razão da ausência de circulação da mercadoria.[32] Em síntese, entendeu o Tribunal de Justiça de São Paulo que, "[...] em sendo o sêmen humano constitucionalmente coisa fora do comércio (*res*

---

30. BRASIL. Superior Tribunal de Justiça. *AgRg no Recurso em Habeas Corpus n. 135.117 – MG*. Relator: Min. Nefi Cordeiro. Julgado em 2 fev. 2021. Disponível em <https://bit.ly/3Az7wYV>. Acesso em 9 set. 2021, p.4
31. SÃO PAULO. Tribunal de Justiça de São Paulo. *Agravo de Instrumento n. 2194127-40.2019.8.26.0000*. Relator: José Maria Câmara Junior. Julgado em 19 fev. 2020. Disponível em <https://bit.ly/39riaF8>. Acesso em 22 set. 2021, p. 2-3.
32. SÃO PAULO. Tribunal de Justiça de São Paulo. *Agravo de Instrumento n. 2194127-40.2019.8.26.0000*. Relator: José Maria Câmara Junior. Julgado em 19 fev. 2020. Disponível em <https://bit.ly/39riaF8>. Acesso em 22 set. 2021, p. 4-5.

extra commercium), não preenche o conceito de mercadoria para fins de incidência do imposto sobre mercadorias (ICMS), como garantia do direito à saúde".[33]

Observa-se, portanto, que os casos mencionados apresentam problemas semelhantes, especialmente em relação ao arcabouço dogmático desenvolvido para fundamentar as decisões judiciais. A dificuldade de uma fundamentação clara e coerente decorre, sobretudo, da tentativa de apreender todo os fenômenos nas rígidas categorias de pessoas e coisas. Dessa maneira, o primeiro passo consiste em apresentar a dicotomia que se impõe como pano de fundo para a controvérsia apresentada.

3. PESSOAS E COISAS: UMA DUALIDADE INCONTORNÁVEL?

A busca pelo status jurídico das partes destacadas do corpo humano, com destaque aos gametas, implica a necessidade de se estabelecer algum pressuposto teórico sob o qual recaia a categorização. O arquétipo teórico que divide as entidades do mundo em pessoas e coisas parece ser um ponto de partida seguro, na medida em que há ampla aceitação desse modelo nos sistemas jurídicos ocidentais, além de uma certa uniformidade em sua aplicação e interpretação. Esse é o entendimento de Visa Kurki, denominando essa concepção de "visão ortodoxa":

> Um esquema conceitual que pode ser adotado para entender e categorizar as normas de um sistema jurídico ocidental é o da distinção pessoa/não pessoa. Kaarlo Tuori afirma que a divisão entre pessoas e não pessoas é uma parte da "profunda estrutura do direito" que é compartilhada por todos sistemas jurídicos ocidentais. Ele explica que conceitos como "subjetividade legal" – ou seja, personalidade jurídica – e "direito subjetivo" são categorias jurídicas básicas que fundamentam "o espaço conceitual para o direito moderno". Eu concordo que nossas noções paradigmáticas de pessoa em sentido legal estão profundamente inseridas no sistema jurídico ocidental [...].[34]

Compreendida como a *summa divisio* do direito privado, a dicotomia excludente entre pessoas e não pessoas remonta ao direito romano – ao menos no enfoque dogmático, adotado de maneira predominante neste capítulo. Embora não seja possível afirmar que os conceitos de pessoa e coisa eram desconhecidos por seus antecessores ou contemporâneos, Gaio "parece ter sido o primeiro a ter estabelecido esses conceitos em uma aparente oposição binária e, quase certamente, foi o primeiro a ter atribuído grande significado a essa oposição, fazendo-a parte da espinha dorsal das suas institutas".[35] Em sua conhecida doutrina, escrita no século II da era comum, defende que "[t]odo o direito que usamos se refere às pessoas, às coisas ou às ações".[36] Não obstante, apesar de

---

33. SÃO PAULO. Tribunal de Justiça de São Paulo. Agravo de Instrumento no 2194127-40.2019.8.26.0000. Relator: José Maria Câmara Junior. Julgado em 19 fev. 2020. Disponível em < https://bit.ly/39riaF8>. Acesso em 22 set. 2021. p. 10

34. KURKI, Visa. *A theory of legal personhood*. Oxford: Oxford University Press, 2019, p. 3-4, tradução nossa.

35. TRAHAN, John R. The distinction between persons and things: an historical perspective. *Journal of Civil Law Studies*, . 1, n. 1, 2008, p. 9-10, tradução nossa.

36. GAIUS. *Institutas do jurisconsulto Gaio*. Tradução de José Cretella Jr. e Agnes Cretella. São Paulo: Ed. RT, 2004, p. 38.

serem categorias centrais para a organização das suas institutas, Gaio não desenvolve os conceitos, tomando-os como auto evidentes.

Os escritos do jurisconsulto romano se tornaram bastante influentes, embora o seu esquema conceitual não tenha tido um desenvolvimento científico por mais de um milênio após a sua proposição. A divisão foi incorporada em sua literalidade ao *Corpus Juris Civilis*, causando grande impacto na estruturação do direito privado ocidental. Após séculos do desaparecimento do direito romano, a sua redescoberta ocorre por meio do trabalho dos glosadores e comentadores sobre o que restou das obras elaboradas por Justiniano. Nos escritos publicados no século XII e XIII há frequente menção ao postulado apresentado por Gaio, sem qualquer tipo de aprofundamento, consistindo em reproduções do texto original.[37]

Apenas com o surgimento da escola do direito natural, no século XVI, há uma contribuição ao modelo proposto por Gaio. Não por acaso, o desenvolvimento advém de um romanista holandês: Hugo Grócio. A escola do direito natural tinha como enfoque primário a busca pelos fundamentos metafísicos do direito. Assim, o debate em torno de um conceito mais substancial de pessoa se adequa melhor ao seu escopo. Todavia, os avanços conceituais e ontológicos também podem representar avanços para o instrumental técnico do direito. Hugo Grócio escreve que pessoas são os entes que possuem direitos às coisas, sem aprofundar seu pensamento. De todo modo, há em Grócio o germe da compreensão das pessoas como seres que possuem capacidade para adquirir direitos, ao passo que as coisas seriam tudo aquilo que fosse externo e útil às pessoas – concepção que será colocada em posição central pelo jusracionalismo francês e, especialmente, pelo pandectismo alemão.[38]

Esses movimentos elevam a dicotomia pessoa-coisa a uma posição central para a compreensão do fenômeno jurídico, trazendo uma maior precisão conceitual por meio do desenvolvimento das noções de relação jurídica e direito subjetivo. A pandectística oitocentista, seguindo o posicionamento de Savigny, "adotou a relação jurídica como estrutura básica do sistema externo do Direito. Todo o Direito seria estruturado e explicável por relações jurídicas cujos componentes básicos seriam o sujeito, o objeto, o facto e a garantia".[39] Dessa maneira, as categorias de pessoa e coisa passam a ser identificadas e compreendidas a partir da sua inserção nas relações jurídicas.

Nesse sentido, a personalidade, concebida a partir de um enfoque técnico, seria simplesmente a "aptidão genérica para adquirir direitos e contrair deveres".[40] Em outras palavras, pessoa seria o ente que teria a capacidade de participar como sujeito ativo e passivo nas relações jurídicas intersubjetivas. Assim, sedimenta-se a noção amplamente

---

37. TRAHAN, John R. The distinction between persons and things: an historical perspective. *Journal of Civil Law Studies*, v. 1, n. 1, 2008, p. 12.
38. TRAHAN, John R. The distinction between persons and things: an historical perspective. *Journal of Civil Law Studies*, v. 1, n. 1, 2008, p. 12-13.
39. VASCONCELOS, Pedro Pais de. *Teoria Geral do Direito Civil*. 8. ed. Coimbra: Almedina, 2017, p. 218.
40. PEREIRA, Caio Mário da Silva. *Instituições de Direito Civil*: teoria geral do direito civil. Atualizado por Maria Celina Bodin de Moraes. 33. ed. Rio de Janeiro: Forense, 2020, p. 213.

difundida de que a personalidade jurídica seria equivalente à capacidade de direito. Esse é o entendimento tradicional nos sistemas jurídicos ocidentais, podendo ser denominado "teoria da equiparação, conforme ampla revisão bibliográfica realizada por Cláudio Henrique Ribeiro da Silva: "Tanto o pandectismo alemão, quanto o exegetismo francês tratavam as pessoas como o único sujeito possível. Ainda que as legislações não trouxessem expressamente tal 'máxima', permitiam-na subentender".[41] Embora existam autores que busquem delimitar a autonomia conceitual das categorias "personalidade", "subjetividade" e "capacidade de direito", a conexão entre personalidade e a aptidão para adquirir direitos e contrair deveres, ainda que em um plano abstrato, parece ser indissociável.

Por outro lado, a delimitação conceitual dos termos "bem", "coisa" e "objeto" apresenta maior imprecisão, havendo notória divergência civilística. Kurki apresenta três concepções tradicionais para o termo "coisa" (*thing, res*) na tradição jurídica. Na primeira, coisa seria referente a tudo aquilo que fosse passível de apropriação, especialmente objetos corpóreos. Nessa perspectiva há uma aproximação do sentido adotado na abordagem dos direitos reais (direitos *in rem*). Na segunda, utilizada por jurisconsultos romanos, *res* seria referente ao que se chama de direitos e deveres nos sistemas contemporâneos. Isso ocorre em razão da ausência de uma construção teórica avançada acerca dos direitos subjetivos no direito romano. Alguns usos modernos do termo ainda refletem essa concepção, como se observa na *common law* ao se utilizar do termo "coisa em ação" (*thing in action, chose in action*) para se referir ao direito de ação. Por fim, haveria uma terceira concepção mais abrangente, entendendo por coisa tudo aquilo que não seja pessoa.[42] Esse é o posicionamento que se tornou mais comum a partir do pandectismo. Veja-se, nesse sentido, Thibaut: "Por *pessoa*, entende-se tudo o que for, em qualquer aspecto, considerado como sujeito de direito; por *coisa*, por outro lado, denota-se tudo o que se opõe à pessoa".[43] Em sentido similar, tem-se Pedro Pais de Vasconcelos: "Os bens são os meios, são tudo aquilo que não seja pessoa e que tiver uma utilidade, isto é, que for apto a satisfazer uma necessidade, a realizar uma apetência ou a alcançar um fim".[44] Em sua investigação histórica, Roberto Esposito evidencia a circularidade da dicotomia pessoa-coisa:

> Há tempos imemoráveis, nossa civilização fundamenta-se na divisão mais marcada entre pessoas e coisas. As pessoas são definidas, sobretudo, pelo fato de não serem coisas e as coisas pelo fato de não serem pessoas. Entre as duas parece não haver nada, nem o som das palavras nem o tumulto dos corpos. [...] Cada entidade tratada pelo direito, quando não é uma ação, é uma pessoa ou uma coisa, segundo uma distinção simples e clara – coisa é a *não* pessoa e pessoa é a *não* coisa.[45]

---

41. SILVA, Cláudio Henrique Ribeiro da. *Teoria simplificada do sujeito de direito.* Tese (Doutorado em Direito) – Faculdade de Direito, Pontifícia Universidade Católica de Minas Gerais, 2012, p. 44.
42. KURKI, Visa. *A theory of legal personhood.* Oxford: Oxford University Press, 2019, p. 12-13.
43. THIBAUT, Anton Friedrich Justus. *An introduction to the study of jurisprudence.* Trans. Nathaniel Lindley. Philadelphia: T. & J.W. Law Booksellers, 1855, p. 70, destaque no original.
44. VASCONCELOS, Pedro Pais de. *Teoria Geral do Direito Civil.* 8. ed. Coimbra: Almedina, 2017, p. 197.
45. ESPOSITO, Roberto. *As pessoas e as coisas.* Tradução de Adrea Santurbano e Patricia Peterle. São Paulo: Rafael Copetti Editor, 2016, p. 15-16, destaque no original.

Como é possível perceber, não há grande precisão conceitual nos termos apresentados. Assim sendo, torna-se necessário realizar um breve aclaramento semântico em busca de uma posição mais clara para orientar o restante desta pesquisa. Seguindo o entendimento de Pontes de Miranda, compreende-se que "*[o]bjeto de direito* é algum bem da vida que pode ser elemento do suporte fáctico de alguma regra jurídica, de cuja incidência emane fato jurídico, produto de direito".[46] Ou ainda, "tudo que pode ser matéria da relação jurídica".[47] O conceito de "bem jurídico" seria equivalente ao de objeto de direito, possuindo uma acepção ampla.[48] Embora Teixeira de Freitas apresente um conceito restritivo de "coisa", relacionado a bens materiais que são "suscetíveis de uma medida de valor",[49] o termo é aqui utilizado no sentido de bens jurídico que se distinguem em razão da sua materialidade,[50] ou, ainda, que podem ser objetos de direitos reais.[51] Com isso, deixa-se em aberto a patrimonialidade das partes que forem extraídas do corpo, uma vez que se trata de um debate mais amplo. Basta recordar da *res extra commercium*, com suas origens romanas, para se afirmar que a valoração econômica não integra, necessariamente, o conceito de "coisa" no direito privado. Assim, seguindo o posicionamento de Pontes de Miranda, quando houver a necessidade de se referir a coisas suscetíveis de comercialização, será utilizado o termo "mercadorias".[52]

Além da centralidade que a relação jurídica passa a ocupar no pensamento jurídico, o desenvolvimento da noção de direito subjetivo também contribui de maneira fundamental para o fortalecimento da dicotomia pessoa-coisa, como recorda Mata-Machado:

> O direito, considerado do ângulo da pessoa que o possui e o pode exercer, direito subjetivo, supõe invariavelmente a presença de alguma coisa que é possuída ou sobre a qual esse se exerce; ou de alguém sobre o qual pesa a obrigação de não impedir a quem possui e exerce seu direito que o possua e exerça; supõe o que se chama uma relação jurídica, em cujo quadra mais nitidamente se pode verificar a presença do direito subjetivo.[53]

Não se faz necessário adentrar nas minúcias do debate acerca das diversas concepções de direito subjetivo. O que vale destacar é que em todas elas, em maior ou menor grau, pressupõe-se uma pessoa que possui aptidão para titularizar o direito subjetivo, além de um objeto sobre o qual recai o exercício desse direito.

---

46. PONTES DE MIRANDA, Francisco Cavalcanti. *Tratado de Direito Privado*: Parte Geral. 3. ed. Rio de Janeiro: Editor Borsoi, 1970, t. II, p. 9.
47. PONTES DE MIRANDA, Francisco Cavalcanti. *Tratado de Direito Privado*: Parte Geral. 3. ed. Rio de Janeiro: Editor Borsoi, 1970, t. II, p. 16.
48. BEVILAQUA, Clovis. *Theoria Geral do Direito Civil*. 2. ed. Rio de Janeiro: Francisco Alves, 1929, p. 64; PONTES DE MIRANDA, Francisco Cavalcanti. *Tratado de Direito Privado*: Parte Geral. 3. ed. Rio de Janeiro: Editor Borsoi, 1970, t. II, p. 23.
49. TEIXEIRA DE FREITAS, Augusto. *Código Civil* – Esbôço. Ministério da Justiça, 1952, p. 185-192.
50. PEREIRA, Caio Mário da Silva. *Instituições de Direito Civil*: teoria geral do direito civil. Atualizado por Maria Celina Bodin de Moraes. 33. ed. Rio de Janeiro: Forense, 2020, p. 341.
51. BEVILAQUA, Clovis. *Theoria Geral do Direito Civil*. 2. ed. Rio de Janeiro: Francisco Alves, 1929, p. 208.
52. PONTES DE MIRANDA, Francisco Cavalcanti. *Tratado de Direito Privado*: Parte Geral. 3. ed. Rio de Janeiro: Editor Borsoi, 1970, t. II, p. 9-10.
53. MATA-MACHADO, Edgar de Godoi da. *Elementos de teoria geral do direito*. 3. ed. Belo Horizonte: Editora UFMG, 1986, p. 258.

Ainda em relação ao direito subjetivo, a tradicional classificação em direitos pessoais e direitos reais também potencializa a *summa divisio* civilística. Os direitos reais, entendidos como *jus in rem*, são faculdades ou prerrogativas exercidas sobre uma coisa; ao passo que os direitos pessoais, entendidos como *jus in personam*, são faculdades ou prerrogativas exercidas sobre uma pessoa, sobre condutas alheias.[54] No mesmo sentido, tem-se Teixeira de Freitas: "São *direito pessoais* os que têm por *objeto imediato* as *pessoas*, pôsto que mediatamente possam ter por objeto as *coisas*. São *direitos reais* os que têm por *objeto imediato* as *coisas*, pôsto que mediatamente tenham por objeto as *pessoas*".[55] A referida classificação implica em diferenças estruturais e funcionais dos direitos subjetivos, tornando-se imprescindível a identificação do seu objeto, reforçando-se, portanto, a dicotomia pessoa-coisa.

Certamente há autores que contestam a importância dessas construções teóricas – ainda que seja uma posição minoritária. Hans Kelsen, por exemplo, defende que a noção de subjetividade jurídica seria uma ficção desnecessária, uma vez que se refere a uma categoria transcendente ao direito objetivo positivado. Assim, a relação jurídica prescindiria categorias pressupostas, tais como sujeito e objeto, uma vez que poderia ser reduzida a um complexo de deveres jurídicos e direitos subjetivos.[56] Não se desconhece tais posições, de tal maneira que haverá a problematização da dualidade pessoa-coisa ao final do capítulo. De toda forma, parece ser inegável que buscar o enquadramento dogmático dos gametas a partir das categorias apresentadas representa o caminho mais seguro. O Código Civil brasileiro, por exemplo, divide a sua parte geral em três livros – pessoas, bens e fatos jurídicos – em uma clara alusão à proposta de Gaio. Com isso não se está admitindo que esta seja a melhor maneira para a compreensão dos fenômenos pela perspectiva jurídica. O propósito deste tópico consiste apenas em comprovar que esta é a maneira mais difundida para se analisar e categorizar os entes que possuem alguma relevância para o direito.

A partir do que foi exposto, Salvador Bergel sintetiza as possibilidades de compreensão jurídica das partes destacadas do corpo humano em dois modelos influentes: (i) o primeiro seria o modelo europeu-francês, que traria a ideia do corpo como algo intrínseco à pessoa, fora do mercado, inviolável, indisponível e impassível de apropriação pelo indivíduo, o que se estenderia aos elementos corpóreos destacados; (ii) o segundo seria o modelo anglo-saxão, que traria uma abordagem fundada em um direito de propriedade e na livre disposição sobre o próprio corpo, o que também se estenderia aos elementos separados.[57] Ainda que haja alguma simplificação na síntese apresentada, passa-se a analisar o status jurídico das partes destacadas do corpo humano a partir dessas duas abordagens.

---

54. MATA-MACHADO, Edgar de Godoi da. *Elementos de teoria geral do direito*. 3. ed. Belo Horizonte: Editora UFMG, 1986, p. 281.
55. TEIXEIRA DE FREITAS, Augusto. *Código Civil* – Esbôço. Ministério da Justiça, 1952, p. 22, destaque no original.
56. KELSEN, Hans. *Teoria pura do direito*. Tradção de João Baptista Machado. São Paulo: Martins Fontes, 2006, p. 182-191.
57. BERGEL, Salvador Darío. Aportes para un estatuto de las partes separadas del cuerpo. *Alegatos*, n. 82, México, 2012, p. 704.

4. UMA PROPOSTA FUNDADA NOS DIREITOS DA PERSONALIDADE

A primeira hipótese para o problema do status jurídico das partes destacadas do corpo humano consiste em compreendê-las como uma extensão da própria pessoa. Desse modo, a separação do corpo não causaria qualquer mudança no enquadramento dogmático da parte destacada, permanecendo intrinsecamente vinculada à pessoa de quem foi retirada. Por conseguinte, as partes destacadas seriam reguladas pelas mesmas regras e princípios que tutelam o corpo humano enquanto suporte para o livre desenvolvimento da pessoalidade, especialmente com fundamento nos direitos da personalidade.

Uma possível justificativa axiológica para tal hipótese seria a concepção de que as partes separadas do corpo humano continuariam a possuir uma "essência humana" e, portanto, seriam merecedoras de uma tutela especial por parte do direito. Assim, os gametas, ainda que desvinculados do corpo, continuariam a representar, em alguma extensão, a "substância humana". Por estarem associados de maneira inexorável às pessoas, mereceriam o mesmo grau de respeito e consideração. Nesse sentido é o posicionamento de Salvador Bergel: "Essa postura estende o reconhecimento da dignidade atribuída ao corpo como suporte da pessoa humana às partes do mesmo, assegurando um tratamento diferenciando em respeito a estas".[58]

Do ponto de vista jurídico, tal hipótese levaria a situações absurdas, tal como compreender que o dano causado a gametas vitrificados seria correspondente aos danos causados à integridade física da pessoa. Esse raciocínio chegou a ser desenvolvido no paradigmático caso *Yearworth*, julgado na Inglaterra, em 2009.[59] O caso diz respeito a seis homens diagnosticados com câncer que decidiram congelar e armazenar o esperma em razão da necessidade de se submeterem a sessões de quimioterapia, com alta probabilidade de se tornarem inférteis. Acontece que, antes de qualquer tentativa de utilização do sêmen armazenado, houve um problema no resfriamento dos tanques de nitrogênio, o que ocasionou o descongelamento dos gametas, tornando-os inviáveis para fins reprodutivos. Com o empecilho de atribuir propriedade a materiais de origem humana em razão de precedentes seculares da *common law*, uma das linhas argumentativas desenvolvida pelos advogados foi no sentido de que o dano causado ao esperma congelado seria equivalente ao dano causado à pessoa, nos seguintes termos:

(a) O esperma já havia estado dentro dos corpos dos homens;

(b) O dano, enquanto o esperma estivesse lá, por exemplo, como um resultado de uma radiação na bolsa testicular, teria constituído um dano pessoal;

(c) Por que a ejaculação dos homens faria alguma diferença?

(d) Ao contrário de outros produtos do corpo que são removidos com o propósito de serem abandonados – tais como unhas e cabelos cortados, tecidos e membros removidos – o esperma foi ejaculado para ser guardado;

---

58. BERGEL, Salvador Darío. Aportes para un estatuto de las partes separadas del cuerpo. *Alegatos*, n. 82, México, 2012, p. 705, tradução nossa.

59. ENGLAND. Court of Appeal (Civil Division). *EWCA Civ 37: Jonathan Yearworth and others v. North Bristol NHS Trust*. Judge Griggs. 4 feb. 2009.

(e) Ao contrário de outros produtos do corpo que são removidos com o objetivo de serem guardados – como o cabelo mantido como recordação, ou sangue seco e incorporado a um trabalho de arte – a função máxima pretendida com o esperma depositado era idêntica à sua função enquanto estava dentro do corpo, qual seja, fertilizar um óvulo humano;

(f) O esperma retém uma propriedade significativa, a saber, que, apesar de ter sido suspenso por meio do congelamento, continua com a sua essência biologicamente ativa, tendo como resultado a manutenção de um nexo vivo com os homens que o geraram.[60]

Ao final do processo, a analogia foi rechaçada pelos magistrados em razão da impropriedade conceitual da argumentação: "Nós devemos lidar com realidades. Fazer o contrário causaria paradoxos e produziria ramificações. [Tal proposição seria] causadora de incerteza substancial, debate dispendioso e distinções delicadas em uma área do direito que deve ser simples e ter princípios claros".[61]

Em sentido diverso, a suprema corte federal da Alemanha reverteu a decisão de tribunais inferiores que haviam negado a responsabilidade civil por danos à integridade física em razão da destruição de gametas congelados. Nos próprios termos da decisão, "essas partes extraídas continuam a formar uma unidade funcional com o corpo, mesmo durante a sua separação. Assim, parece ser necessário classificar o dano ou a destruição dessas partes destacadas do corpo como dano físico, no sentido dos §§ 823 I, 847 do BGB".[62] A fundamentação se desenvolveu dessa maneira pois os dispositivos que tratam dos danos intangíveis, atualmente previstos na seção 253 do BGB, restringem-se aos casos de danos ao corpo, à saúde, à liberdade e à determinação sexual. Dessa maneira, a alternativa encontrada pela Suprema Corte para fundamentar a indenização em razão da destruição do esperma criopreservado foi estender a abrangência do conceito jurídico de "corpo humano" – uma estratégia comum utilizada pelas cortes alemãs para atribuir uma proteção adequada em face das delimitações contidas no dispositivo legal.[63] Não obstante, para que houvesse essa extensão conceitual, as partes destacadas deveriam ter o propósito de serem usadas ou reintegradas futuramente pela própria pessoa. Nas hipóteses em que não houvesse a intenção de uso ou reintegração futura ao corpo, como nos casos de doação de órgãos ou sangue, as partes desvinculadas seriam tratadas como coisas, seguindo o posicionamento majoritário da literatura alemã.

Raciocínio semelhante é descrito por Jean-Pierre Baud em relação a alguns autores franceses, como Xavier Labbée. A ideia seria considerar que próteses e elementos separados do corpo humano poderiam ser considerados "pessoas por destinação", recebendo uma tutela equivalente ao corpo das pessoas. A ideia é simples: se um elemento externo tem a finalidade, ainda que futura, de ser integrado ao corpo humano, o correto seria compreendê-lo como parte indissociável à pessoa, merecendo a mesma proteção por

---

60. ENGLAND. Court of Appeal (Civil Division). *EWCA Civ 37: Jonathan Yearworth and others v. North Bristol NHS Trust.* Judge Griggs. 4 feb. 2009, p. 6-7, tradução nossa.
61. ENGLAND. Court of Appeal (Civil Division). *EWCA Civ 37: Jonathan Yearworth and others v. North Bristol NHS Trust.* Judge Griggs. 4 feb. 2009, p. 8, tradução nossa.
62. DEUTSCHLAND. Bundesgerichtshof (Sixth Civil Senate), 9 November 1993, BGHZ 124, 52, with case note. Translated by Irene Snook. *German Law Archive*, 21 jun. 2013.
63. DAM, Cees Van. *European Tort Law.* 2 ed. Oxford: Oxford University Press, 2013, p. 81-82.

parte do direito. Baseia-se, portanto, em uma noção não apenas de finalidade, mas também de funcionalidade.[64] Certamente a teoria apresenta uma maior coerência quando se pensa em partes do corpo destinadas ao transplante. Contudo, como os gametas são, na maioria dos casos, manipulados com a finalidade de serem implantados no útero materno, também haveria a possibilidade de aplicação nesses casos. De toda forma, Baud se posiciona de maneira contrária à teoria da pessoa por destinação:

> Em todos os outros casos e, em particular, em relação à doação de sangue, o que significa a noção de pessoa por destinação? Deve-se entender com isso que o sangue é protegido como uma pessoa? Significa que não se pode descartá-lo ou deixá-lo deteriorar? Que não se pode mais separar os elementos, nem os utilizar em experimentos? Levemos ao extremo essa lógica: não se poderia vender, nem mesmo sem lucro, nem doar, nem usar o sangue para transfusão![65]

Apesar das incoerências que esse raciocínio pode ocasionar, não há como negar que os direitos da personalidade se relacionam com as partes destacadas do corpo – a depender do momento em que a análise é feita. O que se argumentou anteriormente é que, compreender partes já separadas do corpo como "partes integrantes", para se utilizar uma analogia do direito civil, ocasionaria uma série de inconsistências lógicas. Até o momento da desvinculação não há uma distinção entre partes do corpo e o próprio corpo, já que este é compreendido como um conjunto de elementos e interações que servem de suporte para o desenvolvimento da pessoalidade. Enquanto não houver a separação do corpo, a tutela jurídica será referente aos direitos da personalidade, com base nas noções de autonomia corporal ou livre uso e manipulação do corpo.[66] Dessa maneira, quando alguém manifesta a vontade de dispor dos seus órgãos, sangue, gametas, cabelo ou qualquer outro material de origem humana, dentro dos limites impostos pelo ordenamento jurídico, há um exercício de autonomia sobre a própria corporeidade, fundada nos direitos da personalidade.[67] Contudo, como observa Capelo de Sousa, "sendo o corpo uma organização unitária, contínua e intersolidária, deixam de o constituir aqueles elementos ou produtos que sejam definitivamente destacados".[68] Nesse caso, defende-se que a situação jurídica se altera, passando-se a se referir a um direito de propriedade sobre as partes destacadas do corpo.

5. O DIREITO DE PROPRIEDADE COMO TUTELA ADEQUADA

A segunda hipótese consiste em sustentar que, uma vez separados do corpo humano, seus elementos se tornariam coisas passíveis de apropriação. Embora não

---

64. BAUD, Jean-Pierre. *Il caso della mano rubata*. Tradução de Laura Colombo. Milano: Giuffrè Editore, 2003, p. 230-231.
65. BAUD, Jean-Pierre. *Il caso della mano rubata*. Traduzione di Laura Colombo. Milano: Giuffrè Editore, 2003, p. 231-232, tradução nossa.
66. LARA, Mariana. *O direito à liberdade de uso e (auto)manipulação do corpo*. Belo Horizonte: D'Plácido, 2014.
67. TALLACCHINI, Mariachiara. El cuerpo y sus partes. La ubicación jurídica de los materiales biológicos humanos. *Medicina y Etica*, v. 4, 1988, p. 41-44.
68. SOUSA, Rabindranath V. A. Capelo de. *O direito geral de personalidade*. Coimbra: Coimbra Editora, 2011, p. 214-215.

seja um tema recorrente na tradição romano-germânica, os autores que abordaram a temática de maneira mais direta tendem a defender a tese de que as partes separadas do corpo se tornam coisas. Nesse sentido, tem-se o influente posicionamento de Adolfo Ravà, em obra central para o desenvolvimento dos direitos da personalidade: "Que uma parte do corpo, vindo a se destacar da pessoa, torna-se coisa, no sentido técnico da palavra, é quase pacífico entre os juristas".[69] Essa concepção, adotada em sua literalidade por Adriano de Cupis,[70] é levada adiante por Santos Cifuentes, em sua monografia sobre os direitos da personalidade: "A opinião unânime não tem hesitado em dizer que as partes separadas são coisas, *res*, objetos de propriedade e suscetíveis de entrar no mercado".[71] É importante evidenciar que, logo em seguida, o civilista argentino estabelece a lei e os bons costumes como limites para que as partes separadas ingressem na esfera econômica.

Na tradição juscivilística brasileira também parece não haver grandes divergências. Pontes de Miranda afirma que "[o] homem vivo, o ser biológico, não é objeto de direito; mas as partes corporais, uma vez separadas, pertencem, como coisa, àquele de quem foram retiradas".[72] Tal posicionamento é corroborado por autores como Clóvis Beviláqua,[73] Caio Mário da Silva Pereira,[74] Antônio Chaves[75] e Carlos Alberto Bittar:

> As partes separadas são consideradas coisas (*res*), suscetíveis, pois, de submissão à propriedade do titular. São, assim, objetos de direito, vinculados ao sujeito titular e à sua vontade, uma vez apartadas do corpo, pertencentes à pessoa de que se destacaram, assim como elementos artificiais que ao mesmo se integram (órgãos e membros artificiais, perucas, próteses dentarias).[76]

A partir dessa proposição, alguns problemas dogmáticos devem ser evidenciados e explicados: (i) Como surge o direito de propriedade sobre partes separadas do corpo?; (ii) Quem deve ser considerado o proprietário?; (iii) Qual é o conteúdo desse direito

---

69. RAVÀ, Adolfo. *I diritti sulla própria persona nella scienza e nella filosofia del diritto*. Torino: Frateli Bocca Editori, 1901, p. 191, tradução nossa.

70. CUPIS, Adriano de. *Os direitos da personalidade*. 2. ed. São Paulo: Quórum, 2008, p. 94-95.

71. CIFUENTES, Santos. *Derechos personalíssimos*. Buenos Aires: Editorial Astrea, 2008, p. 396, tradução nossa.

72. PONTES DE MIRANDA, Francisco Cavalcanti. *Tratado de Direito Privado*: Parte Geral. 3. ed. Rio de Janeiro: Editor Borsoi, 1970, t. II, p. 11

73. BEVILAQUA, Clovis. *Theoria Geral do Direito Civil*. 2. ed. Rio de Janeiro: Livraria Francisco Alves, 1929, p. 267-268.: "Assim é que o homem tem a posse do proprio corpo, mas não póde validamente dispôr de uma parte delle, como no caso de Shylock, nem da propria vida. Póde, entretanto, alienar aquillo que deixou de ser parte de seu organismo vivo, como, por exemplo, os cabellos".

74. PEREIRA, Caio Mário da Silva. *Instituições de Direito Civil*: teoria geral do direito civil. Atualizado por Maria Celina Bodin de Moraes. 33. ed. Rio de Janeiro: Forense, 2020, p. 341: "Depois da morte, porém, o cadáver é uma coisa, da mesma forma que são coisas as partes destacadas do corpo sem vida, como os ossos, as peças anatômicas preparadas, as quais, por isto mesmo, podem ser objeto de alguma relação jurídica, ou ser objeto de negócios jurídicos restritos".

75. CHAVES, Antônio. Direito à vida, ao corpo e às partes do mesmo (transplantes). Esterilização e operações cirúrgicas para "mudança de sexo". Direito ao cadáver e às partes do mesmo. *Revista de Informação Legislativa*, v. 14, n. 55, 1977, p. 139: "Não resta dúvida que tão logo essas partes se separam do corpo humano, [...] tornam-se 'coisas', de propriedade do respectivo titular, independentemente de qualquer ocupação".

76. BITTAR, Carlos Alberto. *Os direitos da personalidade*. Atualizado por Eduardo Bittar. 8ª. ed. São Paulo: Saraiva, 2015, p. 144

subjetivo?; (iv) Quais são as vantagens dessa proposta?; (v) Quais são os riscos ao se adotar essa abordagem?[77]

5.1 O problema da fundamentação

O surgimento do direito de propriedade sobre partes separadas do corpo pode ser fundamentado a partir de três hipóteses. A primeira argumenta que as pessoas possuem um direito de propriedade sobre o próprio corpo e, por isso, a separação de qualquer elemento do corpo apenas manteria o seu status como objeto do direito de propriedade. A segunda defende que a separação de uma parte do corpo seria um modo *sui generis* de aquisição originária de propriedade. Por fim, a terceira compreende que partes destacadas do corpo humano devem ser categorizadas como *res nullius* e, portanto, o direito de propriedade apenas surgiria em razão de um ato de ocupação posterior.

A primeira corrente busca nos debates originários sobre os direitos da personalidade a fundamentação jurídica para a atribuição de propriedade às partes separadas do corpo humano. No momento em que se começou a discutir a autonomia epistemológica dos direitos da personalidade, um dos principais imbróglios dizia respeito à possibilidade de a pessoa ocupar, ao mesmo tempo, a posição de sujeito de direitos e objeto desses mesmos direitos.[78] O debate ocorria porque os direitos ao nome, à imagem, à honra, ao próprio corpo, dentre outros, teriam a peculiaridade de apresentarem elementos constitutivos da própria pessoa como objeto. Para além dos civilistas que negavam a existência de tais direitos, dividiam-se os autores entre aqueles que defendiam a existência de um direito sobre si mesmo – denominado *ius in se ipsum* – e aqueles que defendiam que os direitos da personalidade não teriam por objeto a própria pessoa, uma vez se tratar de uma inconsistência lógica, mas os modos de ser da pessoa.[79] De toda maneira, se os direitos da personalidade forem compreendidos como um direito sobre a própria pessoa, uma espécie de autopropriedade, a separação seria apenas um consectário lógico desse direito de propriedade que recairia, evidentemente, na própria pessoa.

Nesse sentido, interessante observar a retomada, sob uma nova roupagem teórica, desse debate por juristas da *common law*. Um exemplo dessa abordagem é a premiada tese de Muireann Quigley, na qual defende que a melhor maneira de regular as complexas situações geradas a partir do uso, manipulação e violação de "biomateriais humanos" seria a partir da estrutura teórico-dogmática do direito de propriedade, uma vez que é constituído por um complexo de instrumentos desenvolvidos ao longo de séculos, podendo ser adaptados aos novos desafios impostos pelos avanços biotecnológicos. Com isso, garantir-se-ia uma maior segurança para a resolução de conflitos, além de permitir

---

77. Simon Douglas e Imogen Goold, professores da Universidade de Oxford, em artigo com grande precisão metodológica, argumentam pela necessidade de se utilizar do arcabouço jurídico da propriedade com a devida adequação técnica. Algumas das questões levantadas são analisadas pelos autores, embora cheguem a conclusões parcialmente distintas. Cf. DOUGLAS, Simon; GOOLD, Imogen. Property in human biomaterials: a new methodology. *Cambridge Law Journal*, v. 75, n. 3, 2016, p. 478-504.

78. GOGLIANO, Daisy. *Direitos privados da personalidade*. São Paulo: Quartier Latin, 2013, p. 79-100.

79. CUPIS, Adriano de. *Os direitos da personalidade*. 2. ed. São Paulo: Quórum, 2008, p. 29-33.

um maior poder de controle para as pessoas das quais são retirados os biomateriais. Partindo de uma tradição jurídica que tende a negar a atribuição de propriedade sobre partes do corpo, Quigley busca na filosofia moral os fundamentos legais para a criação de um direito de propriedade nesse contexto. A noção de autopropriedade é a saída conceitual encontrada pela autora para fundamentar toda sua construção de propriedade sobre biomateriais. *Grosso modo*, a autopropriedade, tal como defendida em sua tese, seria uma maneira de efetivar a autonomia como valor fundante da pessoa e, portanto, do direito enquanto instrumental normativo pensado para a promoção da pessoa. Assim, se autonomia implica na liberdade de exercer um controle sobre o próprio corpo, a autopropriedade seria apenas uma construção teórica para garantir que tal controle seja concedido da melhor maneira possível.[80]

A segunda corrente rechaça a argumentação de um direito de propriedade sobre si mesmo. Desse modo, buscam justificar o surgimento do direito de propriedade com base no ato de separação do corpo, seja esse ato realizado pela própria pessoa ou por terceiros. A desvinculação do corpo humano atuaria como um ato jurídico que teria como consequência o surgimento do direito de propriedade sobre as partes destacadas, como uma espécie de modo originário de aquisição de propriedade.[81] A proposta de um modo originário de aquisição de propriedade é interessante pois implica a desnecessidade de atribuição de propriedade ao corpo ou à pessoa como um todo unitário – proposição bastante contestada, especialmente sobre o manto do personalismo jurídico e dos receios de objetificação da pessoa. Assim, nessa proposta, torna-se possível estabelecer uma compatibilidade entre o direito de personalidade, compreendido como autonomia corporal, desde que não tenha havido a separação do elemento corpóreo, e o direito de propriedade, desde que já tenha ocorrido a desvinculação do corpo.

Um aspecto que pode causar objeções a essa proposta diz respeito à ausência de previsão expressa no Código Civil brasileiro da separação como modo de aquisição originária de propriedade, uma vez serem os direitos reais mais rígidos em relação aos modos de surgimento, transferência e extinção. Nesse sentido, a separação atuaria como uma "causa supralegal" ou *sui generis* de aquisição originária de propriedade. Importante recordar que a tipicidade e a taxatividade dos direitos reais não se referem aos modos de aquisição desses direitos subjetivos, mas à delimitação dos elementos caracterizadores dos tipos de cada espécie de direito real, no primeiro caso, e à necessidade de previsão legal para a criação de um direito real, no segundo caso.[82] José de Oliveira Ascensão, em obra clássica sobre a tipicidade dos direitos reais, defende que os direitos reais são *numerus clausus*, podendo ser criados apenas por fontes normativas, compreendidas em sentido amplo. Defende, ainda, que esses direitos subjetivos possuem uma tipicidade aberta, o que permite uma certa maleabilidade dos elementos centrais do tipo norma-

---

80. QUIGLEY, Muireann. *Self-ownership, property rights, and the human body:* a legal and philosophical analysis. Cambridge: Cambridge University Press, 2018, p. 229-230.
81. CUPIS, Adriano de. *Os direitos da personalidade.* 2. ed. São Paulo: Quórum, 2008, p. 96.
82. OLIVA, Milena Donato; RENTERÍA, Pablo. Autonomia privada e direitos reais: redimensionamento dos princípios da taxatividade e da tipicidade no direito brasileiro. *Civilistica*, a. 5, n. 2, 2016, p. 3.

tivo. Todavia, Ascensão compreende que a taxatividade e a tipicidade dos direitos reais não se aplicam aos fatos constitutivos dos direitos reais: "Na realidade, nenhum desses factores tem qualquer significado, e podemos proclamar abertamente o princípio de que o *numerus clausus* dos direitos reais nada tem que ver com os respectivos factos constitutivos".[83] Assim, a extensão da taxatividade e tipicidade aos modos de aquisição e extinção de propriedade, embora pareça ser mais coerente com a maneira de regulação dos direitos reais, não é uma questão definitiva e absoluta. Nesse sentido, Francesco Carnelutti defende a hipótese de que a aquisição originária de propriedade seria, nos casos de separação de partes do corpo, um *tertium genus*, face a ausência de previsão expressa.[84]

Para além da defesa da separação como modo originário de aquisição de propriedade, há ainda uma terceira hipótese, partindo do aparato legal já positivado no Código Civil. A proposta consiste em defender que, após a separação do corpo, as partes destacadas seriam consideradas *res nullius*, uma vez não poderem ser fundamentadas em um direito de propriedade anterior, nem em um modo originário de aquisição de propriedade, por ausência de previsão legal. Dessa maneira, sendo categorizadas como coisas, apenas poderiam ser qualificadas como coisas sem dono, contudo, passíveis de apropriação por meio da ocupação. Essa é, afinal, a redação da codificação vigente: "Art. 1.263. Quem se assenhorar de coisa sem dono para logo lhe adquire a propriedade, não sendo essa ocupação defesa por lei".

Desse modo, embora as três correntes sejam hipóteses possíveis para justificar o problema do surgimento ou fundamentação do direito de propriedade sobre partes destacadas do corpo, entende-se que a proposta de um direito originário de propriedade contém vantagens em relação às demais. O debate em torno da atribuição de propriedade ao próprio corpo é imprescindível, contudo, essa proposição atinge postulados ainda bastante arraigados no direito ocidental, como a concepção de que a pessoa se confunde com o seu próprio corpo. Assim, apesar de não se concordar com tal posicionamento, compreende-se que a segunda corrente possui a vantagem pragmática de resolver a questão sem precisar afrontar diretamente esse pressuposto. Por outro lado, ao se entender que os elementos corpóreos se tornam *res nullius*, abre-se a possibilidade de que terceiros em melhor posição se apropriem das partes separadas, o que geraria uma grande desproteção e insegurança nesse contexto – aspecto que será aprofundado a seguir.

5.2   O problema da titularidade

Estabelecidos os possíveis fundamentos para o surgimento do direito de propriedade sobre partes do corpo, faz-se necessário definir sobre quem recairá esse direito subjetivo. A resposta mais óbvia e intuitiva indica que a titularidade do direito de propriedade sobre partes separadas do corpo deve ser atribuída às próprias pessoas das quais foram

---

83. ASCENSÃO, José de Oliveira. *A tipicidade dos direitos reais*. Lisboa: Petrony, 1968, p. 168
84. CARNELUTTI, Francesco. Problema giuridico dela transfusione del sangue. *Il foro italiano*, v. 63, 1938, p. 95.

retiradas. Adotada a doutrina do *ius in se ipsum* como ponto de partida, não há dúvidas de que o direito sobre as partes separadas do corpo será titularizado pela própria pessoa *ipso iure*, uma vez que a separação representaria apenas a continuidade de um direito previamente titularizado.[85] Nesse caso, poder-se-ia pensar na analogia com os frutos ou produtos que, sendo bens acessórios, seguem, via de regra, o destino do bem principal.

Na hipótese da aquisição originária de propriedade, por não estar prevista em lei, haveria uma maior liberdade na definição da titularidade. Contudo, os autores são unânimes ao defender que o direito deve recair sobre a pessoa cujas partes foram retiradas, mesmo que o ato de separação não tenha sido realizado pela própria pessoa – como acontece na maioria das ocasiões. Por essa razão, Carnelutti defende que esse modo de aquisição originária de propriedade, caracterizado pela separação ou incorporação de elementos ao corpo, não seria um *ato*, mas um *fato jurídico*, o que "significa que suas consequências, de acordo com o direito, estão exclusivamente ligadas ao seu evento físico, sem relevância, nem da pessoa que as executou, nem da causa pela qual são realizadas, nem da vontade que determina sua realização".[86] Assim, conforme sintetiza Adriano de Cupis: "tal separação representa um dos fatos que faz surgir, originariamente, o direito de propriedade. Este é adquirido imediatamente pela pessoa de cujo o corpo se destacou uma parte, independentemente de qualquer ato de ocupação".[87]

Partindo da concepção das partes destacadas do corpo como *res nullius*, abrir-se-ia a possibilidade de que pessoas em melhores condições fáticas se apropriassem da parte destacada – o que, na maioria dos casos, não corresponde à pessoa, mas aos médicos responsáveis pela extração. Aí reside o maior problema em se adotar a corrente da *res nullius*, rechaçada pela maioria dos autores que escreveram sobre o tema:

> [...] é perigosa porque o barbeiro, o dentista, a pedicure ou o médico estão em melhores condições para se apropriarem das partes que se separaram com suas próprias mãos. E, a fim de salvar esse privilégio, haveria que se valer da teoria do mandato, como se eles atuassem por encargo do dono do corpo.[88]

Para se evitar os problemas que podem surgir em razão de terceiros em melhor posição para se apropriar das partes destacadas, poder-se-ia pensar em uma presunção *juris tantum* de ocupação. A partir da separação do corpo e, portanto, do surgimento de uma *res nullius*, a pessoa cujo elemento foi retirado se tornaria, independentemente de qualquer ato jurídico, proprietária. Entende-se que a presunção relativa é mais adequada, pois a pessoa também poderia manifestar seu desinteresse nas partes destacadas, consolidando-se a propriedade no terceiro ocupante. Por outro lado, nada obsta a defesa de uma presunção *juris et de jure*, bastando, no caso de ausência de interesse em titularizar o direito de propriedade sobre as partes do corpo, um ato jurídico posterior no sentido de transferir, abandonar ou destruí-las.

---

85. RAVÀ, Adolfo. *I diritti sulla própria persona nella scienza e nella filosofia del diritto*. Torino: Frateli Bocca Editori, 1901, p. 192.
86. CARNELUTTI, Francesco. Problema giuridico dela transfusione del sangue. *Il foro italiano*, v. 63, 1938, p. 97, tradução nossa.
87. CUPIS, Adriano de. *Os direitos da personalidade*. 2. ed. São Paulo: Quórum, 2008, p. 96.
88. CIFUENTES, Santos. *Derechos personalíssimos*. Buenos Aires: Editorial Astrea, 2008, p. 398, tradução nossa.

CAPÍTULO II • O DIREITO DE PROPRIEDADE SOBRE GAMETAS

Por outro lado, Pontes de Miranda refuta a ideia de que as partes destacadas podem ser consideradas *res nullius*, argumentando que "[a] inserção da parte corporal separada no rol das coisas suscetíveis de direito é ato jurídico *stricto sensu*. A vontade é elemento do suporte fático".[89] Dessa maneira, compreende que, para o surgimento do direito de propriedade e a consequente titularização por parte da pessoa da qual foi retirada, faz-se imprescindível uma manifestação de vontade nesse sentido.

Embora possa parecer uma discussão puramente teórica, o escândalo de *Alder Hey* demostra o que pode acontecer na ausência de clareza normativa. O caso diz respeito à descoberta de que hospitais do Reino Unido, dentre eles o *Alder Hey Children's Hospital*, situado em Liverpool, vinham removendo, retendo e utilizando os órgãos e tecidos de pacientes, especialmente de crianças, entre 1988 a 1995. Um dos relatórios apresentados revela que 105 mil órgãos foram retidos por hospitais e faculdades de medicina em toda Inglaterra, sem qualquer tipo de autorização dos pais ou responsáveis legais.[90] Ora, se a compreensão jurídica indica que órgãos removidos do corpo de um paciente são *res nullius*, na ausência de um ato de ocupação pela própria pessoa ou pelos seus representantes, haveria a possibilidade de ocupação pelos médicos responsáveis pelo caso. Em outra linha argumentativa, tentou-se propor que haveria um abandono presumido dos tecidos, órgãos e demais materiais removidos em procedimentos cirúrgicos, de tal maneira que os pacientes não teriam mais interesses jurídicos nesses elementos.[91] Ambas propostas não parecem trazer consequências justas e razoáveis, razão pela qual foram afastadas pelas cortes. Comprova essa percepção a robusta comoção social perante o caso, o que acabou por ocasionar uma alteração legislativa a respeito da utilização de órgãos, células e tecidos humanos no Reino Unido com a promulgação da *Human Tissue Act*, em 2004. A lei em vigor elege o consentimento como alicerce para qualquer tipo de prática em relação a esses biomateriais humanos, sem levar em consideração o debate acerca da possibilidade de apropriação.[92]

Embora a atribuição de propriedade às pessoas das quais os elementos corpóreos foram retirados pareça o raciocínio mais lógico e justo, a *common law*, com destaque para o direito inglês, seguiu um caminho bastante diferente a respeito dessa celeuma. A origem dos precedentes sobre a possibilidade jurídica de se atribuir propriedade a corpos humanos é remetida ao *Haynes's Case*, julgado em 1614.[93] No caso, narra-se que William Haynes havia desenterrado um corpo, removendo a mortalha que o envolvia, enterrando-o novamente em sequência. Na decisão, sentenciou-se que Haynes deveria ser considerado proprietário da mortalha, uma vez que o cadáver não poderia titularizar um direito de propriedade. Embora os juízes estivessem afirmando a impossibilidade de

---

89. PONTES DE MIRANDA, Francisco Cavalcanti. *Tratado de Direito Privado*: Parte Geral. 3. ed. Rio de Janeiro: Editor Borsoi, 1970, t. II, p. 12.
90. BATTY, David; PERRONE, Jane. Alder Hey organs scandal: the issue explained. *The Guardian*, Friday 27 April 2001.
91. DWORKIN, Gerald; KENNEDY, Ian. Human tissue: rights in the body and its parts. *Medical Law Review*, v. 1, 1993, p. 303-304
92. HOPPE, Nils. *Bioequity:* property and the human body. Farnham: Ashgate Publishing, 2009, p. 33-44.
93. ENGLAND. *77 ER 1389: Haynes's Case*, 1614.

um cadáver ser proprietário, a regra foi compreendida e sedimentada na *common law* no sentido de que não há propriedade *sobre* o cadáver. Entre os séculos XVII e XVIII, essa percepção é retomada em novos precedentes judiciais, especialmente em razão do surgimento dos ressurrecionistas – pessoas contratadas pelas incipientes faculdades de medicina para desenterrar cadáveres clandestinamente para fins de dissecação.[94] Dessa maneira, estabeleceu-se o precedente primordial no debate anglo-saxão: não há direito de propriedade sobre o corpo humano – *no-property rule*.[95]

Somente em 1908, com o *caso Doodeward*, julgado na Austrália, estabeleceu-se uma exceção à regra segundo a qual não há propriedade sobre o corpo humano. No caso, ficou sedimentado que, quando alguém age exercendo um trabalho ou uma habilidade sobre um material de origem humana, a ponto de alterar suas características e qualidades, poder-se-ia adquirir a propriedade desse material. O caso se refere a um feto nascido com duas cabeças que havia sido preservado em líquidos e que estava sendo exposto por seu proprietário, uma vez que o havia adquirido de um espólio. Acontece que o feto preservado veio a ser apreendido por policiais que entenderam haver uma violação da lei. Inconformado com a apreensão, Doodeward ajuizou uma ação reivindicando a propriedade do feto, com fundamento no *Tort of Detinue*. A decisão se tornou um precedente fundamental nessa temática, uma vez que o juiz afastou a regra da impossibilidade de propriedade sobre o corpo humano. Firmou-se que, nos casos em que houver um trabalho ou uma habilidade exercida sobre um material humano, torna-se possível a utilização dos remédios típicos do direito de propriedade para tutelar a situação jurídica.[96] É o que se pode extrair dos termos do acórdão:

> Um corpo humano morto pode, em algumas circunstâncias, tornar-se objeto de propriedade. Um cadáver pode possuir atributos peculiares que justifiquem sua preservação por motivos científicos ou outros e, se uma pessoa, pelo exercício lícito de trabalho ou habilidade, tiver lidado com esse corpo em sua posse legal de modo que tenha adquirido alguns atributos que o diferenciam de um mero cadáver aguardando enterro, essa pessoa adquire o direito de retê-lo e, se privado de seu poder, pode propor uma ação para sua recuperação contra qualquer pessoa que não tenha o direito de lhe exigir a entrega do objeto para o enterro, salvo qualquer lei positiva que proíba a retenção em circunstâncias particulares.[97]

---

94. GOOLD, Imogen; QUIGLEY, Muireann. Human biomaterials: the case for property approach. In: GOOLD, Imogen et al (Ed.). *Persons, parts and property*: how should we regulate human tissue in the 21st century? Oxford: Hart Publishing, 2014, p. 237-238.

95. Posteriormente, essa regra é atenuada em precedentes em que se analisava status jurídico do cadáver para fins de sepultamento. Entendeu-se que os familiares seriam titulares de uma "quase-propriedade" sobre o cadáver, com a finalidade exclusiva de se efetivar o sepultamento. Cf. SILVA, Denis Franco. *Entre o sagrado e o profano*: em busca de um estatuto jurídico para o cadáver. Dissertação (Mestrado em Direito) – Faculdade de Direito, Universidade Federal de Minas Gerais, Belo Horizonte, 2004, p. 73-74.

96. GOOLD, Imogen; QUIGLEY, Muireann. Human biomaterials: the case for property approach. In: GOOLD, Imogen et al (Ed.). *Persons, parts and property*: how should we regulate human tissue in the 21st century? Oxford: Hart Publishing, 2014, p. 231-262.

97. AUSTRALIA. High Court of Australia. *6 CLR 40: Doodeward v Spence*. Judges Griffith CJ, Barton J, Higgins J, 1908, p. 406-407.

A exceção estabelecida em *Doodeward* – a partir de então denominada *work and skill exception* –, estabeleceu o precedente central para questões envolvendo o corpo humano e suas partes destacadas, tendo sido aplicada em diversos casos no Reino Unido e na Austrália, além de servir como base para decisões americanas. Acontece que a exceção desenvolvida é deficiente e apresenta diversos problemas. Um primeiro aspecto problemático diz respeito à delimitação conceitual da exceção. Não há clareza na definição dos tipos de trabalho e habilidade que permitem a aquisição de propriedade. Outro aspecto impreciso na exceção se relaciona ao significado da mudança de atributos e características mencionadas em *Doodeward*. Não resta evidente nos precedentes quais seriam essas alterações, nem mesmo em que extensão ou intensidade elas teriam que ocorrer. Discute-se, assim, se a criopreservação de elementos corpóreos, tais como cordões umbilicais e gametas, seria suficiente para a aquisição de propriedade, ou se, por outro lado, seria necessária uma abordagem mais invasiva ou inventiva, como nos casos da criação de linhagens celulares. Não obstante, o principal problema se relaciona à titularidade da propriedade nos casos em que se aplica a exceção. Um elemento que unifica todos os precedentes que envolvem a *work and skill exception* é a atribuição de propriedade a terceiros que atuaram ativamente sobre algum elemento corpóreo retirado de alguma pessoa. Nos precedentes, nunca se reconhece propriedade de partes do corpo à própria pessoa que deu origem ao elemento corpóreo, mas se permite que terceiros que tenham exercido um trabalho ou habilidade sobre esse elemento corpóreo sejam considerados proprietários. Esse raciocínio, além de ser contraintuitivo, leva a resultados inadequados.[98]

Veja-se, por exemplo, o conhecido *caso Moore*, decidido pela Corte da Califórnia. Após ter sido diagnosticado com um raro tipo de leucemia por médicos-pesquisadores da Universidade da Califórnia, recomendou-se a John Moore a retirada do seu baço com a finalidade de tratamento do câncer. Na ocasião, o paciente manifestou o consentimento informado para a remoção e nada mais. Após vários anos retornando à universidade para consultas regulares com os médicos, Moore descobriu que haviam desenvolvido uma linhagem celular milionária a partir do seu órgão removido. Descontente com o comportamento adotado pelos médicos, John ajuizou uma ação requerendo uma participação nos lucros advindos da linhagem celular, sob o fundamento de que não havia consentido para aquela finalidade, além de argumentar que seria proprietário do baço retirado e, portanto, da linhagem celular derivada. Desse modo, a pesquisa e o desenvolvimento da linhagem celular utilizando o seu baço seria uma violação do seu direito de propriedade. Ao final, a corte decidiu negar a participação nos lucros e a fundamentação baseada no direito de propriedade sobre o órgão, apesar de ter concedido uma indenização por violação do consentimento informado. Os argumentos foram predominantemente políticos, no sentido de que atribuir propriedade a partes do corpo

---

98. QUIGLEY, Muireann. *Self-ownership, property rights, and the human body*: a legal and philosophical analysis. Cambridge: Cambridge University Press, 2018, p. 55-95; QUIGLEY, Muireann; SKENE, Loane. Property interests in human tissue: is the law still an ass? In: STANTON, Catherine et al. *Pioneering Healthcare Law*: essays in honour of Margaret Brazier. Oxford: Routledge, 2015, p. 156-167.

removidas em cirurgias iria inviabilizar as pesquisas científicas nos Estados Unidos. O que a decisão não questiona é o direito de propriedade, ainda que intelectual, que os pesquisadores adquiriram ao utilizarem o trabalho e a técnica para desenvolver a linhagem celular sobre um material retirado do corpo de um paciente sem seu conhecimento e consentimento. Assim, a decisão entende que terceiros podem ser proprietários de partes do corpo se houverem exercido um trabalho ou aplicado alguma técnica sobre esse material, mas a própria pessoa de quem foi retirado não teria essa alternativa.[99]

Percebe-se que a exceção atua como um modo de aquisição originária de propriedade, apresentando semelhanças com o instituto da especificação, presente nos sistemas derivados do direito romano. A especificação ocorre quando alguém, trabalhando em matéria-prima alheia, obtém espécie nova, não sendo possível restituir à forma anterior, conforme art. 1.269 do Código Civil brasileiro. Os exemplos são praticamente idênticos nas poucas páginas dedicadas ao instituto nos manuais de direito civil: o pintor que usa tela alheia, o escultor que usa o mármore alheio, o alfaiate que usa tecido alheio e, na linha do direito anglo-saxão, poder-se-ia acrescentar o médico ou cientista que utiliza partes de corpos alheios. A grande diferença seria que, no caso da especificação, há alguém que detém a propriedade da matéria-prima previamente ao trabalho exercido pelo terceiro – o que não se observa nos diversos precedentes que utilizam da exceção na *common law*.[100]

Esse posicionamento somente veio a ser modificado em casos mais recentes, especialmente a partir do já mencionado *caso Yearworth*.[101] Na ocasião, a Corte inglesa aceitou o fundamento de que haveria um direito de propriedade sobre o sêmen depositado em bancos de criopreservação para utilização futura em reprodução humana assistida. A alteração nos precedentes foi no sentido de ser possível a atribuição direta de propriedade a materiais humanos, mesmo sem o exercício de trabalho ou habilidade que altere atributos significativos do elemento. Na argumentação jurídica sobre o caso, essa categorização era crucial, uma vez que a pretensão indenizatória calcada na *tort law* dependia da definição da propriedade sobre gametas para poder ser configurada, já que a fundamentação baseada nos danos à pessoa havia sido rechaçada, como indicado anteriormente. Assim, a partir do *caso Yearworth*, cria-se a possibilidade de se compreender partes do corpo humano como coisas imediatamente tuteladas pelo direito de propriedade. Mais do que isso, pela primeira vez na história da *common law*, permitiu-se que as próprias pessoas que tiveram os elementos corpóreos separados pudessem ser consideradas proprietárias, afastando-se a noção de que somente terceiros estariam aptos a tal aquisição. A mudança foi amplamente

---

99. WALDBY, Catherine; MITCHELL, Robert. *Tissue economies*: blood, organs and cell lines in late capitalism. Durham: Duke University Press, 2006, p. 88-109; HARDCASTLE, Rohan. *Law and the human body*: property rights, ownership and control. Portland: Hart Publishing, 2007, p. 65-70.

100. DOUGLAS, Simon; GOOLD, Imogen. Property in human biomaterials: a new methodology. *Cambridge Law Journal*, v. 75, n. 3, 2016, p. 499-500.

101. ENGLAND. Court of Appeal (Civil Division). *EWCA Civ 37: Jonathan Yearworth and others v. North Bristol NHS Trust*. Justice Griggs. 4 feb. 2009.

celebrada, ainda que existam outros desafios na compreensão e no desenvolvimento do precedente estabelecido em *Yearworth*.[102]

Dessa maneira, o que pode ser extraído dessa breve análise comparativa é uma aproximação entre os dois grandes sistemas jurídicos ocidentais. Apesar de apresentarem trajetórias distintas, com um maior interesse acadêmico e jurisprudencial na *common law*, chega-se à conclusão de que partes separadas do corpo humano podem ser compreendidas como objetos de propriedade titularizados pela própria pessoa – e não apenas por terceiros.

Além das propostas que defendem a própria pessoa ou terceiros determinados como proprietários dos elementos corpóreos destacados, há quem defenda que o direito de propriedade deveria ser titularizado pela coletividade, como uma espécie de bem comum. Mariachiara Tallacchini defende a ideia de que partes destacas do corpo humano deveriam ser compreendidas como *res communes omnium*, uma vez que se relacionaria a aspectos relevantes para a humanidade. Nesse sentido, a importância comunitária e os valores que esses bens emanam seriam melhor apreendidos em uma visão não individualista de propriedade:

> A aplicação da noção de *res communes omnium* como "patrimônio humano" à disciplina dos atos dispositivos e aquisitivos das partes do corpo, limitando os poderes subjetivos de disposição e vinculando os modos e as finalidades de aquisição, permite introduzir uma maior relacionalidade à relação entre sujeito e corpo, assim como um destino objetivo ao corpo para usos qualificados.[103]

Tal posicionamento encontra guarida entre aqueles que entendem, em um sentido simbólico, que o genoma deve ser compreendido como um patrimônio da humanidade, afastando-se de uma concepção técnica de propriedade.[104] A proposta de Tallacchini se aproxima das "teses de nacionalização, socialização ou publicização dos cadáveres", as quais defendem a titularidade estatal sobre os cadáveres em razão da necessidade de obtenção de órgãos, baseando-se na preponderância do interesse público.[105] Em sentido similar, Neil Maddox entende que modelos de propriedade compartilhada, a exemplo dos biobancos implementados no Reino Unido, podem representar novas e melhores formas de acordos entre instituições médicas, pesquisadores e doadores, incentivando valores comunitários em que todos os envolvidos teriam benefícios. Além disso, esses modelos de propriedade permitiriam uma melhor proteção das populações vulneráveis e serviria de barreira contra a comodificação dos corpos com fundamentos em interesses privados.[106]

---

102. ROSTILL, Luke David. The ownership that wasn't meant to be: Yearworth and property rights in human tissue. *Journal of Medical Ethics*, v. 40, 2014, p. 14-18; QUIGLEY, Muireann. *Self-ownership, property rights, and the human body*: a legal and philosophical analysis. Cambridge: Cambridge University Press, 2018, p. 96-104.

103. TALLACCHINI, Mariachiara. El cuerpo y sus partes. La ubicación jurídica de los materiales biológicos humanos. *Medicina y Etica*, v. 4, 1988, p. 63.

104. Artigo 1 – O genoma humano subjaz à unidade fundamental de todos os membros da família humana e também ao reconhecimento de sua dignidade e diversidade inerentes. Num sentido simbólico, é a herança da humanidade. Cf. UNESCO. *Declaração universal do genoma humano e dos direitos humanos*. 1997.

105. TRONCO, Arthur Abbade. O direito ao cadáver e a doação de órgãos pós-morte. *Revista de Direito Civil Contemporâneo*, v. 13, 2017, p. 4.

106. MADDOX, Neil. Limited, inclusive and communitarian: in defence of ropriedade property in the human body. *Northern Ireland Legal Quarterly*, v. 70, n. 3, 2019, p. 306-309.

O problema com a proposta da propriedade comunitária consiste na imposição desse modelo como um *dever* de compartilhamento do corpo. Partindo do pressuposto de que o corpo é o primeiro e mais importante *locus* democrático, representando uma dimensão indispensável para a emergência da pessoalidade, entende-se que obrigar as pessoas a socializar seus corpos infringiria a concepção da pessoa enquanto ser autônomo.[107] Evidentemente, o incentivo para o compartilhamento e os benefícios comunitários que esse modelo pode trazer são inegáveis e, até mesmo, desejáveis. Assim, a discordância recai somente na proposição de que os elementos corpóreos que vierem a ser separados devam ser, necessariamente, bens comunitários.

Em síntese, pode-se identificar três hipóteses para o problema da titularidade. A primeira indica que as partes que vierem a ser destacas do corpo humano devem ser compreendidas como coisas de propriedade da própria pessoa da qual foram retiradas. A segunda defende que, sendo os elementos corpóreos *res nullius*, deve-se atribuir a propriedade à pessoa que primeiro efetive o ato de ocupação – o que, na maioria dos casos, refere-se a terceiros. Por fim, em uma visão minoritária, tem-se a hipótese de que as partes destacadas do corpo devem ser compreendidas como bens comuns, sendo inadequada a apropriação em uma matriz individualista. Seguindo a posição majoritária dos civilistas da tradição *civil law*, entende-se que a maneira mais adequada de solucionar o problema da titularidade consiste em atribuí-la às pessoas que deram origem ao elemento corpóreo destacado. A justificativa imediata para esse posicionamento seria compreender que as pessoas possuem autopropriedade sobre o corpo e, por derivação, também deveriam ser proprietárias das partes destacadas. Uma vez afastada essa justificativa, entra-se no plano de justificação de normas, uma vez que não há normas claras a esse respeito. Nesse sentido, a atribuição de propriedade às pessoas das quais os elementos corpóreos foram retirados parece ser a posição que melhor se enquadra nas intuições coletivas de justiça distributiva, além de garantir uma maior proteção e controle aos titulares originários, evitando-se posturas abusivas por parte de terceiros.

5.3 O problema do conteúdo

Quais são as implicações jurídicas que decorrem da atribuição de propriedade às partes destacadas do corpo humano? Para responder esse questionamento, torna-se necessário identificar o conteúdo desse direito subjetivo. Mesmo sob o enfoque dogmático, sua compreensão pode ser feita por meio de distintos critérios, como preleciona Orlando Gomes:

> Sua conceituação pode ser feita a luz de três critérios: o *sintético*, o *analítico* e o *descritivo*. Sinteticamente, é de se defini-lo, com Windscheid, como a submissão de uma coisa, em todas as suas relações, a uma pessoa. Analiticamente, o direito de usar, fruir e dispor de um bem, e de reavê-lo de quem injustamente o possua. Descritivamente, o direito complexo, absoluto, perpétuo e exclusivo, pelo qual uma coisa fica submetida à vontade de uma pessoa, com limitações da lei.[108]

---

107. Cf. STANCIOLI, Brunello. *Renúncia ao exercício de direitos da personalidade* (ou como alguém se torna o que quiser). 2. Ed. Belo Horizonte: D'Plácido, 2017.

108. GOMES, Orlando. *Direitos reais*. 19. ed. Atualizada por Luiz Edson Fachin. Rio de janeiro: Editora Forense, 2009, p. 109, destaque no original.

Sob o critério sintético, independentemente da escolha pela teoria personalista ou realista, o direito de propriedade implica, necessariamente, a submissão de uma coisa aos desígnios de uma pessoa. Trata-se da compreensão da propriedade como um direito *in rem*, exercido diretamente sobre uma determinada coisa, em contraposição aos direitos pessoais. Nesse primeiro sentido não haveria óbices para a atribuição de propriedade às partes do corpo, uma vez que, concluída a separação, tornam-se coisas corpóreas com existência autônoma. Inclusive, a efetivação de um maior poder de controle sobre os elementos corpóreos, implementado por meio da sua subordinação aos titulares, representa a principal vantagem apresentada pelos defensores da abordagem proprietária, como se demonstrou nos casos dos gametas criopreservados. Todavia, mais complexo do que admitir a possibilidade de submissão das partes destacadas do corpo é identificar o significado e a extensão desse fenômeno jurídico – o que se torna possível por meio do método analítico.

O critério analítico foi o adotado pelo Código Civil brasileiro, o qual não apresenta uma definição do direito real de propriedade, indicando somente as faculdades que compõem esse direito subjetivo, conforme art. 1228: "O proprietário tem a faculdade de usar, gozar e dispor da coisa, e o direito de reavê-la do poder de quem quer que injustamente a possua ou detenha". Não se faz necessário retomar em profundidade o conteúdo das faculdades que compõem o direito de propriedade, uma vez que são noções elementares e que não possuem grandes divergências doutrinárias.[109] Em síntese, a faculdade de usar consiste na possibilidade do proprietário se servir da coisa, em benefício próprio, ou no interesse de terceiro. A faculdade de gozar consiste na percepção dos frutos, naturais e civis, pelo titular do bem, ao passo que a faculdade de dispor implica no poder de alienação, a título gratuito ou oneroso, do objeto. Por fim, o direito de reaver a coisa se traduz na pretensão de retomar a coisa de qualquer pessoa que a possua sem justa causa.[110]

Nesse sentido, a propriedade demonstra ser um "direito complexo", consistindo em um "feixe de direitos".[111] Não obstante, como adverte Ricardo Aronne, "[o] domínio se apresenta variável, consoante as possibilidades de relação que o indivíduo poderá ter com o bem da vida. Nessa medida, impossível se mostrar obrar um rol exaustivo dos elementos que o compõem, até por serem historicamente variáveis em razão do avanço das sociedades".[112] Assim, embora seja tradicional a identificação da propriedade com as faculdades oriundas de releituras do direito romano – *ius utendi, ius fruendi, ius*

---

109. Tais faculdades são oriundas de interpretações de autores do medievo sobre textos romanos, especialmente, o Digesto. A partir dessa releitura medieval do direito de propriedade romano, há a sua decomposição nas faculdades de usar *(iura utendi)*, gozar *(iura fruendi)*, dispor *(iura abutendi)* e reaver a coisa *(rei vindicatio)*. Embora tenha havido alterações na compreensão do conteúdo dessas faculdades, pode-se dizer que há uma certa uniformidade em seu conceito e aplicação. Cf. ALVES, José Carlos Moreira. *Direito Romano*. 19. ed. Rio de Janeiro: Forense, 2019, p. 292-297.
110. PEREIRA, Caio Mário da Silva. *Instituições de Direito Civil*: Direitos Reais. 24. Ed. Atualizado por Carlos Edison do Rêgo Monteiro Filho. Rio de Janeiro: Editora Forense, 2016, p. 77-79.
111. GOMES, Orlando. *Direitos reais*. 19. ed. Atualizada por Luiz Edson Fachin. Rio de janeiro: Editora Forense, 2009, p. 109.
112. ARONNE, Ricardo. *Propriedade e domínio*: reexame sistemático das noções nucleares de direitos reais. Rio de Janeiro: Renovar, 1999, p. 117.

abutendi e *rei vindicatio* –, não há razão para restringir o seu conteúdo de maneira que impeça sua adaptação histórica.

Por outro lado, para que haja o direito de propriedade não se faz necessário a reunião de *todas* as faculdades sobre o seu titular, uma vez que os direitos reais são caracterizados por sua elasticidade. Conforme ensinamentos de Darcy Bessone, a elasticidade é uma característica da propriedade "em virtude da qual ela é suscetível de reduzir-se a certo *mínimo*, ou de alcançar um *máximo*, sem deixar de ser propriedade".[113] Certamente, existem hipóteses em que o proprietário reúne todas as faculdades do domínio em sua titularidade, no que se denomina propriedade plena. Contudo, tem-se o frequente fenômeno do desdobramento da propriedade, no qual as faculdades do domínio são transferidas para terceiros por meio de situações jurídicas obrigacionais ou reais, tornando a propriedade limitada.[114]

Assim, se a propriedade é uma situação jurídica complexa, formada por um feixe de faculdades que não perfazem um rol taxativo, podendo estas serem retraídas ou expandidas a depender do contexto, no que consiste esse direito subjetivo? Ricardo Aronne, em conhecida monografia sobre o tema, propõe a tese de que propriedade e domínio deveriam ser concebidos como conceitos autônomos, embora complementares. A sua ideia parte dos autores que identificam na propriedade uma dimensão interna, relacionada aos poderes que o proprietário possui sobre determinado bem, e uma dimensão externa, correspondente à relação do proprietário com as demais pessoas da sociedade que possuem um dever geral de abstenção. A partir desse pressuposto, Aronne defende que a propriedade seria justamente a relação obrigacional do proprietário com a coletividade, sendo caracterizada, portanto, como uma situação jurídica *in personam*. O domínio, por outro lado, teria por objeto a coisa e as faculdades que incidem sobre ela, caracterizando-se como uma situação jurídica real. Embora a busca da precisão conceitual dos termos propriedade e domínio seja louvável, entende-se que o problema não é resolvido de maneira satisfatória. A elucidação das dimensões interna e externa do direito de propriedade é realizada de maneira adequada, trazendo uma maior clareza ao debate, contudo, o questionamento acerca do conteúdo do domínio persiste.[115]

Um caminho que parece ser promissor para solucionar o questionamento apresentado consiste em averiguar a existência de um conteúdo mínimo do direito real de propriedade, haja vista a amplitude das suas faculdades e a elasticidade inerente à sua estrutura enquanto direito subjetivo. Nos debates acadêmicos e nas decisões judiciais em que se atribuiu propriedade a gametas no âmbito da *common law*, especialmente a partir do *caso Yearworth*, adotou-se a proposta de Anthony Honoré acerca do conteúdo do direito de propriedade. Segundo o jurista, a propriedade seria um conceito aberto

---

113. BESSONE, Darcy. *Direitos reais*. 2. ed. São Paulo: Saraiva, 1996, p. 77, destaque no original.
114. PENTEADO, Luciano de Camargo. *Direito das coisas*. São Paulo: Ed. RT, 2012, p. 187-188.
115. ARONNE, Ricardo. *Propriedade e domínio*: reexame sistemático das noções nucleares de direitos reais. Rio de Janeiro: Renovar, 1999, p. 87-116

e fluido, constituído por um feixe de direitos, deveres e outros incidentes – teoria que ficou conhecida como *"ownership as a bundle of rights"*.

Nesse sentido, a propriedade seria composta por onze incidentes: direito de possuir, direito de usar, direito de administrar, direito à renda, direito ao capital, direito à segurança contra expropriações indevidas, incidente de transmissibilidade, incidente de ausência de termo, proibição de uso danoso a terceiros, responsabilidade pela execução patrimonial e o caráter residual.[116] Segundo Honoré, a propriedade seria compreendida como *"o maior interesse possível sobre uma coisa que um sistema de direito maduro reconhece"*, embora não seja o único.[117] Na visão do autor, o que importa para que alguém seja considerado proprietário não é a titularidade de *todos* os elementos que compõem a propriedade, uma vez que é possível diferentes combinações entre os incidentes, sem que se descaracterize o direito de propriedade. Assim, os incidentes não são individualmente necessários, mas, se compreendidos de maneira conjunta, representam condições suficientes para que alguém seja considerado proprietário.[118]

Desse modo, da mesma maneira como ocorre nos sistemas de tradição romano--germânica, o conceito de propriedade utilizado pela *common law* nas decisões que atribuíram propriedade diretamente a elementos corpóreos é marcado por sua elasticidade. O caráter residual da propriedade, como descrito por Anthony Honoré, confirma esse posicionamento e demarca uma característica fundamental do direito de propriedade. Em confronto com outros interesses reais menores, como uso, usufruto, habitação, hipoteca, penhor, dentre outros, o proprietário perde vários dos incidentes descritos. Não obstante, o direito de propriedade sempre manteria o seu caráter residual, permitindo com que, uma vez extintos os outros interesses reais, ressurjam os incidentes outrora cedidos, podendo alcançar a propriedade plena.[119] Tome-se, por exemplo, o caso do usufruto. O usufrutuário tem o direito de possuir a coisa, de fruir as suas utilidades, de perceber os frutos, de administrá-la e de ceder o exercício do usufruto. Não por acaso, o proprietário é denominado "nu-proprietário", haja vista que as faculdades remanescentes são puramente residuais. De toda forma, mesmo com a ampla cessão das faculdades, não perde o nu-proprietário a titularidade residual sobre a coisa, de tal maneira que, uma vez extinto o usufruto, recupera-se a propriedade plena.[120] A mesma lógica pode ser observada, em maior ou menor grau, em outras manifestações do domínio, a exemplo da multipropriedade imobiliária (*time-sharing*) ou da famigerada enfiteuse.

---

116. HONORÉ, A. M. Ownership. In: GUEST, A. G. (Ed.). *Oxford essays in jurisprudence*. Oxford: Oxford University Press, 1961, p. 112-128.

117. HONORÉ, A. M. Ownership. In: GUEST, A. G. (Ed.). *Oxford essays in jurisprudence*. Oxford: Oxford University Press, 1961, p. 108, tradução nossa, destaque no original.

118. HONORÉ, A. M. Ownership. In: GUEST, A. G. (Ed.). *Oxford essays in jurisprudence*. Oxford: Oxford University Press, 1961, p. 112-113.

119. HONORÉ, A. M. Ownership. In: GUEST, A. G. (Ed.). *Oxford essays in jurisprudence*. Oxford: Oxford University Press, 1961, p. 126-128.

120. GOMES, Orlando. *Direitos reais*. 19. Ed. Atualizada por Luiz Edson Fachin. Rio de janeiro: Editora Forense, 2009, p. 333-349.

Dessa maneira, pode-se compreender que o conceito jurídico de propriedade se enquadra em um conceito *"cluster"*, construção teórica que vem sendo bastante utilizada em definições filosóficas.[121] Trata-se de conceitos definidos por uma decomposição analítica dos seus elementos caracterizadores, embora nenhum desses elementos seja, de maneira individualizada, necessário ou suficiente para o enquadramento conceitual.[122] Essa proposta conceitual se adequa ao que se apresentou sobre o direito de propriedade, uma vez que é identificado pelas faculdades de usar, gozar, dispor e reaver a coisa, combinadas de diversas maneiras a depender do contexto e dos desdobramentos da propriedade, de tal maneira que, nenhum dos elementos, individualmente analisados, pode ser considerado suficiente ou necessário para configurar esse direito subjetivo. O titular do direito real de uso, por exemplo, tem o direito de usar a coisa, embora não seja considerado proprietário. No mesmo sentido, analisado por outro ângulo, o proprietário cede a sua faculdade de usar a coisa, embora não perca a titularidade do direito de propriedade.

Em suas investigações originárias sobre a temática da propriedade aplicada ao corpo humano, Muireann Quigley chegou a defender a visão do direito de propriedade como um feixe de direitos, utilizando como fundamento a teoria de Honoré. Na perspectiva da autora, a flexibilidade e a abertura conceitual seria a grande vantagem em se compreender a propriedade como um feixe de direitos.[123] Quigley traz ao seu texto o conhecido exemplo de Ludwig Wittgenstein sobre o conceito de "jogos" para ilustrar o que se entende por conceitos *"cluster"* – que seria a maneira adequada de se compreender o direito de propriedade. Após analisar distintos tipos de jogos (v.g. de tabuleiro, de cartas, de bola, de combate), o filósofo identifica muitas diferenças e semelhanças entre eles, embora as diferenças e semelhanças não sejam sempre as mesmas: "vemos uma rede complicada de parecenças que se cruzam e sobrepõem umas às outras".[124]

Dessa maneira, Wittgenstein elabora o conceito de semelhança de família para tentar explicar as relações que ocorrem entre as diversas espécies de determinada categoria: "Não consigo caracterizar melhor estas parecenças do que com a expressão 'parecenças de família'; porque as diversas parecenças entre os membros de uma família, constituição, traços faciais, cor dos olhos, andar, temperamento etc. etc., sobrepõem-se e cruzam-se da mesma maneira".[125] Em sequência, Wittgenstein exemplifica o conceito desenvolvido:

> – E eu direi: os *jogos* constituem uma família. E, do mesmo modo, as espécies de números, por exemplo, constituem uma família. Porque chamamos a uma coisa um "número"? Um pouco porque tem um

---

121. O conhecimento do debate acerca das *"cluster ropriedad"* ocorreu durante as discussões da disciplina "Tópicos especiais em Ética – Identidades narrativas: limites e possibilidade", ministrada pela profa. Telma Birchal, no programa de pós-graduação em Filosofia da Faculdade de Filosofia e Ciências Sociais da Universidade Federal de Minas Gerais, durante o primeiro semestre de 2017.

122. KURKI, Visa. *A theory of legal personhood*. Oxford: Oxford University Press, 2019, p. 93-94.

123. QUIGLEY, Muireann. Property and the body: applying Honoré. *Journal of Medical Ethics*, v. 33, 2007, p. 632.

124. WITTGENSTEIN, Ludwig. *Tratado lógico filosófico e Investigações filosóficas*. 6. ed. Tradução de M. S Lourenço. Lisboa: Fundação Calouste Gulbenkian, 2015, p. 228.

125. WITTGENSTEIN, Ludwig. *Tratado lógico filosófico e Investigações filosóficas*. 6. ed. Tradução de M. S Lourenço. Lisboa: Fundação Calouste Gulbenkian, 2015, p. 228.

parentesco directo com muitas coisas a que até agora se chamou número; e com isso, poder-se-ia dizer, entra num parentesco indirecto com outras a que damos o mesmo nome. E alargamos o nosso conceito de número do mesmo modo que, ao fiarmos uma corda, cruzamos uma fibra sobre a outra. E a robustez da corda não está em haver uma fibra que a percorre a todo o comprimento, mas em que muitas fibras se sobrepõem umas às outras.[126]

Desse modo, Muireann Quigley se utiliza da noção de semelhança de família para concluir que nem todas as coisas que são consideradas propriedade compartilham do mesmo conjunto de características – e isso não impede que todas elas sejam consideradas propriedade.[127] É nesse sentido que se fala em *propriedades* em contraponto à *propriedade*. Não há mais como pensar no direito de propriedade como uma categoria única, estática e imutável, correspondente ao exercício das suas faculdades inerentes que seriam sempre plenas e lineares. Basta recordar das diferenças estruturais e regulatórias entre a propriedade industrial, propriedade intelectual, propriedade sobre bens imóveis urbanos e rurais, destinados à habitação familiar ou à produção de riquezas, dentre diversos outros modelos de propriedade que coexistem no sistema jurídico brasileiro. Assim, o direito de propriedade seria marcado por sua multiplicidade conceitual, levando a estatutos distintos a depender do contexto histórico, do objeto a que se refere, da função que desempenha e dos interesses que articula.[128] Mesmo os manuais de direito civil já reconhecem essa pluralidade semântica e a necessidade da adaptação conceitual: "Esteja a propriedade dividida, superposta, justaposta, as gradações entre os variados perfis de propriedade reclamarão do intérprete a capacidade de perceber as particularidades e modelações de cada titularidade e as diferenças com os outros modelos".[129]

A metodologia histórica confirma a percepção de que a propriedade não representa um conceito estático. Paolo Grossi, em ensaio seminal sobre a história do direito de propriedade, busca demonstrar que a concepção da propriedade como um instituto unitário e abstrato, marcado unicamente por suas características analíticas, foi decorrente de um longo processo histórico de racionalização e teorização que buscava fundar o instituto em bases individualistas e potestativas – mas que não representa o único modelo possível:

> [...] a história do pertencimento e das relações jurídicas sobre coisas é necessariamente marcada por uma profunda descontinuidade; necessariamente, já que a propriedade é sobretudo mentalidade. Ou seja, não se reduz nunca a uma pura forma e a um puro conceito, mas é sempre uma ordem substancial, um nó de convicções, sentimentos, certezas especulativas, interesses rudes, tanto que seria imprudentíssimo – e até mesmo risível – quem tentasse seguir, nesse terreno, uma história de termos, de palavras. [...] Para o historiador o essencial é não deixar-se enredar por identidades formais enganosas, chegando com segurança às concretas ordens jurídicas que constituem a diferenciada

---

126. WITTGENSTEIN, Ludwig. *Tratado lógico filosófico e Investigações filosóficas*. 6. ed. Tradução de M. S Lourenço. Lisboa: Fundação Calouste Gulbenkian, 2015, p. 229, destaque no original.

127. QUIGLEY, Muireann. Property and the body: applying Honoré. *Journal of Medical Ethics*, v. 33, 2007, p. 632.

128. RODOTÀ, Stefano. *El terrible derecho*: ropried sobre la ropriedad privada. Traducción de Luis Díez-Picazo. Santiago: Olejnik, 2019, p. 56-57.

129. FARIAS, Cristiano Chaves de; ROSENVALD, Nelson. *Curso de Direito Civil*: Reais. São Paulo: Editora jus Podivm, 2016, p. 268.

resposta dos ordenamentos históricos sobre o problema das relações reais. Tantas 'propriedades' – por assim dizer – quantas são as experiências jurídicas que se sucederam no tempo. [130]

A partir e para além de Grossi, Laura Varela demonstra como a compreensão pluralista de propriedade, a qual atinge seu ápice no período medieval, transmuda-se em uma noção cada vez mais abstrata, unitária e absoluta ao longo da modernidade, especialmente a partir da codificação francesa e do pandectismo.[131] A influência do jusracionalismo sobre esses movimentos fez surgir uma concepção de propriedade baseada na categoria de direito subjetivo, sendo compreendida como um "direito absoluto, exclusivo, ilimitado, sagrado, inviolável de usar, gozar e dispor, consagrado no apogeu do liberalismo pelo art. 544 do Código Civil francês".[132] Por outro lado, Varela observa na contemporaneidade um fenômeno de reconstrução da noção plural da propriedade, ocasionada, sobretudo, pela conformação dos direitos subjetivos por meio da funcionalização dos institutos jurídicos:

> A ideia de que o jurista deve procurar distinguir no direito privado seus diversos *setores* ou *campos de função*, em correspondência com as respectivas relações da vida, e tendo por norte o grau de relevância pública ou privada destas, apresenta-se compatível com a noção de função social não apenas quanto ao seu valor facial (o uso do termo "função"), mas igualmente quanto ao seu valor semântico: trata-se da tentativa de abranger na normatividade jurídica uma noção que é plural em sua essência.[133]

Desse modo, a compreensão da propriedade como um conceito unitário é afastada a partir da sua funcionalização, permitindo configurações variadas a depender dos interesses que conformam internamente a estrutura desse direito subjetivo. Por conseguinte, a investigação histórica permite identificar o movimento circular do direito de propriedade, partindo de uma manifestação plural, reduzindo-se a uma compreensão unitária, para então retomar o pluralismo por meio da funcionalização.[134] Assim, pode-se concluir que o direito de propriedade, além de ser caracterizado por sua estrutura flexível, também é identificado pela função que exerce.[135] Deve-se, portanto, compreender o

---

130. GROSSI, Paolo. A propriedade e as propriedades na oficina do historiador. In: GROSSI, Paolo. *História da propriedade e outros ensaios*. Tradução de Luiz Ernani Fritoli. Rio de Janeiro: Renovar, 2006, p. 38-39.

131. VARELA, Laura Beck. Das propriedades à propriedade: a construção de um direito. In: MARTINS-COSTA, Judith (Org.). *A reconstrução do direito privado*. São Paulo: Ed. RT, 2002, p. 735.

132. VARELA, Laura Beck. Das propriedades à propriedade: a construção de um direito. In: MARTINS-COSTA, Judith (Org.). *A reconstrução do direito privado*. São Paulo: Ed. RT, 2002, p. 742.

133. VARELA, Laura Beck; LUDWIG, Marcos de Campos. Da propriedade às propriedades: função social e reconstrução de um direito. In: MARTINS-COSTA, Judith (Org.). *A reconstrução do direito privado*. São Paulo: Ed. RT, 2002, p. 769, destaque no original.

134. Alcançam conclusões semelhantes, também em uma perspectiva histórica, os seguintes artigos: GOMES, Orlando. Significado da evolução contemporânea do direito de propriedade. *Revista da Faculdade de Direito da Universidade Federal de Minas Gerais*, v. 5, 1953, p. 57-70; QUINZACARA, Eduardo Cordero. De la propiedad a las propiedades: la evolución de la concepción liberal de la propiedad. *Revista de Derecho de la Pontificia Universidad Católica de Valparaíso*, v. 31, 2008, p. 493-525.

135. Nesse sentido, tem-se os influentes estudos de Norberto Bobbio na fase final de sua carreira, nos quais traz uma nova dimensão ao positivismo estrutural que marcou seus escritos iniciais. Essa visão se torna amplamente difundida na Itália, influenciando autores como Pietro Perlingieri e exercendo grande impacto na civilística brasileira, especialmente na chamada escola de direito civil constitucional. Cf. BOBBIO, Norberto. *Da estrutura à função*. Tradução de Daniela Beccaccia Versiani. Barueri: Manole, 2007.

CAPÍTULO II • O DIREITO DE PROPRIEDADE SOBRE GAMETAS

sentido da abordagem funcionalista para que se possa reconhecer de que maneira atinge o conteúdo do direito subjetivo.

A funcionalização do direito de propriedade tem sido amplamente discutida, especialmente a partir da sua conformação a interesses sociais, ambientais e econômicos. É nesse sentido que se fala em função social da propriedade.[136] O desenvolvimento da noção de função social da propriedade está atrelado à necessidade de compreendê-la como um instituto que possui um grande impacto na tessitura comunitária, estando intrinsecamente conectada à política, aos modos de produção e à efetivação de um mínimo existencial. Desse modo, a propriedade não poderia ser compreendida sob uma matriz puramente individualista e liberal, devendo ser direcionada a interesses solidaristas. Essa é a compreensão da funcionalização defendida por Norberto Bobbio, o qual procura utilizar de uma metodologia sociológica para defender a função social dos institutos jurídicos, conformando a estrutura dos direitos subjetivos para que se possa alcançar uma concepção promocional do direito.[137]

Não é possível negar que, em um paradigma pós-positivista de direito, a abertura do sistema a racionalidades e finalidades metajurídicas é, em alguma medida, necessária. Especialmente em relação ao direito de propriedade, o qual possui um grande poder de impacto social, a funcionalização é imprescindível. Contudo, a noção de função social também não é estática e absoluta, podendo variar a depender do contexto em que está inserida e do objeto a que se refere:

> Por trás dessas considerações, encontra-se a consequência de maior impacto que teve a função social na concepção do direito de propriedade, pois a aceitação de que os bens estão vinculados a um determinado fim, atendendo à sua maior transcendência econômico-social, traz consigo uma ruptura no conceito unitário do direito de propriedade. Não existe um fim social comum a todos os fins, mas fins específicos que determinam distintos regimes jurídicos. Isso marcará o término da era "da propriedade" e marcará o começo da era "das propriedades" que, para as canetas mais autorizadas, nada mais será do que um retorno às tradições antigas do período anterior à codificação, assim como uma correspondência com a realidade no regime jurídico dos bens, oculta por um conceito forçado, ideológico, unitário e individualista de propriedade.[138]

Todavia, quando se afirmou que, para identificar o conteúdo do direito de propriedade, faz-se necessário compreender a sua função, está-se referindo à uma dimensão mais interna e rudimentar. Busca-se um núcleo duro da propriedade entendida como função, sem que, com isso, rejeite-se as diversas funções sociais que as propriedades podem ter. Assim, o que se argumenta é que, para compreender adequadamente o

---

136. O ordenamento jurídico brasileiro incorpora a noção da função social da propriedade na Constituição da República de 1988 (art. 5º, inciso XXIII) e no Código Civil de 2002 (art. 1.228, § 1º). Por todos, cf. FACHIN, Luiz Edson. *Função social da posse e propriedade contemporânea*. Porto Alegre: Sergio Antonio Fabris Editor, 1988, p. 7-22.

137. BOBBIO, Norberto. *Da estrutura à função*. Tradução de Daniela Beccaccia Versiani. Barueri: Manole, 2007, passim.

138. QUINZACARA, Eduardo Cordero. De la propiedad a las propiedades: la evolución de la concepción liberal de la propiedad. *Revista de Derecho de la Pontificia Universidad Católica de Valparaíso*, v. 31, 2008, p. 512-513, tradução nossa.

conteúdo do direito de propriedade, deve-se buscar o conhecimento da sua estrutura interna, composta por suas faculdades abertas e fluidas, mas também se faz necessário identificar a função primordial dessas faculdades. Em última instância, a que se destina o direito de propriedade?

Muireann Quigley, ciente das críticas que a compreensão da propriedade como um feixe de direitos recebeu, altera parcialmente a sua proposição originária. Apesar de reconhecer a estrutura compostas por diversos incidentes distintos, tal como defendido por Anthony Honoré, a autora se afasta da proposição de que não há uma característica central no direito de propriedade. A sua busca pelo núcleo duro do direito de propriedade vem como uma resposta ao esvaziamento e à inoperabilidade do instituto. Ora, se a propriedade pode ser tudo, não significaria nada. Quigley reconhece que diversos estudiosos defendem que a característica central da propriedade, que se manteria estável mesmo com toda a sua elasticidade, seria o dever de exclusão da coletividade. Contudo, a autora discorda desse posicionamento na medida em que existem outros tipos de direitos oponíveis *erga omnes* – a exemplo dos direitos de personalidade e obrigações com eficácia real. Assim, a sua proposta consiste em argumentar que o elemento central do direito de propriedade seria o poder do uso e controle que ele possibilita aos seus titulares. Essa seria a característica que permaneceria estável em todas as variações conceituais do direito de propriedade:

> A posição que alcanço ao final do capítulo seguinte é que o direito de propriedade, concebido de maneira adequada, acarreta obrigações correspondentes (e exigíveis) em relação a terceiros. O núcleo desse direito é baseado na nossa liberdade de controlar os usos de objetos particulares. Adicionalmente, defendo a propriedade como sendo a posição de autoridade normativa máxima que os proprietários desfrutam em relação às suas coisas.[139]

Realmente, ao se analisar as diversas propriedades existentes nos sistemas jurídicos, como a propriedade intelectual, imóvel ou móvel, com fins habitacionais ou comerciais, a noção de controle dos usos parece ser central. Ainda que o proprietário venha a se despir das diversas faculdades, ele somente pode fazer isso porque possuía o controle, ainda que originário, do direito de propriedade. Por conseguinte, pode-se argumentar que a função central do direito de propriedade consiste em garantir o maior controle possível sobre os bens jurídicos. Essa seria a função comum a todas as modalidades de propriedade.

É evidente que existem outros interesses que irão conformar o direito subjetivo, como os interesses sociais, econômicos, ambientais, pessoais e assim por diante. Mas esses interesses não são comuns a todas as propriedades. Qual seria a função *social* ou *ambiental* ao se atribuir propriedade a gametas? Não há sentido em caminhar nessa linha argumentativa. Dessa maneira, o que se busca ao defender a atribuição do direito de propriedade a elementos corpóreos é justamente garantir o máximo de controle para as pessoas que vierem a ter partes do corpo separadas em alguma situação.

---

139. QUIGLEY, Muireann. *Self-ownership, property rights, and the human body*: a legal and philosophical analysis. Cambridge: Cambridge University Press, 2018, p. 128, tradução nossa.

CAPÍTULO II • O DIREITO DE PROPRIEDADE SOBRE GAMETAS   **91**

Assim, pode-se concluir que a flexibilidade estrutural do direito de propriedade permite que esse direito subjetivo seja adaptado a diferentes objetos e contextos, de tal maneira que não existem incidentes ou faculdades essenciais ao direito de propriedade. Por outro lado, deve-se compreender a função do direito de propriedade como aquela que busca garantir o maior controle possível sobre os objetos do direito de propriedade. Essa compreensão permite que a propriedade se comporte de maneiras distintas em diferentes contextos, ao mesmo tempo em que permite a aplicação de um conjunto de normas preestabelecidas para lidar com os novos desafios. Desse modo, retomando a definição de Orlando Gomes, os elementos corpóreos podem ser tutelados pelo direito de propriedade também sob o critério analítico.

Por fim, o civilista baiano menciona o critério descritivo, entendido como "o direito complexo, absoluto, perpétuo e exclusivo, pelo qual uma coisa fica submetida à vontade de uma pessoa, com limitações da lei".[140] O caráter complexo consiste na caracterização da propriedade como um feixe de direito, o que foi amplamente discutido anteriormente. O caráter absoluto pode dizer respeito, em um primeiro momento, ao exercício do direito subjetivo – o que não faz mais sentido nos sistemas jurídicos contemporâneos na medida em que esses direitos são limitados tanto por fatores externos (v.g. atos emulativos, abuso de direito, direitos de vizinhança), quanto por fatores internos (v.g. função social da propriedade, conforme posição majoritária da doutrina). Por outro lado, o caráter absoluto pode ser melhor compreendido como oponibilidade *erga omnes*. Contudo, como mencionado anteriormente, essa característica não é peculiar aos direitos reais, uma vez que tanto os direitos da personalidade, quanto obrigações com caráter real também possuem essa eficácia. A perpetuidade indica que o direito de propriedade não é extinto pelo decurso do tempo, possuindo duração ilimitada, ao passo que a exclusividade indica o caráter uno e indivisível da propriedade, ressalvadas as discussões sobre a copropriedade. Por fim, a submissão coisa à vontade do titular corresponde à maneira que o proprietário exerce o direito subjetivo, projetando sua vontade diretamente sobre a coisa, como é característico dos direitos *in rem*.[141] Assim, também sob o critério descritivo não há óbices para a compreensão dos elementos corpóreos como coisas tuteladas pelo direito de propriedade.

5.4   As vantagens da abordagem proprietária

Se há ganho teórico em compreender as partes destacadas do corpo como coisas tuteladas pelo direito de propriedade, faz-se necessário evidenciar as implicações pragmáticas que justificam essa escolha. Como salienta Lyria Bennet Moses, "[a] decisão de tratar algo como um objeto potencial de propriedade envolve mais que considerações conceituais, requerendo também uma avaliação das consequências e do

---

140. GOMES, Orlando. *Direitos reais*. 19. ed. Atualizada por Luiz Edson Fachin. Rio de Janeiro: Editora Forense, 2009, p. 109.
141. GOMES, Orlando. *Direitos reais*. 19. ed. Atualizada por Luiz Edson Fachin. Rio de Janeiro: Editora Forense, 2009, p. 109-111.

contexto".[142] Os benefícios de se compreender os elementos corpóreos como objetos de propriedade já foram apresentados ao longo deste capítulo. Não obstante, torna-se importante retomá-los de maneira estruturada para uma melhor organização e clareza do argumento desenvolvido até aqui. Ricardo García Manrique, embora defenda uma posição contrária ao "enfoque proprietário", sintetiza as principais vantagens elencadas por aqueles que defendem essa proposição: (i) Proteção da integridade física; (ii) Prevenção da vulnerabilidade; (iii) Gestão adequada de recursos escassos; (iv) Segurança jurídica; (v) Flexibilidade.[143]

O argumento que mais se destaca na defesa da abordagem proprietária diz respeito ao controle que o direito de propriedade possibilita aos seus titulares, em decorrência da estrutura e função desse direito subjetivo. A submissão dos elementos corpóreos diretamente à vontade do proprietário, em um direito que possui eficácia *erga omnes*, seria a maneira mais adequada e robusta de tutelar esses objetos. Ao mencionar a proteção da integridade física, a prevenção da vulnerabilidade e a gestão adequada de recursos escassos, Manrique está apresentando desdobramentos da função primordial da propriedade: o controle sobre bens jurídicos.

Em relação à proteção da integridade física, há uma tradução pouco precisa do autor, uma vez não ser relacionada à tutela da incolumidade corporal, entendida como um direito da personalidade, mas à proteção de elementos que foram destacados do corpo humano e, portanto, tornaram-se coisas. Tanto a proteção dos elementos corpóreos, quanto a prevenção da vulnerabilidade se relacionam ao desenvolvimento histórico do enfoque proprietário por pesquisadores anglófonos. A tese ganha força em decorrência dos inúmeros casos de violação de elementos corpóreos por terceiros, sem a possibilidade de fornecer a tutela adequada em razão dos precedentes que afastavam a atribuição de propriedade ao corpo e suas partes destacadas. Casos como os de *Henrietta Lacks, John Moore, Alder Hey, Yearworth,* dentre tantos outros, revelaram a necessidade de se garantir às pessoas um maior controle sobre tudo aquilo que viesse a ser destacado dos seus corpos. Sendo os elementos corpóreos coisas externas e com existência autônoma, o direito de propriedade se apresentaria como maneira mais adequada de tutelar esses bens, uma vez que é marcado por uma estrutura conceitual que garante o poder imediato e o direito de controle, permitindo ao seu titular determinar os usos legítimos, a possibilidade de transmissão em vida e após a morte, além de garantir um amplo leque de alternativas contra violação perpetrada por terceiros não autorizados. Desse modo, o direito de propriedade teria a vantagem de garantir uma proteção mais efetiva aos elementos corpóreos, criando uma esfera menos propícia a situações de vulnerabilidade.[144]

---

142. MOSES, Lyria Bennet. The applicability of Property Law in new contexts: from cells to cyberspace. *Sydney Law Review*, v. 30, 2008, p. 660-661.
143. MANRIQUE, Ricardo García. La propiedad sobre las partes separadas del cuerpo: un test para el enfoque propietarista. *Revista de Bioética y Derecho*, v. 40, 2017, p. 53-54.
144. QUIGLEY, Muireann. *Self-ownership, property rights, and the human body:* a legal and philosophical analysis. Cambridge: Cambridge University Press, 2018, p. 303.

Por outro lado, a noção de gestão adequada de recursos escassos decorre de uma visão econômica da propriedade e se relaciona diretamente com a função de controle que esta exerce. Ejan Mackaay e Stéphane Rousseau explicam a relação entre propriedade e escassez:

> A propriedade põe fim a conflitos que nascem em função de sua emergente escassez. Os recursos que utilizamos mostram-se escassos à medida que descobrimos, a par dos usos comuns, novas formas de utilizar as coisas que nos cercam, se nossos desejos não sofrem limitações. Trata-se de problema recorrente nas interações humanas. Necessário, então, atentar para as instituições que respondem a esse problema, bastante difundidas nas sociedades ao longo da história, bem assim no momento atual. A resposta foi criar uma forma de propriedade, imaginada desde as primeiras sociedades humanas. Encontramos formas de propriedade em todas as sociedades humanas conhecidas desde os primeiros tempos.[145]

Desse modo, sendo a propriedade marcada pelo poder de controle somado à liberdade contratual, seria a maneira mais pertinente para a regulação de recursos que se tornam escassos em razão das novas formas de usos e desejos – como se observa no caso dos gametas humanos.[146] Essa também é a conclusão de Simon Douglas: "Partes do corpo são frequentemente recursos escassos e, como será explicado, a escassez normalmente implica no reconhecimento do direito de propriedade".[147] O seu argumento se desenvolve no sentido de que a escassez implica um contexto de instabilidade social, sendo o direito de propriedade a maneira mais eficaz de pacificação e alocação desses recursos.[148]

Em sequência, tem-se o argumento da segurança jurídica. Garantir a previsibilidade e a coerência das relações jurídicas é um dos principais propósitos do direito. A ausência de normas claras gera uma situação de instabilidade e insegurança, o que leva a prejuízos econômicos e sociais. Dessa maneira, a utilização do arcabouço dogmático do direito de propriedade garantiria uma estrutura normativa preestabelecida e desenvolvida em outros contextos, podendo ser adaptada para lidar com situações novas e complexas, especialmente derivadas dos avanços biotecnológicos que não possuem qualquer tipo de balizas.[149] Basta pensar nos, cada vez mais frequentes, contratos destinados a armazenar partes do corpo humano, como gametas e cordões umbilicais. Se esses elementos corpóreos são compreendidos como coisas, isso significa que podem ser objetos de um contrato de depósito, com as regras centrais previstas no Código Civil. Implica também a possibilidade de se valer de instrumentos mais eficazes para a reivindicação da propriedade ou retomada da posse dos objetos depositados. Ainda, permite uma melhor

---

145. MACKAAY, Ejan; ROSSEAU, Stéphane. *Análise econômica do direito.* 2. ed. Tradução de Rachel Sztajn. São Paulo: Editora Atlas, 2015, p. 228.
146. MACKAAY, Ejan; ROSSEAU, Stéphane. *Análise econômica do direito.* 2. ed. Tradução de Rachel Sztajn. São Paulo: Editora Atlas, 2015, p. 235-242.
147. DOUGLAS, Simon. The argument for property rights in body parts: scarcity of resources. *Journal of Medical Ethics*, v. 40, 2012, p. 24, tradução nossa.
148. DOUGLAS, Simon. The argument for property rights in body parts: scarcity of resources. *Journal of Medical Ethics*, v. 40, 2012, p. 23-26.
149. QUIGLEY, Muireann. *Self-ownership, property rights, and the human body:* a legal and philosophical analysis. Cambridge: Cambridge University Press, 2018, passim.

fundamentação para os casos de responsabilidade civil em razão da destruição, danos, perda ou uso indevido dos elementos corpóreos. Por fim, traz um arcabouço normativo que pode ser utilizado para apontar uma direção para a solução dos litígios de sucessão *post-mortem* que envolvem partes do corpo criopreservadas.

Certamente, não se está argumentando que todos os problemas serão resolvidos *ipso facto* com a adoção da abordagem proprietária. Se a propriedade é um conceito aberto e plural, tanto o contexto, quanto a identificação do objeto são aspectos essenciais para o reconhecimento da tutela adequada. Assim, a depender do elemento corpóreo a que se estiver referindo e da situação fática em que este se encontrar, poderá haver a necessidade de uma legislação específica, como nos casos da reprodução humana assistida ou da doação de órgãos e tecidos humanos. Portanto, o argumento da segurança jurídica indica que o arcabouço teórico do direito de propriedade garante soluções *prima facie* em relação à tutela das partes separadas do corpo, especialmente em relação ao ordenamento jurídico brasileiro, em que não há regulamentação específica para muitos dos elementos corpóreos que possuem grande relevância nas relações econômicas e sociais. Em sentido semelhante se posiciona Moses:

> A decisão de que algo pode ser, a princípio, um objeto de propriedade não explica como será o tratamento pelas leis que regulam a propriedade. É também necessário determinar se o objeto será enquadrado em uma das categorias regulares de propriedade e se algum tratamento diferenciado dentro dessa categoria é garantido. Levar em consideração essas questões nem sempre será fácil – tem sido historicamente significativo o debate acerca da classificação devida aos direitos de propriedade intelectual e quotas de uma sociedade empresária. Dificuldades também serão encontradas caso embriões, tecidos humanos ou terras virtuais venham a ser reconhecidos como propriedade. Isso não é, contudo, uma razão para negar que esse reconhecimento seja propriamente efetivado.[150]

Essa tensão entre a segurança jurídica e a possibilidade de adaptação somente é possível em razão da flexibilidade do direito de propriedade – última das vantagens elencadas. Muito se falou sobre essa característica no tópico anterior, de tal maneira que não há razões para retomar o argumento em profundidade. A elasticidade estrutural e funcional do direito de propriedade permite a existência de distintas propriedades a depender do contexto e do objeto a que se refere. Essa característica seria benéfica para a tutela das partes destacadas do corpo pois há diferenças significativas entre os elementos corpóreos (v.g. cabelo, leite materno, gametas, sangue ou órgãos) e também entre os contextos em que eles estão inseridos (v.g. reprodução humana assistida, doação de órgãos e tecidos humanos, procedimentos estéticos, artes plásticas, podendo ainda ter uma conotação econômica ou altruísta). Dessa maneira, o direito de propriedade, ao mesmo tempo que permitiria um efetivo poder de controle e segurança nas relações jurídicas, seria flexível o suficiente para lidar com as vicissitudes inerentes à regulação das partes destacadas do corpo humano.[151]

---

150. MOSES, Lyria Bennet. The applicability of Property Law in new contexts: from cells to cyberspace. *Sydney Law Review*, v. 30, 2008, p. 660-661.

151. MOSES, Lyria Bennet. The problem with alternatives to property. In: GOOLD, Imogen et al. *Persons, parts and property*: how should we regulate human tissue in the 21st century. Oxford: Hart Publishing, 2014, p. 207-214.

5.5 As objeções ao enfoque proprietário

Embora a abordagem fundada no direito de propriedade traga argumentos convincentes e tenha ampla aceitação nos estudos monográficos sobre o tema, há diversas críticas que devem ser levadas em consideração para uma compreensão adequada da proposta. Neste tópico serão apresentadas as principais objeções ao direito de propriedade sobre elementos corpóreos, sintetizadas nas seguintes proposições: (i) O direito de propriedade sobre partes destacadas do corpo implica, necessariamente, em comercialização; (ii) O direito de propriedade sobre partes destacadas do corpo é marcado por um esvaziamento conceitual e normativo; (iii) O direito de propriedade sobre partes destacadas do corpo viola a dignidade da pessoa humana; (iv) O direito de propriedade sobre partes destacadas do corpo é pensado sob uma matriz individualista; (v) O direito de propriedade sobre partes destacadas do corpo leva a pretensões absurdas. Após a explicitação das objeções, serão apresentados argumentos para refutá-las, principalmente a partir do conteúdo desenvolvido nos tópicos anteriores acerca do direito de propriedade e seus contornos conceituais e normativos.

A primeira objeção – *o direito de propriedade sobre partes destacadas do corpo implica, necessariamente, em comercialização* – tem sua origem na análise econômica do direito de propriedade que, em certa medida, foi incorporada às intuições coletivas sobre a temática. Como argumentado alhures, a visão econômica da propriedade entende que sua principal função seria garantir uma melhor gestão e controle de recursos escassos que, após serem devidamente alocados, seriam introduzidos no mercado de consumo por meio da liberdade contratual.[152] Essa vinculação irremediável entre propriedade e mercado fica evidente nos escritos de Salvador Bergel: "Tomar uma parte separada do corpo vivo como uma coisa importa em autorizar seu ingresso no tráfego mercantil, desvirtuando a consideração e o respeito pela dignidade humana que diz respeito ao corpo – consideração que deve se estender às partes separadas do mesmo".[153] No mesmo sentido, Stefano Rodotà, embora reconheça que o corpo deve ser considerado como *res extra commercium*, também aponta a economicidade como uma característica intrínseca ao domínio:

> É precisamente essa compensação econômica que revela a irrupção do corpo e da vida no âmbito da propriedade, abandonando sua adstrição exclusiva à dimensão da personalidade, respaldada por princípios e garantias qualitativamente diferentes e mais fortes. Se o critério é o mercado, palavras como igualdade e dignidade ficam desvirtuadas, perdem peso e, com elas, dissolve-se a autonomia da pessoa, falsamente confiada à liberdade de entrada ou saída do mercado.[154]

---

152. MACKAAY, Ejan; ROSSEAU, Stéphane. *Análise econômica do direito*. 2. ed. Tradução de Rachel Sztajn. São Paulo: Editora Atlas, 2015, p. 235-242; VERA, Flávia Santinoni. Análise econômica da propriedade. In: TIMM, Luciano Benetti (Coord.). *Direito e Economia no Brasil*. Indaiatuba: Editora Foco, 2019, p. 199-204.

153. BERGEL, Salvador Darío. Aportes para un estatuto de las partes separadas del cuerpo. *Alegatos*, n. 82, México, 2012, p. 708, tradução nossa.

154. RODOTÀ, Stefano. *La vida e las reglas:* entre el derecho y el no derecho. Traducción de Andrea Greppi. Madrid: Editorial Trotta, 2010, p .117, tradução nossa. No mesmo sentido, MUNZER, Stephen R. An uneasy case against property rights in body parts. *Social Philosophy and Policy*, v. 11, n. 2, 1994, p. 260; TALLACCHINI, Mariachiara. El cuerpo y sus partes. La ubicación jurídica de los materiales biológicos humanos. *Medicina y Etica*, v. 4, 1988, p. 57.

A resposta a essa objeção advém da estrutura flexível e aberta que caracteriza o direito de propriedade, de tal maneira que a economicidade não corresponde a uma característica necessária. A hipótese defendida ao longo deste capítulo foi a de que os elementos corpóreos, especialmente os gametas humanos, podem e devem ser categorizados como coisas – e não como mercadorias, haja vista que esse debate envolve aspectos mais amplos que serão investigados adiante. Dessa maneira, faz-se necessário separar as duas proposições: a primeira afirma que as partes destacadas do corpo devem ser compreendidas como *coisas*; a segunda afirma que as partes separadas do corpo devem ser compreendidas como *mercadorias*. Embora a defesa dos gametas como mercadorias pressuponha o seu enquadramento como um objeto do direito de propriedade, o contrário não é uma decorrência necessária, uma vez que existem coisas que são objetos de propriedade, mas não são mercadorias.[155]

Para comprovar essa argumentação não é preciso ir além do direito. Os bens fora de comércio podem servir como exemplo. O direito romano já previa a categoria das *res extra commercium*, sendo composta pela *res communes omnium* – coisas que eram pertencentes a todos, como o ar e a água corrente –, as *res divini iuris* – coisas que eram tidas como pertencentes à supostas divindades, como a sepultura e o cadáver –, e as *res publicae* – coisas que eram pertencentes ao poder público, mas destinadas ao uso comum.[156] Recorda-se, nesse sentido, da previsão do art. 69 do Código Civil de 1916, mas ausente na codificação posterior: "São coisas fora de comércio as insuscetíveis de apropriação e as legalmente inalienáveis". Como preleciona Serpa Lopes, a inalienabilidade implica a impossibilidade de disposição gratuita ou onerosa de determinado bem, podendo decorrer da lei, como nos casos do bem de família legal, ou da vontade, como nos casos de doações ou legados com cláusula temporária ou vitalícia de inalienabilidade.[157] Ainda mais interessante é a menção aos bens de valor histórico e artístico, em especial aqueles tombados. Embora sejam coisas, o valor atribuído a eles extrapola a avaliação econômica, uma vez que representam a história e a cultura de um povo.[158] Por fim, pode-se mencionar as coisas que possuem um valor sentimental, as quais, muitas das vezes, não possuem valor econômico. Basta pensar em cartas e memorabilias que, mesmo não ingressando na esfera mercadológica, podem ser transmitidas.

---

155. Essa ideia é presente em diversos autores que se aprofundaram nesse debate: "O status de propriedade não implica em comercialidade e, se essa questão é realmente preocupante, nós podemos proibir a venda de biomateriais enquanto continuamos os considerando propriedade". GOOLD, Imogen; QUIGLEY, Muireann. Human biomaterials: the case for property approach. In: GOOLD, Imogen et al (Ed.). *Persons, parts and property*: how should we regulate human tissue in the 21st century? Oxford: Hart Publishing, 2014, p. 259, tradução nossa. No mesmo sentido, cf. MOSES, Lyria Bennet. The applicability of Property Law in new contexts: from cells to cyberspace. *Sydney Law Review*, v. 30, 2008, p. 656-657.
156. PONTES DE MIRANDA, Francisco Cavalcanti. *Tratado de Direito Privado*: Parte Geral. 3. ed. Rio de Janeiro: Editor Borsoi, 1970, t. II, p. 172; BAUD, Jean-Pierre. *Il caso della mano rubata*. Traduzione di Laura Colombo. Milano: Giuffrè Editore, 2003, p. 53-63.
157. SERPA LOPES, Miguel Maria de. *Curso de direito civil: direito* das coisas. 3. ed. Rio de Janeiro: Livraria Freitas Bastos, 1964, p. 264-267.
158. PONTES DE MIRANDA, Francisco Cavalcanti. *Tratado de Direito Privado*: Parte Geral. 3. ed. Rio de Janeiro: Editor Borsoi, 1970, t. II, p. 174-180.

De toda forma, a separação entre propriedade e mercantilização fica evidente quando se analisa a doação na perspectiva do direito privado. Ora, o contrato de doação implica a transferência de uma coisa a título gratuito, sendo um ato de mera liberalidade. Como defendem Imogen Goold e Muireann Quigley, "legalmente (e, como argumentaríamos, como uma questão de lógica) doar envolve o exercício do direito de propriedade".[159] Apesar da coisa transferida poder ter valor pecuniário, a lógica que rege a transferência não é a do lucro, mas a da solidariedade e altruísmo – ao menos em tese. Assim, embora o discurso proprietário possa ter alguma simbologia, favorecendo a visão econômica da vida, essa característica não precisa ser vinculada de maneira obrigatória aos elementos corpóreos.

A compreensão da propriedade como um conceito aberto e flexível, traz à baila a segunda objeção – *o direito de propriedade sobre partes destacadas do corpo é marcado por um esvaziamento conceitual e normativo*. Loane Skene observa que a aplicação do arcabouço jurídico relacionado ao direito de propriedade sempre vem acompanhada por uma série de restrições, a depender do contexto, da finalidade pretendida, do tipo de biomaterial e outras contingências, o que tornaria a propriedade um instituto sem conteúdo definido, tornando-se inoperável em razão do seu esvaziamento conceitual e normativo:

> [...] será difícil, na prática, o direito assegurar que materiais corporais humanos são, ou não, propriedade. Eles podem ser propriedade para um propósito, como nos casos de furto ou proteção consumerista; mas não para outros, como usos cirúrgicos e investigatórios. A urina humana, por exemplo, não é frequentemente considerada propriedade, mas se ela tiver sido coletada com o propósito de teste de drogas forenses, pode ser propriedade para a lei de furtos e pode ser "furtada". De maneira similar, se o sangue derramado de uma pessoa é limpado com um tecido, não será, de modo geral, considerado propriedade, mas se o sangue é coletado com propósitos médicos e é fornecido para um hospital, pode ser considerado propriedade para fins de proteção ao consumidor, se estiver contaminado. Um argumento similar pode ser feito em relação ao sêmen ejaculado em uma relação sexual ou masturbação e o sêmen armazenado para uso posterior em tratamentos reprodutivos, sendo este considerado propriedade, e aquele, não.[160]

Além da casuística que seria inerente à regulação de materiais de origem humana, Skene aponta que os poderes que decorrem da propriedade seriam tão limitados (v.g. proibição de comercialização, proibição de certos usos e transferências) que iriam descaracterizar totalmente esse direito subjetivo, sendo necessárias, de todo modo, leis específicas para regular cada tipo de elemento corpóreo em cada contexto específico. Assim, em virtude das inúmeras exceções e limitações ao direito de propriedade, a autora questiona a utilidade teórica e prática de se utilizar esse conceito. A crítica, portanto, indica que um direito de propriedade que não implica em amplos poderes de uso, gozo e disposição, representaria um esvaziamento conceitual que não traria vantagens,

---

159. GOOLD, Imogen; QUIGLEY, Muireann. Human biomaterials: the case for property approach. In: GOOLD, Imogen et al (Ed.). *Persons, parts and property*: how should we regulate human tissue in the 21st century? Oxford: Hart Publishing, 2014, p. 252.

160. SKENE, Loane. Raising issues with a property law approach. In: GOOLD, Imogen et al. *Persons, parts and property*: how should we regulate human tissue in the 21st century. Oxford: Hart Publishing, 2014, p. 264, tradução nossa.

afastando-se da concepção liberal e plena de propriedade. Dessa maneira, em virtude de não ser viável uma teoria geral para tutelar os interesses sobre partes destacadas do corpo, Loane Skene defende que uma regulamentação por meio de leis específicas traria resultados mais claros e consistentes, tornando possível a incorporação dos diferentes valores que existem em cada contexto particular, com base em novos princípios pensados para proteger os interesses específicos que recaem sobre materiais corporais humanos.[161]

Percebe-se, portanto, que a crítica do esvaziamento conceitual é fundada em uma divergência valorativa, uma vez que a flexibilidade e a ampla possibilidade de adaptação a novos contextos e objetos são apontadas por muitos estudiosos como grandes vantagens do direito de propriedade. Certamente, a compreensão da propriedade nesses moldes ocasiona uma maior insegurança, especialmente quando se confronta com um modelo rígido, unitário e absoluto de propriedade. Contudo, a insegurança é ainda maior na ausência da categorização dos elementos corpóreos como coisas tuteladas pelo direito de propriedade, uma vez que não haveria um conjunto de normas *prima facie* para guiar a solução de casos complexos que se tornam cada vez mais corriqueiros. De mais a mais, o enquadramento das partes destacadas como objetos de propriedade não impede a tutela por meio de leis específicas que regulem aspectos minuciosos e particulares de cada elemento corpóreo em contextos distintos.

Assim, essa crítica falha em perceber que a propriedade é um conceito polissêmico e elástico. Não se pode falar em um único arquétipo de propriedade, mas em propriedades. O modelo de propriedade que a autora se baseia para tecer as críticas sobre o esvaziamento conceitual da propriedade sobre elementos corpóreos trata-se do modelo ortodoxo ou liberal, no qual o proprietário possui plenos poderes sobre uma coisa corpórea. Recorda-se que nem mesmo no direito romano a propriedade era vista como um direito absoluto em relação ao seu exercício, sofrendo limitações de diversas ordens. Nesse sentido, basta pensar nas profundas limitações e funcionalizações da propriedade contemporânea. Desse modo, a concepção dinâmica do direito de propriedade não representa uma objeção, mas uma justificativa para se defender a sua aplicação aos elementos corpóreos.

A terceira objeção – *o direito de propriedade sobre partes do corpo viola a dignidade humana* – é precisamente apresentada por Charles Foster, o qual defende que o enfoque proprietário, que entende ser derivado da abordagem fundada na autonomia, não consegue capturar os interesses envolvidos nos casos de violação do corpo e seus elementos separados. Sua análise parte de três bizarros casos hipotéticos:

> 1. *O cinzeiro de orelha humana*: Estudantes de medicina furtam uma orelha do cadáver que estavam dissecando. Eles a envernizam e a utilizam como um cinzeiro. O cadáver havia sido doado com o propósito de ser utilizado para a educação médica. Embora de pensamento liberal, o doador não considerou o uso da sua orelha como um cinzeiro como um dos seus propósitos.

---

161. SKENE, Loane. Raising issues with a property law approach. In: GOOLD, Imogen et al. *Persons, parts and property*: how should we regulate human tissue in the 21st century. Oxford: Hart Publishing, 2014, p. 263-265.

2. A cabeça de uma pessoa desconhecida: Crianças jogam futebol na rua. Elas não estão usando uma bola, mas a cabeça de um cadáver desconhecido e irrastreável que um cachorro recuperou de um cemitério medieval.

3. O coração de uma criança mantido com o propósito de pesquisa médica: O coração de uma criança de seis meses de idade é mantido em um pote de formalina em um instituto de pesquisa. A criança morreu de cardiomiopatia congênita – que é o principal interesse de pesquisa do instituto. O coração foi removido após a morte da criança e o corpo foi devolvido aos pais para o enterro. A permissão dos pais não foi requerida ou obtida para a retenção do coração.[162]

Segundo Foster, a abordagem desses casos a partir da noção de propriedade seria insuficiente para identificar a incorreção ética e jurídica dessas práticas, pois o problema seria a violação da dignidade – um valor que a noção de propriedade não estaria apta a incorporar no seu escopo. A crítica se baseia em uma concepção aristotélica e holística de dignidade: aristotélica, pois entende que a dignidade corresponde ao livre desenvolvimento de virtudes humanas; holística, pois entende que a dignidade só faz sentido em uma comunidade. Assim, para identificar se uma ação ou inação viola a dignidade, dever-se-ia analisar se ela impede o florescimento humano, não somente em relação às pessoas diretamente envolvidas, mas em relação a todos os possíveis afetados. Em síntese, a dignidade não seria relacionada a algum atributo específico, mas seria somente o modo específico de ser das pessoas.[163]

Nesse sentido, as hipóteses narradas não seriam erradas por violarem a propriedade ou, em sentido mais amplo, a autonomia dos envolvidos. Seriam erradas porque orelhas não deveriam ser usadas como cinzeiros, nem cabeças como bolas, uma vez que corresponderiam a violações da dignidade no sentido proposto pelo autor. Levando seu argumento mais adiante, Foster indica que usar uma orelha como cinzeiro seria indigno porque uma parte da pessoa sobreviveria na memória de outras pessoas e, para que essa memória continuasse a prosperar, as partes do corpo deveriam ser tratadas com respeito – ainda que após a morte. Assim, a violação de partes do corpo poderia interferir na "paz de espírito" das pessoas em vida, interferindo no pleno florescimento humano.[164]

O interessante do argumento de Charles Foster é que ele consegue, em grande medida, isolar o argumento da dignidade em relação à propriedade, mesmo que afastada a ideia da comercialização – algo que normalmente não se observa nas objeções ao modelo proprietário. Contudo, a concepção de dignidade não é uniforme, podendo ser compreendida de distintas maneiras. Mesmo no artigo em que desenvolve sua crítica, Foster aponta essa pluralidade semântica. Em relação àqueles que negam a utilidade do conceito "dignidade", três grupos são apresentados: o primeiro entende que o conceito de dignidade é muito ambíguo para ser utilizado; o segundo defende que a dignidade consiste no respeito à autonomia das pessoas; e o terceiro compreende que a dignidade é um conceito redundante, uma vez que outros conceitos cumprem a função pretendida de maneira mais efetiva. Já em relação aos estudiosos que defendem a utilidade do conceito

---

162. FOSTER, Charles. Dignity and the use of body parts. *Journal of Medical Ethics*, v. 40, 2012, p. 45, tradução nossa.
163. FOSTER, Charles. Dignity and the use of body parts. *Journal of Medical Ethics*, v. 40, 2012, p. 46.
164. FOSTER, Charles. Dignity and the use of body parts. *Journal of Medical Ethics*, v. 40, 2012, p. 47.

"dignidade", há aqueles que o relacionam a certos modos de agir ou a determinadas características (dignidade-atributo), e aqueles que entendem que a dignidade corresponde simplesmente à condição de ser humano (dignidade-status).[165]

Evidentemente, há outras maneiras de se compreender a ideia de dignidade humana,[166] de tal modo que a visão apresentada por Charles Foster é apenas umas das inúmeras críticas possíveis a partir do conceito de dignidade. Assim, em resposta à objeção apresentada, defende-se que o conceito desenvolvido pelo autor é bastante peculiar e controverso, estando longe de significar uma concepção consensual acerca da dignidade. Além disso, como reiterado diversas vezes, atribuir propriedade não implica na submissão plena das coisas à vontade dos titulares, uma vez que a propriedade é amplamente limitada por fatores internos e externos. Por fim, na análise dos casos hipotéticos, percebe-se que o problema é muito mais relacionado com a violação da autonomia dos envolvidos, do que com a imprecisa noção de florescimento humano proposta pelo autor.

A quarta objeção – *o direito de propriedade sobre partes do corpo é pensado sob uma matriz individualista* – relaciona-se diretamente com a crítica anterior. Segundo Jonathan Herring, o modelo baseado na propriedade falha em proteger importantes interesses sociais, comunitários, relacionais e pessoais que incidem sobre os corpos e suas partes. A objeção se baseia no pressuposto de que a propriedade é fundada em interesses e valores individualistas, na medida em que é caracterizada pelo poder de controle, exclusão e transferências onerosas de bens, sendo sempre atribuída a indivíduos determinados. Dessa maneira, como os interesses que recaem sobre o corpo humano e suas partes seriam múltiplos, incorporando valores sociais, relacionais e comunitários, um modelo baseado no direito de propriedade, por natureza individualista, seria insuficiente.[167]

O autor apresenta alguns dos valores não capturados por um modelo baseado na propriedade: a compreensão da dignidade ínsita ao corpo e suas partes; da saúde como um interesse coletivo e interdependente; do *self* como um conceito relacional; do corpo como conceito comunitário.[168] Além disso, afirma que a abordagem proprietária estaria ligada a uma particular linha de pensamento político de matriz liberal que ignora o fato de que determinados elementos corpóreos servem ao bem comum, uma vez serem des-

---

165. FOSTER, Charles. Dignity and the use of body parts. *Journal of Medical Ethics*, v. 40, 2012, p. 46-47.

166. Cf. RIBEIRO, Daniel Mendes. *Dignidade humana versus dignidade da pessoa*: uma análise das modificações radicais da estrutura do *homo sapiens*. Tese (Doutorado em Direito) Faculdade de Direito da Universidade Federal de Minas Gerais, Belo Horizonte, 2017.

167. HERRING, Jonathan. Why we need a statute regime to regulate bodily material. In: GOOLD, Imogen et al. *Persons, parts and property:* how should we regulate human tissue in the 21st century. Oxford: Hart Publishing, 2014, p. 215-216.

168. Em sentido mais preciso, Brunello Stancioli afirma ser o corpo, entendido como suporte à pessoalidade e primeiro e mais importante local de democracia, um bem, *ao mesmo tempo*, privado e comunitário, uma vez que é marcado pelas dimensões de autonomia e alteridade inerentes ao conceito de pessoa. Cf STANCIOLI, Brunello. *Renúncia ao exercício de direitos da personalidade* (ou como alguém se torna o que quiser). Belo Horizonte: D'Plácido, 2017.

tinados a tratamentos médicos ou pesquisas científicas – a exemplo dos órgãos e tecidos humanos destinados ao transplante.[169] Em síntese, o argumento pode ser apresentado da seguinte maneira:

> Precisamos de um estatuto que não enfatize o controle, mas, ao contrário, reconheça nossa permeabilidade; que não enfatize interesses individualistas, mas, ao contrário, reconheça a natureza comunitária e familiar dos nossos corpos; que não enfatize o direito aos rendimentos, mas, ao contrário, ao bem comum. Nossos corpos não são propriedade. Eles são muito mais interessantes que isso.[170]

A crítica de Jonathan Herring pode ser contestada em dois aspectos. Primeiro, observa-se que sua análise tem por objeto o corpo e seus elementos corpóreos destacados, sem fazer qualquer tipo de distinção. Dessa maneira, parte do pressuposto de que a atribuição de propriedade ao corpo ou às suas partes destacadas seria equivalente do ponto de vista ético e jurídico. Não obstante, como já tratado nos tópicos anteriores, a atribuição de propriedade a elementos separados do corpo não implica, necessariamente, a atribuição de propriedade ao corpo como um todo – como defendem as proposições fundadas na autopropriedade ou *ius in se ipsum*. Basta pensar em um direito originário de propriedade aplicado somente às partes destacadas, como defendido nesta pesquisa. Assim, percebe-se que a maioria das objeções apresentadas pelo autor são direcionadas exclusivamente à concepção do corpo como propriedade, não se relacionando de maneira incisiva às suas partes destacadas.

Quanto ao eixo central da sua objeção, no sentido de que a propriedade se baseia e emana somente valores individuais e liberais, entende-se que há um reducionismo acerca do conceito de propriedade. Em seu texto há uma visão puramente moderna de propriedade, entendida como um poder absoluto de usar, controlar, excluir terceiros, sem a possibilidade de coexistência de outros interesses. Trata-se, contudo, de uma visão que não consegue capturar a complexidade do direito de propriedade, ignorando a multiplicidade de propriedades que existem nos sistemas jurídicos, cada uma incorporando interesses e valores distintos a depender do objeto e do contexto. Ora, parece não haver dúvidas de que obras de artes ou bens tombados são coisas para o direito e, portanto, permitem a incidência de uma série de poderes de controle e proteção. Ainda assim, não se questiona o valor cultural, histórico e social que esses objetos apresentam. O mesmo pode ser dito sobre bens infungíveis que possuem uma vinculação emocional e afetiva com seu dono, a exemplo de anéis de casamento ou livros deixados de herança. Embora sejam propriedade e permitam a disposição, alienação e reivindicação, os valores imbuídos nesses bens excedem meros interesses individuais ou egoísticos. Em sua crítica,

---

169. HERRING, Jonathan. Why we need a statute regime to regulate bodily material. In: GOOLD, Imogen et al. *Persons, parts and property*: how should we regulate human tissue in the 21st century. Oxford: Hart Publishing, 2014, p. 215-221.

170. HERRING, Jonathan. Why we need a statute regime to regulate bodily material. In: GOOLD, Imogen et al. *Persons, parts and property*: how should we regulate human tissue in the 21st century. Oxford: Hart Publishing, 2014, p. 222.

esquece-se também que existem propriedades compartilhadas por uma coletividade, a exemplo dos bens comunitários.[171]

Nesse sentido, Neil Maddox defende a tese de que o direito de propriedade pode servir a valores comunitários, favorecendo a cooperação e o altruísmo entre as pessoas. Na visão do autor, a crítica de que o direito de propriedade não consegue capturar os diversos valores que incidem sobre a corporeidade humana é calcada em uma visão reducionista, que não consegue capturar a complexidade do instituto:

> Que haja uma objeção ao reconhecimento da propriedade sobre o corpo e suas partes quando é assumido que ela está submetida a valores individualistas é compreensível. Não obstante, essa objeção falha em não considerar a complexidade da propriedade, suas interações externas e estrutura interna. Também não reconhece que a propriedade é frequentemente limitada pela existência de interesses não proprietários que o direito está acostumado a proteger. Isso ocorre, em parte, devido ao fato de que os aspectos comunitários da propriedade e a extensão em que há obrigações sociais inerentes à propriedade têm sido subteorizados – uma tendência que tem começado a se reverter.[172]

A complexidade axiológica insculpida na propriedade fica evidente na transição da propriedade-liberdade para a propriedade-função, noção positivada na Constituição da República de 1988: "o texto inovou de forma provavelmente sem precedentes, quase quinze anos antes do codificador de 2002, no sentido de funcionalizar a propriedade a valores sociais e existenciais".[173] Nesse contexto de transição, a propriedade passa a ser entendida como uma "situação jurídica subjetiva típica e complexa", compatibilizando interesses individuais e coletivos.[174] Assim, afirmar que a atribuição de propriedade a elementos corpóreos seria equivocada em razão dos seus valores puramente individualistas e liberais, ignora o fato de que a propriedade se manifesta de diferentes maneiras e que, em diversos casos, ela serve como meio de fomentar interesses socialmente relevantes.

Por fim, tem-se a quinta objeção – *o direito de propriedade sobre partes destacadas do corpo leva a pretensões absurdas.*Há autores que criticam a abordagem proprietária sob o argumento de que, se levada ao extremo, ocasionaria situações jurídicas absurdas. Um dos principais problemas seria a aplicação das regras sucessórias aos elementos corpóreos, tal como visto nos recentes casos julgados na Austrália e no Brasil. Sendo os gametas considerados objetos de propriedade, poder-se-ia aplicar as normas gerais de sucessão *causa mortis*. Assim, na ausência de disposições testamentárias, seguir-se-iam as normas da sucessão legítima da mesma maneira que os outros bens do espólio, podendo ocasionar diversos litígios entre os herdeiros. Em sentido similar, poder-se-ia utilizar das regras de partilha de acordo com o regime de bens em casos da extinção da relação

---

171. MADDOX, Neil. Limited, inclusive and communitarian: in defence of recognising property in the human body. *Northern Ireland Legal Quarterly*, v. 70, n. 3, 2019, p. 289-309.

172. MADDOX, Neil. Limited, inclusive and communitarian: in defence of recognising property in the human body. *Northern Ireland Legal Quarterly*, v. 70, n. 3, 2019, p. 309.

173. TEPEDINO, Gustavo. Contornos constitucionais da propriedade privada. In: TEPEDINO, Gustavo. *Temas de Direito Civil*. 3. ed. Rio de Janeiro: Renovar, 2004, p. 309.

174. TEPEDINO, Gustavo. Contornos constitucionais da propriedade privada. In: TEPEDINO, Gustavo. *Temas de Direito Civil*. 3. ed. Rio de Janeiro: Renovar, 2004, p. 316-329.

conjugal. Ainda, argumenta-se que se as partes destacadas do corpo forem consideradas objetos de propriedade, dever-se-ia aplicar as normas de defesa consumerista nos casos de doação de sangue, órgãos e gametas que não cumpram perfeitamente sua função, podendo ser considerados defeituosos e atingindo frontalmente os valores que regem tais práticas. Além disso, alegam que a atribuição de propriedade a todo e qualquer elemento destacado do corpo acabaria por inviabilizar as atividades médico-hospitalares, uma vez que teriam que obter consentimento para toda atividade envolvendo esses materiais, mesmo que seja para fins de descarte após uma cirurgia. Por fim, alega-se que poderia haver a incômoda incidência dos direitos reais limitados, como o penhor, além de institutos processuais de constrição patrimonial, como a penhora.[175]

Algumas das situações apresentadas poderiam, realmente, levar a pretensões absurdas e a resultados não desejados. Entretanto, o direito de propriedade não precisa ocasionar, necessariamente, todas essas consequências. A necessidade de adaptação a depender do objeto e do contexto foi a razão pela qual se defendeu que o arcabouço jurídico do direito de propriedade deve ser aplicado *prima facie* aos elementos corpóreos. Não se trata, portanto, de uma solução mágica a todos os novos e complexos problemas que surgem na era das biotecnologias. Todavia, a compreensão como coisa tutelada pelo direito de propriedade garante um conjunto de regras e princípios bastante delineados e estabelecidos para guiar a tomada de decisão nesse novo cenário. Pegue-se o exemplo da penhora. O simples fato de algo ser considerado como um objeto de propriedade, integrante do patrimônio da pessoa, não implica a possibilidade de constrição processual, como se extrai dos casos de bens de família, instrumentos de trabalho e de bens pessoais infungíveis. No mesmo sentido, é possível trabalhar com nuances nos casos de transmissão em vida e *post-mortem*, nos casos de usos clínicos, e assim por diante. Isso demonstra que a propriedade já é regulada de acordo com as suas especificidades e, no caso das partes separadas do corpo, na ausência de uma legislação específica, caberá à literatura jurídica e à jurisprudência a delimitação do seu escopo.

6. REPENSANDO A DICOTOMIA PESSOA-COISA

Até o presente momento, buscou-se encontrar uma solução para o problema do status jurídico das partes destacadas do corpo humano, com destaque aos gametas, a partir da antiga dicotomia pessoa-coisa, interpretada da maneira mais ortodoxa possível. A razão para tal escolha metodológica é simples. O direito, enquanto ciência dogmática, tem uma incontestável dimensão operacional que impõe uma abordagem voltada à decidibilidade e um compromisso com os inegáveis pontos de partida.[176] Assim, ao longo

---

175. SKENE, Loane. Raising issues with a property law approach. In: GOOLD, Imogen et al. *Persons, parts and property:* how should we regulate human tissue in the 21st century. Oxford: Hart Publishing, 2014, p. 273-277; HERRING, Jonathan. Why we need a statute regime to regulate bodily material. In: GOOLD, Imogen et al. *Persons, parts and property:* how should we regulate human tissue in the 21st century. Oxford: Hart Publishing, 2014, p. 224-225.

176. FERRAZ JR, Tercio Sampaio. *Introdução ao estudo do direito:* técnica, decisão, dominação. 9. ed. São Paulo: Atlas, 2016, p. 25-29.

do capítulo, defendeu-se a hipótese de que os elementos que vierem a ser separados do corpo humano devem ser compreendidos como coisas submetidas *prima facie* ao regime do direito de propriedade. A justificativa se deu em razão dos ganhos teóricos e práticos, na medida em que o enfoque baseado na propriedade garante uma maior coerência conceitual ao sistema, bem como possibilita às pessoas o controle e a proteção dos seus elementos corpóreos em um ambiente de segurança jurídica.

Embora a argumentação desenvolvida consiga fornecer uma solução satisfatória à problemática apresentada, entende-se que ainda há uma maneira de aprimorar a hipótese inicial, sem desconsiderar a dimensão operacional e pragmática do direito. Para tanto, o esforço argumentativo deve se voltar para o pressuposto conceitual do debate desenvolvido até aqui. Nesse sentido, propõe-se uma reformulação da taxonomia fundante do direito privado aos novos desafios impostos, especialmente aqueles ocasionados pelos avanços biotecnológicos. Faz-se necessário, portanto, repensar a dicotomia pessoa-coisa.[177]

Nesse sentido, observa-se que o principal problema não é a dicotomia em si, mas a sua inflexibilidade. A rigidez desse modelo teórico é deficiente em níveis distintos. Primeiro, porque é estruturado com base em conceitos reducionistas e, dessa maneira, não consegue explicar de maneira adequada todos os fenômenos que demandam uma tradução para a linguagem jurídica. Assim, pode-se afirmar que o conceito reducionista de pessoa exclui uma série de pessoalidades que extrapolam os limites normativos do termo. No mesmo sentido, o conceito de coisa enclausura todo um universo de entidades excluídas do conceito de pessoa em uma moldura simplista em que as vicissitudes são desprezadas.[178]

Em um segundo nível de análise, pode-se considerar deficiente a dicotomia pessoa-coisa em razão de ser compreendida como uma dualidade estática. Ou se é pessoa, ou se é coisa e, uma vez enquadrado em uma dessas categorias, assim permanecerá sem qualquer possibilidade de alteração categórica. Nessa perspectiva, não há espaço para entidades dúplices ou para um deslocamento conceitual. Se algo é compreendido como coisa, nunca poderia se tornar uma pessoa – e vice-versa. Pessoas e coisas seriam antípodas perfeitos, uma vez serem conceitos criados a partir da negação do outro: coisa é tudo o que não se enquadra na noção de pessoa. No entanto, a dicotomia falha em não perceber a fluidez e a dinamicidade que existe entre essas categorias. Entre pessoas e coisas não há uma relação de oposição, mas um *continuum*, afastando-se de um modelo estático.[179] Ao se compreender a dicotomia dessa maneira, permite-se que o direito apreenda as nuances e alcance uma regulamentação atenta a essas variações.

---

177. REITER, Eric. Rethinking Civil-Law taxonomy: persons, things, and the problem of Domat's monster. *Journal of Civil Law Studies*, v. 1, 2008, p. 189-213.

178. RIBEIRO, Daniel Mendes. *De coisas a pessoas*: sistemas, emergência e reconhecimento a partir de um estudo da escravidão no Brasil. Dissertação (Mestrado em Direito) – Faculdade de Direito, Universidade Federal de Minas Gerais, Belo Horizonte, 2012.

179. RIBEIRO, Daniel Mendes. *De coisas a pessoas*: sistemas, emergência e reconhecimento a partir de um estudo da escravidão no Brasil. Dissertação (Mestrado em Direito) – Faculdade de Direito, Universidade Federal de Minas Gerais, Belo Horizonte, 2012, p. 13.

CAPÍTULO II • O DIREITO DE PROPRIEDADE SOBRE GAMETAS **105**

Para superar os problemas acima mencionados, faz-se necessário afastar a abordagem sob a qual se estrutura a dicotomia pessoa-coisa. O reducionismo conceitual e a ausência de dinamicidade são decorrentes de uma visão ontológica que limita as possibilidades de reformulação da dicotomia. Dessa maneira, o primeiro passo para a reformulação da dicotomia pessoa-coisa consiste em rechaçar a sua fundamentação metafísica.

Na epígrafe deste capítulo, destacou-se uma passagem de Roberto Esposito na qual defende que a divisão do mundo entre pessoas e coisas, postulado que parece organizar a experiência humana desde seus primórdios, não é uma evidência natural, mas o "êxito de um longuíssimo processo de disciplinamento que percorreu a história antiga e moderna modificando seus contornos".[180] Assim, entende-se que a divisão entre pessoas e coisas, tal como apreendida pelo direito, não deriva de um fenômeno natural evidente, ou de um postulado metodológico que estrutura a observação. Nesse sentido, a divisão entre pessoas e coisas seria fabricada pelo próprio direito a partir de um contexto histórico, social ou etnográfico, sendo, portanto, contingente.[181] Esse é o entendimento de Alain Pottage:

> A distinção entre pessoas é interessante, não porque há alguma discrepância crítica entre a construção legal da pessoa e a natureza real da individualidade humana, mas porque torna clara que o *ato de distinguir* entre essas duas ordens é radicalmente contingente. Em outras palavras, a questão agora não é como enquadrar a categoria "certa", mas explorar a emergência e o desenvolvimento da categoria em si. [...] Assim, enquanto as críticas do direito têm, até agora, tratado a categoria pessoa/coisa como uma característica incrustada no mundo (tanto no sentido que espelha a estrutura ontológica do mundo, quanto no sentido que isso define os termos com os quais nos apreendemos o mundo), a abordagem adotada neste livro a trata como puramente semântica, estética, ou ritualística, a qual é produzida por perspectivas ou técnicas particulares.[182]

Esse primeiro esforço argumentativo tem o objetivo de demonstrar que os conceitos de pessoa e coisa não se encontram enraizados na natureza ou no exercício de uma racionalidade pura, sendo frutos de determinadas construções históricas, localizadas no tempo e no espaço, que não encerram em si todas as possibilidades de manifestações de pessoalidades ou "coisalidades".[183] Assim, a dicotomia absorvida pelo direito não representa um óbice para a compreensão dos elementos corpóreos como coisas tuteladas

---

180. ESPOSITO, Roberto. *As pessoas e as coisas*. Tradução de Adrea Santurbano e Patricia Peterle. São Paulo: Rafael Copetti Editor, 2016, p. 1.

181. POTTAGE, Alain. Introduction: the fabrication of persons and things. In: POTTAGE, Alain; MUNDY, Martha (Ed.). *Law, Anthropology, and the Constitution of the Social*: making persons and things. Cambridge: Cambridge University Press, 2004, p. 1-3.

182. POTTAGE, Alain. Introduction: the fabrication of persons and things. In: POTTAGE, Alain; MUNDY, Martha (Ed.). *Law, Anthropology, and the Constitution of the Social*: making persons and things. Cambridge: Cambridge University Press, 2004, p. 3, destaque no original.

183. O termo "coisalidade" é utilizado por Martin Heidegger em sua investigação metafísica sobre o que é uma "coisa": "De fato, da objetividade do objeto e da subsistência em si, nenhum caminho leva ao modo próprio de ser da coisa, a coisalidade". HEIDEGGER, Martin. A coisa. In: HEIDEGGER, Martin. *Ensaios e conferências*. Tradução de Emmanuel Leão, Gilvan Fogel e Márcia Schuback. Petrópolis: Editora Vozes, 2002, p. 145. Neste tópico o termo é utilizado como aquilo que designa a qualidade do que é ser uma coisa (*thinghood*), em contraponto à pessoalidade (*personhood*).

pelo direito de propriedade, pois não há uma ontologia subjacente que determine o que pode ser pessoa ou coisa. Aliás, como amplamente discorrido nos tópicos anteriores, entende-se que a propriedade é um instituto marcado por sua amplitude semântica, de tal maneira que permite o enquadramento de uma miríade de entidades distintas. Ainda, embora não seja o foco desta pesquisa, o mesmo pode ser argumentado em relação às pessoas, compreendidas como sistemas que emergem em determinados contextos e na presença de algumas características que não precisam ser derivadas, necessariamente, dos seres humanos.[184]

Contudo, mais importante do que identificar a historicidade e a contingência desses conceitos, é perceber que não há entre eles uma oposição absoluta – mesmo que se parta da concepção ortodoxa. Essa é a tese desenvolvida por Eric Reiter, na qual sustenta que o problema da dicotomia pessoa-coisa é a sua concepção a partir de um isolamento analítico que impede a percepção de que pessoas e coisas somente existem a partir da interação. Por conseguinte, sua proposta parte de uma perspectiva dinâmica, em que as categorias estão em constante tensão, de tal forma que seus contornos conceituais são fluidos e variáveis, permitindo sempre a reformulação dos seus limites.[185]

O principal exemplo utilizado por Reiter para ilustrar a sua proposição consiste no debate acerca da atribuição de personalidade a fetos com formas "monstruosas". Tanto na doutrina francesa do século XVII, especialmente nos escritos de Jean Domat, quanto nos tradicionais comentários às leis inglesas de William Blackstone, os fetos nascidos com "aparência não humana" não eram considerados pessoas em sentido jurídico. Contudo, também não eram considerados coisas, uma vez que os "monstros" poderiam ser considerados pessoas em relação aos seus pais em alguns contextos específicos, como nos casos de concessão de privilégios atribuídos aos ascendentes de acordo com o número de filhos.[186]

Mesmo no direito romano, com a ampla aceitação e influência da dicotomia proposta por Gaio, o enquadramento como pessoa ou coisa não era estático, mas transitório: "em Roma, ninguém fica por toda a vida, do nascimento até a morte, pessoa – todos transitam, pelo menos por um certo período, por uma condição não muito distante daquela de coisa possuída".[187] O contínuo deslizamento conceitual entre pessoas e coisas pode ser observado na situação jurídica do escravo que, embora considerado *res corporales*, podia titularizar direitos em situações específicas. No âmbito familiar, os filhos e as esposas eram subjugados ao poder do *pater familias*, o qual detinha o pleno controle sobre suas

---

184. Cf. STANCIOLI, Brunello. *Renúncia ao exercício de direitos da personalidade* (ou como alguém se torna o que quiser). Belo Horizonte: D'Plácido, 2017; RIBEIRO, Daniel Mendes. *De coisas a pessoas*: sistemas, emergência e reconhecimento a partir de um estudo da escravidão no Brasil. Dissertação (Mestrado em Direito) – Faculdade de Direito, Universidade Federal de Minas Gerais, Belo Horizonte, 2012.

185. REITER, Eric. Rethinking Civil-Law taxonomy: persons, things, and the problem of Domat's monster. *Journal of Civil Law Studies*, v. 1, 2008, p. 190.

186. REITER, Eric. Rethinking Civil-Law taxonomy: persons, things, and the problem of Domat's monster. *Journal of Civil Law Studies*, v. 1, 2008, p. 192-198.

187. ESPOSITO, Roberto. *As pessoas e as coisas*. Tradução de Adrea Santurbano e Patricia Peterle. São Paulo: Rafael Copetti Editor, 2016, p. 26.

vidas, podendo ceder os filhos para outras famílias. A situação do devedor insolvente também corrobora com essa proposição na medida em que seu próprio corpo poderia sofrer as consequências do inadimplemento contratual, seja por meio da servidão, seja por meio da ablação dos seus membros.[188]

No cenário brasileiro, tornou-se comum a compreensão do status jurídico dos escravos como meros objetos de propriedade. Nesse sentido, o tradicional conceito de "coisa", definido como o bem material que está submetido de maneira passiva ao domínio do proprietário, seria suficiente para explicar a situação jurídica dos escravos ao longo de todo o regime escravagista nacional. Todavia, Daniel Mendes Ribeiro contesta essa visão a partir de um profundo estudo da escravidão dos séculos XVIII e XIX no Brasil. Em sua conclusão, defende que os escravos nunca se encontraram plenamente reificados, mesmo que estivessem violentados e subjugados à vontade dos seus senhores. Ao longo desses séculos, os escravos passaram a ocupar diversos contextos sociais, culturais e econômicos que antes eram ocupados somente por pessoas livres. Torna-se fundamental reconhecer que os escravos foram agentes ativos no processo da abolição da escravatura, que não deve ser compreendida como uma dádiva, mas o resultado de uma longa e valente luta por reconhecimento.[189]

De toda maneira, o exemplo determinante para demonstrar a tensão permanente entre pessoas e coisas seria o corpo humano, conforme tese defendida por Roberto Esposito: "Não entrando completamente na categoria de pessoa nem da de coisa, o corpo do homem foi anulado como objeto de direito e deixado a oscilar entre uma e outra".[190] Segundo o filósofo italiano, o corpo sempre foi excluído do horizonte do direito, sendo o seu controle disputado por diferentes esferas de poder: o Estado, a Igreja, a sociedade, o indivíduo.[191] A indefinição do direito a respeito do enquadramento dogmático e conceitual do corpo ocasionou um cenário de incertezas, especialmente acerca da relação entre a pessoa e o seu corpo: afinal, a pessoa *é* ou *tem* um corpo? Essa indefinição acaba sendo expandida ao cadáver, às partes destacadas do corpo e também aos embriões – situações que são levadas ao extremo pelo avanço das biotecnologias e a possibilidade da manipulação radical do corpo e seus elementos corpóreos.[192]

Como afirma Klaus Hoeyer, os "[c]orpos – como nós os conhecemos e os identificamos – emergem, mudam e dispersam uma identificação clara; eles não possuem

---

188. ESPOSITO, Roberto. *As pessoas e as coisas*. Tradução de Adrea Santurbano e Patricia Peterle. São Paulo: Rafael Copetti Editor, 2016, p. 23-24.
189. RIBEIRO, Daniel Mendes. *De coisas a pessoas*: sistemas, emergência e reconhecimento a partir de um estudo da escravidão no Brasil. Dissertação (Mestrado em Direito) – Faculdade de Direito, Universidade Federal de Minas Gerais, Belo Horizonte, 2012, p. 190.
190. ESPOSITO, Roberto. *As pessoas e as coisas*. Tradução de Adrea Santurbano e Patricia Peterle. São Paulo: Rafael Copetti Editor, 2016, p. 84-85.
191. ESPOSITO, Roberto. *As pessoas e as coisas*. Tradução de Adrea Santurbano e Patricia Peterle. São Paulo: Rafael Copetti Editor, 2016, p. 84.
192. Para uma visão do corpo enquanto plataforma empírica (auto)manipulável necessária para a emergência da pessoalidade, especialmente com enfoque nas tecnociências, cf. STANCIOLI, Brunello. Corpo, informação e tecnociências: a manipulação da plataforma empírica dos direitos fundamentais. In: DOMINGUES, Ivan (Org.). *Biotecnologias e regulações*: desafios contemporâneos. Belo Horizonte: Editora UFMG, p. 309-322, 2018.

um começo ou final evidentes, nem no tempo, nem no espaço".[193] Essa maleabilidade corporal pode ser percebida na ampla possibilidade de incorporação de elementos externos e de separação de elementos internos em um fluxo contínuo. Na dimensão da incorporação, recorda-se das próteses funcionais e estéticas, das bombas de insulinas automatizadas, dos marca-passos, implantes cocleares e neuroestimuladores cerebrais, dentre diversas outras possibilidades de fusão homem-máquina.[194] Na dimensão da separação, recorda-se das transferências de gametas, sangue, órgãos e das amputações de membros. Dessa maneira, depreende-se que o corpo não possui contornos rígidos, sendo modificado de maneira permanente, de modo que o seu enquadramento como pessoa ou coisa, em categorias rígidas e imutáveis, não consegue capturar e explicar as suas vicissitudes.

A partir desses casos – e de muitos outros que poderiam ser pensados –, torna-se imperativo repensar a maneira que a dicotomia pessoa-coisa é concebida. Nesse sentido, deve-se pensar em um arquétipo teórico que seja dinâmico e inclusivo. Dinâmico, para que possa permitir o movimento entre as categorias, de tal maneira que um determinado ente não precise estar sempre vinculado a uma mesma posição, podendo variar a depender do contexto e da função que exerce. Inclusivo, para que haja uma interface entre pessoas e coisas, havendo uma zona cinzenta em que não há clareza acerca do enquadramento conceitual adequado. Aliás, essa zona de sobreposição entre pessoas e coisas seria recorrente, sendo as ocorrências paradigmáticas e reducionistas de pessoas e coisas mais raras.[195] Essa hipótese se aproxima bastante da tese defendida por Daniel Ribeiro:

> Parte-se da ideia de que a distinção entre pessoas e coisas pode ser compreendida para além de uma mera ficção jurídica, já que verificam-se critérios e formas de distinção que revelam a pertinência dos predicados éticos de ambas. Entretanto, sem reduzir essa distinção a uma dicotomia estanque, tentar-se-á demonstrar que é possível uma teorização que se apoie na análise de certas propriedades da matéria organizada e seja empiricamente congruente. Construir-se-á, assim, entre os dois conceitos, uma linha de continuidade dinâmica, ao invés de uma muralha inamovível, sobretudo ao se propugnar a compreensão de pessoa como "coisa pessoalizada".[196]

A visão estática e excludente da dicotomia simplifica em demasia a realidade e acaba criando exclusões e distorções que não conseguem explicar os fenômenos jurídicos de maneira adequada. Entender a relação entre pessoas e coisas como complementares, um *continuum* em permanente tensão, torna possível estabelecer diferentes tipos de tutelas a depender do posicionamento nesse espectro. Assim, esse novo arquétipo teórico permite

---

193. HOEYER, Klaus. *Exchanging human bodily material*: rethinking bodies and markets. Dordrecht: Springer, 2013, p. 75.

194. QUIGLEY, Muireann; AYIHONGBE, Semande. Everyday cyborgs: on integrated persons and integrated goods. *Medical Law Review*, v. 26, n. 2, 2018, p. 279.

195. REITER, Eric. Rethinking Civil-Law taxonomy: persons, things, and the problem of Domat's monster. *Journal of Civil Law Studies*, v. 1, 2008, p. 198-203.

196. RIBEIRO, Daniel Mendes. *De coisas a pessoas*: sistemas, emergência e reconhecimento a partir de um estudo da escravidão no Brasil. Dissertação (Mestrado em Direito) – Faculdade de Direito, Universidade Federal de Minas Gerais, Belo Horizonte, 2012, p. 13.

pensar para além dos conceitos paradigmáticos e reducionistas de pessoa e coisa. A visão dinâmica e inclusiva permite pensar em *coisas* mais ou menos pessoalizadas e *pessoas* mais ou menos coisificadas – e isso permite com que o direito identifique essas variações e diferenças com maior clareza, estabelecendo tutelas mais adequadas a cada contexto.

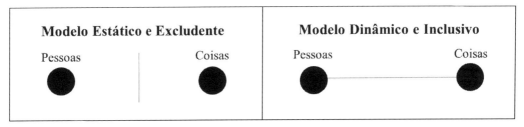

Tabela 3 – Arquétipos teóricos acerca da dicotomia pessoa-coisa

Uma possível aplicação do modelo proposto pode ser encontrada nos escritos de Margaret Jane Radin sobre o direito de propriedade. A autora identifica dois tipos basilares de propriedade: a propriedade fungível e a propriedade pessoal. A propriedade fungível seria aquela sem qualquer tipo de vínculo pessoal com o proprietário, como o dinheiro. Por outro lado, a propriedade pessoal teria, em maior ou menor grau, uma conexão com aspectos da personalidade do proprietário, como os bens de família ou anéis de casamento. Segundo Radin, "nós podemos pensar em um contínuo variando de uma coisa indispensável para o ser de alguém, até uma coisa totalmente intercambiável com dinheiro".[197] Essa categorização seria interessante porque "dado um contexto social, certos tipos de relações pessoas-coisa são compreendidas como mais próximas de um ou outro extremo do contínuo".[198] A principal consequência que decorre dessa proposta consiste na necessidade de se tutelar a propriedade pessoal de maneira especial, como ocorre nos bens destinados à moradia, os quais possuem proteção contra expropriação ou constrições judiciais.

Pegue-se como exemplo o caso da tecnológica cadeira de rodas de Stephen Hawking. Como se sabe, o famoso físico britânico foi diagnosticado, ainda em sua juventude, com uma doença neuronal motora conhecida como esclerose lateral amiotrófica, o que acabou por gerar uma paralisia gradual ao longo dos anos. Mesmo após a perda da capacidade de movimentação e de fala, Hawking continuou tendo a possibilidade de locomoção, comunicação e interação por meio de um equipamento adaptado em sua cadeira de rodas que permitia o controle através de um pequeno interruptor acessível à sua mão e, posteriormente, usando pequenos músculos das bochechas e das pálpebras. Assim, pode-se afirmar que a manutenção da pessoalidade de Hawking somente era possível em razão da alteridade que seu aparato tecnológico possibilitava.[199]

---

197. RADIN, Margaret Jane. *Reinterpreting property*. Chicago: The University of Chicago Press, 1993, p. 10.
198. RADIN, Margaret Jane. *Reinterpreting property*. Chicago: The University of Chicago Press, 1993, p. 10.
199. Nesse sentido, pode-se conferir o filme biográfico "*The theory of everything*", dirigido por James Marsh, lançado em 2014. O ator Eddie Redmayne, intérprete do filósofo britânico, ganhou um Oscar por sua atuação.

Em um questionamento acerca da "natureza jurídica" de uma cadeira de rodas, não há dúvidas de que um jurista responderia se tratar de uma coisa – afinal, a outra alternativa seria compreendê-la como uma pessoa. Uma cadeira de rodas, fora de um contexto ou função específica, enquadra-se na tradicional moldura conceitual de um bem fungível, corpóreo, passível de ser apropriado e comercializado, tutelado por normas relativas aos direitos reais. Contudo, ao se analisar o caso concreto, percebe-se uma vinculação inarredável à pessoa, uma vez que exerce a função de suporte para pessoalidade, como uma extensão do corpo humano. Assim, conforme modelo defendido nesta pesquisa, uma cadeira de rodas poderia ser merecedora de uma proteção especial do direito, afastando-se da ideia de que todas as coisas são equiparáveis e fungíveis.

Nesse sentido, em reportagem publicada na *BBC News*, pessoas com deficiência que necessitam de cadeiras de rodas como meio de locomoção narram como se sentem *pessoalmente violadas* quando terceiros, sem qualquer tipo de pedido ou autorização, mexem ou controlam suas cadeiras de rodas: "Ser tocado ou agarrado por um estranho sem aviso ou consentimento é uma experiência bastante comum para muitos deficientes. Apesar das pessoas acreditarem que estão sendo prestativas com suas ações, uma invasão no espaço corpóreo pessoal pode ser assustador".[200] Em outro depoimento, uma das pessoas chega a comparar essa interferência ao *assault* – modalidade de *tort liability* que visa proteger a pessoa contra contatos físicos intencionais não consentidos. Chegou-se ao extremo das pessoas começarem a inserir espigões metálicos nas alças das cadeiras de rodas para evitar interferências indesejadas.[201]

Em relação aos gametas e aos elementos corpóreos em geral, qual seria a relevância do modelo proposto? Em primeiro lugar, a compreensão da dicotomia pessoa-coisa como uma relação dinâmica permite identificar com maior precisão o movimento que os elementos corpóreos realizam ao serem separados e reconectados aos corpos. Essa ideia de que as partes do corpo possuem um status jurídico flexível, a depender da sua conexão com o corpo e da função que exercem, pode ser identificado no texto seminal de Francesco Carnelutti, marcado por teses polêmicas: "fico feliz em observar que há coisas que antes eram homens, isto é, partes de um homem, assim como existem homens, ou melhor, partes dos homens, que eram coisas anteriormente. Existem, portanto, os fenômenos de separação de coisas do homem e de incorporação de coisas ao homem".[202] Em segundo lugar, a ideia de que a relação entre pessoas e coisas se estabelece em um *continuum*, de modo que há coisas mais ou menos pessoalizadas, engendra uma justificativa razoável para o tratamento díspar das partes separadas do corpo, como cabelos, dejetos, sangue, órgãos e gametas. Mesmo em relação a um único elemento corpóreo, seria possível tutelas específicas para cada contexto e função exercida. O esperma ejaculado em uma relação sexual, por exemplo, aproxima-se da tutela tradicional das

---

200. LOW, Harry. Spikes – and other ways disabled people combat unwanted touching. *BBC News*, 14 oct. 2019.
201. Poder-se-ia também levar essas reflexões para o contexto da medicina intensiva, por exemplo, nos casos de pessoas intubadas ou ligadas a aparelhos respiratórios que servem de suporte para a sobrevivência do paciente.
202. CARNELUTTI, Francesco. Problema giuridico della transfusione del sangue. *Il foro italiano*, v. 63, 1938, p. 94, tradução nossa.

coisas fungíveis, podendo ser abandonado ou destruído. Por outro lado, um esperma depositado para fins reprodutivos, especialmente em razão de tratamentos que podem causar a infertilidade, não parece ser uma simples coisa fungível, havendo uma maior vinculação com a pessoa.

Dessa maneira, o que se propõe não é a extinção das categorias "pessoa" e "coisa", uma vez que o direito possui uma inegável dimensão operacional que pode se tornar inviável sem essa dicotomia. Mas, por outro lado, é possível pensar em um modelo mais flexível, em que pessoas e coisas não são dois pontos sem qualquer contato, mas um *continuum* em permanente tensão. Dessa maneira, permite-se uma regulação mais atenta às sobreposições que existem no imenso espaço entre pessoas e coisas. Pode-se afirmar, nesse sentido, que os conceitos de pessoa e coisa não devem ser compreendidos de maneira tudo ou nada. Há gradações e nuances entre os dois extremos da dicotomia, de modo que, entre os conceitos paradigmáticos e reducionistas de pessoa e coisa, há uma infinidade de possíveis manifestações de pessoalidades e de "coisalidades".[203] Assim, conclui-se que deslocamento entre os extremos da dicotomia é necessário e se perfaz em uma análise estrutural, funcional e situacional, partindo-se de uma visão pós-metafísica de mundo.

7. CONCLUSÃO

Ao longo do capítulo, buscou-se evidenciar os problemas que surgem em razão da falta de clareza sobre o status jurídico das partes destacadas do corpo humano, com destaque aos gametas humanos. Partiu-se da *summa divisio* do direito privado, a vetusta dicotomia pessoa-coisa, para identificar as possíveis hipóteses aplicáveis a essa problemática. Ao compreender os elementos corpóreos como uma extensão da pessoa, tutelados pelos direitos da personalidade, identificou-se uma série de inadequações conceituais e consequenciais, razão pela qual essa alternativa foi rechaçada. Assim, passou-se a analisar a hipótese de os elementos corpóreos serem categorizados como coisas tuteladas pelo direito de propriedade. Para tanto, tornou-se necessário analisar alguns problemas dogmáticos, dentre os quais se destacam: o problema da fundamentação, o problema da titularidade e o problema do conteúdo.

Após aprofundada análise, concluiu-se que não há impedimentos para compreender as partes que venham a ser destacadas do corpo humano como coisas. Embora haja diferentes teorias para explicar o surgimento e a titularidade do direito de propriedade, defendeu-se que a hipótese da separação como modo originário de aquisição de propriedade por parte da própria pessoa representa a explicação mais adequada, tanto em termos teóricos, quanto em termos pragmáticos. Em relação ao conteúdo, a elasticidade e abertura semântica do direito de propriedade se mostraram características fundamentais, uma vez que permitem a sua adaptação a novos contextos e objetos. Dentre as vantagens

---

203. Essa é a tese desenvolvida por Visa Kurki em relação ao conceito de pessoa incorporado pelo direito positivo. Cf. KURKI, Visa. *A theory of legal personhood*. Oxford: Oxford University Press, 2019.

da abordagem proprietária, destacou-se o controle e a proteção dos proprietários sobre seus bens, além da flexibilidade estrutural e funcional desse direito subjetivo. Em relação às objeções, destacam-se a comercialização dos elementos corpóreos, o esvaziamento conceitual e normativo do direito de propriedade e sua vinculação a valores individualista e liberais, além das pretensões absurdas que essa abordagem poderia ocasionar. Após o estudo dessas críticas, concluiu-se que elas não são características necessárias ao direito de propriedade sobre partes desvinculadas do corpo humano, justamente em decorrência da flexibilidade e abertura desse direito subjetivo, sendo marcado pela pluralidade de valores que extrapolam a perspectiva liberal e individualista.

Por fim, argumentou-se pela necessidade de repensar a dicotomia pessoa-coisa, especialmente no que diz respeito à sua fundamentação metafísica e à sua concepção rígida e estática. Nesse sentido, defendeu-se um arquétipo teórico que reconhece a historicidade e contingencia das categorias jurídicas, bem como o movimento e a fluidez que há entre pessoas e coisas. Esse modelo alternativo permite pensar para além da mera oposição conceitual, admitindo que entre pessoas e coisas existe um *continuum* que concede uma pluralidade de manifestações de pessoalidades e "coisalidades" – para além das concepções paradigmáticas e reducionistas. A vantagem dessa proposta consiste em evidenciar as nuances e vicissitudes que existem nos diferentes tipos de coisas que merecem a tutela jurídica. Com isso, torna-se possível uma melhor regulação acerca dos elementos corpóreos, reconhecendo as suas diferenças biológicas, funcionais e contextuais.

Em síntese, argumentou-se que os elementos corpóreos que vierem a ser desvinculados do corpo podem e devem ser compreendidos como coisas submetidas ao arcabouço jurídico relativo ao direito de propriedade. Com isso, garante-se um robusto aparato dogmático *prima facie* para lidar com os novos e complexos conflitos que surgem em relação às partes destacadas do corpo humano, especialmente em decorrência dos avanços biotecnológicos. Certamente a casuística será fundamental para a concreção das normas aplicáveis, cabendo ao judiciário e aos estudiosos apontar os caminhos possíveis. Nesse sentido, deve-se analisar o tipo de parte que está sendo analisada (v.g. cabelo, unhas, gametas ou órgãos); o contexto envolvido (v.g. uso próprio, uso de terceiros, pesquisas); a finalidade a que se propõe (v.g. usos medicinais, reprodutivos, econômicos), e assim por diante. A adoção da abordagem proprietária não irá resolver todos os problemas, mas pode contribuir de maneira substancial para apontar um caminho a seguir, especialmente em um país que se encontra em estado letárgico em relação à elaboração de leis sobre biotecnologias e novos usos do corpo e suas partes destacadas. Ainda, mais importante para o desenvolvimento desta pesquisa, após a fundamentação e defesa dos gametas como objetos de propriedade, torna-se livre o caminho para o debate ético sobre a comodificação de gametas humanos.

Capítulo III
A COMODIFICAÇÃO DE GAMETAS HUMANOS

Como alternativa à compartimentalização, penso que devemos reconhecer um continuum que reflita os graus de comodificação que são apropriados em um dado contexto. Uma comodificação incompleta – ou uma inalienabilidade parcial – algumas vezes pode refletir a situação conflituosa que compreendemos determinada interação. Ainda, uma comodificação incompleta pode, em determinadas situações, substituir uma completa não comodificação que pode estar de acordo com nossos ideais, mas causam danos em nosso mundo não ideal.[1]

1. INTRODUÇÃO

Antes de adentrar nas discussões inerentes ao terceiro e derradeiro capítulo, far-se-á uma breve recapitulação dos argumentos desenvolvidos até aqui. Iniciou-se a presente pesquisa com a evidenciação do problema que lhe serve como força propulsora. Observou-se que os gametas humanos têm sido compreendidos e tratados como mercadorias, em maior ou menor medida: seja pela compra e venda em um livre mercado, seja por modelos de compensação e compartilhamento sem critérios suficientemente claros, seja pela importação e exportação das células germinais desconsiderando as restrições legislativas de cada sistema jurídico, seja por práticas paralelas às determinações legais e deontológicas, como as inseminações caseiras. Contudo, ainda que o contexto fático tenha demonstrado o processo de comodificação de óvulos e espermatozoides, evitou-se recair em uma falácia naturalista, retirando do *ser* um *dever-ser*.

Desse modo, a investigação do problema apresentado se iniciou pelo questionamento da legalidade da prática no ordenamento jurídico brasileiro. Em síntese, concluiu-se que há um robusto arcabouço teórico-normativo que aponta para a proibição de comercialização de qualquer material de origem humana, embora não haja vedação expressa em relação aos gametas. A redação imprecisa do texto constitucional e a fundamentação naturalista dos direitos da personalidade demonstraram ser insuficientes para solucionar os desafios ocasionados pelos avanços biotecnológicos. Assim, haveria uma abertura hermenêutica para a defesa da comercialização de gametas humanos, especialmente no que diz respeito à extensão semântica da proibição contida na vedação constitucional.

Partindo dessa inferência inicial – ou mesmo que se adote uma abordagem de *lege ferenda* –, buscou-se identificar qual seria a maneira mais adequada de categorizar

---

1. RADIN, Margaret Jane. *Contested Commodities*. Cambridge: Harvard University Press, 2001, p. 104, tradução nossa.

os gametas a partir das rígidas molduras conceituais que ainda estruturam o direito contemporâneo. Sendo o direito de propriedade um pressuposto conceitual para a compreensão dos gametas como mercadorias, foi necessário analisar a possibilidade de enquadrar elementos corpóreos como objetos submetidos *prima facie* ao direito de propriedade. Para tanto, tornou-se imperioso empreender uma análise com enfoque dogmático a fim de delimitar o fundamento, o conteúdo e a titularidade desse direito subjetivo, especialmente quando relacionado a esses objetos peculiares. A conclusão indicou que o direito de propriedade, em razão da sua ampla elasticidade, é marcado por uma pluralidade de estatutos e regulações, de tal maneira que consegue eliminar ou enfraquecer os riscos de se atribuir propriedade a elementos corpóreos, garantindo maior controle, bem como proteção mais adequada às pessoas que venham a ter materiais separados dos seus corpos. Não obstante, a proposição de que os gametas devem ser compreendidos como objetos de propriedade não implica, necessariamente, que devem ser comercializados. Se o fenômeno da comodificação pressupõe a atribuição de propriedade, o contrário não é imprescindível, uma vez que podem haver bens fora de comércio ou com configurações bastante singulares. São essas circunstâncias que tornam indispensável a investigação contida no presente capítulo.

Para uma deliberação racional acerca da comodificação de gametas humanos, faz-se necessário partir de algum arcabouço teórico que estabeleça parâmetros para avaliar os limites do mercado. Essa delimitação ultrapassa a racionalidade jurídica, tanto pela imprecisão das normas contidas no ordenamento brasileiro, quanto pela abertura do sistema jurídico a outros tipos de racionalidades. Assim, a abordagem deste capítulo será predominantemente ética, uma vez que serão avaliadas as percepções e valorações morais sobre a comodificação dos gametas humanos.[2] Não obstante, seria inviável analisar todas as teorias que levantam pretensões morais sobre os limites do mercado e da racionalidade econômica, uma vez que toda teoria da justiça engendra, direta ou indiretamente, pretensões nesse sentido. Assim, adotar-se-á a teoria da comodificação incompleta, desenvolvida por Margaret Jane Radin em obra seminal sobre a temática, como marco teórico para as discussões desenvolvidas neste capítulo. Além da importância fundamental do pensamento da autora nos debates sobre comodificação, a escolha decorre da sua visão não binária e não compartimentalizada entre o comodificado e o não comodificado, admitindo a coexistência relacional dessas duas esferas em relação a determinadas práticas e objetos. De mais a mais, Radin, antes de desenvolver sua própria

---

2. Nesse sentido, CORTINA, Adela; NAVARRO, Emilio Martínez. *Ética*. Tradução de Silvana Cobucci Leite. 5 ed. São Paulo: Loyola, 2005, p. 20: "podemos nos propor a reservar – no contexto acadêmico em que nos movemos aqui – o termo 'Ética' para nos referir à Filosofia Moral, e manter o termo 'moral' para denotar os diferentes códigos morais concretos. Essa distinção é útil, pois se trata de dois níveis de reflexão diferentes, dois níveis de pensamento e linguagem acerca da ação moral, e por isso se torna necessário utilizar dois termos diferentes se não queremos cair em confusões. Assim, chamamos de 'moral' esse conjunto de princípios, normas e valores que cada geração transmite à geração seguinte na confiança de que se trata de um bom legado de orientações sobre o modo de se comportar para viver uma vida boa e justa. E chamamos de 'Ética' essa disciplina filosófica que constitui uma reflexão de segunda ordem, sobre os problemas morais. A pergunta básica da moral seria então: 'O que devemos fazer', ao passo que a questão central da Ética seria antes: 'Por que devemos?', ou seja, 'Que argumentos corroboram e sustentam o código moral que estamos aceitando como guia de conduta?'".

argumentação, apresenta um aprofundado diagnóstico das teorias que estruturam o debate acerca da comodificação e dos limites morais do mercado.

Dessa maneira, o desenvolvimento deste capítulo se iniciará com a apresentação, em linhas gerais, das teorias que estruturam e organizam o debate: a tese da comodificação universal; a tese da inalienabilidade universal; e a tese da compartimentalização. O principal objetivo será evidenciar o contexto em que a proposição desenvolvida nesta pesquisa se insere. Em seguida, será apresentada a teoria de Margaret Radin de maneira minuciosa, uma vez que rompe com as teses mais difundidas acerca da comodificação e seus limites morais. Após a descrição da teoria da comodificação incompleta, buscar-se-á desenvolver uma visão para além do pensamento da autora, buscando uma posição mais autoral e coerente com o conceito de pessoa desenvolvido nas pesquisas do *Grupo Persona*.[3]

Ao final, será adotada uma postura analítica com a finalidade de identificar e testar os principais argumentos contrários à comercialização de gametas humanos, com destaque para a corrupção dos valores comunitários, como solidariedade e justiça, a exploração de pessoas em situação de vulnerabilidade, a coerção econômica que viciaria o consentimento, a possibilidade de ocorrência de danos físicos e psicológicos, especialmente em relação às mulheres, a violação da dignidade humana em razão da objetificação dos vendedores, dentre outros.

2. COMODIFICAÇÃO: A CONSTRUÇÃO DE UM CONCEITO

Um esclarecimento se revela indispensável para o prosseguimento das investigações propostas neste capítulo. Ao longo da pesquisa foram utilizados termos distintos para indicar instituições e fenômenos semelhantes: mercado, comércio, comercialização, mercantilização e comodificação são os exemplos mais evidentes.[4] Torna-se, portanto, impreterível o aclaramento semântico desses termos, uma vez que são centrais para uma compreensão adequada do argumento aqui desenvolvido.

Interpretados em sentido meramente descritivo, essas palavras possuem sentidos similares, indicando perspectivas diferentes de se analisar o mesmo fenômeno econômico. Mercados são entendidos como "instituições nas quais trocas ocorrem entre partes que voluntariamente as realizam".[5] Nesse sentido, o termo "mercado" possui uma conotação espacial, entendido como lugar de encontro ou reunião de pessoas para troca de provisões.[6] Sempre que houver vendedores e compradores dispostos a realizar

---

3. O Grupo Persona consiste em grupo de pesquisa vinculado à Universidade Federal de Minas Gerais, fundado e coordenado pelo prof. Dr. Brunello Stancioli, que tem por objetivo desenvolver pesquisas cujo eixo central seja a pessoa e suas implicações ético-jurídicas.

4. Poder-se-ia ainda acrescentar os termos "mercadoria", "coisa", "bem" e "objeto". Não obstante, os significados desses termos já foram debatidos e esclarecidos no segundo capítulo, para onde se remete o leitor.

5. SATZ, Debra. *Why some things should not be for sale*: the moral limits of markets. New York: Oxford University Press, 2012, p. 15.

6. SATZ, Debra. *Why some things should not be for sale*: the moral limits of markets. New York: Oxford University Press, 2012, p. 16.

transações econômicas destinadas a satisfazer seus interesses, haverá a emergência de um mercado – ainda que haja proibições ou restrições legais, como ocorre nos mercados negros.[7] Por outro lado, segundo Silveira Bueno, comércio é a "permutação de produtos; troca de valores; compra e venda de mercadorias".[8] Dessa maneira, "o mercado pode ser entendido como o local, teórico ou não, do encontro regular entre compradores e vendedores de uma determinada economia", ao passo que o comércio designa as trocas de produtos e serviços entre os agentes de mercado.[9] Assim, quando se refere ao mercado de gametas, refere-se ao conjunto de transações econômicas que envolvem as células germinais humanas e que são localizadas no tempo e espaço.

Seguindo a mesma abordagem descritiva, a "comercialização" indica o "ato de vender, comprar, trocar, negociar",[10] ou ainda, o ato de "colocar os bens e serviços produzidos à disposição do consumidor, na forma, tempo e local em que ele esteja disposto a adquiri-los".[11] Por outro lado, o termo "mercantilização" ou "mercadorização" é utilizado para se referir ao ato de transformar algo em mercadoria, da mesma maneira que o vocábulo "comodificação" ou "comoditização" indica o ato de transformar algo em *commodity*. Recorda-se que, em tradução livre e literal, *commodity* significa mercadoria, podendo ser relacionada a um tipo particular de mercadoria em estado bruto ou produtos primários nas relações comerciais internacionais, a exemplo do café, petróleo, minério de ferro e soja.[12]

Acerca do sentido descritivo das palavras analisadas, dois questionamentos se destacam: apenas a compra e venda de mercadorias deve ser compreendida como atos de comercialização ou como uma forma de mercantilização e comodificação? E ainda, faz sentido utilizar termos derivados do inglês (*commodity*, comodificação) mesmo havendo termos em português que descrevem os mesmos fenômenos (mercadoria, mercantilização)?

Em relação à primeira questão, Paulo Sandroni entende que o comércio é marcado pela "troca de valores ou de produtos, *visando ao lucro*".[13] Expandindo o seu raciocínio, apenas atos com intuito lucrativo poderiam ser relacionados a esse conjunto de vocábulos, de tal maneira que o gameta apenas seria comodificado se, inserido em um mercado, fosse comercializado com a finalidade de se obter um ganho financeiro. Contudo, essa não parece ser a interpretação mais adequada, uma vez que há diversas trocas inseridas no mercado que não visam ou geram, necessariamente, lucro – aqui entendido como a diferença entre o custo e a receita obtida com a transação. Basta pensar nas difundidas plataformas digitais abertas de compras, vendas e trocas de mercadorias. Se um usuário

---

7. ERTMAN, Martha M.; WILLIAMS, Joan C. Preface: Freedom, equality and the many futures of commodification. In: ERTMAN, Martha M.; WILLIAMS, Joan C. *Rethinking commodification*: cases and readings in law and culture. New York: New York University Press, 2005, p. 2.
8. BUENO, Silveira. *Dicionário da língua portuguesa*. São Paulo: FTD, 2000, p. 179.
9. SANDRONI, Paulo. *Novíssimo dicionário de economia*. São Paulo: Editora Best Seller, 1999, p. 78.
10. BUENO, Silveira. *Dicionário da língua portuguesa*. São Paulo: FTD, 2000, p. 179.
11. SANDRONI, Paulo. *Novíssimo dicionário de economia*. São Paulo: Editora Best Seller, 1999, p. 109.
12. SANDRONI, Paulo. *Novíssimo dicionário de economia*. São Paulo: Editora Best Seller, 1999, p. 112-113.
13. SANDRONI, Paulo. *Novíssimo dicionário de economia*. São Paulo: Editora Best Seller, 1999, p. 110.

troca um objeto avaliado em três mil reais por outro objeto também avaliado em três mil reais, não houve lucro, mas houve uma transação econômica, com a circulação de mercadorias e satisfação de interesses contrapostos. Se, como argumentado anteriormente, em uma perspectiva econômica, a mercadoria é o bem inserido no mercado para satisfazer as necessidades humanas, o lucro parece ser um elemento incidental. Assim, defende-se que a característica central que atrai os termos em análise é a satisfação de interesses econômicos. Sempre que houver a satisfação de um interesse que tenha valor econômico, seja por meio da compra, venda, permuta e, em algumas situações, do incentivo, pode-se falar em mercado, comércio, comercialização, mercantilização e comodificação, uma vez que, como será argumentado adiante, é possível que haja mercadorias mais ou menos comodificadas, como propõe Margaret Radin.[14]

Por outro lado, o uso do substantivo "comodificação" se torna justificável a partir da percepção de que as palavras também podem levantar pretensões normativas. Debra Satz desenvolve uma robusta argumentação nesse sentido. A autora sustenta que os mercados não são apenas instituições econômicas regidas por uma lógica instrumental destinada à alocação de recursos escassos, mas são também instrumentos poderosos para a conformação da política, cultura e identidade pessoal. Assim, o mercado deve ser compreendido como uma instituição que emana valores para além da mera eficiência, sendo um conceito heterogêneo e dinâmico, variável a depender da mercadoria transacionada, do contexto em que se desenvolve, das pessoas envolvidas, e assim por diante.[15]

É nesse sentido normativo e moral que o termo "comodificação" ganha importância. Embora não haja consenso sobre o exato surgimento da palavra, sabe-se que sua utilização e disseminação é recente, remetendo-se às décadas de 70 e 80 do século XX.[16] A noção crítica da comodificação é tributada ao pensamento marxista e indica a "transformação das relações, antes não contaminadas pelo comércio, em relações comerciais, relações de troca, compra e venda".[17] Embora a expressão não seja utilizada por Marx, a ideia já se encontra presente no Manifesto Comunista e está relacionada à transformação do proletariado em mercadoria:

> Com o desenvolvimento da burguesia, isto é, do capital, desenvolve-se também o proletariado, a classe dos operários modernos, os quais só vivem enquanto têm trabalho e só têm trabalho enquanto seu trabalho aumenta o capital. Esses operários, constrangidos a vender-se a retalho, são mercadoria, artigo de comércio como qualquer outro; em consequência, estão sujeitos a todas as vicissitudes da concorrência, a todas as flutuações do mercado.[18]

---

14. RADIN, Margaret Jane. *Contested Commodities*. Cambridge: Harvard University Press, 2001.
15. SATZ, Debra. *Why some things should not be for sale:* the moral limits of markets. New York: Oxford University Press, 2012, p. 4-6.
16. BECK, Ceres Greh; CUNHA, Luis Henrique Hermínio. As múltiplas faces da comodificação e a constituição da crítica acerca das práticas de consumo contemporâneas. *Ciências Sociais Unisinos*, v. 53(1), 2017, p. 137.
17. MARXISTS INTERNET ARCHIVE. *Encyclopedia of Marxism*. Glossary of Terms: Commodification. Disponível em: <http://bit.ly/3bPnDYB>. Acesso em: 18 jan. 2021.
18. MARX, Karl; ENGELS, Friedrich. *Manifesto comunista*. Tradução de Álvaro Pina e Ivana Jinkings. São Paulo: Boitempo, 2010, p. 46.

A proposição de Karl Marx tem por objetivo primordial demonstrar como o trabalhador, por meio da divisão e especialização do trabalho, do desenvolvimento da ideia de força de trabalho da qual seria proprietário, é desconectado da mercadoria que produz, como se esta tivesse existência autônoma e desvinculada do processo de trabalho que a originou. A esse processo denominou "fetichismo da mercadoria".[19] É essa posição crítica da formação das mercadorias que irá atribuir ao termo "comodificação" um sentido moral negativo e pejorativo, sendo utilizado para se referir às contradições e situações danosas que seriam inerentes a esse ato de transformação de uma coisa em mercadoria.

A influência do pensamento marxista acaba por fortalecer essa posição normativa, de maneira que autores que foram, em maior ou menor medida, influenciados pelos escritos de Marx e Engels deram sequência nos estudos críticos do processo de formação das mercadorias. Georg Lukács é um bom exemplo desse desenvolvimento, estando ainda bastante atrelado à análise do "fenômeno da *reificação*" e do fetichismo da mercadoria:

> Conforme enfatizado anteriormente, o trabalhador deve necessariamente apresentar-se como "proprietário" de sua força de trabalho, como se essa fosse uma mercadoria. Sua posição específica reside no fato de essa força de trabalho ser sua única propriedade. Em seu destino, é típico da estrutura de toda a sociedade que essa auto-objetivação, esse tornar-se mercadoria de uma função do homem revelam com vigor extremo o caráter desumanizado e desumanizante da relação mercantil.[20]

O que se inicia como uma crítica estrita ao processo de trabalho e de formação da mercadoria em um contexto de relação entre proletariado e burguesia, acaba se tornando uma crítica mais ampla ao capitalismo e sua incessante capacidade de expansão e dominação. Segundo Giovanni Berlinguer e Volnei Garrafa, seria uma característica central do capitalismo a "mercantilização universal por meio da liberalização ilimitada do mercado, pela qual tudo pode ser vendido ou comprado".[21] Mesmo Lukács, ainda bastante atrelado à comodificação do trabalho, apresenta digressões sobre a expansão do mercado a caracteres mais internos e subjetivos da pessoa:

> A metamorfose da relação mercantil num objeto dotado de uma "objetivação fantasmática" não pode, portanto, limitar-se à transformação em mercadoria de todos os objetos destinados à satisfação de necessidades. Ela imprime sua estrutura em toda a consciência do homem às propriedades e as faculdades dessa consciência não se ligam mais somente à unidade orgânica da pessoa, mas aparecem como "coisas" que o homem pode "possuir" ou "vender", assim como os diversos objetos do mundo exterior. E não há nenhuma forma natural de relação humana, tampouco, alguma possibilidade para o homem poder valer suas "propriedades" físicas e psicológicas que não se submetam, numa proporção crescente a essa forma de objetivação.[22]

---

19. MARX, Karl. *O capital*: crítica da economia política. Livro I: o processo de produção do capital. Tradução de Rubens Enderele. 2. ed. São Paulo: Boitempo, 2017, p. 146-158.
20. LUKÁCS, Georg. *História e consciência de classe*: estudos sobre a dialética marxista. Tradução de Rodnei Nascimento. São Paulo: Martins Fontes, 2003, p. 209.
21. BERLINGUER, Giovanni; GARRAFA, Volnei. *O mercado humano*: estudo bioético da compra e venda de partes do corpo. 2. ed. Brasília: Editora UnB, 2001, p. 45.
22. LUKÁCS, Georg. *História e consciência de classe*: estudos sobre a dialética marxista. Tradução de Rodnei Nascimento. São Paulo: Martins Fontes, 2003, p. 222-223.

CAPÍTULO III • A COMODIFICAÇÃO DE GAMETAS HUMANOS

Essa visão pessimista da comodificação, entendida como um processo inevitável e em permanente expansão, torna-se comum nos escritos que dialogam com a tradição marxista: "foi nesse período [século XIX] que se iniciou a mercantilização de todas as esferas da vida do homem em sociedade, pois as relações sociais, econômicas, políticas e culturais tornaram-se mercadoria para sustentar as demandas da sociedade moderna, dita civilizada".[23] Karl Polanyi, por exemplo, critica a transformação da natureza em mercadoria. Na visão do autor, a terra seria um "elemento da natureza inextrincavelmente entretecido com as instituições humanas". E prossegue afirmando que "isolar esse elemento e formar um mercado da terra talvez tenha sido o mais insólito de todos os empreendimentos dos nossos antepassados."[24] A argumentação de Polanyi indica que a terra e o trabalho não se separam. A desvinculação entre esses dois elementos com o objetivo de comercializar a terra seria, em última instância, mais uma maneira de comodificar o trabalhador.[25]

Em perspectiva mais contemporânea, Zygmunt Bauman demonstra como o fenômeno da comodificação também se encontra presente na sociedade de consumo. Nesta sociedade, ninguém estaria apto a consumir sem antes tornar-se uma mercadoria vendável. O sociólogo polonês traça um paralelo entre a sociedade de produtores e a sociedade de consumidores para justificar sua proposição. Na primeira, desenvolve-se a noção da venda da força de trabalho para evitar a conclusão lógica de que a própria pessoa se torna uma mercadoria no mercado de trabalho. Na segunda, esse papel caberia à noção cartesiana de subjetividade, a qual divide o mundo em sujeitos (consumidores) e objetos (mercadorias). Em síntese, "se foi destino do *fetichismo da mercadoria* ocultar das vistas a substância demasiado humana da sociedade de *produtores*, é papel do *fetichismo da subjetividade* ocultar a realidade demasiado comodificada da sociedade de *consumidores*".[26]

Muitos outros autores poderiam ser abordados, mas o argumento inicial desenvolvido até aqui resta claro. O termo "comodificação" passa a ter uma importância moral e normativa a partir da tradição marxista que desenvolve uma argumentação crítica e pessimista do fenômeno da expansão irrestrita e dominante do mercado, tendo por característica central o processo de transformação em mercadoria, especialmente no que diz respeito ao trabalho. Conclui-se, conforme explana Adrian Walsh, que a crítica marxista é fundada em dois elementos-chave: uma teoria da justiça e uma teoria metafísica da corrupção. A teoria da justiça é calcada na ideia de que a indústria capitalista somente atinge seus objetivos por meio da exploração, de tal modo que a comodificação de algo resulta, neces-

---

23. SOUZA, André Luiz; LAZZARETTI, Miguel Ângelo. A falácia do mercado autorregulado: institucionalização de liberdade e a comodificação da natureza em Karl Polanyi. *Brazilian Applied Science Review*, v. 4, n. 6, 2020, p. 3297.
24. POLAYNI, Karl. *A grande transformação*. Tradução de Miguel Serras Pereira. Lisboa: Edições 70, 2016, p. 441.
25. POLAYNI, Karl. *A grande transformação*. Tradução de Miguel Serras Pereira. Lisboa: Edições 70, 2016, p. 441.
26. BAUMAN, Zygmunt. *Vida para consumo*: a transformação das pessoas em mercadoria. Tradução de Carlos Alberto Medeiros. Rio de Janeiro: Zahar, 2008, p. 23, destaque no original. Parágrafo adaptado de OLIVEIRA, Lucas Costa de. *Mercado regulado de órgãos e tecidos humanos*: entre o Direito, a Economia e a Ética. Porto Alegre, 2020, p. 91.

sariamente, em exploração. Por outro lado, a teoria metafísica da corrupção indica que a cultura da comodificação leva, necessariamente, à degradação do sistema de valoração e entendimento da realidade, na medida em que o valor dominante e excludente passa a ser puramente instrumental, calcado em uma análise de custo-benefício e maximização dos lucros que desconsidera outros tipos de racionalidades e moralidades.[27]

Contudo, embora o pensamento marxista tenha delimitado os contornos primordiais do que se entende por comodificação, o uso literal desse substantivo ganhou destaque na filosofia moral, especialmente na ética aplicada. O afastamento do círculo socialista e a aproximação de uma abordagem liberal traz novas perspectivas e desafios ao debate, embora não tenha se afastado da carga moral negativa atrelada ao termo, derivada dos estudos marxistas. Contudo, enquanto nesses estudos a análise estava, em maior ou menor medida, vinculada à comodificação do trabalhador e à abolição do mercado autorregulado, o enfoque da filosofia moral liberal busca determinar os limites do mercado, identificando critérios para retirar ou restringir certos bens da esfera econômica.[28] Para além da força de trabalho, essa abordagem de ética prática analisa questões como prostituição, barriga de aluguel, cessão econômica de partes do corpo para propagandas, patenteamento do DNA humano, venda de órgãos, tecidos e células humanas, mercantilização do voto, da amizade, das relações amorosas, da educação, do meio ambiente, dos direitos humanos, e assim por diante.[29] Afinal, qual seria o limite moral do mercado? Quais seriam os problemas éticos que surgem quando algo, antes alheio à racionalidade econômica, ingressa na esfera do mercado?

> Nosso interesse é principalmente no segundo sentido da "comodificação" [sentido normativo]. Isso porque estamos procurando possíveis objeções à comercialização do corpo e a ideia da comodificação não pode (certamente) fornecer uma objeção se "comodificação" for *apenas outra palavra* para comercialização.[30]

Assim, a palavra "comodificação" será utilizada nesta pesquisa para denotar e enfatizar a dimensão moral do fenômeno da comercialização e mercantilização, especialmente em relação a objetos que tradicionalmente se inserem fora da lógica mercantil – como o corpo humano e seus elementos. Em síntese, "a questão central sobre o debate da comodificação diz respeito a quais relações sociais devem ser manipuladas por instituições de mercado e governado por normas de mercado, em resumo, qual deve ser o escopo da mercantilização".[31]

---

27. WALSH, Adrian. Commodification. In: LAFOLLETTE, Hugh (Ed.). *International Encyclopedia of Ethics*, John Wiley & Sons, 2019, p. 3.
28. WALSH, Adrian. Commodification. In: LAFOLLETTE, Hugh (Ed.). *International Encyclopedia of Ethics*, John Wiley & Sons, 2019, p. 3-4.
29. SANDEL, Michael. *O que o dinheiro não compra*: os limites morais do mercado. Tradução de Clóvis Marques. Rio de Janeiro: Civilização Brasileira, 2014, passim.
30. WILKINSON, Stephen. *Bodies for sale*: ethics and exploitation in the human body trade. New York: Routledge, 2003, p. 44, destaque no original.
31. ERTMAN, Martha M.; WILLIAMS, Joan C. Freedom, equality and the many futures of commodification. In: ERTMAN, Martha M.; WILLIAMS, Joan C. *Rethinking commodification*: cases and readings in law and culture. New York: New York University Press, 2005, p. 2.

Por fim, convém observar que há autores que utilizam a palavra "reificação" para designar o processo de transformação de uma coisa em mercadoria, como é o caso de Georg Lukács.[32] Segundo Martin Jay, "o conceito de reificação se tornou uma arma poderosa na luta, não apenas para definir o que o capitalismo fazia com suas vítimas, mas também para explicar que elas eram incapacitadas de resistir a esse processo de maneira bem sucedida".[33] Não obstante, como o termo é derivado do latim "*res*", que significa "coisa", preferiu-se reservar ao termo uma sinonímia com a objetificação, indicando o processo de se tornar uma coisa. Como argumentado no capítulo anterior, defende-se que nem toda coisa é mercadoria, embora toda mercadoria seja uma coisa. Axel Honneth, por exemplo, utiliza o substantivo "reificação" em sentido não econômico, referindo-se à ausência ou esquecimento do reconhecimento em diversos níveis: "nessa óptica, significa o esquecimento do reconhecimento primordial que dois humanos concordam em um processo fundamental de interação intersubjetiva".[34]

Assim, realizado o necessário aclaramento semântico, torna-se possível o prosseguimento da pesquisa sobre o fenômeno moral da comodificação. O próximo passo consiste em apresentar, em linhas gerais, as principais teorias que conformam o debate para que seja possível situar a proposição defendida nesta pesquisa.

3. EXCURSO: EM BUSCA DOS LIMITES MORAIS DO MERCADO[35]

Existem coisas que não devem ser comercializadas? Caso a resposta seja positiva, como estabelecer critérios para determinar o que deve ser inserido no mercado? Há uma miríade de respostas possíveis para esses questionamentos, fundadas em diferentes visões de mundo e arcabouços teóricos. Por essa razão, analisar todas as teorias que levantam pretensões normativas sobre qual deve ser o escopo do mercado demandaria uma pesquisa voltada exclusivamente a esse fim – e, ainda assim, correr-se-ia o risco de incompletude. Dessa maneira, optou-se por apresentar um panorama geral das principais correntes teóricas que se destacaram na abordagem do processo de comodificação, a partir da taxonomia proposta por Margaret Jane Radin.[36] O objetivo consiste em apresentar o contexto em que o debate se insere para que seja possível situar com maior clareza e precisão o argumento a ser desenvolvido nos próximos tópicos, indicando possíveis caminhos alternativos. Assim, não se busca o exaurimento dos fundamentos

---

32. LUKÁCS, Georg. *História e consciência de classe*: estudos sobre a dialética marxista. Tradução de Rodnei Nascimento. São Paulo: Martins Fontes, 2003, p. 194-239.

33. JAY, Martin. Introduction. In: HONNETH, Axel. *Reification*: a new look at an old idea. Oxford: Oxford University Press, 2008, p. 4.

34. JAY, Martin. Introduction. In: HONNETH, Axel. *Reification*: a new look at an old idea. Oxford: Oxford University Press, 2008, p. 8.

35. O excurso indica um desvio parcial do tema da pesquisa. O autor justifica esse breve panorama pela necessidade de situar o leitor no amplo debate que existe sobre teorias da comodificação, bem como apresentar outros caminhos possíveis para aqueles que discordem do argumento central da tese. Caso interesse do leitor seja exclusivamente a comodificação de gametas, recomenda-se a leitura do item 3.4 em diante.

36. RADIN, Margaret Jane. *Contested Commodities*. Cambridge: Harvard University Press, 2001.

e vicissitudes das correntes teóricas apresentadas, mas apenas a contextualização em uma abordagem generalista dos seus principais aspectos.

Como mencionado anteriormente, a constatação de que os gametas humanos *têm sido* tratados como mercadorias, não implica, necessariamente, que eles *devem ser* tratados como mercadorias. Assim, para responder ao questionamento central deste capítulo, faz-se necessário a adoção de alguma teoria ético-normativa que estabeleça parâmetros para avaliar a correção da comodificação das células germinais humanas.

A partir da proposta de Radin, torna-se possível identificar quatro modelos basilares para se definir os limites éticos do mercado.[37]

O *modelo da não comodificação universal* entende que o mercado é um mal em si mesmo, uma vez que sempre enfraquece ou elimina outros valores mais importantes da comunidade política, possuindo o mesmo efeito em relação aos valores constitutivos de cada pessoa. Visões marxistas tendem a levar a essa conclusão.

O *modelo da comodificação universal* compreende a razão econômica como puramente instrumental, de tal modo que admitir a expansão do mercado não implicaria na corrupção de valores pessoais ou comunitários. Assim, tudo poderia ser explicado a partir de uma retórica econômica e proprietária. Teorias libertárias e a análise econômica do direito tendem a levar a proposições nesse sentido.

O *modelo da compartimentalização* propugna que o mercado não representa um mal em si mesmo, mas deve permanecer restrito a determinadas esferas da sociedade. Isso seria necessário em virtude de a razão econômica ter um poder de corrupção e dominação sobre outros tipos de racionalidade. Teorias de vertente liberal-comunitária, especialmente de matriz aristotélica, tendem a se comprometer com um modelo nessas características.

Por fim, o *modelo da comodificação incompleta* entende que, sendo a pessoa e a comunidade em que se insere compostas por um feixe de valores plurais, distintos e conflitantes, não haveria como compartimentalizar esferas, atributos ou situações em que a razão econômica deveria ser extirpada. Na maioria das hipóteses, razões econômicas e não econômicas seriam articuladas em conjunto para avaliar qual curso de ação seguir em um permanente exercício de racionalidade crítica. Assim, os limites somente deveriam ser estabelecidos quando, de fato, o mercado representasse um impedimento ao florescimento humano. Os modelos mencionados podem ser melhor visualizados na tabela a seguir:

---

37. RADIN, Margaret Jane. *Contested Commodities*. Cambridge: Harvard University Press, 2001.

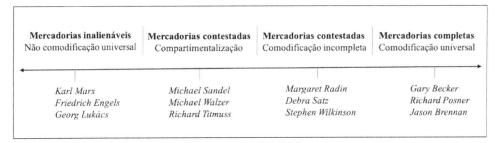

Tabela 4 – Em busca dos limites morais do mercado[38]

3.1   A hipótese da comodificação universal

Os defensores da comodificação universal entendem que todas as coisas e fenômenos podem ser analisados por meio da racionalidade econômica, sendo inseridos em mercados literais ou metafóricos. Mercados literais são aqueles em que "coisas são trocadas por dinheiro sob certas condições sociais", ao passo que os mercados metafóricos são aqueles em que "interações sociais que não envolvem efetivamente a entrega de dinheiro em troca de bens são tratadas como se envolvessem".[39] Não obstante, a comodificação seria marcada por elidir a distinção entre mercados literais e metafóricos, especialmente porque "não há uma distinção clara entre ação e discurso – entre a natureza de uma transação e o esquema conceitual ou moldura discursiva em que nós a entendemos".[40] Assim, se não há segregação absoluta entre discurso e ação, a "comodificação como visão de mundo" pode ser alcançada tanto pela defesa de um mercado literal (v.g. gametas devem ser comprados e vendidos sob um mercado regulado para que haja um aumento da oferta), quanto pela defesa de um mercado metafórico (v.g. embora os gametas não devam ser comprados e vendidos, deve-se utilizar da racionalidade econômica para compreender o fenômeno da comodificação dos gametas humanos). Em síntese, na primeira hipótese os gametas são tratados como mercadorias, ao passo que na segunda hipótese são tratados como se mercadorias fossem.

A ideia da comodificação universal se baseia em três premissas fundamentais. A primeira – *premissa da neutralidade* –, indica que a compreensão de algo como mercadoria, ou a análise de um fenômeno por meio do instrumental técnico da economia, não altera o seu valor moral, uma vez ser o mercado uma instituição neutra. Sendo a análise econômica a maneira mais racional de tomar decisões sobre recursos escassos, não haveria implicações éticas no uso da racionalidade instrumental. A segunda – *premissa da comensurabilidade* –, implica que todos os valores podem ser reduzidos a um deter-

---

38. Os autores indicados na tabela acima são exemplificativos, mas representam obras fundamentais para cada um dos modelos apresentados. Partiu-se da indexação proposta por Margaret Radin, incluindo-se contribuições pessoais a partir de uma revisão de literatura. De todo modo, o enquadramento em categorias mais amplas deve ser entendido como um recurso didático e argumentativo em que se reduz e se simplifica as abordagens dos autores mencionados, de tal forma que o quadro apresentado não deve ser compreendido de maneira apodítica.
39. RADIN, Margaret Jane. *Contested Commodities*. Cambridge: Harvard University Press, 2001, p. 1.
40. RADIN, Margaret Jane. *Contested Commodities*. Cambridge: Harvard University Press, 2001, p. 1.

minado preço, sendo, portanto, comensuráveis.[41] Em decorrência dessa compreensão, tem-se a *premissa da fungibilidade*, pela qual se entende que todas as coisas podem ser trocadas e comparadas entre si, uma vez que podem ser sempre redutíveis a um único valor comum.[42]

A partir dessas premissas, chega-se à metodologia central da comodificação universal – a análise de custo-benefício:

> A eficiência é perseguida por meio da metodologia da análise de custo-benefício. A análise de custo-benefício avalia as ações humanas e as consequências sociais nos termos ganhos verdadeiros ou hipotéticos das trocas medidas em dinheiro. Ao buscar eficiência por meio da metodologia de mercado, a comodificação universal defende o livre mercado como regra. O *laissez-faire* é presumivelmente eficiente porque é um sistema de trocas voluntárias. No esquema da comodificação universal, transferências voluntárias são presumidas para maximizar ganhos de transação, e todas as interações humanas são caracterizáveis como transações. Porque a liberdade é definida como escolhas livres da pessoa vista como negociante, o livre mercado também expressa, presumivelmente, liberdade.[43]

A visão otimista e expansionista do paradigma de mercado, bem como a superação da segregação entre discurso e ação, podem ser observadas entre os teóricos da economia comportamental e da análise econômica do direito – principais representantes da comodificação como visão de mundo. Gary Becker é um dos pioneiros na utilização do método instrumental da economia para analisar questões sociais que tradicionalmente não eram abordadas pelos economistas. Sua análise parte do pressuposto de que os "indivíduos maximizam o bem-estar da maneira que eles o concebem, sejam eles egoístas, altruístas, leais, maldosos ou masoquistas. O comportamento deles é sempre prospectivo e também consistente ao longo do tempo".[44] Ainda, os indivíduos buscariam, na maior medida do possível, antecipar consequências indesejadas. Dessa maneira, mesmo pressupondo que o comportamento é guiado por um rico conjunto de valores e preferências, Becker acredita que é possível utilizar da abordagem econômica para analisar racionalmente o comportamento humano, prevendo maneiras mais adequadas de explicar e guiar diversas questões sociais.

Em sua palestra proferida na ocasião do recebimento do prêmio Nobel em Economia do ano de 1992 – posteriormente transformada e publicada em artigo científico –, Becker expõe os principais temas que se dedicou ao longo da carreira. Em sua tese de doutorado, defendida em 1955, Gary Becker utilizou a análise econômica para abordar a hostilidade e o preconceito a membros de determinados grupos, no que denominou "coeficiente de discriminação". O laureado economista argumentou que empregadores não analisam somente a produtividade para contratar um empregado, da mesma maneira que os consumidores não analisam somente a qualidade dos produtos e serviços ofertados. As características pessoais, como raça e gênero, teriam implicações imediatas

---

41. RADIN, Margaret Jane. *Contested Commodities*. Cambridge: Harvard University Press, 2001, p. 8-9.
42. RADIN, Margaret Jane. *Contested Commodities*. Cambridge: Harvard University Press, 2001, p. 3.
43. RADIN, Margaret Jane. *Contested Commodities*. Cambridge: Harvard University Press, 2001, p. 5.
44. BECKER, Gary. Nobel Lecture: The economic way of looking at behavior. *The Journal of Political Economy*, v. 101, n. 3, 1993, p. 386.

CAPÍTULO III • A COMODIFICAÇÃO DE GAMETAS HUMANOS

nas relações econômicas. Assim, Becker buscou identificar quais seriam as variáveis que estariam relacionadas com a discriminação das minorias nos empregos e salários, para além da mera propensão à discriminação, mas também analisando fenômenos mais amplos, tais como a competitividade, a legislação sobre direitos civis, o acesso das minorias à educação e mecanismos de votos, dentre outras considerações. Entre as suas conclusões, destaca-se a proposição de que a discriminação no mercado tende a diminuir a longo prazo, na medida em que empregadores não discriminadores tendem a se sobrepor aos empregadores discriminadores, dominando o mercado. Segundo o autor, essa dominação de mercado é ainda mais eficiente quando a parcela discriminada se aproxima em quantidade da parcela discriminadora – como teria ocorrido no *apartheid* da África do Sul.[45]

Outra área em que Becker desenvolveu profícuos estudos, influenciando em grande medida os juristas da análise econômica do direito, foi em relação aos crimes e punições. Ao contrário da posição dominante em sua época, nas quais se defendia que o comportamento criminoso era causado por anomalias mentais ou opressões sociais, Becker assumiu como pressuposto que o comportamento criminoso é racional, sendo movido pelas mesmas motivações de outros comportamentos socialmente aceitos. A racionalidade econômica indica que indivíduos se tornam criminosos porque avaliam os potenciais ganhos financeiros, em contraponto ao trabalho lícito, levando em consideração a probabilidade de apreensão, condenação e a gravidade da punição.[46] Segundo Becker, "a quantidade de crime é determinada não apenas pela racionalidade e preferências dos potenciais criminosos, mas também pelo ambiente econômico e social criado por políticas públicas [...]".[47] Essas políticas públicas seriam amplas e variadas, como gastos com policiamento, punições específicas para diferentes crimes, oportunidades de educação e emprego, dentre outros. Nesse sentido, o economista de Chicago entende que a criminalidade poderia ser reduzida, conjuntamente com os gastos públicos destinados a esse objetivo, com um aumento da punição aos condenados ou com uma maior certeza de condenação, a depender do caso e do tipo de ofensor.[48]

Gary Becker também desenvolveu influente pesquisa sobre o que denominou "capital humano". O economista da Escola de Chicago parte da premissa de que "indivíduos decidem sobre sua educação, treinamento, cuidados médicos, e outras adições ao conhecimento e à saúde, por meio de um sopesamento de benefícios e custos.[49]

---

45. BECKER, Gary. Nobel Lecture: The economic way of looking at behavior. *The Journal of Political Economy*, v. 101, n. 3, 1993, p. 387-389. Cf. BECKER, Gary. *The economics of discrimination*. 2. ed. Chicago: The University of Chicago Press, 1971.

46. BECKER, Gary. Nobel Lecture: The economic way of looking at behavior. *The Journal of Political Economy*, v. 101, n. 3, 1993, p. 389-392. Cf. BECKER, Gary. Crime and punishment: an economic approach. *The Journal of Political Economy*, v. 76, p. 169-217, 1974.

47. BECKER, Gary. Nobel Lecture: The economic way of looking at behavior. *The Journal of Political Economy*, v. 101, n. 3, 1993, p. 390, p. 42.

48. BECKER, Gary. Nobel Lecture: The economic way of looking at behavior. *The Journal of Political Economy*, v. 101, n. 3, 1993, p. 390.

49. BECKER, Gary. Nobel Lecture: The economic way of looking at behavior. *The Journal of Political Economy*, v. 101, n. 3, 1993, p. 391.

Esses benefícios podem ser financeiros, culturais e outros ganhos não monetários, ao passo que os custos se relacionam ao tempo investido. Seu principal foco de análise foi a educação, abordagem que causou grandes controvérsias, uma vez que defendia ser a educação somente um investimento – e não uma experiência sociocultural. Para comprovar seu argumento, utilizou-se das ferramentas conceituais e técnicas da economia para demonstrar que uma maior taxa de escolaridade é diretamente proporcional ao ganho de renda e à redução da mortalidade, por exemplo. Nessa linha de argumentação, Becker fornece uma interpretação provocativa sobre a diminuição da disparidade do rendimento entre gêneros. Ao invés de seguir uma narrativa que evidencia a luta por reconhecimento e direitos, tal como consagrado na literatura feminista, Gary Becker indica que a mudança se deve à diminuição do tamanho das famílias, ao aumento dos divórcios, à expansão de setores em que mulheres são mais empregadas, ao crescimento econômico, além das legislações de direitos civis. Esses fatores teriam permitido às mulheres uma maior dedicação ao estudo e especialização, resultando na mitigação da disparidade de rendimentos entre gêneros.[50]

Por fim, o último aspecto destacado por Becker – e também o mais polêmico – diz respeito à análise econômica da formação, dissolução e estrutura das famílias: "a análise da escolha racional do comportamento familiar se baseia na maximização do comportamento, investimento no capital humano, alocação do tempo e discriminação contra mulheres e outros grupos".[51] Várias situações familiares são analisadas pelo instrumental técnico da economia, tendo sempre como premissa a maximização dos interesses. A escolha por casar ou ter filhos, por exemplo, é descrita como uma "tentativa e maximizar a utilidade ao comparar custos e benefícios. Assim, as pessoas se casam quando esperam estar em uma situação melhor do que quando estão solteiros, e se divorciam quando é esperado uma melhora no bem-estar".[52] Em sentido semelhante, Becker explica as falhas dos clássicos estudos populacionais de Malthus sobre fertilidade e produção, em razão da utilização de um conceito de economia não apropriado para a vida moderna. Dessa maneira, as previsões malthusianas não teriam se concretizado pois o autor não levou em conta os custos envolvidos na criação de um filho e na manutenção do núcleo familiar, o que ocasionou uma redução quantitativa da prole: "ele negligencia que o tempo gasto no cuidado com a criança se torna mais caro à medida em que os países se tornam mais produtivos".[53] Assim, depreende-se que as mais diversas relações familiares também seriam guiadas predominantemente por uma racionalidade econômica.

---

50. BECKER, Gary. Nobel Lecture: The economic way of looking at behavior. *The Journal of Political Economy*, v. 101, n. 3, 1993, p. 392-394. CF. BECKER, Gary. *Human capital*. 3. ed. Chicago: The University of Chicago Press, 1995.

51. BECKER, Gary. Nobel Lecture: The economic way of looking at behavior. *The Journal of Political Economy*, v. 101, n. 3, 1993, p. 392.

52. BECKER, Gary. Nobel Lecture: The economic way of looking at behavior. *The Journal of Political Economy*, v. 101, n. 3, 1993, p. 392.

53. BECKER, Gary. Nobel Lecture: The economic way of looking at behavior. *The Journal of Political Economy*, v. 101, n. 3, 1993, p. 393.

CAPÍTULO III • A COMODIFICAÇÃO DE GAMETAS HUMANOS

A superação da dicotomia entre mercados literais e metafóricos fica evidente na defesa da introdução de incentivos econômicos nas doações de órgãos em vida e após a morte. Levando em consideração o abismo existente entre oferta e demanda nos transplantes de órgãos, o que ocasiona um persistente aumento das mortes e das listas de espera, Gary Becker e Julio Elías argumentam que "incentivos monetários podem aumentar a oferta de órgãos para transplantes, de maneira suficiente para eliminar as longas filas nos transplantes de órgãos, e faria isso aumentando o custo total das cirurgias de transplante em não mais que 12%".[54] Após demonstrarem, por meio de dados empíricos, o aumento da demanda de órgãos não acompanhada pela oferta disponível por meio de modelos altruístas de doação, os autores buscam determinar o preço de um órgão utilizando como estudo de caso os rins e o fígado. Para a composição do preço, levam em consideração o valor estatístico da vida, bem com as variáveis do risco de morte, tempo perdido durante a recuperação e redução da qualidade de vida. No caso dos rins, assumindo o valor estatístico da vida de cinco milhões de dólares e levando em consideração o risco de morte em torno de 0.03 a 0.06 %, a perda de rendimentos referente a quatro semanas de repouso para alguém com rendimentos anuais de 35 mil dólares, além do baixo impacto na qualidade de vida, uma vez que não haveria graves comprometimentos na saúde do doador, Becker e Elías chegam ao preço de 15.200 dólares. Ainda, os economistas analisam os custos com a manutenção dos pacientes nas filas de espera, avaliado em 1.3 bilhões de dólares. Em conclusão, defendem que a introdução de incentivos financeiros para estimular a doação de órgãos seria salutar e viável economicamente.[55]

A ideia da comodificação universal também se tornou influente no direito. A análise econômica do direito busca utilizar a metodologia econômica para analisar e explicar o fenômeno jurídico. Richard Posner, amplamente influenciado por Gary Becker, é um dos principais juristas a defender um posicionamento nesse sentido. Logo na introdução do seu livro de maior impacto, Posner já evidencia esse caráter expansionista da economia como método de análise racional:

> Muitos juristas pensam que a economia é o estudo da inflação, do desemprego, dos ciclos de negócios e outros misteriosos fenômenos macroeconômicos distante das preocupações diárias do sistema jurídico. Na verdade, o domínio da economia é muito mais amplo. Como concebida neste livro, a economia é a ciência da escolha racional em um mundo – nosso mundo – em que recursos são limitados em relação às necessidades humanas. A tarefa da economia, assim definida, é explorar as implicações de assumir que o homem é um maximizador racional dos seus propósitos na vida, suas satisfações – o que devemos chamar seus "interesses pessoais".[56]

---

54. BECKER, Gary; ELÍAS, Julio Jorge. Introducing incentives in the market for live and cadaveric organ donations. *Journal of Economics Perspectives*, v. 21, n. 3, 2007, p. 3, tradução nossa.

55. BECKER, Gary; ELÍAS, Julio Jorge. Introducing incentives in the market for live and cadaveric organ donations. *Journal of Economics Perspectives*, v. 21, n. 3. 2007, p. 3, tradução nossa. No mesmo sentido, cf. BECKER, Gary; POSNER, Richard. *Uncommon sense*: economics insights, from marriage to terrorism. Chicago: The University of Chicago Press, 2009, p. 79-84.

56. POSNER, Richard. *Economic analysis of the Law*. 3 ed. Boston: Little, Brown and Company, 1986, p. 3-4, tradução nossa.

A partir do pressuposto de que pessoas reagem a incentivos, Richard Posner elenca os três princípios fundamentais da economia que, por consequência, também serão determinantes para análise econômica do direito. O primeiro é a lei da demanda, segundo a qual há uma relação inversa entre o preço cobrado e a quantidade demandada. O segundo indica que as pessoas buscam maximizar utilidades (v.g. prazer, felicidade, satisfações), especialmente em relação à maximização da diferença entre custo e benefício. Por fim, o terceiro princípio dispõe que os recursos tendem a se mover em direção ao uso mais valioso se trocas voluntárias em um mercado forem permitidas.[57] A aplicação desses princípios econômicos pode ser observada tanto na análise de questões eminentemente jurídicas, como a responsabilidade civil e criminal, o direito contratual e a liberdade de expressão, mas também em diversas outras temáticas abordadas por Posner em outras obras como "*Sex and Reason*", na qual aborda questões como orientação sexual, casamento e divórcio, fertilidade, pornografia e prostituição, sempre em uma estrita metodologia analítico-econômica.[58]

Um dos estudos mais mencionados com a finalidade de ilustrar a proposta e a amplitude da comodificação universal é de autoria de Elisabeth Landes e Richard Posner.[59] No polêmico artigo, utilizam-se da análise econômica para demonstrar "como o mundo iria parecer se um livre mercado de bebês fosse permitido existir".[60] Os autores partem de uma argumentação otimista sobre as vantagens do mercado aplicado ao modelo de adoção vigente nos Estados Unidos. A metodologia científica utilizada é marcada por um alto grau de tecnicismo, apresentando fórmulas, gráficos e tabelas para fundamentar o argumento desenvolvido. Em síntese, defendem que a regulação da adoção criou uma escassez de bebês, além de um mercado negro paralelo, impossibilitando o equilíbrio entre oferta e demanda. Ainda, defendem que esse modelo de regulação gera um excedente de crianças em acolhimento familiar com altos gastos públicos. Isso ocorreria pelo fato de as agências de adoção serem instituições sem fins lucrativos, podendo apenas compensar as despesas envolvidas no processo de adoção, tais como despesas médicas e gastos com a subsistência dos pais biológicos. Assim, com a impossibilidade de flutuação do preço envolvido na adoção, haveria uma grande escassez de bebês com determinadas características fenotípicas, especialmente bebês de pele branca, enquanto haveria um excedente de bebês negros ou com deficiências.

Dessa maneira, o livre mercado é apresentado como uma panaceia a esses problemas, pois permitiria a distribuição desses bebês de maneira mais eficiente. Como mencionado anteriormente, um dos princípios fundantes da economia dispõe que os recursos tendem a se mover em direção ao uso mais valioso se trocas voluntárias são garantidas em um livre mercado. As crianças inseridas no processo de adoção em um livre mercado são vistas como mercadorias, devendo ser entregues aos pais com propen-

---

57. POSNER, Richard. *Economic analysis of the Law*. 3 ed. Boston: Little, Brown and Company, 1986, p. 4-9.
58. Nesse sentido, cf. POSNER, Richard. *Sex and reason*. Cambridge: Harvard University Press, 1994.
59. LANDES, Elisabeth M.; POSNER, Richard A. The economics of the baby shortage. *The Journal of Legal Studies*, v. 7, n. 2, 1978, p. 323-348.
60. LANDES, Elisabeth M.; POSNER, Richard A. The economics of the baby shortage. *The Journal of Legal Studies*, v. 7, n. 2, 1978, p. 324.

são a pagar mais: "assumimos adiante (para simplicidade da exposição gráfica), que se a agência encara um excesso de demanda por crianças a um dado preço, ela irá alocá-las entre os pais prospectivos para maximizar a satisfação do consumidor (v.g. dentre os ofertantes de maior valor)".[61] Os autores argumentam que, por um lado, as mulheres se sentiriam mais motivadas a entregar filhos indesejados para a adoção, evitando-se o aborto, a venda por meio do mercado negro e a entrega da criança para acolhimento familiar por período indefinido. Por outro lado, havendo uma variação do preço, a tendência é que haja uma distribuição mais ampla dos bebês com diferentes características.

Certamente, há uma simplificação dos argumentos desenvolvidos por Landes e Posner, que chegam a enfrentar objeções morais, sociais e pragmáticas ao modelo proposto, como o favorecimento dos mais ricos, a possibilidade de ocorrência de fraudes e desonestidade no processo, a desconsideração do melhor interesse da criança e da vulnerabilidade das partes, o simbolismo envolvido em um livre mercado de crianças e a possibilidade de eugenia.[62] Não obstante, o posicionamento é sempre justificado em uma visão puramente econômica:

> De mais a mais, preocupações com o abuso infantil não devem ser permitidas para obscurecer o fato que o abuso não é um motivo normal para adotar uma criança. E, uma vez posto o abuso de lado, a vontade de pagar dinheiro por um bebê seria vista no todo com um fator tranquilizante do ponto de vista do bem-estar da criança. Poucas pessoas compram um carro ou uma televisão para quebrá-los. De modo geral, quanto mais cara a compra, mais cuidado o comprador vai dispender nela. Estudos recentes sugerem que quanto mais custoso for para os pais obterem uma criança, mais eles investirão nos atributos de qualidade da criança, como saúde e educação.[63]

Em vista disso, a partir da breve exposição de hipóteses defendidas por autores adeptos da comodificação universal, torna-se possível comprovar que o mercado retórico e o mercado literal se confundem. A instrumentalidade técnica da economia se sobrepõe ao discurso de racionalidade econômica, de tal maneira que todos os aspectos da vida passam a ser submetidos a um único valor (preço) e a uma única razão (instrumental). Contudo, mesmo nesse cenário de incessante expansão do mercado, haveria possibilidade de restrições, ainda que sejam em uma perspectiva intrassistêmica. É o que se denomina "falha de mercado":

> Para alguém que está propenso a conceber tudo (córneas para transplante, sexualidade, bebês para adoção) na retórica do mercado, a única explicação para o porquê de certas coisas permanecerem fora de mercado é a falha de mercado: clandestinidade e resistência, custos administrativos, custos informacionais, e assim por diante. O Juiz Posner, por exemplo, aparentemente considera a proibição da venda de si próprio à escravidão em razão dos custos informacionais.[64]

---

61. LANDES, Elisabeth M.; POSNER, Richard A. The economics of the baby shortage. *The Journal of Legal Studies*, v. 7, n. 2, 1978, p. 332, tradução nossa.
62. LANDES, Elisabeth M.; POSNER, Richard A. The economics of the baby shortage. *The Journal of Legal Studies*, v. 7, n. 2, 1978, p. 339-347.
63. LANDES, Elisabeth M.; POSNER, Richard A. The economics of the baby shortage. *The Journal of Legal Studies*, v. 7, n. 2, 1978, p. 343, tradução nossa.
64. RADIN, Margaret. *Contested Commodities*. Cambridge: Harvard Univeristy Press, 2001, p. 7, tradução nossa.

A noção de falha de mercado decorre da percepção de que transações econômicas podem gerar consequências a terceiros não diretamente envolvidos nessas transações. Esses impactos a terceiros são denominados "externalidades": "quando uma ação individual gera, não apenas custos (benefícios) individuais, mas também custos (benefícios) para terceiros, dizemos que existem *externalidades* negativas (positivas)".[65] A poluição em um mercado industrial, os impactos ambientais e sociais no mercado de mineração e os riscos de violência a terceiros em um mercado de armas são exemplos de externalidades negativas, ao passo que os benefícios sociais causados por instituições de ensino, ou os empregos gerados pela introdução de uma indústria em uma cidade, são exemplos de externalidades positivas.[66] Tradicionalmente, as externalidades eram vistas como excepcionalidades nas transações econômicas, uma vez que se entendia que transações entre indivíduos não tendem a impactar terceiros. Contudo, como salientado por Debra Satz, essa percepção pode ser afastada com uma pequena reflexão, na medida em que "quase toda troca em uma sociedade densa, interdependente e complexa é propensa a impor custos a terceiros. A construção de arranha-céus impede a luz solar nas casas vizinhas. Carros trazem congestionamento. Fumaças de cigarro circulam".[67]

O problema da ocorrência de externalidades nas transações econômicas é que elas implicam uma alocação de recursos ineficientes, na medida em que os custos e benefícios não foram devidamente internalizados pelos agentes envolvidos na troca.[68] Em síntese, quando uma transação entre indivíduos ocasiona custos não internalizados, impactando terceiros que não aderiram a essa troca, pode-se dizer que houve uma falha de mercado.[69] Mas o que fazer diante de uma falha de mercado? Satz explica que a falha de mercado implica "apenas um argumento *prima facie* para intervenção, não um argumento definitivo".[70] Isso acontece porque é possível compreender que uma intervenção estatal, no sentido de regular ou bloquear determinados mercados, pode ser mais prejudicial do que a ocorrência de externalidades.[71] Assim, embora a falha de mercado possa representar uma limitação à comodificação universal, o posicionamento mais adotado pelos economistas dessa vertente direciona a superação das falhas de mercado pelo próprio mercado, buscando-se meios de internalização

---

65. ARAUJO JR., Ari Francisco de; SHIKIDA, Cláudio Djissey. Microeconomia. In: TIMM, Luciano Benetti (Coord.). *Direito e Economia no Brasil*. Indaiatuba: Editora Foco, 2019, p. 63, destaque no original.

66. SATZ, Debra. *Why some things should not be for sale*: the moral limits of markets. New York: Oxford University Press, 2012, p. 31; ARAUJO JR., Ari Francisco de; SHIKIDA, Cláudio Djissey. Microeconomia. In: TIMM, Luciano Benetti (Coord.). *Direito e Economia no Brasil*. Indaiatuba: Editora Foco, 2019, p. 64.

67. SATZ, Debra. *Why some things should not be for sale*: the moral limits of markets. New York: Oxford University Press, 2012, p. 31.

68. ARAUJO JR., Ari Francisco de; SHIKIDA, Cláudio Djissey. Microeconomia. In: TIMM, Luciano Benetti (Coord.). *Direito e Economia no Brasil*. Indaiatuba: Editora Foco, 2019, p. 63.

69. SATZ, Debra. *Why some things should not be for sale*: the moral limits of markets. New York: Oxford University Press, 2012, p. 31.

70. SATZ, Debra. *Why some things should not be for sale*: the moral limits of markets. New York: Oxford University Press, 2012, p. 32.

71. SATZ, Debra. *Why some things should not be for sale*: the moral limits of markets. New York: Oxford University Press, 2012, p. 32.

ou eliminação das consequências danosas e indesejadas, como apresentado no *Teorema de Coase*.[72]

Um exemplo contemporâneo e radical da visão da comodificação universal pode ser encontrado nos escritos de Jason Brennan e Peter Jaworski. Partindo de premissas consequencialistas e libertárias, os autores apresentam a seguinte proposição: "mercados sem limites – se você pode fazer algo de graça, então você também pode fazer por dinheiro".[73] Essa proposta se baseia na ideia de que o mercado não transforma atos permissíveis em atos impermissíveis. Assim, o fato de alguém poder usar ou dispor de algo gratuitamente implica a possibilidade da utilização ou disposição econômica.[74] Trata-se de uma visão extremamente otimista do mercado, na qual se afastam as objeções calcadas na degradação causada pelo mercado: "Onde veem o mercado como tendo um *ethos* fundamentalmente amoral ou tendente a nos corromper, nós o vemos como moral e moralmente melhorativo. Enquanto pensam que a solução é contrair o mercado, nós pensamos que a solução é expandi-lo".[75]

Para comprovar sua hipótese, Brennan e Jaworski analisam alguns casos: (i) pornografia infantil; (ii) mercado de armas nucleares; (iii) venda de votos; (iv) quebra de promessas; (v) compra de um bastão para agredir a namorada; (vi) receptação de um iPad roubado; (vii) negligência de cuidados com uma criança. Após a apresentação dos casos, os autores identificam apenas três tipos de possíveis limites ao mercado. O primeiro seria referente ao princípio da posse ilegítima. Nessa hipótese, haveria coisas que as pessoas não deveriam, de qualquer maneira, ter ou fazer e, nesse sentido, também não deveriam comercializar. Seria o caso da pornografia infantil, a qual não seria errada pelo fato de ser vendida, mas pelo simples fato de existir. O segundo limite seria referente às restrições incidentais ou consequencialistas. Nessa hipótese, pessoas não deveriam comercializar certas coisas apenas em determinadas circunstâncias específicas. Seria o caso da pessoa que promete não vender memorabilias em um bazar e descumpre a promessa, ou a pessoa que compra um bastão para agredir a namorada. Por fim, haveria limites inerentes ao mercado, correspondente a coisas que poderiam ser usadas e transferidas de maneira gratuita, mas não vendidas. Seria o caso dos votos e da transferência de órgãos e tecidos humanos. Embora apresentem esses três possíveis limites ao mercado, Brennan e Jaworski apenas reconhecem e

---

72. O Teorema de Coase implica a superação das externalidades por meio do contrato legal entre as partes e pressupõe arcabouço do direito de propriedade bem delimitado e custos de transação desprezíveis. "Por exemplo, em 2006, nos EUA, a solução coasiana foi aplicada de forma perspicaz pelo grupo ativista antiaborto conhecido como *pro-life* (pró-vida) contra as clínicas de aborto. Basicamente, o grupo comprou imóveis nos quais haviam as clínicas e, em seguida, proibiram tais práticas em seus recém-adquiridos prédios". ARAUJO JR., Ari Francisco de; SHIKIDA, Cláudio Djissey. Microeconomia. In: TIMM, Luciano Benetti (Coord.). *Direito e Economia no Brasil*. Indaiatuba: Editora Foco, 2019, p. 65-66.

73. BRENNAN, Jason; JAWORSKI, Peter M. *Markets without limits:* moral virtues and commercial interests. New York: Routledge, 2016, p. 10, tradução nossa.

74. BRENNAN, Jason; JAWORSKI, Peter M. *Markets without limits:* moral virtues and commercial interests. New York: Routledge, 2016, p. 10.

75. BRENNAN, Jason; JAWORSKI, Peter M. *Markets without limits:* moral virtues and commercial interests. New York: Routledge, 2016, p. 8, tradução nossa.

aderem aos dois primeiros, rechaçando a ideia de que existem limites inerentes aos mercados.[76]

Os referidos autores partem da premissa de que não existem limites intrínsecos ao mercado, mas apenas limites incidentais. O mercado, por si só, não tornaria algo moralmente errado, embora admitam que, em algumas situações, a comercialização pode agravar a avaliação moral sobre algo. Assim, argumentam que o debate acerca da comodificação não deveria ser pautado em torno das coisas que devem ou não ser inseridas no mercado – debate sobre o escopo do mercado –, mas em torno de como as coisas devem ser inseridas no mercado – debate sobre a conformação do mercado.[77] Trata-se, como é possível observar, de uma radical e ampla defesa da visão econômica da vida.

3.2   A hipótese da não comodificação universal

O modelo teórico da não comodificação universal propugna que o fenômeno da comodificação, caracterizado pela hegemonia da maximização dos benefícios econômicos, reprime de maneira determinante o potencial individual e social das pessoas, desumaniza as relações interpessoais e impede o livre desenvolvimento humano.[78] Essa visão de mundo é oriunda da tradição marxista, a qual defende, em última instância, a superação do paradigma de produção capitalista e o fim da propriedade privada. Isso implica, por consequência, a negação do processo de comodificação como método central para operacionalizar o livre mercado.

Aspectos centrais dessa corrente já foram apresentados anteriormente no tópico em que se realizou um aclaramento semântico acerca do termo "comodificação" e outros termos correlatos. Como o uso crítico e normativo desse termo está associado aos estudos marxistas sobre o processo de formação de mercadorias em sociedades capitalistas, com destaque para a comodificação do trabalho, esse aprofundamento se mostrou indispensável naquele momento, para onde se remete o leitor. De toda forma, alguns aspectos serão retomados, ao passo que outras perspectivas serão apresentadas para melhor compreensão dessa corrente teórica que rechaça a comodificação em sua plenitude.

Em que se fundamenta essa objeção intransigente à comodificação? Como argumentado alhures, a comodificação implicaria o esquecimento da vinculação entre pessoa e mercadoria, de tal maneira que as relações pessoais passariam a ser compreendidas como relações abstratas e objetificadas. No fetichismo da mercadoria, tal como proposto por Karl Marx, o trabalhador é completamente alijado da mercadoria que produz. É nesse sentido que se afirma que a construção conceitual da "força de trabalho" é utilizada como arquétipo teórico para reforçar a natureza comodificada do trabalhador, evitando-se a

---

76. BRENNAN, Jason; JAWORSKI, Peter M. *Markets without limits:* moral virtues and commercial interests. New York: Routledge, 2016, p. 11-16.
77. BRENNAN, Jason; JAWORSKI, Peter M. *Markets without limits:* moral virtues and commercial interests. New York: Routledge, 2016, p. 7.
78. RADIN, Margaret. *Contested Commodities.* Cambridge: Harvard University Press, 2001, p. 79.

CAPÍTULO III • A COMODIFICAÇÃO DE GAMETAS HUMANOS

conclusão lógica de que, para produzir mercadorias, o trabalhador deve, antes de mais nada, tornar-se uma mercadoria.[79] Nesse sentido, Georg Lukács sintetiza o principal problema decorrente da comodificação:

> A essência da estrutura da mercadoria já foi ressaltada várias vezes. Ela se baseia no fato de uma relação entre pessoas tomar o caráter de uma coisa e, dessa maneira, o de uma "objetividade fantasmagórica" que, em sua legalidade própria, rigorosa, aparentemente racional e inteiramente fechada, oculta todo traço de sua essência fundamental: a relação entre homens.[80]

Esse processo gradual de transformação das pessoas em mercadorias demonstraria outro aspecto central e preocupante da sociedade capitalista: a constante expansão do seu escopo e a dominação da sua racionalidade instrumental. A expansão do escopo pode ser interpretada tanto em um sentido geográfico, como se observa com a globalização do modo de produção capitalista, mas também em um sentido mais substancial, na medida em que o mercado passa a atuar sobre esferas que antes eram alheias à sua racionalidade. Observando esse fenômeno de expansão irrefreável do mercado, Marx prevê que a consequência derradeira do capitalismo seria a transformação da própria pessoa em mercadoria – previsão que, em maior ou menor medida, concretizou-se na sociedade de consumo.[81]

Não obstante, por trás da crítica do fetichismo da mercadoria e da expansão de mercado, subjaz uma proposição que sustenta a objeção a esses fenômenos. Afinal, o que haveria de errado em se desvincular pessoa e mercadoria, ou em se expandir a lógica capitalista para outros objetos de análise? O que ampara essa visão crítica ao mercado é a compreensão de que a comodificação traz consigo a degradação ou corrupção dos demais valores da comunidade, restringindo toda e qualquer análise a um cálculo puro de custo-benefício e à maximização de interesses e utilidades egoísticas. Essa ideia foi apresentada por Margaret Radin sob a alcunha de "teoria do dominó", a qual será analisada adiante.[82]

A teoria do dominó entende que a comodificação é um processo contagioso e monolítico, resultando na dominação da racionalidade de mercado e, consequentemente, na comodificação universal. Essa consequência é compreendida como algo extremamente prejudicial em termos dos valores compartilhados em uma comunidade e também em relação à possibilidade de livre desenvolvimento das pessoas, as quais deveriam ser compreendidas como seres plurais, dialógicos e criativos. Trata-se, portanto, da aplicação do conceito ético de "ladeira escorregadia", o qual indica uma possibilidade da ocorrência de consequências indesejadas e não previstas a partir da escolha de determinado curso de ação. Nesse sentido, o processo da comodificação, ainda que restrito a determinado

---

79. RADIN, Margaret. *Contested Commodities*. Cambridge: Harvard University Press, 2001, p. 80-82.
80. LUKÁCS, Georg. *História e consciência de classe*: estudos sobre a dialética marxista. Tradução de Rodnei Nascimento. São Paulo: Martins Fontes, 2003, p. 194.
81. MARX, Karl; ENGELS, Friedrich. *Manifesto comunista*. Tradução de Álvaro Pina e Ivana Jinkings. São Paulo: Boitempo, 2010, p. 46.
82. RADIN, Margaret. *Contested Commodities*. Cambridge: Harvard University Press, 2001, p. 95-96.

aspecto da vida humana e das relações interpessoais, resultaria em um risco de expansão e dominação de todas as esferas da vida, sem possibilidade de controle ou limitações. Desse modo, sendo inviável a coexistência de visões de mundo comodificadas e não comodificadas, uma vez que seriam antípodas conceituais, a solução apontada pelos teóricos da tradição marxista seria a abolição da sociedade fundada na comodificação de tudo e de todos, em prol de uma sociedade mais igualitária, axiologicamente pluralista e que se fundamente em uma forma de produção e controle de riquezas mais justas.[83]

Identificado como um socialista libertário, Noam Chomsky ilustra essa perspectiva a partir de uma crítica contemporânea ao neoliberalismo e à ordem global vigente, que pode ser entendida como uma versão aguda do capitalismo estudado por Marx. Já no título do seu livro, Chomsky deixa evidente o dilema caracterizador das sociedades neoliberais: o lucro ou as pessoas?[84] É justamente esse tipo de escolha excludente, entre pessoa ou lucro, entre altruísmo ou interesses egoísticos, entre maximização do interesse individual ou interesses coletivos, que resulta na defesa da tese da não comodificação universal. Se não há como compartilhar interesses comodificados e não comodificados, a escolha seria em direção à interesses existenciais e plurais.

Para além dos desdobramentos consequencialistas apontados por Chomsky em seus ensaios, a exemplo da erosão da democracia participativa, do crescimento das desigualdades sociais e da degradação do meio ambiente, haveria outros problemas causados pelo processo crescente de comodificação. As consequências acima mencionadas decorrem, sobretudo, da criação ou expansão de mercados e da racionalidade econômica, sendo relacionados à comodificação em sentido literal. Não obstante, a retórica de mercado também possuiria consequências devastadoras, representando fortes argumentos para a hipótese da não comodificação universal. Essa crítica decorre da pressuposição de que não há uma separação absoluta entre discurso e ação, de tal modo que a comodificação no discurso seria indissociável da comodificação na prática. Assim, a maneira com que se descreve o mundo afetaria diretamente a maneira com que as pessoas se relacionam. Em última análise, entende-se que o desacordo sobre fatos corresponde também a um desacordo sobre valores – e vice-versa.[85]

Nesse sentido, conforme argumentado por Georg Lukács, não haveria uma dissociação entre pensamento e realidade, uma vez que a possibilidade de compreensão dos fenômenos dependeria das categorias que são usadas para organizar o mundo: "para Lukács e seus muitos descendentes intelectuais, a comodificação no discurso e na prática são inseparáveis e onipresentes. Eles subscrevem não apenas a economia do capitalismo industrial, mas também a filosofia do individualismo atomístico e a cultura do consumismo".[86]

---

83. RADIN, Margaret. *Contested Commodities*. Cambridge: Harvard University Press, 2001, p. 95-99.
84. CHOMSKY, Noam. *O lucro os as pessoas?* Neoliberalismo e ordem global. Tradução de Pedro Jorgensen Jr. Rio de Janeiro: Bertrand Brasil, 2018.
85. RADIN, Margaret. *Contested Commodities*. Cambridge: Harvard University Press, 2001, p. 83-84.
86. RADIN, Margaret. *Contested Commodities*. Cambridge: Harvard University Press, 2001, p. 83.

Para além da conexão intrínseca entre o discurso e a semiótica do mundo, Margaret Radin apresenta outra possível justificativa para o afastamento da retórica da comodificação. A autora indica que o discurso da comodificação pode levar agentes a respostas erradas em casos sensíveis, o que denomina "risco de erro". A ideia implica o reconhecimento de que uma hermenêutica calcada exclusivamente em uma análise de custo-benefício simplifica e planifica os debates, sem se atentar para a pluralidade de valores e razões existentes. Analisar a justificativa da punição com base em critérios de utilidade ou eficiência, por exemplo, ignora outras possíveis bases morais para a justificativa da punição, como a ressocialização, bem como custos sociais mais amplos, como a possibilidade da condenação de pessoas inocentes.[87]

Embora parta de premissas bastante distintas, não sendo considerado um teórico marxista, Charles Taylor contribui para o esclarecimento dos riscos ao se adotar uma razão puramente instrumental – o que identifica como um dos mal-estares da modernidade, ao lado do individualismo e da restrição das escolhas. A primazia da razão instrumental, entendida como a racionalidade baseada em termos de eficiência e custo-benefício, implica o raciocínio mercadológico em que se busca o meio mais econômico para atingir determinado fim. A partir do desencantamento do mundo, nada mais possui uma fundamentação sagrada, tudo passa a estar disponível como instrumento para satisfazer projetos individuais. Por um lado, essa mudança foi libertadora, por outro, ameaça dominar as variadas esferas da vida em sociedade. Há um receio de que coisas que deveriam ser determinadas por outros critérios sejam decididas em termos puros de eficiência, de que os fins independentes que deveriam guiar o agir prático sejam eclipsados pela demanda para maximizar a produção. Assim, depreende-se que a expansão da razão instrumental representaria um risco de dominação da vida por um tipo de racionalidade que despreza qualquer tipo de reflexão ética mais aprofundada e pluralista, resumindo tudo a uma mera análise de custo-benefício.[88]

Dessa maneira, levando em consideração as consequências pragmáticas e simbólicas que a universalização do modelo da comodificação necessariamente engendraria, defende-se um modelo diametralmente oposto. Nesse sentido, a defesa da não comodificação universal se fundamenta em pressupostos incompatíveis com os fundamentos nevrálgicos do paradigma da comodificação universal, com sua abordagem dominante e expansionista *ad infinitum*. Assim, partindo de premissas antagônicas e excludentes, as posições dos teóricos da tradição marxista se alinham no sentido de pensar e propor um modelo de sociedade diferente, na qual o valor de mercado não seja o valor fundante e dominante, tampouco seja a propriedade privada a estrutura basilar das relações humanas e sociais. A solução, portanto, seria extirpar a sociedade capitalista calcada no livre mercado e na razão instrumental, em busca de um modelo mais justo e igualitário. Um

---

87. RADIN, Margaret. *Contested Commodities*. Cambridge: Harvard University Press, 2001, p. 85.
88. TAYLOR, Charles. *A ética da autenticidade*. Tradução de Talyta Carvalho. São Paulo: É Realizações, 2011, p. 15. Trecho adaptado de OLIVEIRA, Lucas Costa de. *Mercado regulado de órgãos e tecidos humanos*: entre o Direito, a Economia e a Ética. Porto Alegre, 2020, p. 84-86.

modelo em que a comodificação – em sentido literal e metafórico – não tenha espaço para se alastrar.

3.3 A hipótese da compartimentalização

A hipótese da compartimentalização busca representar a sociedade, as instituições e as relações sociais por meio da metáfora de esferas que emanam e são conformadas por valores e princípios de justiça distributiva próprios. A proposta, aderida especialmente por teóricos liberais-igualitários, encontra em Michael Walzer seu mais influente propositor, a partir da representação do mundo da vida por meio de "esferas da justiça". No que tange ao debate da comodificação, sua tese defende a existência de uma esfera de mercado regida pela racionalidade do livre comércio e de trocas livres entre iguais, além de outras esferas não econômicas, como a esfera da política, da família, da cidadania, dentre outras, regidas por valores e princípios peculiares. Dessa maneira, a compartimentalização se insere entre os dois extremos anteriormente apresentados, quais sejam, a comodificação e a não comodificação universais:[89]

> O mercado é uma zona da cidade, não a cidade inteira. Contudo, é um grande erro, penso eu, quando pessoas preocupadas com a tirania do mercado buscam a sua abolição total. Uma coisa é limpar o Templo de mercadores, outra é limpar as ruas. Esse último movimento requereria uma mudança radical no nosso entendimento sobre a utilidade das coisas materiais e como nos relacionamos com elas e com outras pessoas por meio delas. Mas a mudança não é realizada pela abolição de mercado; a troca de mercadorias é apenas levada ao subterrâneo; ou ocorre em lojas estatais, como em partes da Europa Oriental hoje em dia, triste e ineficientemente.[90]

Para compreender a proposição de Walzer, torna-se necessário identificar a ideia de justiça distributiva sob a qual se estrutura a sua teoria. O filósofo parte do pressuposto de que não é possível estabelecer uma teoria coerente da justiça a partir de um único critério de justiça que deva ser aplicado a diferentes contextos e bens sociais, a exemplo da teoria da justiça de John Rawls. Segundo Michael Walzer, a multiplicidade de bens sociais (v.g. cidadania, poder, honra, graça, parentesco, amor, conhecimento, riqueza, trabalho, merecimento) deve ser pareada com uma multiplicidade de procedimentos e critérios distributivos. Assim, adota como pressuposto uma teoria pluralista de justiça distributiva, de forma que os diferentes bens sociais devem seguir princípios próprios, sendo distribuídos com base em diferentes critérios.[91]

Essa teoria pluralista da justiça tem por objetivo distribuir bens sociais que também emanam significados plurais. Nesse sentido, Walzer expõe sua teoria dos bens, sintetizada em seis proposições fundamentais: (i) Todos os bens que a que a justiça distributiva está preocupada são bens sociais, de tal maneira que emanam significados compartilhados que variam de acordo com o tempo e o espaço; (ii) As pessoas assumem identidades concretas com base na maneira com que concebem, criam, possuem e empregam os bens

---

89. RADIN, Margaret. *Contested Commodities*. Cambridge: Harvard University Press, 2001, p. 46.
90. WALZER. Michael. *Spheres of justice*. New York: Basic Books, 1983, p. 109, tradução nossa.
91. WALZER. Michael. *Spheres of justice*. New York: Basic Books, 1983, p. 3-5.

sociais; (iii) Não há um conjunto primário ou básico de bens concebíveis entre todos os mundos morais e materiais; (iv) O significado dos bens determina o seu movimento, de modo que os critérios distributivos são justos ou injustos de acordo com o significado do bem em questão; (v) Os sentidos sociais são históricos e, dessa maneira, a correção da justiça varia com o passar do tempo; (vi) Quando os sentidos dos bens sociais são distintos, faz-se necessário princípios e critérios distributivos autônomos, de acordo com cada esfera da justiça.[92]

A autonomia das esferas e seus princípios de justiça distributiva representam o aspecto nevrálgico da teoria apresentada por Michael Walzer. No entanto, como reconhece o filósofo, violações são sistemáticas, de modo que as sociedades são frequentemente concebidas a partir de um bem ou de um conjunto de bens dominantes e determinantes para todas as esferas de distribuição. De mais a mais, esse conjunto de bens dominantes são também frequentemente monopolizados e sustentados pelos seus possuidores. Assim, o grande problema a ser combatido na teoria da justiça pluralista é a *dominação*, compreendida como a possibilidade de um bem social se converter em outros bens sociais, subjugando seus princípios distributivos particulares. Em uma sociedade capitalista, por exemplo, o capital pode se tornar o bem dominante e ser convertido em prestígio e poder, da mesma maneira que a tecnologia pode desempenhar esse papel em uma sociedade tecnocrática. Essa é, afinal, a crítica marxista à sociedade capitalista, no sentido de que a terra e o capital podem ser incessantemente convertidos, o que aumenta progressivamente o poder e a dominação da burguesia sobre o proletariado, sendo, portanto, injusta.[93]

Em relação ao problema da dominação, Walzer apresenta três possíveis soluções. A primeira propõe que um novo bem social, monopolizado por um novo grupo, deveria substituir o bem dominante atual. Assim, entende-se que o problema não é a dominação ou o monopólio em si, mas a existência de um padrão de dominância e monopólio injusto. Essa seria a proposta de pensadores da tradição marxista. A segunda alternativa defende que o bem dominante, qualquer que seja, deve ser redistribuído para que seja compartilhado de maneira equânime. Nesse sentido, entende-se que o problema reside no monopólio do bem social dominante – e não na dominação em si. Por fim, a terceira solução argumenta pela autonomia da distribuição dos bens sociais, de tal maneira que o problema não se encontra no monopólio de determinado bem dominante, mas na dominação em si.[94]

Por tudo que já foi exposto até aqui, depreende-se que Michael Walzer segue pela terceira hipótese, argumentando pela autonomia das esferas e contra qualquer tipo de dominação de princípios distributivos para além da sua esfera originária. Afinal, a justiça distributiva é definida por meio da interpretação dos significados de cada bem social, sendo a desconsideração desses princípios correspondente à tirania. Assim, o

---

92. WALZER. Michael. *Spheres of justice*. New York: Basic Books, 1983, p. 6-10.
93. WALZER. Michael. *Spheres of justice*. New York: Basic Books, 1983, p. 10-11.
94. WALZER. Michael. *Spheres of justice*. New York: Basic Books, 1983, p. 12-13.

monopólio de determinado bem social não é, por si só, um problema: "o monopólio não é inapropriado dentro das esferas. Não há nada errado, por exemplo, com o controle que homens e mulheres persuasivos (políticos) estabelecem no poder político. Mas o uso desse poder político para ganhar acesso a outros bens é um uso tirânico".[95] Com a finalidade de combater essa tirania, Walzer desenvolve a ideia de igualdade complexa, uma vez que corresponde a uma relação complexa entre pessoas, mediada por bens sociais diversos e que, por essa razão, demanda critérios distributivos que espelhem essa variedade de bens e valores sociais. Em síntese, o regime de igualdade complexa é o oposto da tirania, uma vez que defende que a posição de um indivíduo em uma esfera ou em relação a um bem social não pode determinar sua posição em outra esfera ou em relação a outro bem social.[96]

A teoria da justiça pluralista de Michael Walzer se posiciona contra um critério único de justiça distributiva, uma vez que seria impossível que um critério estabelecido de maneira absoluta se adequasse à diversidade de bens sociais. Não obstante, o filósofo apresenta três critérios abertos que podem guiar a distribuição dos bens sociais, atentando-se para as suas particularidades. O primeiro critério é o da troca livre. Trocas livres, ou seja, aquelas que envolvem a barganha entre pessoas iguais, informadas e sem vícios do consentimento, consistiriam em um bom parâmetro de justiça distributiva pois evitariam um único resultado possível na distribuição dos bens sociais. Sendo considerada como um mecanismo neutro de composição de interesses, as trocas praticadas em um ambiente de mercado são pluralistas nos valores e resultados, sendo, portanto, compatíveis com a pluralidade de valores que as pessoas atribuem aos variados bens sociais. Contudo, como adverte Walzer, a suposta neutralidade das trocas livres realizadas no mercado podem se tornar, na realidade, bens dominantes e monopolizados por pessoas com talentos especiais para a barganha e também em razão de características pessoais e sociais que impedem uma verdadeira igualdade entre as partes. Assim, haveria a necessidade de se estabelecer limites acerca do que pode ser comercializado e como essas trocas deveriam acontecer – o que será analisado com maior profundidade adiante.[97]

Os outros dois princípios são o merecimento e a necessidade. Embora seja difícil estabelecer um conceito de merecimento, Walzer o considera um critério razoável para ser utilizado em sua teoria da justiça, uma vez que o merecimento é um conceito aberto, pluralista e deve, necessariamente, adequar-se às especificidades de cada bem social em que seja utilizado. Sem identificar, analisar e valorar cada bem social específico, torna-se impossível afirmar que uma pessoa merece algo. Por essa razão, o merecimento seria um critério distributivo adequado, devendo ser avaliado casuisticamente. Por outro lado, a necessidade seria um importante critério distributivo pois atribuiria os bens sociais àqueles que mais os necessitam, criando uma esfera de justiça particular. Embora uma sociedade com maior grau de vulnerabilidade implique a necessidade de uma grande

---

95. WALZER. Michael. *Spheres of justice*. New York: Basic Books, 1983, p. 19.
96. WALZER. Michael. *Spheres of justice*. New York: Basic Books, 1983, p. 18-20.
97. WALZER. Michael. *Spheres of justice*. New York: Basic Books, 1983, p. 21-23.

proporção de bens distribuídos de acordo com a necessidade social e econômica, Walzer defende que, mesmo nesses modelos vulneráveis de sociedade, há espaço para a coexistência de outros critérios distributivos.[98]

Feita essa breve introdução da teoria da justiça desenvolvida por Michael Walzer, torna-se possível analisar a sua proposta acerca da esfera do mercado, a qual se vincula diretamente com o debate proposto neste capítulo. As duas questões que Walzer se propõe a responder são: (i) o que o dinheiro pode comprar e (ii) como o dinheiro deve ser distribuído. De início, afasta posições maniqueístas que veem no dinheiro e no mercado a raiz de todo mal, ou a fonte de todo o bem. Como já argumentado, o livre mercado pode ser utilizado como um critério razoável para a distribuição de bens sociais, uma vez que consegue conectar interesses sobre coisas incompatíveis, sendo um meio universal de troca. Contudo, deve-se buscar a determinação da esfera de mercado para que o dinheiro e o livre mercado não se tornem bens dominantes e colonizem as demais esferas e bens sociais. Como argumenta Walzer, a princípio tudo pode ser convertido em preço, até mesmo a vida, como se faz corriqueiramente nos casos de contratação de seguros ou de pagamento de indenizações por violações a direitos da personalidade. Todavia, essa possibilidade de tradução em termos monetários não significaria que o dinheiro consegue representar de maneira coerente os valores de todos os bens sociais. Desse modo, a primeira tarefa do autor consiste em determinar o que o dinheiro não pode – ou, em melhor terminologia, não deve – comprar.[99]

Com a finalidade de determinar o que não deve ser comprado, Michael Walzer apresenta uma lista exaustiva de quatorze categorias que devem ficar de fora da esfera de mercado, enquadrando-se como trocas bloqueadas. Não há grandes explicações sobre as razões que levaram o filósofo a escolher tais categorias, afirmando somente que os motivos mais aprofundados podem ser encontrados em outros capítulos de seu livro, quando se debruça sobre outras esferas da justiça. A lista, de maneira sintetizada, pode ser descrita da seguinte maneira: (i) Seres humanos; (ii) Poder político e influência; (iii) Justiça criminal; (iv) Liberdade de expressão, imprensa, religião e reunião; (v) Casamento e direitos procriativos; (vi) O direito de sair da comunidade política; (vii) Imunidades para o serviço militar, do dever de júri e outros deveres comunitários; (viii) Cargos políticos; (ix) Serviços sociais básicos, como proteção policial e escola primária e secundária; (x) Trocas desesperadas; (xi) Prêmios e honrarias; (xii) Graça divina; (xiii) Amor e amizade; (xiv) Crimes, tais como homicídio e a extorsão.[100]

Na visão de Walzer, o problema com o critério de distribuição baseado no livre mercado é que o poder econômico possui uma tendência de se converter em outros bens sociais, dominando os demais critérios distributivos e os valores inerentes a cada esfera. Assim, quando o dinheiro se torna sinônimo de pertencimento, cidadania, posições sociais, identidade ou oportunidades, há um imperialismo de mercado no qual

---

98. WALZER. Michael. *Spheres of justice*. New York: Basic Books, 1983, p. 23-26.
99. WALZER. Michael. *Spheres of justice*. New York: Basic Books, 1983, p. 95-97.
100. WALZER. Michael. *Spheres of justice*. New York: Basic Books, 1983, p. 100-103.

há a dominação da sua racionalidade. Contudo, diferente das propostas anteriormente apresentadas, Walzer defende que é possível delimitar a esfera de mercado de tal modo que o critério distributivo das trocas livres fique restrito somente a essa esfera, sem que haja a contaminação ou dominação das outras esferas. É por essa razão que a sua hipótese se refere a uma compartimentalização, uma vez que entende que é possível compartimentalizar as diversas esferas com seus respectivos princípios e critérios distributivos. A solução apresentada para os casos em que o dinheiro se torna essencial para o exercício de outros bens sociais seria o fortalecimento dos critérios distributivos autônomos das outras esferas – e não a eliminação do mercado. Assim, a partir da implementação de uma lista de trocas bloqueadas, somada à fortificação dos critérios distributivos autônomos, seria possível conter o mercado em sua própria esfera da justiça.[101]

Pegue-se o caso da venda de gametas para ilustrar uma provável aplicação da teoria da justiça de Walzer. De início, observa-se que a venda de gametas pode se enquadrar em duas categorias de trocas bloqueadas – não sem alguma distorção. Poder-se-ia argumentar que a venda de gametas representa, em alguma medida, a venda de seres humanos. Poder-se-ia também argumentar que a venda de gametas representa uma maneira de mercantilizar os direitos procriativos. Nesses dois casos, a venda estaria banida da esfera de mercado *a priori*. Suponha-se, contudo, que a comercialização de gametas humanos consiga passar pela barreira das trocas bloqueadas. Haveria, ainda assim, motivos para banir tal prática? Nesse caso, o grande debate seria em torno da propensão do poder de mercado em se converter em um poder de planejamento familiar restrito àqueles que possuem riqueza o suficiente para comprar ou importar gametas, deixando de fora grande parcela da comunidade que não tem acesso a esses recursos. Assim, poder-se-ia argumentar que a distribuição de gametas deveria ser feita por um critério de necessidade – e não de livre mercado.

Como mencionado anteriormente, a hipótese da compartimentalização se tornou bastante acolhida entre filósofos de matriz liberal-igualitária, muito em razão da difusão e aceitação da proposta apresentada por Michael Walzer. Um estudo que se tornou referência necessária nos debates sobre comodificação refere-se à pesquisa de Elizabeth Anderson acerca do conceito de valor na ética e na economia. A filósofa assume diversos pressupostos apresentados por Walzer, como a concepção de justiça pluralista e fragmentada em esferas de distribuição. Sua tese se opõe, sobretudo, às propostas axiológicas monistas, as quais assumem um único valor como critério para estabelecer parâmetros valorativos e avaliar bens e interações sociais – tal como apresentado pelos teóricos da escola econômica de Chicago. As proposições monistas seriam reducionistas e não conseguiriam traduzir com fidelidade a pluralidade e a complexidade das relações sociais, produzindo uma visão empobrecida sobre a pessoalidade e os vínculos comunitários:[102]

> Meus interesses nos limites do mercado me levaram a formular uma nova teoria do valor e da racionalidade, a qual evita os defeitos das teorias dominantes. Minha teoria enfatiza a riqueza e a diversidade

---

101. WALZER. Michael. *Spheres of justice*. New York: Basic Books, 1983, p. 103-110.
102. ANDERSON, Elizabeth. *Value in ethics and economics*. Boston: Harvard University Press, 1993, passim.

CAPÍTULO III • A COMODIFICAÇÃO DE GAMETAS HUMANOS

das nossas preocupações, encontrando um lugar para a gama completa das respostas sobre o que valoramos. Nós não respondemos ao que valoramos somente com desejo ou prazer, mas com amor, admiração, honra, respeito, afeto e, também, reverência. Isso nos permite ver como os bens podem ser plurais, como eles podem diferir em tipos e qualidades: eles diferem não apenas em *quanto* nós deveríamos valorá-los, mas em *como* nós deveríamos valorá-los.[103]

A teoria do valor de Elizabeth Anderson pode ser definida como pluralista, ideal e social da atitude racional. A pluralidade decorre da percepção de que as experiências avaliativas pessoais são diversas e variam de acordo com o bem social, as interações, as vivências prévias e a situação fática. Dessa maneira, a divisão do mundo em esferas valorativas seria a maneira mais coerente para apreender as visões plurais que as pessoas possuem sobre os diversos bens e interações sociais.[104] Anderson rechaça, inclusive, teorias valorativas não monistas, mas que reduzem ao extremo os padrões de avaliação – tal como ocorre com a teoria kantiana que divide o mundo em valores instrumentais e categóricos.[105] A filósofa apresenta quatro modalidades de pluralidade a que sua tese se refere: a primeira seria a pluralidade de atitudes avaliativas; a segunda seria a pluralidade de padrões de valores; a terceira seria a pluralidade de diferentes tipos de bens sociais; e, por fim, a quarta seria referente à pluralidade de ideais contestáveis.[106]

O fato da sua teoria ser ideal não significa que seja metafísica, não contingente ou contra a historicidade dos valores – embora, em diversos momentos, argumente no sentido de uma teleologia essencialista. Ser uma teoria do valor ideal, segundo Anderson, significa que as pessoas e a comunidade em que estão inseridas são conformadas pelos ideais que defendem. Nesse sentido, somente a partir desses ideais é que se tornaria possível estabelecer padrões normativos e avaliar os bens e interações sociais.[107] Além dos ideais, as relações sociais também representam uma condição necessária para a sua teoria do valor, uma vez que a valoração somente faz sentido em um contexto em que há um horizonte de sentidos e valores compartilhados – mesmo que seja possível romper, em determinadas circunstâncias, com esse horizonte valorativo, estabelecendo uma percepção axiológica própria e autêntica.[108]

Ainda, sua teoria pode ser considerada atitudinal, uma vez que somente por meio da avaliação do comportamento diante de certo bem social é que se torna possível determinar o seu valor. Assim, mais que o sentimento ou julgamento sobre a valoração de determinada coisa, o que importa é a maneira com que a pessoa age diante dessa coisa. Se alguém considera que algo tem um valor intrínseco, mas o trata de maneira instrumental, pode-se concluir que essa coisa possui um valor instrumental. Por fim, a racionalidade corresponde à necessidade de sustentar essas atitudes valorativas em um contexto social, de modo que faça sentido para outras pessoas, buscando sempre

---

103. ANDERSON, Elizabeth. *Value in ethics and economics*. Boston: Harvard University Press, 1993, p. xii-xiii, tradução nossa, destaque no original.
104. ANDERSON, Elizabeth. *Value in ethics and economics*. Boston: Harvard University Press, 1993, p. 1-5.
105. ANDERSON, Elizabeth. *Value in ethics and economics*. Boston: Harvard University Press, 1993, p. 9-10.
106. ANDERSON, Elizabeth. *Value in ethics and economics*. Boston: Harvard University Press, 1993, p. 14-15.
107. ANDERSON, Elizabeth. *Value in ethics and economics*. Boston: Harvard University Press, 1993, p. 14-15.
108. ANDERSON, Elizabeth. *Value in ethics and economics*. Boston: Harvard University Press, 1993, p. 12.

alcançar um ponto de consenso a partir da argumentação racional e atitudinal sobre os valores compartilhados.[109]

Em relação aos limites do mercado e da comodificação, Anderson argumenta que diferentes bens devem ser valorados de maneiras distintas, exigindo limites claros para a esfera do mercado. A sua tese propõe que os limites do mercado devem ser estabelecidos com base nas condições sociais para o exercício pleno da liberdade e da autonomia. Sempre que a comodificação de um bem social implicar a eliminação ou a restrição da liberdade ou da autonomia, haveria razões para eliminar ou restringir a esfera do mercado. Pode-se dizer que uma pessoa é livre quando ela "possui um amplo leque de opções significativas por meio das quais ela pode expressar suas diversas valorações".[110] Por outro lado, pode-se dizer que uma pessoa é autônoma "se ela confiantemente se autogoverna com base nos princípios e valorações que endossa reflexivamente".[111]

Elizabeth Anderson possui uma visão bastante pessimista do mercado. Segundo a autora, o modo de valorar as coisas na esfera do mercado é por meio do uso. O uso seria correspondente a um modo de valoração mais baixo, impessoal e instrumental, que desconsidera os valores intrínsecos que as coisas possuem. As normas estruturantes da esfera de mercado seriam caracterizadas por cinco características essenciais: impessoalidade, egoísmo, exclusividade, voluntariedade e orientação para a saída. A instrumentalidade e o egoísmo se complementam. Essas características indicam que as relações de mercado são realizadas entre estranhos que buscam somente a satisfação dos seus interesses pessoais, utilizando-se mutuamente como instrumentos egoísticos para tal propósito. A exclusividade indica que as mercadorias necessitam ser atribuídas de maneira específica a alguém, com a exclusão de terceiros, pois somente assim se torna possível a atribuição de propriedade e preço para circulação no mercado. Assim, a mercadoria somente faz sentido quando o benefício atribuído a ela pode ser acessado por uma pessoa exclusiva: o comprador. A característica da voluntariedade implica que o mercado é ordenado pelo critério do desejo e da vontade, não havendo distinção entre necessidades urgentes e supérfluas. Assim, o único critério relevante seria a demanda. Por fim, a orientação à saída indica que o mercado possui uma tendência à separação. Ao contrário das relações de doações altruístas, as quais representam a criação de um vínculo, a circulação de mercadorias em um contexto econômico afastaria as pessoas, incentivando valores desagregativos.[112]

Assim, se um bem pode ser tratado com base nas características elencadas, sem que isso ocasione uma ruptura ou erosão na liberdade ou na autonomia das pessoas, pode-se concluir que a esfera do mercado é adequada para valorar tais bens. Caso contrário, se esse tipo de atitude perante determinado bem não traduz de maneira

---

109. ANDERSON, Elizabeth. *Value in ethics and economics*. Boston: Harvard University Press, 1993, p. 3.
110. ANDERSON, Elizabeth. *Value in ethics and economics*. Boston: Harvard University Press, 1993, p. 141, tradução nossa.
111. ANDERSON, Elizabeth. *Value in ethics and economics*. Boston: Harvard University Press, 1993, p. 142, tradução nossa.
112. ANDERSON, Elizabeth. *Value in ethics and economics*. Boston: Harvard University Press, 1993, p. 145-147.

adequada os padrões valorativos estabelecidos, uma vez que reduzem a liberdade e a autonomia dos envolvidos, a solução seria a sua atribuição a uma esfera distinta, regida por outros valores. Um breve exemplo pode ser fornecido para ilustrar a posição de Elizabeth Anderson. Segundo a autora, a prostituição feminina deveria ser proibida porque a comodificação de serviços sexuais destruiria a reciprocidade, a intimidade e o comprometimento devidos em uma relação sexual, tratando a mulher como mero objeto para a satisfação de desejos de terceiros. Nesse sentido, ainda que a tradição liberal argumente em prol da liberdade e autonomia da mulher em se prostituir, em uma análise mais ampla e holística, a permissão dessa prática implicaria a subjugação da mulher ao poder e controle dos homens, o que ocasionaria, em última instância, uma diminuição de liberdade e autonomia.[113]

Um exemplo mais contemporâneo e bastante difundido dessa linhagem de pensamento compartimentalizado se encontra nas pesquisas apresentadas por Michael Sandel em obras como "Justiça" e, especialmente, "O que o dinheiro não compra".[114] A sua análise segue uma perspectiva casuística, embora não assuma explicitamente a metáfora das esferas da justiça. Apesar disso, sua hipótese assume que há coisas que não devem ser compradas e vendidas, ficando alheias ao mercado e à sua racionalidade instrumental. Assim, pressupõe-se que o filósofo de Harvard também defende uma visão de mundo em que esferas distintas são regidas por princípios, valores e critérios de justiça distributiva particulares – especialmente no que diz respeito à esfera do mercado.

Por meio da análise de diversas situações dominadas pela mercantilização, Sandel busca encontrar um limite para a penetração do mercado na esfera existencial da vida humana. Para exemplificar, aponta algumas coisas que podem ser compradas atualmente: *upgrade* na cela carcerária; barriga de aluguel indiana; direito de ser imigrante nos Estados Unidos; óvulos e espermas "de grife". Caso não haja dinheiro, também indica coisas que podem ser vendidas: espaço no corpo para publicidade comercial; serviço de cobaia humana em testes de laboratórios farmacêuticos; esterilização ou controle permanente de natalidade em casos de mães viciadas em drogas.[115]

Após analisar uma série de casos polêmicos e curiosos, Michael Sandel apresenta os dois argumentos que devem ser levados em consideração no debate a respeito do que o dinheiro deve ou não comprar: o argumento da equanimidade e o argumento da corrupção. O argumento da equanimidade diz respeito às situações de desigualdade que as escolhas de mercado podem engendrar, ao passo que a objeção da corrupção aponta para as atitudes e normas que podem ser prejudicadas, alteradas e dissolvidas pela lógica de mercado. Pegue-se como exemplo o debate moral acerca da compra e venda de órgãos:

---

113. ANDERSON, Elizabeth. *Value in ethics and economics*. Boston: Harvard University Press, 1993, p. 154-156.
114. Cf. SANDEL, Michael. *Justiça*: o que é fazer a coisa certa? Tradução de Heloísa Matias e Maria Alice Máximo. 4. ed. Rio de Janeiro: Civilização Brasileira, 2011; SANDEL, Michael. *O que o dinheiro não compra*: os limites morais do mercado. Tradução de Clóvis Marques. Rio de janeiro: Civilização Brasileira, 2014.
115. As reflexões realizadas sobre o pensamento de Michael Sandel também podem ser encontradas, com pequenas alterações, em OLIVEIRA, Lucas Costa de. Mercado regulado de órgãos e tecidos humanos: entre o Direito, a Economia e a Ética. Porto Alegre: Editora Fi, 202, p. 93-98.

É verdade que o dinheiro pode comprar um rim sem comprometer seu valor. Mas será que os rins devem ser comprados e vendidos? Os que acham que não costumam levantar dois argumentos: afirmam que esses mercados exploram os pobres, cuja decisão de vender o rim pode não ser realmente voluntária (o argumento da equanimidade). Ou então sustentam que esses mercados promovem uma visão degradante e coisificante da pessoa humana, como se fosse uma coleção de partes avulsas (o argumento da corrupção).[116]

O argumento da equanimidade possui algumas dimensões. Uma delas é pautada na exploração que a prevalência do mercado em esferas existenciais poderia trazer: "numa sociedade em que tudo está à venda, a vida fica mais difícil para os que dispõem de recursos modestos. Quanto mais o dinheiro pode comprar, mais importante é a afluência".[117] Esse argumento caminha na mesma direção do argumento da tirania apresentado por Walzer. A grande questão seria que a desigualdade é acentuada quando o dinheiro passa a comprar coisas que antes não comprava: influência política, acesso às melhores escolas, bom atendimento médico e, até mesmo, obtenção de órgãos, tecidos humanos e células reprodutivas. Uma outra dimensão do argumento da equanimidade diz respeito à impossibilidade de manifestação da vontade livre nessas situações. Argumenta-se que os mais vulneráveis não poderiam consentir de maneira voluntária e válida pelo fato de não possuírem outras alternativas, além de estarem submetidos a uma forte pressão social e econômica.[118]

Por outro lado, o argumento da corrupção indica um defeito intrínseco, apontando para uma razão categórica. Comprar e vender coisas de caráter existencial seria degradante e errado por si só. A corrupção pode se manifestar de duas maneiras: a primeira ocorre pela objetificação da pessoa, pela sua instrumentalização, pelo uso como mero instrumento de lucro e uso; a segunda ocorre pela degradação de outras normas ou valores pelo mercado. Alega-se que o mercado, ao invadir uma esfera que antes era alheia aos seus preceitos, elimina e corrompe os valores que antes eram exercidos, transformando tudo em uma mera análise de custo-benefício. Michel Sandel resume os aspectos centrais do seu argumento na seguinte passagem:

> As objeções da equanimidade e da corrupção diferem em suas implicações no que diz respeito ao mercado: o *argumento da equanimidade* não levanta objeção à mercantilização de certos bens sob a alegação de que são preciosos, sagrados ou que não têm preço; insurge-se contra a compra e venda de bens num contexto de desigualdade suficientemente grave para gerar condições injustas de barganha. Não sustenta uma objeção à mercantilização de bens (seja o sexo, os rins ou admissão em universidades) numa sociedade em que prevaleçam condições de justiça. O *argumento da corrupção*, em contraste, centra-se no caráter dos bens propriamente ditos e das normas que devem governá-los. Não pode, assim, ser atendido simplesmente pelo estabelecimento de condições justas de barganha. Mesmo numa sociedade sem diferenças injustas de poder e riqueza, continuaria havendo coisas que

---

116. SANDEL, Michael. *O que o dinheiro não compra*: os limites morais do mercado. Tradução de Clóvis Marques. Rio de Janeiro: Civilização Brasileira, 2014, p. 110.

117. SANDEL, Michael. *O que o dinheiro não compra*: os limites morais do mercado. Tradução de Clóvis Marques. Rio de Janeiro: Civilização Brasileira, 2014, p. 14.

118. SANDEL, Michael. *O que o dinheiro não compra*: os limites morais do mercado. Tradução de Clóvis Marques. Rio de Janeiro: Civilização Brasileira, 2014, p. 14.

o dinheiro não deve comprar. Isso porque os mercados não são simples mecanismos; eles também encarnam certos valores. E às vezes os valores de mercado podem jogar para escanteio normas alheias a ele que merecem ser preservadas.[119]

Percebe-se, portanto, que a proposta de Michael Sandel se conecta, em muitos aspectos, com a proposta de Michael Walzer. A principal diferença se refere aos argumentos analíticos que Sandel utiliza para definir os bens sociais que devem ou não estar contidos na esfera do mercado, ao passo que Walzer adota uma postura mais generalista e abstrata, não deixando evidente os critérios que utiliza para definir as trocas bloqueadas. De toda forma, ambos entendem que é possível delimitar e restringir a esfera do mercado sem que isso signifique a sua eliminação, servindo como exemplos robustos para ilustrar a hipótese da compartimentalização.

3.4   A hipótese da comodificação incompleta

Margaret Jane Radin rechaça todas as hipóteses anteriormente apresentadas. Em relação à hipótese da comodificação universal, entende que a compreensão do mundo por meio de um único valor comensurável é insuficiente para capturar a pluralidade de razões, valores e princípios distributivos que regem a vida humana em sociedade. A compreensão de tudo por meio da retórica de mercado, ou a atribuição de tudo ao domínio de mercado, seria uma hipótese extremamente reducionista e incompleta para descrever as relações sociais e a pessoalidade: "neste livro eu nego que todos os valores são comensuráveis nesse sentido. Essa negação é central para minhas críticas à comodificação universal: ela não consegue capturar – e pode depreciar – a maneira que as pessoas valoram coisas importantes para a pessoalidade".[120] Dessa forma, Radin defende uma teoria axiológica pluralista, reconhecendo que existem bens incomensuráveis que devem permanecer inalienáveis. De mais a mais, a defesa de mercados literais ou metafóricos não teria diferença substancial para a autora, uma vez que parte do pressuposto de que a linguagem é também uma forma de ação. Assim, a descrição do mundo por uma retórica pura de mercado desconsidera as pessoas como agentes que articulam valores conflitantes, tornando-as indignas do status de pessoas.

Por outro lado, em relação à hipótese da não comodificação universal, Margaret Radin reconhece acertos nas críticas marxistas direcionadas à visão universalista do mercado. Contudo, da mesma maneira que a comodificação universal é compreendida como um modelo unidimensional e reducionista, a visão absolutamente contrária a qualquer tipo de comodificação também pode ser enquadrada nesses termos. Radin concorda que, em algumas situações e em relação a alguns bens sociais, a racionalidade econômica pode não conseguir expressar devidamente os valores em jogo. Não obstante, posiciona-se de forma contrária à extinção do mercado por completo. Em relação ao questionamento acerca das razões para se proibir a comercialização de certos bens,

---

119.   SANDEL, Michael. *O que o dinheiro não compra:* os limites morais do mercado. Tradução de Clóvis Marques. Rio de janeiro: Civilização Brasileira, 2014, p. 112, destaque nosso.

120.   RADIN, Margaret. *Contested Commodities.* Cambridge: Harvard University Press, 2001, p. 9, tradução nossa.

Radin apresenta três hipóteses. A primeira argumenta que a proibição da comercialização de certos bens que são criticamente importantes para a vida humana, como a saúde pública e a educação pública, indica uma proteção contra contingências de riqueza e classe social, além de representar um comprometimento com a "santidade da vida". A segunda aponta que a concepção do mundo em torno da retórica de mercado cria e incentiva uma visão inferior e degradante do florescimento humano. Por fim, a terceira hipótese defende que a comodificação é algo ruim por si só, de tal maneira que bens comodificados não emanam os mesmos valores em comparação com os mesmos bens alheios à racionalidade econômica:[121]

> O argumento da proibição – que a comodificação das coisas é um mal em si mesmo, ou porque essas coisas não são as "mesmas" coisas que estariam disponíveis para as pessoas em relações fora do mercado – levam à não comodificação universal perseguida por muitos humanistas marxistas utópicos. Se a comodificação é um mal em si mesmo, é um mal para tudo. Uma vez que entendemos o ponto sobre construção social, todo bem social é provavelmente "diferente" se não for incrustrado na sociedade de mercado.[122]

A jurista de Stanford critica a terceira opção, pois aceita que certas coisas continuam tendo o mesmo valor – ou, ao menos, uma pluralidade de valores conflitantes –, mesmo quando inseridas no mercado, ao passo que outras coisas se tornam diferentes ou corrompidas. Assim, a proibição da versão comodificada de certos bens sociais não deve ser absoluta, sendo aplicada somente a determinados tipos de relações e bens sociais. Portanto, Radin se posiciona em sentido contrário à já mencionada teoria do dominó, uma vez que não acredita que a comodificação sempre se expande ao infinito, corrompendo e dominando todas os aspectos da vida humana. Nesse sentido, entende que é possível que versões comodificadas e não comodificadas de certas relações ou bem sociais coexistam sem a necessidade de eliminação ou dominação de uma pela outra. Em síntese, Margaret Radin rechaça a tese da não comodificação universal pois não concorda com o argumento de que o mercado, a propriedade privada e as relações econômicas correspondem a um mal em si mesmo, devendo ser extintos em prol de valores mais justos e igualitários.

Por fim, Radin também refuta a hipótese da compartimentalização. A principal justificativa para esse posicionamento crítico decorre da sua proposta pluralista acerca dos valores. Os teóricos da compartimentalização, com destaque para a tese desenvolvida por Michael Walzer, defendem a divisão do mundo e dos bens sociais em esferas regidas por valores e princípios próprios que devem ficar contidos em seu âmbito específico. Desse modo, trata-se de uma posição hermética e excludente, dado que cada esfera deve conter seu próprio critério de justiça distributiva, sem compartilhar ou se abrir às outras esferas da justiça. Margaret Radin, por sua vez, propõe um outro tipo de pluralismo axiológico, uma vez que defende que é possível a coexistência de valores,

---

121. RADIN, Margaret. *Contested Commodities*. Cambridge: Harvard University Press, 2001, p. 79-101.
122. RADIN, Margaret. *Contested Commodities*. Cambridge: Harvard University Press, 2001, p. 94-95, tradução nossa.

CAPÍTULO III • A COMODIFICAÇÃO DE GAMETAS HUMANOS

princípios e critérios distributivos divergentes sobre um mesmo bem ou relação social. Assim, o mercado também pode conter valores extrapatrimoniais, da mesma maneira que relações existenciais podem conter aspectos econômicos, sem que isso ocasione uma completa dominação.[123] De mais a mais, Radin também entende que a hipótese da compartimentalização possui uma matriz liberal e tende a se aproximar da comodificação universal:

> De acordo com a visão da tradição liberal, o mercado engloba as transações mais desejadas entre pessoas, com poucas exceções especiais. As pequenas exceções – por exemplo, a maneira de se adquirir esposas ou crianças – são moralmente e juridicamente protegidas do mercado. Eventualmente, quero argumentar que essa visão tradicional erroneamente implica a existência de um grande domínio de transações puras de livre mercado para as quais alguns tipos especiais de interações pessoais formam uma exceção especial. Isso também sugere, de maneira equivocada, que o regime *laissez-faire* de mercado é *prima facie* justo. A visão tradicional liberal nos inibe de apreciar os aspectos não mercantis de muitas das nossas relações de mercado; ela nos inibe de ver fragmentos de uma ordem social não econômica incrustada ou latente na sociedade de mercado.[124]

A teoria da compartimentalização liberal seria fundada em uma estratégia conceitual que busca explicar o mundo a partir de dicotomias ontológicas que serviriam para justificar a existência de uma esfera existencial em contraponto a uma esfera puramente econômica. Radin observa essa estratégia conceitual em autores de diferentes tradições do pensamento, iniciando por John Stuart Mill (reino da propriedade e reino da não propriedade), passando por Immanuel Kant (dicotomia sujeito-objeto) e Georg Wilhelm Hegel (dicotomia interno-externo). Pegue-se o exemplo kantiano para ilustrar o argumento. A divisão conceitual do mundo fenomenológico entre pessoas e coisas representa uma estratégia conceitual para justificar aquilo que pode ou não ser comercializado. Afinal, como reivindica o imperativo categórico, as pessoas possuem um valor infungível (dignidade humana), ao passo que as coisas possuem um valor fungível (preço). Assim, o reino das pessoas, do fim em si mesmo, seria absolutamente apartado e inconfundível com o reino das coisas, uma vez que estas podem ser instrumentalizadas e utilizadas como meios para finalidades variadas.[125]

A estratégia conceitual que fundamenta a tese da compartimentalização é afastada por Radin porque não consegue elucidar, de maneira clara e razoável, os fundamentos teóricos para a existência dessas categorias excludentes, recaindo no âmbito da arbitrariedade:

> Sem uma linha clara, os argumentos que delimitam o reino do mercado sob o fundamento da distinção sujeito-objeto perdem sua força. Se a distinção pessoa-coisa não é uma divisão afiada, também não o é a distinção inalienabilidade-alienabilidade. Haverá uma zona cinzenta entre os dois extremos e, assim, os contornos externos da pessoalidade e da inalienabilidade baseado na noção de pessoalidade permanecerão contestados. O fato de haver uma zona cinzenta não precisa ser fatal para a ideia da compartimentalização do mercado, mas significa que a compartimentalização não pode ser realizada

---

123. RADIN, Margaret. *Contested Commodities*. Cambridge: Harvard University Press, 2001, p. 30-45.
124. RADIN, Margaret. *Contested Commodities*. Cambridge: Harvard University Press, 2001, p. 30, tradução nossa.
125. RADIN, Margaret. *Contested Commodities*. Cambridge: Harvard University Press, 2001, p. 34-36; KANT, Immanuel. *Fundamentação da metafísica dos costumes*. Tradução de Paulo Quintela. Lisboa: Edições 70, 2011.

do modo direto que seus proponentes esperam. Se perdemos nossa compreensão da suposta linha evidente, mas permanecermos comprometidos com a comodificação de objetos, podemos perder nossa compreensão da subjetividade. Assim, o problema do sujeito-objeto leva a compartimentalização à comodificação universal, uma vez que que não há um ponto de parada óbvio aquém disso.[126]

Apresentadas as principais objeções de Margaret Radin acerca das hipóteses aventadas ao longo deste capítulo, torna-se possível a exposição da sua própria teoria. Radin propõe um novo modelo teórico, situado entre os extremos da comodificação e não comodificação universais, mas que também se opõe ao modelo da compartimentalização. Haveria, entre os dois extremos hipotéticos, um *continuum* que permitiria a existência de bens mais ou menos comodificados e a coexistência de valores instrumentais e não instrumentais sobre um mesmo bem social. A teoria desenvolvida por Radin pode ser denominada como teoria da comodificação incompleta, justamente porque admite que existem mercadorias que não são totalmente inseridas no contexto do livre mercado, em uma lógica puramente econômica. Essas mercadorias incompletas seriam regulamentadas pelo poder estatal, de forma que a pluralidade de valores possa ser identificada e incentivada.

Ainda, a teoria da comodificação incompleta se posiciona como uma teoria não ideal, partindo da realidade, com as suas vicissitudes, constrições e limitações sociais, econômicas interpessoais. Com esse contexto em mente, Radin refuta a teoria do dominó e trabalha com a noção do "duplo vínculo", uma espécie de dilema moral em que tanto a permissão, quanto a proibição de determinada prática pode causar danos à pessoa. Nesses casos, como se infere da visão mais ampla da proposta da autora, a saída seria a regulamentação.

Por fim, a jurista defende a concepção de florescimento humano como o limite para a comodificação, de forma que o conceito de pessoa se torna um pressuposto fundamental para sua tese. Assim, se a comodificação de um bem social impede o florescimento humano em sua plenitude, dever-se-ia impor uma inalienabilidade de mercado, enquanto que nos outros casos haveria a possibilidade de regulamentação. Em linhas gerais, esses são os aspectos mais importantes da teoria da comodificação incompleta, a qual passa a ser examinada analiticamente com maior rigor a partir de agora:

> Algumas coisas são completamente comodificadas – consideradas adequadas para a troca em um livre mercado. Outras são completamente não comodificadas – removidas completamente do mercado. Na minha visão, entretanto, muitas coisas podem ser entendidas como incompletamente comodificadas – nem completamente comodificadas, nem completamente removidas do mercado. Dada a possibilidade da comodificação incompleta, podemos decidir que algumas coisas são ou deveriam ser inalienáveis em um mercado apenas em certo grau, ou apenas em alguns aspectos. Coisas que são incompletamente comodificadas não exibem completamente os indícios típicos da propriedade e do contrato tradicionais. Coisa que são submetidas ao controle de preços, por exemplo, são mercadorias incompletas, pois a liberdade de estipular preços é uma parte do entendimento tradicional da propriedade e do contrato.[127]

Seria possível a coexistência do comodificado e do não comodificado em relação a um mesmo bem social, ou, por outro lado, a existência de uma dessas maneiras de

---

126. RADIN, Margaret. *Contested Commodities*. Cambridge: Harvard University Press, 2001, p. 40, tradução nossa.
127. RADIN, Margaret. *Contested Commodities*. Cambridge: Harvard University Press, 2001, p. 20, tradução nossa.

compreender e traduzir o mundo excluiria, necessariamente, a outra? Como se argumentou até aqui, todas as hipóteses apresentadas articulam as noções de comodificação e não comodificação de maneira a compreendê-las como mutuamente excludentes. Assim, se algo é comodificado, excluir-se-iam todos os outros valores e racionalidades não econômicas. No mesmo sentido, a compreensão de algo como um bem fora do comércio implicaria a sua remoção plena e absoluta do mercado, seja este literal ou retórico. Radin rechaça essa premissa, uma vez que as relações intersubjetivas, bem como a relação das pessoas com os diversos bens sociais, são carregadas por valores plurais e, muitas das vezes, conflitantes e contraditórios. Assim, a maneira que agentes morais experenciam a sua vivência e tomam decisões sobre o agir prático não seria uniforme, sendo a metáfora das esferas de justiça insuficiente e reducionista face à complexidade da vivência e experiência pessoais.[128]

Margaret Radin identifica que existem muitos conceitos contestados que engendram essa percepção pluralista e conflituosa entre o comodificado e o não comodificado. Conceitos contestados podem ser externos ou internos à pessoa. No primeiro sentido, há compreensões conflituosas entre pessoas com outros posicionamentos já sedimentados. Seria o caso do debate sobre a pessoalidade de fetos humanos, em que há pessoas que defendem firmemente posições tanto em sentido afirmativo, quanto em sentido negativo. Assim, pode-se concluir que a pessoalidade de fetos humanos é um conceito externamente contestado. Por outro lado, o segundo sentido aponta para um conflito pessoal interno sobre os valores de determinado bem social. Seria o caso de uma pessoa que entende que as pinturas artísticas representam um valor histórico, cultural e artístico inestimáveis, mas, por outro lado, aceita a sua comercialização ou a sua precificação para fins securitários. Desse modo, as pinturas artísticas não seriam devidamente traduzidas nem por uma visão puramente comodificada, nem por uma visão puramente não comodificada.[129]

Levando em consideração a complexidade conflituosa de categorias e valores internos e externos, Margaret Radin percebe que as visões universalistas, bem como as visões compartimentalizadas, não conseguem traduzir com fidelidade a maneira pluralista e conflituosa que as pessoas vivenciam e avaliam as suas experiências. Assim, a autora defende que existem graus de comodificação que estabelecem uma linha de continuidade entre os dois extremos, os quais podem ser compreendidos, em grande medida, como hipotéticos. A partir do momento em que se pressupõe a possibilidade de coexistência dos valores econômicos e existenciais, sem que isso ocasione, necessariamente, a absoluta dominação de uma racionalidade pela outra, abre-se a possibilidade de que bens sociais sejam mais ou menos comodificados. É nesse sentido que se fala em mercadorias incompletas, permitindo uma ampla gama de políticas públicas e regulamentações que incentivem os valores em jogo.[130]

---

128. RADIN, Margaret. *Contested Commodities*. Cambridge: Harvard University Press, 2001, p. 102-114.
129. RADIN, Margaret. *Contested Commodities*. Cambridge: Harvard University Press, 2001, p. 102-103.
130. RADIN, Margaret. *Contested Commodities*. Cambridge: Harvard University Press, 2001, p. 104.

A partir do que foi apresentado, pode-se concluir que a comodificação admite gradações, permitindo a existência de mercadorias incompletas. Margaret Radin indica ao menos seis sentidos em que a comodificação pode ser considerada uma questão de gradação. (i) Em mercados literais, a regulação baseada em falhas de mercado pode ser entendida, em sentido fraco, como uma comodificação incompleta; (ii) A regulação baseada na pluralidade de sentidos internos e conflitantes sobre determinado bem social, com o objetivo de incentivar esse complexo de valores plurais, também pode ser entendida como uma forma de comodificação incompleta em um sentido mais forte; (iii) Ainda no contexto de mercados literais, a separação do mundo em esferas que não devem ser comercializadas indica uma comodificação incompleta; (iv) Partindo da dualidade entre mercados literais e metafóricos, os primeiros são compreendidos como representantes da comodificação universal, ao passo que os segundos seriam formas incompletas de comodificação; (v) Na perspectiva exclusiva da retórica de mercado também há espaço para estabelecer graus de comodificação a partir da amplitude em que o discurso é utilizado para descrever a realidade; (vi) Por fim, a comodificação na retórica de mercado também pode ser alterada de acordo com os indícios de comodificação, variando de formas mais ou menos comodificadas a partir da existência desses indícios.[131]

Nesse sentido, a comodificação completa seria caracterizada pelas trocas de coisas por dinheiro, no contexto social dos mercados, em conjunto com os quatro indícios conceituais de comodificação: (i) objetificação; (ii) fungibilidade; (iii) comensurabilidade; e (iv) equivalência monetária. *Grosso modo*, a objetificação implica um comprometimento ontológico vinculado ao status kantiano de coisas submetidas à vontade das pessoas. A fungibilidade indica que uma coisa pode ser trocada por outra sem que isso interfira no valor atribuído pelo seu titular. A comensurabilidade se refere à natureza do valor, o que implica a possibilidade de valorar coisas distintas em função de uma variável contínua. Por fim, a equivalência monetária indica que a variável contínua que organiza e classifica os valores dos bens é o dinheiro.[132]

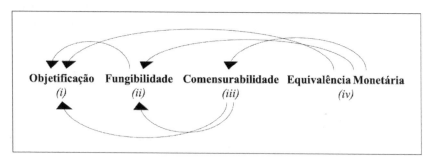

Tabela 5 – Indícios conceituais da comodificação[133]

---

131. RADIN, Margaret. *Contested Commodities*. Cambridge: Harvard University Press, 2001, p. 115-118.
132. RADIN, Margaret. *Contested Commodities*. Cambridge: Harvard University Press, 2001, p. 118-120.
133. Essa tabela indica os indícios da comodificação em uma perspectiva conceitual ou retórica. As setas devem ser compreendidas no sentido de implicações necessárias. Tabela elaborada com base nas informações contidas em RADIN, Margaret. *Contested Commodities*. Cambridge: Harvard University Press, 2001, p. 118-120.

Dessa maneira, Radin conclui que as formas de comodificação literais e conceituais seriam interdependentes e admitiriam gradações – o que viabilizaria a teoria da comodificação incompleta compreendida em sentido amplo.

Pegue-se o caso dos gametas para ilustrar a tese da comodificação incompleta. Em sentido literal, a troca de gametas por dinheiro, no contexto social dos mercados, pode ocorrer de diversas maneiras, como já argumentado em outros momentos. Entre a compra e venda realizada em um livre mercado e a doação puramente altruísta, há uma série de práticas que podem ser enquadradas no escopo da comodificação incompleta: a compensação por custos, despesas ou sofrimento vivenciados no processo de transferência; a doação compartilhada de oócitos; permutas realizadas com os bancos de gametas e clínicas de reprodução assistida; além de uma infinidade de maneiras possíveis de se regular a prática de cessão onerosa de gametas (v.g. limitando-se a repetição do procedimento por cedentes; a quantidade de gametas cedidos; o montante máximo a ser pago; a possibilidade de importação e exportação, dentre diversos outros aspectos que sejam pertinentes).

A mesma ilação pode ser realizada em relação à comodificação em sentido retórico ou conceitual. A doação pura e altruísta de gametas, por exemplo, implica a objetificação, mas não implica a fungibilidade, comensurabilidade ou equivalência em dinheiro, ao passo que a venda em um livre mercado implica a incidência dos quatro indícios. A doação compartilhada de oócitos pressupõe a objetificação e a fungibilidade dos gametas, uma vez que há a instrumentalização das células humanas para fins reprodutivos e transacionais, bem como uma equiparação entre a transferência dos gametas e o pagamento dos custos com a reprodução assistida. Nesse caso, há espaço para que se debata se há também a comensurabilidade e a equivalência monetária. Para a maioria das legislações não haveria a ocorrência desses últimos indícios, representando razões para a permissão da prática, em contraponto à proibição da compra e venda direta de gametas.

Outro aspecto que torna a teoria de Margaret Radin especial, afastando-se das hipóteses anteriormente apresentadas, refere-se à sua objeção à teoria do dominó. Recorda-se que, tanto a tese da não comodificação universal, quanto a tese da compartimentalização, compartilham a crença de que o mercado possui as características de dominação e expansão. Assim, a partir do momento em que a racionalidade econômica ingressa em áreas antes alheias à sua lógica, haveria a dominação dos seus valores e princípios instrumentais, sobrepondo-se aos demais valores que antes se relacionavam com determinado bem social. Recorda-se que a teoria do dominó representa uma outra maneira de descrever o dilema ético da ladeira escorregadia, correspondente à ideia de que, uma vez que o mercado ingresse em áreas antes alheias à sua lógica, há um risco que outras (ou todas) as áreas não comodificadas passem a ser regidas por uma visão de mundo comodificada.[134] A seguinte passagem sintetiza a teoria do dominó – rechaçada por Margaret Radin:

---

134. RADIN, Margaret. *Contested Commodities*. Cambridge: Harvard University Press, 2001, p. 95-100.

A teoria do dominó assume que, para algumas coisas, a versão não comodificada é moralmente preferível. Ela também assume que as versões comodificadas e não comodificadas de algumas interações não podem coexistir. Comodificar algumas coisas é simplesmente impedir que sua forma não comodificada exista. Sob essa teoria, a existência de algumas formas comodificadas de interações sexuais contaminarão ou infiltrarão a sexualidade de todos, de forma que todas as relações sexuais se tornarão comodificadas. Se é moralmente requisitado que o sexo não comodificado deva ser possível, a inalienabilidade de mercado da sexualidade estaria justificada.[135]

Assim, como a visão de Radin defende justamente a possibilidade de existência de versões comodificadas e não comodificadas dos bens e interações sociais, a teoria do dominó, entendida em sentido abstrato e genérico, não encontra espaço em sua teoria. Contudo, essa posição não indica que o mercado e sua racionalidade não possam ser danosos à pessoa e aos valores comunitários. Margaret Radin concorda que, em algumas situações, o mercado pode ser dominante e expansivo, sendo a causa geradora de uma série de danos pessoais e sociais. Não obstante, a tese da comodificação incompleta entende que, em muitas dessas situações excepcionais, a proibição do mercado teria um efeito ainda pior que a sua permissão, especialmente sob a tutela de um mercado regulado. Trata-se do fenômeno do *double bind*, aqui traduzido como dilema do duplo vínculo.

O dilema do duplo vínculo representa um dilema moral em que dois cursos de ação irreconciliáveis apontam para direções diferentes, sem que seja possível identificar *a priori* o caminho mais adequado, uma vez que ambos possuem efeitos danosos à pessoalidade e/ou à comunidade. Identificar a resposta correta aos dilemas morais é uma tarefa complexa e depende, sobretudo, da teoria da justiça que fundamenta essas escolhas. As teorias da justiça podem ser agrupadas em teoria ideais e teorias não ideais. As primeiras buscam identificar as melhores alternativas em um contexto ideal e apriorístico. Assim, partindo desse contexto ideal, os teóricos buscam identificar quais seriam os princípios de justiça que deveriam guiar a vida em comunidade. Os princípios encontrados seriam utilizados como bússolas do agir prático, já que seriam encontrados sem interferências factuais ou contingentes.[136] Um exemplo robusto de teoria da justiça ideal é aquela desenvolvida por John Rawls, uma vez que seus princípios da justiça são encontrados a partir da utilização de conceitos como "posição original" e "véu da ignorância", os quais buscam remeter a uma posição hipotética e ideal em que as contingências factuais não são definidas ou conhecidas, permitindo que os princípios sejam definidos de maneira imparcial.[137]

Por outro lado, as teorias da justiça não ideais buscam seus princípios a partir do contexto fático vigente, com suas vicissitudes e contingências. Nesse sentido, busca-se a melhor alternativa dentre aquelas possíveis no momento, levando em consideração

---

135. RADIN, Margaret. *Contested Commodities*. Cambridge: Harvard University Press, 2001, p. 95, tradução nossa.
136. RADIN, Margaret. *Contested Commodities*. Cambridge: Harvard University Press, 2001, p. 123.
137. Cf. RAWLS, John. *Uma teoria da justiça*. Tradução de Almiro Pisetta e Lenita Maria Rímoli Esteves. São Paulo, Martins Fontes, 2002. Para uma aplicação da teoria da justiça rawlsiana aos limites do mercado, cf. ZANITELLI, Leandro Martins. O que o dinheiro não deve comprar em uma sociedade justa? Princípio da diferença, autorrespeito e limites à comodificação. *Argumenta*: Revista do Programa de Mestrado em Ciência Jurídica da Universidade Estadual do Norte do Paraná, n. 2, 2014, p. 183-201.

CAPÍTULO III • A COMODIFICAÇÃO DE GAMETAS HUMANOS

as características, os impactos e benefícios pessoais e sociais em uma comunidade que existe e é conformada por uma série de limitações. Assim, mesmo que um curso de ação possa causar danos à pessoalidade ou à comunidade, é possível que esta seja a melhor alternativa no contexto fático apresentado – ainda que, em um contexto ideal, tal alternativa se mostre injusta. As teorias da justiça não ideais buscam, portanto, encontrar o melhor caminho possível dentre todos aqueles realmente existentes e possíveis em uma sociedade que possui uma série de contingências e constrições. Seus defensores entendem que a busca por modelos ideais de justiça pode acabar sendo inócua ou até mesmo deixar as pessoas em situações piores. A teoria da comodificação incompleta desenvolvida por Margaret Radin adota um enfoque predominantemente não ideal, uma vez que assume a postura do pragmatismo filosófico e busca apresentar uma teoria da comodificação a partir da observação das circunstâncias sociais em que está inserida.[138]

Veja-se, nesse sentido, três possíveis critérios para distinguir teorias da justiça ideais e não ideais apontados por Leandro Zanitelli: De acordo com o primeiro, "uma teoria ideal é uma teoria de 'estado final' porque descreve um estado de coisas perfeitamente justo, isto é, em relação ao qual não há melhora possível".[139] Em uma segunda perspectiva, a diferença ocorreria em relação às presunções fáticas que cada vertente assume, a exemplo da abundância de recursos naturais ou sobre a capacidade dos seres humanos para o altruísmo. Por fim, o terceiro critério seria relacionado à conformidade ou obediência aos ditames da justiça, havendo plena conformidade nas teorias ideais.[140]

Certamente, cada um dos caminhos apresentados possui problemas. Uma teoria da justiça ideal corre o risco de ser inócua e não causar um impacto real na vida das pessoas em sociedade. Por outro lado, teorias da justiça não ideais correm o risco de corroborar com o *status quo*, representando uma aceitação tácita das injustiças:

> A busca pela justiça não ideal se conecta com o dilema da transição do lugar onde estamos agora para um mundo melhor. Se comprometemos muito nossos ideais por causa das dificuldades das nossas circunstâncias, podemos reforçar o *status quo* ao invés de termos progresso. Alguns argumentariam que fornecer bem-estar entrincheira seus destinatários em uma subclasse, ao invés de ajudá-los a escapar dela. Por outro lado, se formos muito utópicos sobre nossos ideais, dadas as nossas circunstâncias, podemos também não fazer progresso algum. Garantindo que a classe social vulnerável que precisa de [políticas de] bem-estar social não existiria em uma sociedade ideal, poderia piorar a situação extingui-las agora. Esse dilema prático de justiça não ideal é o que chamo de duplo vínculo.[141]

Embora Radin coloque sua teoria no escopo das teorias não ideais, a jurista reconhece a importâncias das teorias ideais. A partir da sua postura pragmática, prefere desenvolver uma teoria que cause um impacto imediato, oportunizando um progresso gradual no contexto fático em que se vive, mesmo com todas as suas limitações morais,

---

138. RADIN, Margaret. *Contested Commodities*. Cambridge: Harvard University Press, 2001, p. 123-124.
139. ZANITELLI, Leandro Martins. Teorias do direito ideal e não ideal da justiça. *Revista Direito GV*, v. 12, n. 2, 2016, p. 366.
140. ZANITELLI, Leandro Martins. Teorias do direito ideal e não ideal da justiça. *Revista Direito GV*, v. 12, n. 2, 2016, p. 367-369.
141. RADIN, Margaret. *Contested Commodities*. Cambridge: Harvard University Press, 2001, p. 124, tradução nossa.

sociais e econômicas. Por outro lado, a adoção de uma teoria ideal de justiça seria importante para estabelecer com clareza o tipo de sociedade e de vivência que se almeja alcançar. Nesse sentido, tornar-se-ia possível uma interação entre as espécies de teoria da justiça, especialmente entre teoria e prática.[142]

Em relação à comodificação, o dilema do duplo vínculo traria dois aspectos primordiais. Primeiro, se tanto a permissão quanto a proibição da comercialização de algo viola o respeito à pessoalidade, faz-se necessário alterar as circunstâncias que causaram esse dilema, por exemplo, por meio da redistribuição de poder ou riqueza. Segundo, em decorrência da dificuldade de se alterar as circunstâncias subjacentes aos danos potenciais à pessoalidade e à comunidade, faz-se necessário adotar um regime de transição baseado em um contexto não ideal. Nesse sentido, a decisão sobre a proibição ou permissão da comodificação deve levar em conta esse duplo vínculo com o ideal e o não ideal, além do bem específico que se pretenda comodificar. Somente a partir da análise individualizada é que se torna possível alcançar uma resposta – ainda que provisória.

Margaret Radin fornece diversos exemplos do dilema do duplo vínculo. Pegue-se o complexo caso da prostituição de mulheres, aqui apresentado de maneira simplificada. Com base em uma teoria ideal da justiça, poder-se-ia argumentar que as relações sexuais deveriam ser regidas por valores alheios à racionalidade econômico-instrumental, tais como prazer, amor e respeito mútuo. Não obstante, com fundamento em uma teoria da justiça não ideal, a comodificação do sexo pode ser permitida em algumas circunstâncias. Uma primeira justificativa seria decorrente da constatação de que o sexo já é, em grande medida, comodificado. A prostituição é comumente descrita – não sem uma conotação sexista – como a profissão mais antiga do mundo. De mais a mais, embora haja a criminalização de certas condutas que buscam a exploração da prostituição, como no caso do rufianismo, a prática em si não é tipificada.[143] Trata-se, contudo, de uma justificativa falaciosa. Ora, a constatação de que a prostituição existe não implica, necessariamente, que ela deva existir – embora sirva para evidenciar o quão distante se encontram as demandas da justiça ideal. Por outro lado, em uma perspectiva de justiça não ideal, a proibição da prostituição pode piorar a situação de mulheres que se sujeitam ao mercado do sexo em busca de melhores oportunidades. Mulheres pobres e vulneráveis que vendem serviços sexuais para sobreviver são submetidas à desaprovação moral, contágio de doenças, ausência de benefícios trabalhistas, violências físicas e psicológicas, dentre diversos outros danos decorrentes da proibição. Assim, a proibição pode ocasionar danos e deixar as mulheres que exercem a prostituição em uma situação social ainda mais vulnerável, ao passo que a permissão da prostituição pode impedir

---

142. RADIN, Margaret. *Contested Commodities*. Cambridge: Harvard University Press, 2001, p. 124.

143. Cf. LEITE, Rafaela Fernandes. *Constituição da sexualidade e autonomia das mulheres que se prostituem*: contributos dos fundamentos de justiça e de liberdade para a ordenação das racionalidades estruturantes do direito privado. Dissertação (Mestrado em Direito) Universidade Federal de Ouro Preto, Ouro Preto, 2019; MARGOTTI, Alessandra. *Direito à prostituição*: legalização e regulamentação do lenocínio no Brasil. Belo Horizonte, D'Plácido, 2017.

CAPÍTULO III • A COMODIFICAÇÃO DE GAMETAS HUMANOS

a verdadeira (r)evolução da sociedade nas diversas constrições que impedem o livre desenvolvimento da pessoalidade feminina.[144]

O caso da comodificação de gametas humanos também se insere no dilema do duplo vínculo. Poder-se-ia argumentar, com base em uma teoria da justiça ideal, que a transferência de gametas na reprodução humana assistida deveria permanecer alheia a qualquer tipo de comercialização, sendo regida pelos valores do altruísmo, compaixão e alteridade. Dessa maneira, dever-se-ia buscar um modelo de sociedade em que as pessoas cedessem seus gametas como um ato de liberalidade, fortalecendo os vínculos comunitários. Nesse sentido, a comercialização de gametas deveria ser banida. Por outro lado, partindo de teorias não ideais de justiça, poder-se-ia argumentar que a proibição da comercialização de gametas humanos causa mais danos às pessoas do que a sua permissão. Sem a possibilidade de oferecer incentivos econômicos para a cessão de gametas, não há oferta suficiente para atender à crescente demanda por essas células reprodutivas – como se observa no Brasil, onde há uma escassez de bancos de esperma e óvulos. Assim, sem a possibilidade de importação ou compra interna de gametas, o resultado seria a inviabilização do exercício do direito fundamental ao planejamento familiar, uma vez que famílias ficariam à mercê do incerto altruísmo de terceiros. Certamente, em ambos os exemplos há uma simplificação do argumento, mas se torna possível identificar o dilema que existe ao se debater a permissão ou proibição da comodificação nos casos em que ambos os cursos de ação representam danos potenciais ou reais às pessoas e à comunidade. Qual seria, portanto, a resposta fornecida por Radin nesses casos?

Nas interações sociais que emanam e são conformadas valores plurais e conflitantes, não sendo possível identificar com clareza qual seria a alternativa adequada para tutelar o bem em questão, a solução proposta por Margaret Radin seria a regulação do mercado. Nos casos de mercadorias incompletas, a regulação do mercado seria a melhor alternativa para reconhecer a pluralidade axiológica, incentivando e compatibilizando os diversos valores e critérios distributivos que incidem sobre o bem social. O trabalho assalariado é um dos exemplos utilizados para ilustrar a forma de atuação do mercado regulado. Por mais que o trabalho seja descrito na tradição marxista como uma forma de exploração do trabalhador pelos proprietários dos meios de produção que buscam sempre e exclusivamente a mais-valia, parece ser inegável que o trabalho possui uma dimensão existencial. Seja pelo seu vínculo com a subsistência e com a existência, pela vocação com que se exerce, ou pelas relações sociais que emergem do vínculo trabalhista, não há como defender que o mercado de trabalho seja uma interação social inteiramente comodificada – sendo, portanto, enquadrado no escopo da comodificação incompleta. Nesse sentido, ao invés de propor a sua desregulamentação ou a sua eliminação, Radin defende que a regulação do mercado de trabalho consegue compatibilizar os valores econômicos e existenciais que se relacionam com o trabalho assalariado, seja por meio das regras de negociações coletivas, estabelecimento de salário-mínimo, limitação da jornada de trabalho, benefícios de saúde, segurança e desemprego, proibição do trabalho

---

144. RADIN, Margaret. *Contested Commodities*. Cambridge: Harvard University Press, 2001, p. 132-136.

infantil ou escravo, direito à greve, dentre outras limitações e exigências impostas pela regulamentação do mercado:[145]

> A regulação pode ser vista como uma tentativa de garantir que os empregados não sejam forçados a deixar seus trabalhos por razões ideológicas, discriminatórias ou arbitrarias; para garantir que o lugar de trabalho seja seguro e livre de violações raciais ou sexuais; e para garantir que os empregados tenham algo a dizer sobre as decisões do trabalho e a oportunidade de entender como o seu trabalho é útil e significativo para outras pessoas. Apesar da completa não comodificação do trabalho ou da moradia não serem possíveis agora, a incompleta comodificação social pode ser vista como resposta, em nosso mundo não ideal, aos danos à pessoalidade causados pela completa comodificação do trabalho e da moradia.[146]

Assim, depreende-se que a regulação se apresenta como uma alternativa adequada em um paradigma de justiça não ideal em que há visões de mundo diversas e conflituosas acerca de uma mesma interação ou bem social, na medida em que consegue alinhar e compatibilizar os interesses potenciais em jogo. Contudo, nem sempre a regulação do mercado será possível, uma vez que haverá situações em que a comodificação de determinado bem implicará em consequências mais danosas do que a sua proibição. Segundo Margaret Radin, o critério decisivo seria o "florescimento humano". A autora reconhece que existe uma grande variedade de teorias sobre o florescimento humano – ou, em outras palavras, teorias sobre a pessoalidade –, sendo algumas mais robustas em termos de atributos ou requisitos, outras menos. Reconhece ainda que, dependendo do conceito de florescimento humano que se utilize, as respostas sobre a possibilidade de regulação das mercadorias incompletas variará substancialmente. Dessa maneira, Radin se fundamenta na teoria desenvolvida por Martha Nussbaum, de matriz aristotélica, para estabelecer o seu conceito de florescimento humano.[147]

Grosso modo, Margaret Radin compreende que o florescimento humano possui sentido próximo à *eudaimonia* aristotélica. A teoria de pessoalidade desenvolvida por Nussbaum é descrita como essencialista, visto que a filósofa elenca uma lista de atributos a fim de descrever o conceito de "natureza humana" e "vida boa" de modo absoluto e apriorístico. A sua teoria é calcada em dois níveis: o primeiro elenca dez atributos que limitam ou possibilitam o florescimento humano (mortalidade, corpo humano, prazer e dor, capacidade cognitiva, razão prática, desenvolvimento infantil precoce, afiliação, relacionalidade com outras espécies e com a natureza, humor e diversão, separação ou individualidade); o segundo nível corresponde às circunstâncias necessárias para se viver uma vida boa, sejam essas circunstâncias externas ou internas (v.g. em relação à mortalidade, o contexto precisa permitir à pessoa viver e terminar uma vida humana completa, na medida do possível, evitando-se mortes prematuras e a redução da vida à uma vivência que não vale a pena ser vivida).[148]

---

145. RADIN, Margaret. *Contested Commodities*. Cambridge: Harvard University Press, 2001, p. 107-108.
146. RADIN, Margaret. *Contested Commodities*. Cambridge: Harvard University Press, 2001, p. 110, tradução nossa.
147. Cf. NUSSBAUM, Martha. Human functioning and social justice: in defense of Aristotelian essentialism. *Political Theory*, v. 20, n. 2, 1992, p. 202-246.
148. RADIN, Margaret. *Contested Commodities*. Cambridge: Harvard University Press, 2001, p. 66-68.

Em relação a esse aspecto final da argumentação de Margaret Radin, a presente pesquisa diverge e segue um caminho parcialmente distinto. Como descrito no *layout do argumento* apresentado na introdução deste livro, propõe-se que os gametas humanos devem ser tratados como objetos de propriedade que podem ser comercializados sob um mercado regulado, a menos que essa regulamentação atinja de modo determinante o livre desenvolvimento da pessoalidade ou os valores mais importantes de uma comunidade política. A construção desse argumento possui, como já mencionado em diversas passagens desta pesquisa, o pressuposto conceitual da pessoa como processo, como um ente que não possui grilhões metafísicos para justificar sua existência e seu modo de ser feliz. Nesse sentido, a eudemonia – ou a busca pela vida boa – é alcançada pela própria pessoa, na construção da sua pessoalidade que não possui um itinerário definido *a priori*. A pessoa constrói sua identidade a partir de uma relação com o contexto, mas também como uma necessidade de romper esse contexto, o que pode ser entendido como autenticidade. Assim, seriam dimensões necessárias para a emergência da pessoalidade a autonomia, a dignidade e a alteridade. É nesse último aspecto que os valores mais importantes compartilhados pela comunidade política assumem importância como limites à comodificação. Se pessoas só existem no plural, em um processo contínuo de reconhecimento que implica a tensão entre pertencimento e individualidade, os valores mais importantes de determinada comunidade – aqui entendidos como direitos humanos ou direitos fundamentais – podem ser considerados como balizas para essa emergência pessoal. Assim, o conceito de pessoa ou florescimento humano adotado por Radin não coaduna com a proposta defendida nesta tese, sendo necessário seguir uma orientação divergente nesse aspecto.[149]

Não obstante, essa análise acerca da violação do livre desenvolvimento da pessoalidade e dos valores mais importantes da comunidade política não devem ocorrer em abstrato, razão pela qual se adota tais conceitos como pressupostos teóricos. Se há um consenso entre os estudiosos do fenômeno da comodificação, este se refere à não possibilidade de uma teoria abstrata ou generalista, de tal maneira que a investigação sobre a viabilidade jurídica ou a correção moral da comodificação deve ser específica, levando-se em consideração o tipo de bem que está sendo comodificado, o contexto da prática, além dos danos pessoais e comunitários. Dessa maneira, adotando-se como marco teórico a hipótese da comodificação incompleta e uma metodologia analítica, buscar-se-á identificar e problematizar os argumentos contrários à comodificação de gametas humanos com a finalidade de avaliar se a referida prática impacta de maneira determinante a pessoalidade ou o contexto comunitário em que está inserida. Eis o objetivo do derradeiro tópico desta pesquisa.

---

149. Cf. STANCIOLI, Brunello. *Renúncia ao exercício de direitos da personalidade* (ou como alguém se torna o que quiser). 2. ed. Belo Horizonte: D'Plácido, 2017; RIBEIRO, Daniel Mendes. *De coisas a pessoas*: sistemas, emergência e reconhecimento a partir de um estudo da escravidão no Brasil. Dissertação (Mestrado em Direito) Faculdade de Direito, Universidade Federal de Minas Gerais, Belo Horizonte, 2012; CARVALHO, Nara Pereira. *A pessoa atravessa o espelho*: (re)(des)construção ético-jurídica da identidade pessoal. Tese (Doutorado em Direito) Faculdade de Direito da Universidade Federal de Minas Gerais, Belo Horizonte, 2017.

4. COMODIFICAR OU NÃO COMODIFICAR, EIS A QUESTÃO

Para avaliar a correção moral da comodificação de gametas humanos, fez-se necessário adotar uma teoria mais ampla sobre a comodificação a fim de identificar os critérios para realizar esse julgamento ético. Após a apresentação de diversas correntes que buscam justificar os limites morais do mercado, optou-se por aderir à teoria da comodificação incompleta, desenvolvida por Margaret Radin, ainda que com algumas adaptações. Segundo Radin, é possível que versões comodificadas e não comodificadas do mesmo bem coexistam sem que isso ocasione a completa dominação e corrupção da racionalidade instrumental. Partindo de uma postura filosófica pragmática, assumindo desenvolver uma teoria da justiça não ideal, Radin entende que há situações em que a proibição de comercialização de certos bens ocasiona maiores danos do que aqueles que se pretendia eliminar. Assim, partindo das contingências da realidade, a regulação dessas mercadorias contestadas seria a melhor alternativa para conciliar as vicissitudes presentes nas relações sociais existentes, permitindo que as pessoas busquem melhores condições reais de vida boa, mas sem desconsiderar, em sua plenitude, as demandas de justiça ideal as quais devem, na medida do possível, guiar os rumos da vida em sociedade. Contudo, Margaret Radin estabelece um limite para a regulação do mercado: o florescimento humano. Sempre que o dilema do duplo vínculo indicar a regulação da comodificação de determinado bem social, deve-se analisar se isso não causará o impedimento do florescimento humano – entendido como o conjunto de características e atributos inatos que devem ser desenvolvidos para que a pessoa possa alcançar sua potencialidade plena.

Acontece que a concepção de florescimento humano proposta por Margaret Radin se mostrou incompatível com um dos pressupostos centrais da presente pesquisa: a noção de pessoa como um processo constante de construção e reconstrução de pessoalidades autênticas, a partir da articulação dos valores mais relevantes para a configuração e formação do *self*, exercendo a autonomia em um contexto de alteridade no qual se permite a emergência de um ser livre, criativo e digno.[150] Assim, a visão essencialista e aristotélica de pessoa sob a qual Radin estabelece os limites para comodificação não se coadunam com a visão pós-metafísica e processual de pessoa em que a presente pesquisa se estrutura. Nesse sentido, o argumento a ser desenvolvido, apresentado anteriormente no *layout do argumento* da pesquisa, apresenta-se na seguinte proposição: gametas humanos podem ser tratados como coisas tuteladas *prima facie* pelo direito de propriedade, sendo comercializados por meio de um mercado regulado, a menos que viole o livre desenvolvimento da pessoa ou elimine os valores mais importantes de uma dada comunidade. Assim, torna-se possível estabelecer critérios compatíveis

---

150. Cf. STANCIOLI, Brunello. *Renúncia ao exercício de direitos da personalidade* (ou como alguém se torna o que quiser). Belo Horizonte: D'Plácido, 2017; RIBEIRO, Daniel Mendes. *De coisas a pessoas*: sistemas, emergência e reconhecimento a partir de um estudo da escravidão no Brasil. Dissertação (Mestrado em Direito) – Faculdade de Direito, Universidade Federal de Minas Gerais, Belo Horizonte, 2012; GUSTIN, Miracy Barbosa de Sousa. *Das necessidades humanas aos direitos*: ensaio de sociologia e filosofia do direito. Belo Horizonte: Del Rey, 1999.

CAPÍTULO III • A COMODIFICAÇÃO DE GAMETAS HUMANOS   **159**

com as dimensões da pessoalidade pressupostas na presente investigação: autonomia, alteridade e dignidade.

Para avaliar se a comodificação de algo implica a violação do livre desenvolvimento da pessoalidade ou elimina os valores mais importantes de uma comunidade, não é possível partir de argumentos generalistas ou apriorísticos – aliás, esse é um consenso entre os estudiosos do fenômeno moral da comodificação. Desse modo, deve-se avaliar casuisticamente quais tipos de bens e em quais situações há uma comodificação indevida, violando os critérios apresentados. Contudo, tais critérios se mostram ainda bastante teóricos e abstratos, tornando difícil a aplicação prática, face à indeterminação conceitual. Assim, faz-se importante a concretização desses argumentos, de maneira que torne a sua aplicação mais factível e operacional. Afinal, uma teoria que possui interface com as ciências sociais aplicadas e a ética prática deve orientar o agir prático, sendo passível de aplicação concreta. Para tanto, será utilizada uma combinação dos critérios apresentados por Debra Satz e Stephen Wilkinson, uma vez que os argumentos desenvolvidos por esses filósofos se mostram compatíveis com a tese da comodificação incompleta de Margaret Radin.[151] Ambos acreditam na viabilidade da comodificação por meio de um mercado regulado, desde que analisados certos parâmetros para avaliar a nocividade desse mercado. Diferente de Radin, contudo, Satz e Wilkinson partem de uma abordagem mais analítica, explicitando e evidenciando com maior rigor os argumentos que devem ser levados em consideração para avaliar a (im)possibilidade de comodificação dos bens sociais.

Debra Satz apresenta quatro parâmetros básicos para avaliar os mercados nocivos. O primeiro diz respeito a uma agência fraca ou assimétrica, relacionando-se ao fornecimento de informações inadequadas ou insuficientes sobre natureza ou consequências do mercado. O segundo parâmetro decorre, em grande medida, da incompetência para tomada de decisões livres e esclarecidas. Trata-se dos danos extremos causados aos indivíduos em razão da comodificação de certos bens, como danos ao bem-estar ou à agência do indivíduo. Outro parâmetro apresentado por Satz se refere à vulnerabilidade em torno da comodificação de certos bens, a exemplo dos mercados relacionados a bens urgentes ou com alta demanda, bem como mercados com origem na pobreza e desigualdade. Por fim, o último parâmetro diz respeito à danos extremos à sociedade, como mercados que produzem subserviência e dependência, que enfraquecem governos democráticos, dentre outros.[152] Esses parâmetros serão aprofundados quando forem aplicados diretamente à comodificação dos gametas humanos.

Stephen Wilkinson, por sua vez, decompõe analiticamente as principais objeções relacionadas à comodificação. Assim, a depender da maneira que essas objeções se aplicarem à comodificação de determinado bem social, tem-se a conclusão acerca da sua

---

151. SATZ, Debra. *Why some things should not be for sale*: the moral limits of markets. New York: Oxford University Press, 2012; WILKINSON, Stephen. *Bodies for sale*: ethics and exploitation in the human body trade. New York: Routledge, 2003.

152. SATZ, Debra. *Why some things should not be for sale*: the moral limits of markets. New York: Oxford University Press, 2012, p. 94-99.

(in)correção moral. Os parâmetros usados por Wilkinson são os seguintes: exploração, objetificação e comodificação, danos físicos e morais, além do consentimento e coerção. Cada um desses argumentos é apresentado de maneira crítica pelo filósofo para que seja possível testá-los em práticas como a venda de órgãos, gestação de substituição onerosa e o patenteamento da vida. Em síntese, Wilkinson defende que, se um mercado regulado consegue eliminar ou enfraquecer de maneira determinante as objeções apresentadas, haveria razões para a permissão da comodificação. Ressalta-se, mais uma vez, que os parâmetros apresentados serão aprofundados quando forem aplicados diretamente à comodificação dos gametas humanos.[153]

Como se percebe, tanto os parâmetros apresentados por Debra Satz, quanto as objeções evidenciadas por Stephen Wilkinson, são voltados para a justificação da proibição da comodificação de certas práticas e bens sociais – e não para a justificação da sua permissão. Assim, o eixo da argumentação se desloca do "por que permitir?", para o "por que proibir?":

> Afinal, se o ordenamento jurídico existe pela e para a pessoa humana, deve-se ter em conta que a tão propalada dignidade envolve, inexoravelmente, a capacidade que os indivíduos têm de construir projetos de vida para si. Nesse contexto, o corpo, como elemento indispensável para a existência da pessoa humana, deve ser inserido nesses projetos pessoais, passível, portanto, de manipulação e modificação. Assim, o eixo argumentativo deve deslocar-se do "por que permitir?" para o "por que proibir?".[154]

Isso não significa que não haja argumentos favoráveis à comodificação de gametas humanos. Ao longo desta pesquisa, vários argumentos nesse sentido foram aventados, dentre os quais se destacam os seguintes: o *argumento da autonomia corporal e procriativa*, no sentido de que as pessoas devem ter um poder de controle e (auto) manipulação radical sobre o próprio corpo e seus elementos destacados, já que o corpo representa o suporte para a emergência da pessoalidade; bem como o *argumento do planejamento familiar*, uma vez que a possibilidade de comercializar gametas teria como consequência o aumento da oferta e, consequentemente, uma diminuição dos preços das práticas de reprodução humana assistida, possibilitando a mais famílias exercerem, de maneira responsável, o planejamento familiar, garantido como direito fundamental (art. 226, § 7º da Constituição da República de 1988).[155]

Assim, embora se reconheça as prováveis vantagens de um mercado regulado de gametas humanos, o recorte metodológico recairá na análise crítica dos argumentos

---

153. WILKINSON, Stephen. *Bodies for sale*: ethics and exploitation in the human body trade. New York: Routledge, 2003, p. 1-5.

154. LARA, Mariana *et al*. Um mercado lícito como alternativa para o problema da escassez de órgãos e tecidos: desafios e proposta. *XIX Jornadas de Jóvenes Investigadores de la Asociación de Universidades del Grupo Montevideo*. Ciudad del Este: 2011, p. 2.

155. Art. 226. A família, base da sociedade, tem especial proteção do Estado. [...] § 7º Fundado nos princípios da dignidade da pessoa humana e da paternidade responsável, o planejamento familiar é livre decisão do casal, competindo ao Estado propiciar recursos educacionais e científicos para o exercício desse direito, vedada qualquer forma coercitiva por parte de instituições oficiais ou privadas. BRASIL. *Constituição da República Federativa do Brasil de 1988*. Disponível em: <http://bit.ly/2zaHKw2>. Acesso em 19 ago. 2019.

CAPÍTULO III • A COMODIFICAÇÃO DE GAMETAS HUMANOS

contrários à referida proposta, uma vez que se entende que o ônus argumentativo deve recair sobre aquele que busca restringir usos do corpo e seus elementos destacados em prol de outros interesses. Buscar-se-á enquadrar os parâmetros apresentados por Debra Satz e Stephen Wilkinson ao argumento anteriormente apresentado, sem prejuízo de serem trazidos outros argumentos que se aplicam mais especificamente à comodificação dos gametas.

4.1 Comodificação e valores comunitários

Um dos parâmetros apresentados por Debra Satz indica que um mercado é nocivo quando se mostra extremamente danoso à sociedade. Reformulando a proposição da professora de Stanford, argumenta-se que a comodificação de gametas deve ser permitida sob um mercado regulado a menos que represente a violação dos valores mais importantes de uma dada comunidade. Quais seriam esses valores? Seria possível defender um núcleo axiológico em uma sociedade que se demonstra cada vez mais fragmentada? Em uma comunidade marcada por um pluralismo moral, não sendo possível identificar um *ethos* compartilhado, poder-se-ia impor valores morais coletivos como limites à liberdade? Com a finalidade de se evitar argumentos no sentido da relativização moral, ou da ausência de força normativa da moralidade, propõe-se que os valores mais importantes de uma dada comunidade são aqueles erigidos à categoria de direitos fundamentais, especialmente aqueles que dão suporte a uma democracia. Tratam-se de valores inegociáveis em um Estado Democrático de Direito. Por serem normas jurídicas com força cogente, podem servir como parâmetros valorativos, normativos e hermenêuticos para todo o ordenamento jurídico que neles encontram seu fundamento precípuo.

4.1.1 *Solidariedade*

No debate acerca da comodificação do corpo humano, suas partes e elementos destacados, um dos argumentos mais desenvolvidos diz respeito à deterioração da solidariedade e do altruísmo que serviriam como propulsores para a formação dos vínculos sociais e comunitários. Se os valores mais importantes da comunidade política são aqueles erigidos à categoria de princípios constitucionais, cabe destacar que a solidariedade é elencada como um dos objetivos fundamentais da República Federativa do Brasil – ao lado da liberdade e da justiça.[156] A proposição pode ser apresentada no seguinte silogismo: (i) a solidariedade é um valor fundamental da sociedade; (ii) a comodificação de gametas humanos elimina a solidariedade; (iii) logo, a comodificação de gametas humanos deve ser proibida.

Antes de adentrar especificamente na análise do argumento, faz-se necessário trazer um aclaramento semântico acerca do que se entende por solidariedade e altruísmo.

---

156. Art. 3º Constituem objetivos fundamentais da República Federativa do Brasil: I – construir uma sociedade livre, justa e solidária [...]. BRASIL. *Constituição da República Federativa do Brasil de 1988*. Disponível em: <http://bit.ly/2zaHKw2>. Acesso em 19 ago. 2019.

A solidariedade é um termo extremamente complexo, confundindo-se com diversos termos semelhantes e sem uma definição clara. Diz-se que a solidariedade tem origem como um termo jurídico, com ampla propagação após a Segunda Guerra Mundial: "na linguagem comum e na filosófica, significa: 1) inter-relação ou interdependência; 2) assistência recíproca entre os membros de um mesmo gaipo".[157] Após passar por uma série de conceitos atribuídos ao termo "solidariedade", Volnei Garrafa e Sheila Soares afirmam que o conteúdo comum dentre todas as definições analisadas consiste na noção de "ações mútuas que acontecem exclusivamente entre pessoas de um mesmo meio e que têm interesses compartidos; uma espécie de corporativismo social no qual todos os envolvidos têm relação de interdependência".[158]

Por outro lado, George Khushf indica que, moralmente, "solidariedade se refere, negativamente, à obrigação individual de refrear a busca do interesse pessoal e, positivamente, à obrigação de identificar e imediatamente buscar interesses comunitários".[159] Assim, a solidariedade é utilizada como "legitimação para introdução de mecanismos legais para garantir que indivíduos sejam impedidos de colocar interesses pessoais sobre os interesses comunitários".[160] Em sentido estritamente jurídico, Stefano Rodotà traz uma ideia baseada na tutela da solidariedade prevista na legislação italiana:

> Esse dever de solidariedade nasce e deve nascer do fato de se sentir membro, com igual dignidade moral, daquele grande organismo que é a sociedade nacional; é o dever de se comportar de modo a não lesar os interesses de outros fora dos limites da legitima tutela do interesse próprio, de maneira que, não apenas o ato de emulação se resulta vetado, mas todos atos que não implicam o respeito equânime dos interesses dos terceiros, todos atos de exercício de direito que, na exclusiva e incivilizada busca do interesse próprio, atinge o interesse público à coordenação da esfera individual.[161]

Nesse sentido, argumenta-se que as obrigações decorrentes da solidariedade seriam incompatíveis com a lógica de mercado, uma vez que o contexto mercadológico seria caracterizado pela busca racional da maximização de interesses egoísticos. Assim, qualquer descrição positiva da solidariedade envolveria uma crítica à racionalidade econômica.[162] Na mesma direção, Rodotà afirma que a solidariedade é incompatível com a lógica da lucratividade, possuindo íntima relação com a noção da gratuidade.[163] Seria incompatível porque, tanto a propriedade, quanto as relações de trocas comerciais são marcadas pelo afastamento e pela ruptura de vínculos pessoais. O direito de propriedade seria caracterizado pelo seu absolutismo, entendido como o poder *erga omnes* de ex-

---

157. ABBAGNANO, Nicola. *Dicionário de Filosofia*. 5. ed. São Paulo: Martins Fontes, 2007, p. 918.
158. GARRAFA, Volnei; SOARES, Sheila Pereira. O princípio da solidariedade e cooperação na perspectiva bioética. *Revista Bioethikos*, Centro Universitário São Camilo, v. 7(3), 2013, p. 248.
159. KHUSHF, George. Solidarity as a moral and political concept: beyond the liberal/communitarian impasse. In: BAYERTZ, Kurt (Ed.). *Solidarity*. Dordrecht: Kluwer Academic Publishers, 1999, p. 62.
160. KHUSHF, George. Solidarity as a moral and political concept: beyond the liberal/communitarian impasse. In: BAYERTZ, Kurt (Ed.). *Solidarity*. Dordrecht: Kluwer Academic Publishers, 1999, p. 62.
161. RODOTÀ, Stefano. *Solidietà*: un`utopia necessaria. Roma: Editori Laterza, 2014, p. 40.
162. KHUSHF, George. Solidarity as a moral and political concept: beyond the liberal/communitarian impasse. In: BAYERTZ, Kurt (Ed.). *Solidarity*. Dordrecht: Kluwer Academic Publishers, 1999, p. 65.
163. RODOTÀ, Stefano. *Solidietà*: un`utopia necessaria. Roma: Editori Laterza, 2014, p. 68-69.

cluir terceiros de interferências não autorizadas aos objetos de sua titularidade. Veja-se, portanto, que a propriedade é marcada pela exclusão. No mesmo sentido, as relações obrigacionais que visam a transferência onerosa de bens têm por objetivo precípuo o adimplemento da maneira mais eficaz e célere possível. Se se obrigar implica a criação de vínculos, o adimplemento implica a ruptura desses vínculos e o afastamento dos sujeitos envolvidos na relação obrigacional. Assim, a solidariedade seria incompatível porque se caracterizaria pela formação de vínculos duradouros, fundados na ideia de reconhecimento e reciprocidade, noções determinantes para a criação de um senso de comunidade que vincula as pessoas de modo perene.

A ideia de solidariedade se relaciona e intersecciona com diversos outros termos correlatos, como caridade, compaixão, fraternidade, filantropia, altruísmo, dentre outros. Enquanto Volnei Garrafa e Sheila Soares buscam trazer alguma autonomia conceitual a estes vocábulos, sem contudo alcançar precisão analítica,[164] Stefano Rodotà pressupõe a equivalência entre fraternidade e solidariedade, sendo a primeira relacionada a um enfoque moral e a segunda a um enfoque jurídico. No debate sobre comodificação do corpo humano e seus elementos, o termo mais comumente utilizado para justificar a sua incorreção moral e jurídica se refere ao altruísmo – razão pela qual será dado um enfoque a esse termo. Nesse sentido, Philippe Kourilsky tenta trazer alguma precisão conceitual ao substantivo em análise:

> A invenção da palavra "altruísmo" é atribuída a Auguste Comte, nos anos 1850. Para ele, o altruísmo era uma forma de amor ao mesmo tempo instintiva e pensada, expressa em "atos de afeto" ou em "viver para o outro". Segundo Comte, como atitudes altruístas são, por natureza, as únicas desinteressadas, a moralidade poderia se fundamentar nas emoções. Seria um tipo de "religião da gentiliza", tese que, na época, teve certo impacto, mas que hoje caiu em total esquecimento. Porém, as definições nos dicionários ainda mostram um resquício dessa tese. Segundo o Larousse, o altruísmo é "amor desinteressado pelo outro"; para o Robert: "predisposição para se interessar e se sacrificar pelo outro".[165]

Assim, pode-se concluir que a noção de altruísmo, muitas vezes formulada a partir do seu suposto antônimo, o egoísmo, é uma das maneiras de se exercer a solidariedade. Pode-se, portanto, afirmar que o altruísmo é uma espécie do gênero solidariedade, pois também tem por finalidade o reconhecimento das necessidades de outras pessoas com base em valores comunitários, afastando-se comportamentos egoísticos. A diferença residiria na intenção ou motivação, uma vez que o altruísmo pressupõe uma ação desinteressada.

A ideia da solidariedade e das relações de doação como fundamentais para a formação de vínculos e o surgimento de um senso de retribuição fica evidente nos influentes estudos de Marcel Mauss sobre as dádivas nas sociedades primitivas.[166] Mauss realiza sua análise com base nos sistemas de trocas gratuitas em sociedades primitivas da Polinésia, Melanésia e do noroeste americano. Em síntese, o antropólogo francês indica que essas

---

164. GARRAFA, Volnei; SOARES, Sheila Pereira. O princípio da solidariedade e cooperação na perspectiva bioética. *Revista Bioethikos*, Centro Universitário São Camilo, v. 7(3), 2013, p. 250-252.

165. KOURILSKY, Philippe. *O manifesto do altruísmo*. Tradução de Luana Pagin. Rio de Janeiro: Elsevier, 2012, p. 18.

166. Cf. MAUSS, Marcel. *Ensaio sobre a dádiva*. Tradução de António Filipe Marques. Lisboa: Edições 70, 2019.

relações de dádiva estabelecidas entre diferentes clãs e tribos seria marcada pela obrigação de dar, receber e retribuir. Ao invés de interpretar as relações de trocas gratuitas como simples escambos, Mauss identifica que a relação de dádiva envolve uma dimensão moral e uma expectativa de retribuição que se aproxima do conceito de crédito: [167]

> Propondo a superação de um ponto de vista economicista, Mauss observa que os bens em circulação são inseparáveis de seus proprietários, não se confundindo com objetos utilitários. Segundo o autor, as coisas possuem uma substância moral própria, alma ligada à matéria espiritual do doador, que tende a retornar ao seu antigo dono que, ao doá-la, também se doa. Há, portanto, uma virtude que compele as dádivas a circularem, sendo a própria coisa dada uma garantia de sua retribuição. Longe de inertes, os objetos das prestações são dotados de agência e intencionalidades, de modo que a circulação das coisas, pessoas e serviços mobiliza também uma troca constante de matéria espiritual ou *hau*. Nesse sistema, almas, pessoas e coisas se misturam; tudo pode ser objeto de troca e nada pode ser recusado.[168]

Nesse sentido, a grande contribuição de Mauss para o debate da comodificação foi no sentido de evidenciar que as relações de dádiva também envolvem uma expectativa de retribuição, podendo ser compreendida como uma espécie de crédito que o doador possui face a quem recebe.[169] Assim, as relações de doação também podem se afastar da ideia de uma gratuidade pura, envolvendo noções como contraprestação, retribuição, crédito e, até mesmo, podendo ser permeadas por relações de domínio e poder.[170]

Dois aspectos merecem ser levantados sobre as conclusões alcançadas no "ensaio sobre a dádiva". Primeiro, partindo do pressuposto de que as relações de doação envolvem uma expectativa de retribuição, torna-se possível explicar a fragilidade dos sistemas de doação de órgãos, sangue e gametas em países como o Brasil. Como estão inseridos em um sistema universal de saúde, a doação tem um caráter impessoal. Doa-se a um estranho sem saber se, em caso de necessidade futura, haverá a retribuição. Para que um modelo dessa estirpe funcione, deve haver na comunidade um senso de pertencimento, confiança e estabilidade social, para que se tenha a segurança de que futuramente, caso haja a necessidade, haverá a disponibilidade desses bens. O segundo aspecto que pode ser levantado diz respeito ao suposto valor intrínseco que as relações de doação possuem. Haveria um fundamento ético para se preferir relações de dádiva às relações de comércio? O fundamento, como argumentado alhures, parte da ideia de que a solidariedade envolvida nessas relações cria um sentimento de comunidade e permite a vinculação entre seus membros. A questão que permanece é a seguinte: por que é preferível uma vinculação com base na retribuição de uma doação? Os motivos para tal diferenciação ainda se mostram pouco evidentes.

---

167. SERTÃ, Ana Luísa; ALMEIDA, Sabrina. Ensaio sobre a dádiva. In: PEIXOTO, Fernanda Arêas; BAILÃO, André. *Enciclopédia de Antropologia*. São Paulo: Universidade de São Paulo, Departamento de Antropologia, 2016, s.p.
168. SERTÃ, Ana Luísa; ALMEIDA, Sabrina. Ensaio sobre a dádiva. In: PEIXOTO, Fernanda Arêas; BAILÃO, André. *Enciclopédia de Antropologia*. São Paulo: Universidade de São Paulo, Departamento de Antropologia, 2016, s.p.
169. Pegue-se o singelo exemplo dos presentes de aniversário em uma família. Se o primeiro aniversariante recebe o presente dos seus irmãos, imediatamente cria-se uma expectativa familiar de retribuição desse presente, além de uma expectativa por parte dos irmãos em receber um presente similar nos respectivos aniversários.
170. FROW, John. Gift and Commodity. In: FROW, John. *Time & Commodity Culture*: essay in cultural theory and postmodernity. Oxford: Claredon Press, 1997, p. 102-109.

CAPÍTULO III • A COMODIFICAÇÃO DE GAMETAS HUMANOS

O argumento da eliminação do altruísmo e da deterioração dos laços comunitários foi mais bem desenvolvido em obra seminal de Richard Titmuss.[171] Em seu livro, o antropólogo britânico aborda a relação de doação utilizando como estudo de caso os modelos de obtenção e transferência de sangue vigentes nos Estados Unidos e na Inglaterra. O estudo, realizado na década de 1970, traz conclusões surpreendentes. Na época do estudo, havia um cenário com alta demanda de sangue para transfusão, especialmente em razão dos desenvolvimentos biotecnológicos e das novas técnicas de transplante de órgãos. Nos Estados Unidos havia um modelo calcado na obtenção de sangue por meio da compensação econômica. Pessoas – especialmente homens negros, solteiros, abaixo dos 30 anos, de classe média-baixa e com vulnerabilidades – que se dispunham a ceder o sangue a bancos privados, recebiam uma pequena compensação pelo ato. Por outro lado, no Reino Unido, o modelo de doação era conduzido pelo Serviço Nacional de Saúde com uma proposta universalista e altruísta, sendo vedado qualquer tipo de compensação. O perfil dos doadores também se mostrava distinto, uma vez que era formado majoritariamente por homens mais velhos, com uma melhor remuneração e que não se encontravam em situação de vulnerabilidade.[172]

Há uma tendência, especialmente partindo do instrumental teórico da economia, de se supor um aumento da oferta nos casos em que haja incentivos financeiros para tanto. Afinal, partindo do pressuposto de que as pessoas são seres egoísticos, movidos à base de interesses individuais, uma recompensa para a realização de determinado ato deveria ter como consequência necessária o aumento da oferta. Esse é, afinal, o sentido da famosa passagem de Adam Smith: "Não é da benevolência do açougueiro, cervejeiro ou padeiro que esperamos nosso jantar, mas da preocupação por seu interesse. Dirigimo-nos não à sua humanidade, mas ao seu amor-próprio, e nunca lhes falamos de nossas necessidades, mas das vantagens deles".[173] Não obstante, a pesquisa de Titmuss surpreende porque rechaça essa hipótese, especialmente em relação à deterioração de valores comunitários e parâmetros éticos:

> Do nosso estudo do mercado privado de sangue nos Estados Unidos, concluímos que a comercialização do sangue e da relação de doação reprime a expressão do altruísmo, erode o senso de comunidade, diminui os padrões científicos, limita a liberdade pessoal e profissional, penaliza o lucro dos hospitais e laboratórios clínicos, sujeita áreas críticas da medicina às leis de mercado, aloca imensos custos sociais sobre aqueles menos aptos a suportá-los – o pobre, o doente, o inepto –, aumenta o perigo de comportamentos antiéticos em vários setores da prática e ciências médicas, bem como resulta em situações em que, proporcionalmente, mais e mais sangue é fornecido pelos pobres, desqualificados, desempregados, negros e outros grupos de baixa renda, além de categorizar populações humanas exploradas pela alta produção de sangue.[174]

---

171. TITMUSS, Richard. *The gift relationship*: from human blood to social policy. New York: New Press, 1997.

172. TITMUSS, Richard. *The gift relationship*: from human blood to social policy. New York: New Press, 1997, p. 163-172; 189-192.

173. SMITH, Adam. *A riqueza das nações:* uma investigação sobre a natureza e as causas da riqueza das nações. Tradução de Norberto de Paula Lima. 3. ed. Rio de Janeiro: Editora Nova Fronteira, 2017, p. 63-64.

174. TITMUSS, Richard. *The gift relationship*: from human blood to social policy. New York: New Press, 1997, p. 314, tradução nossa.

Mesmo em uma análise de eficiência econômica, Titmuss critica o modelo americano, uma vez que haveria grande desperdício de sangue, escassez crônica e aguda, seria administrativamente ineficiente, além de gerar maior burocratização e sobrecarga contábil, administrativa e computacional. Em uma análise de custo por unidade de sangue ao paciente, seria de cinco a quinze vezes mais custoso que o sistema voluntário britânico. Por fim, em termos de qualidade, o modelo americano seria muito mais suscetível a distribuir sangue contaminado, com risco substancialmente maior de doença e morte do paciente.[175]

Ainda que haja grande ceticismo por parte de renomados autores frente aos resultados acima descritos, não é difícil perceber as razões para o grande impacto obtido com a publicação dos estudos do Richard Titmuss.[176] O antropólogo britânico apresenta um robusto contraponto à hipótese da comodificação universal, a qual traduz todos os fenômenos da vida sob a retórica econômica, apresentando o mercado como a panaceia para todos os complexos problemas da sociedade. A tese de Titmuss é amplamente amparada em dados empíricos e possui análise minuciosa do problema, seja da perspectiva antropológica e ética, seja da perspectiva do pragmatismo econômico. A sua conclusão, como se percebe do excerto colacionado, é incisiva: a comodificação de sangue não se sustenta sob nenhum argumento racional. Além de ser ineficiente, gerando o desperdício de sangue e o aumento dos custos, seria também perigosa, uma vez que potencializaria a chance de obtenção de sangue contaminado. De mais a mais, um mercado de sangue teria como característica o fortalecimento da vulnerabilidade de certos grupos sociais, especialmente de negros e pobres, gerando uma situação de desigualdade e exploração. Por fim, a degradação do senso de comunidade e a derrocada do altruísmo seriam as consequências mais nefastas do mercado de sangue. Seu livro é, em última análise, um estudo de caso para comprovar os efeitos nocivos da eliminação das relações de doação, identificando o corpo e seus elementos como a última barreira para o avanço constante e irrestrito do mercado.

Muitos dos argumentos aventados por Richard Titmuss serão retomados posteriormente, visto que se relacionam a danos diretos à pessoalidade. Neste momento, buscar-se-á analisar a proposição fundamental defendida por Titmuss, no sentido de que a comodificação de sangue – aqui também se aplicando, por analogia, aos gametas humanos – elimina a possibilidade de altruísmo e rompe com os vínculos de comunidade, devendo tal prática, portanto, ser rechaçada. O antropólogo percebe o corpo como a última barreira contra a expansão e dominação da lógica econômica: "Se dólares ou libras compram sangue, então isso também pode ser aceitável para uma miríade de outras atividades e relações humanas. Economistas podem fragmentar sistemas e valores, outras pessoas, não".[177] Dessa maneira, pode-se perceber que o autor adere à teoria

---

175. TITMUSS, Richard. *The gift relationship*: from human blood to social policy. New York: New Press, 1997, p. 314, tradução nossa.

176. Nesse sentido, veja-se o debate entre Kenneth Arrow e Peter Singer: ARROW, Kenneth J. Gifts and Exchanges. *Philosophy & Public Affairs*, v. 1, n. 4, 1972, p. 343-362; SINGER, Peter. Altruism and Commerce: a defense of Titmuss against Arrow. *Philosophy & Public Affairs*, v. 2, n. 3, 1973, p. 312-320.

177. TITMUSS, Richard. *The gift relationship*: from human blood to social policy. New York: New Press, 1997, p. 263, tradução nossa.

do dominó, no sentido de que o mercado possui a tendência de expansão e dominação irrefreável, eliminado ou corrompendo os demais valores comunitários.

Com base nesse pressuposto, Titmuss busca investigar qual é o papel das escolhas de políticas públicas para o fortalecimento ou enfraquecimento do altruísmo e outros valores relevantes para uma dada comunidade política:

> Colocado de outra forma, queríamos saber se esses instrumentos ou instituições positivamente criaram áreas de conflito moral para a sociedade ao prover e estender oportunidades de altruísmo em oposição ao egoísmo possessivo do mercado. Se a oportunidade de se comportar altruistica-mente – de exercitar a escolha moral de doar de maneira não monetária a estranhos – é um direito humano essencial, então esse livro é também sobre a definição de liberdade. Deveriam os homens ser livres para vender sangue? Ou deveria essa liberdade ser restringida para permiti-los doar ou não sangue? E, se essa liberdade é primordial, não temos que considerar instituições de políticas sociais como agentes de oportunidades altruísticas e, então, como geradoras de conflitos morais – e não simplesmente como instrumentos utilitaristas de bem-estar?[178]

As contundentes perguntas de Richard Titmuss são respondidas de maneira afirmativa. Para que haja a possibilidade moral do altruísmo, caberia às instituições sociais criar momentos, lugares e situações para o exercício desse altruísmo. Se tudo é destinado ao mercado e à sua racionalidade, não haveria espaço para o desenvolvimento de um senso de comunidade, da criação de vínculos sociais que são formados por meio da doação e da solidariedade. Contudo, Titmuss baseia grande parte do seu argumento nas motivações que as pessoas possuem ao vender ou doar sangue, chegando, inclusive, a analisar pesquisas empíricas sobre a questão. A sua ideia se baseia na compreensão de que se uma doação de sangue é feita de maneira altruísta, incentiva-se valores comunitários calcados na solidariedade, sem espaço para motivações egoísticas. O mesmo aconteceria no sentido contrário: aquele que opta por vender o sangue, faria por motivos puramente egoísticos, afastando-se de quaisquer outras motivações.

Nesse aspecto, a presente pesquisa se afasta dos pressupostos e conclusões de Titmuss, tanto em relação à teoria do dominó, quanto em relação à impossibilidade de motivações múltiplas e, muitas vezes, conflitantes. Pegue-se como exemplo o caso do sistema de obtenção e transferência de sangue presente nos Estados Unidos, amplamente analisado pelo antropólogo. Os Estados Unidos são notadamente marcados por uma postura liberal-utilitária, engendrando diversas maneiras de comercialização de sangue, sendo a mais comum o pagamento direto e em dinheiro pela disposição.[179] Assim, seria

---

178. TITMUSS, Richard. *The gift relationship*: from human blood to social policy. New York: New Press, 1997, p. 59, tradução nossa.

179. Em sua análise acerca da tipologia dos doadores americanos, Titmuss elenca oito tipos de doadores: (i) *Doador pago* – aquele que vende ocasionalmente o sangue pelo preço estipulado pelo mercado; (ii) *Doador profissional* – aquele que vende regularmente o sangue; (iii) *Doador voluntário induzido pelo pagamento* – aquele que recebe um pagamento em dinheiro, mas alega não ser motivado primariamente pelo dinheiro; (iv) *Doador pela taxa de responsabilidade* – aquele que recebe doação de sangue e fica obrigado a retribuir por meio de doação ou pagamento; (v) *Doador por crédito familiar* – aquele que se predispõe a fazer uma doação de sangue por ano em troca de um seguro de sangue anual para sua família; (vi) *Doador voluntário cativo* – aquele que é subordinado à autoridade que exige a doação; (vii) *Doador voluntário com benefícios marginais* – aqueles que doam induzidos

uma evidência lógica a conclusão de que, após décadas de vigência do sistema de "doação remunerada" de sangue, não houvesse mais espaço para a doação altruísta. Os ataques de onze de setembro às Torres Gêmeas e ao Pentágono demonstraram o contrário.

Horas após os atentados terroristas ao *World Trade Center* e ao Pentágono, diversas instituições públicas emitiram comunicados à população estadunidense urgindo a doação de sangue em massa. Naquele momento não era possível precisar quantas pessoas haviam sido feridas e precisariam de transfusão de sangue. Imediatamente, milhares de pessoas se dispuseram a doar o sangue de maneira altruísta, esperando horas em extensas filas para efetivar a doação. Muitas pessoas chegaram a dormir nas filas de espera após o fechamento dos centros de coleta e os hospitais tiveram dificuldade para encontrar profissionais treinados para lidar com a coleta, testagem e armazenamento do volume de sangue obtido. Esse movimento não se restringiu à Nova York e Washington, espalhando-se por todo os Estados Unidos. Nas semanas seguintes ao Onze de Setembro, mais de 475 mil unidades foram coletadas para as vítimas, mas apenas 285 unidades foram utilizadas para essa finalidade, havendo a necessidade de descartar grande parte do sangue coletado.[180]

Se a comercialização do sangue elimina a possibilidade do altruísmo, conforme hipótese apresentada por Titmuss, como explicar esse imediato senso de comunidade e solidariedade que emergiu após os atentados terroristas de onze de setembro de 2001? Nessa ocasião, havia uma oportunidade evidente de maximizar interesses pessoais e lucrar com a alta e repentina demanda por sangue. Contudo, mesmo após décadas do sistema de comercialização de sangue, a possibilidade do altruísmo demonstrou permanecer em aberto. Obviamente há várias hipóteses para esse movimento. Uma primeira hipótese seria decorrente do arraigado sentimento nacionalista da sociedade estadunidense que pode ser interpretada como o único valor acima da liberdade. Assim, o atentado à nação norte-americana seria um dos poucos motivos capazes de fazer com que a população renunciasse à maximização de interesses individuais em prol de interesses coletivos. Outra hipótese, não necessariamente excludente, seria a coexistência de motivações múltiplas para a realização dos atos. Assim, quando alguém opta por doar, pode ser que haja motivações para além do altruísmo puro, como um senso de dever para com a sociedade, uma expectativa de necessidade futura, dentre outras. Da mesma maneira, quando alguém opta por comercializar o sangue, pode ser que haja motivações para além de interesses egoísticos ou econômicos, como o desejo de ajudar outras pessoas.

Pesquisas sobre as motivações para doação de materiais de origem humana corroboram para essa segunda hipótese. Em pesquisa realizada com vinte casais sobre as

---

pela expectativa de benefícios não monetários; (viii) *Doador voluntário da comunidade* – aquele que é movido por sentimento de coletividade e altruísmo puro. Curioso perceber que a classificação apresentada por Titmuss corrobora com a tese da comodificação incompleta, uma vez que evidencia os diversos graus possíveis de comodificação do sangue, não sendo uma definição do tipo tudo ou nada. TITMUSS, Richard. *The gift relationship*: from human blood to social policy. New York: New Press, 1997, p. 129-141.

180. WALDBY, Catherine; MITCHELL, Robert. *Tissue economies*: blood, organs and cell lines in late capitalism. London: Duke University Press, 2006, p. 1-2.

experiências vivenciadas nos programa de doação compartilhada de oócitos, Eric Blyth narra que onze casais apontaram o desejo de ajudar outros casais e a eles mesmos como a principal motivação para participar do programa. Outros seis casais indicaram motivações inicialmente ou predominantemente financeiras, mas também o desejo de ajudar outras pessoas. Um casal citou especificamente a necessidade de obter rapidamente os gametas, ao passo que os dois últimos casais informaram que a motivação principal era somente financeira.[181]

No mesmo sentido, Guido Penning e colegas realizaram minucioso estudo empírico com dados coletados com voluntárias de onze países europeus que estavam participando de programas de doação de óvulos. O estudo apresenta diversas informações sócio demográficas, bem como características relacionadas à fertilidade. Não obstante, os dados mais relevantes são aqueles relacionados às motivações das doadoras, as quais variam de maneira substancial entre motivações puramente altruístas, puramente financeiras, destinadas ao tratamento pessoal, bem como combinações dessas razões. As diferenças percentuais decorrem, sobretudo, das diferenças regulatórias dos países da União Europeia, os quais permitem em graus diferentes as compensações econômicas pelas doações de gametas. De todo modo, pode-se perceber que motivações concomitantemente altruístas e financeiras possuem grande ocorrência, especialmente em países com uma legislação mais permissiva ao pagamento compensatório às doadoras de óvulos, como a Espanha – onde motivações altruístas e financeiras correspondem a 56,6% do total dos casos analisados:[182]

	Altruísmo	Tratamento	Financeiro	Altruísmo + Tratamento	Altruísmo + Financeiro	
Bélgica	86,2	0,0	1,5	0,0	12,3	%
Tchéquia	48,8	0,0	5,3	0,0	45,9	%
Finlândia	88,7	0,0	0,7	0,7	9,9	%
França	100	0,0	0,0	0,0	0,0	%
Grécia	28,9	4,0	39,5	0,0	27,6	%
Polônia	58,9	3,2	0,0	23,2	14,7	%
Portugal	76,3	0,0	4,1	0,0	19,6	%
Rússia	18,2	0,0	52,3	0,0	29,5	%
Espanha	30,4	0,0	19,1	0,0	56,5	%
Inglaterra	30,0	20	0,0	47,3	2,7	%
Ucrânia	12,9	0,0	28,3	0,0	58,8	%
Todos	47,8	2	10,8	5,4	33,9	%

Tabela 6 – Motivações de doadoras de óvulos em países europeus[183]

---

181. BLYTH, Eric. Patient experiences of an 'egg sharing' programme. *Human Fertility*, v. 7, n. 3, 2004, p. 158.
182. PENNINGS, Guido et al. Socio-demographic and fertility-related characteristics and motivations of oocyte donors in eleven European countries. *Human Reproduction*, v. 29, n. 5, 2014, passim.
183. PENNINGS, Guido et al. Socio-demographic and fertility-related characteristics and motivations of oocyte donors in eleven European countries. *Human Reproduction*, v. 29, n. 5, 2014, p. 1082.

No mesmo sentido, observam-se os estudos de Javaad Zargooshi sobre o sistema de doação remunerada de rins sem parentesco no Irã. Mesmo narrando uma grande dificuldade de encontrar os participantes desse modelo de mercado regulado de comercialização de rins, 150 doadores conseguiram ser localizados e, dentre eles, 100 se enquadravam no critério da pesquisa, qual seja, que a cirurgia houvesse sido realizada há dois ou mais anos. Em relação à motivação para a doação, para 43% dos entrevistados foi exclusivamente financeira, para 40% foi financeira com um fator menor de altruísmo, para 5% foi altruísta com um fator menor financeiro e para 3% foi apenas altruísmo.[184] Ou seja, mesmo em um controverso sistema de compra e venda de órgãos, em que há espaço para negociações diretas entre os envolvidos, há a possibilidade de motivações altruístas e econômicas coexistirem.[185]

De mais a mais, condicionar a correção de um ato à motivação puramente altruísta parece ser uma argumentação derivada de uma moralidade sacrossanta ou de uma agência fundada na noção kantiana de racionalidade pura. Afinal, o que significa agir com uma motivação altruísta? Se, partindo de uma concepção cristã, significa o desprendimento de interesses pessoais e egoísticos com a finalidade de ajudar e reconhecer o outro como um igual, percebe-se que, mesmo em sistemas em que se proíbe a comodificação do corpo, as motivações para doar são variadas. O próprio estudo de Richard Titmuss aponta nessa direção. Ao analisar as motivações dos doadores de sangue no Reino Unido, o antropólogo encontrou as seguintes respostas – aqui reunidas em grupos mais amplos para melhor compreensão do argumento: altruísmo (26,4%); gratidão pela boa condição de saúde (1,4%); reciprocidade (9,8%); reposição do sangue utilizado (0,8%); consciência da necessidade de sangue (6,4%); dever (3,5%); esforço de guerra (6,7%); membros do Serviço de Defesa (5%); tipo sanguíneo raro (1,1%); obtenção de algum benefício (1,8%); apelo pessoal (13,2%); apelo geral (18%); outras razões (5%); mais de uma resposta dada (0,9%).[186] Assim, percebe-se que mesmo no espectro da doação pura e altruísta, em modelos em que qualquer tipo de comercialização é vedada, há espaço para motivações divergentes e coexistentes.

Por outro lado, se o requisito do altruísmo é compreendido no sentido de um dever moral incondicionado, o fato de se permitir a comodificação não altera essa obrigação. Pelo contrário, se alguém, mesmo com todas as contingências, desejos e incentivos a vender gametas, ainda assim decide por doar porque acredita que é o que o certo a se fazer, pode-se concluir que tal ação foi realizada de maneira racional e ética. Afinal, a teoria kantiana, frequentemente utilizada para refutar a comodificação do corpo humano, uma vez que seria uma prática violadora do imperativo categórico, impõe não apenas a obrigação de se fazer algo *conforme o dever*, mas de se fazer algo

---

184. ZARGOOSHI, Javaad. Iranian kidney donors: motivations and relations with recipients. *The Journal of Urology*, v. 165, 2001, p. 387.

185. Para uma compreensão do sistema de doação remunerada de rins no Irã, Cf. OLIVEIRA, Lucas Costa de. Mercado regulado de órgãos: el caso de Irán. *Revista de Bioética y Derecho*, v. 44, p. 73-88, 2018.

186. TITMUSS, Richard. *The gift relationship*: from human blood to social policy. New York: New Press, 1997, p. 293-302.

por dever.[187] A teoria kantiana pressupõe que a venda de uma parte do corpo violaria a fórmula da humanidade, tratando a pessoa somente como um meio para determinado fim – o que não ocorreria se o ato fosse realizado de maneira puramente altruísta. Nesse sentido, o dever moral de beneficência implicaria a correção ética da doação, ao mesmo tempo que a sua ausência implicaria a incorreção ética da comodificação. Assim, pode-se concluir que a motivação que fundamenta determinada ação pode levar (ou não) à violação do imperativo categórico.[188] Não obstante, como salienta Alpinar-Sencan, o conceito de atos altruístas ou beneficentes é bastante complicado:

> Por que a ênfase se dá apenas nas razões benéficas quando falamos sobre doação de órgãos? Podem haver outras razões e motivações, até mais fortes, para doar um órgão para os pais ou membros familiares, os quais não são limitadas à chamada razões "benéficas", como pressão familiar ou pública, um desejo de ser visto como herói, ou apenas amor (incluindo amor-próprio; não se sentir apto a viver sem o outro). Pode também haver razões benéficas para vender um órgão. Que tal um pai que oferece os seus órgãos à venda para conseguir dinheiro para realizar uma cirurgia para salvar a vida de seus filhos? Isso não é uma razão benéfica? Então, não é convincente o suficiente propor um argumento com base nessas razões benéficas para promover a doação e argumentar contra a venda.

Nesse sentido, entende-se que a possibilidade do altruísmo sempre existe em uma perspectiva kantiana, uma vez que a permissão da venda de gametas, por exemplo, não impede que as pessoas continuem doando de maneira pura e altruísta – se é que existe algo assim. Certamente, o contexto influencia a possibilidade do altruísmo, afinal, a ideia do livre-arbítrio como uma vontade absolutamente autônoma é uma invenção, como já propunham filósofos como Nietzsche, comprovado por recentes estudos de neurociência.[189] A autonomia é conformada pelo contexto e relações sociais, pela composição químico-biológica do cérebro humano, de tal maneira que se espera, ao menos, uma possibilidade de ruptura autêntica com os valores postos – afinal, como afirma Charles Taylor, as pessoas não estão presas em jaulas morais.[190] Nesse sentido, defender que a permissão da comercialização de gametas implica a eliminação da solidariedade e do altruísmo é defender tanto um determinismo social e moral, quanto a unidimensionalidade das motivações que impulsionam as condutas humanas.

Um último aspecto deve ser desenvolvido para a conclusão do argumento aqui apresentado. O ordenamento jurídico brasileiro tem sido interpretado de maneira a rechaçar qualquer tipo de comodificação do corpo humano, suas partes e "substâncias",

---

187. Bruno Torquato de Oliveira Naves explica a lógica desta dicotomia: "Agir por dever é guiar-se pela vontade, é uma escolha da razão. Agir conforme o dever, por uma inclinação natural, é deixar-se levar pela sensibilidade". NAVES, Bruno Torquato de Oliveira. *O direito pela perspectiva da autonomia privada*: relação jurídica, situações jurídicas e teoria do fato jurídico na segunda modernidade. 2. ed. Belo Horizonte: Arraes, 2014, p. 55. Para aprofundamento, cf. KANT, Immanuel. *Fundamentação da metafísica dos costumes*. Tradução de Paulo Quintela. Lisboa: Edições 70, 2011.
188. ALPINAR-SENCAN, Zumrut. Reconsidering Kantian arguments against organ selling. *Medical Health Care and Philosophy*, v. 19(1), 2015, p. 5-6.
189. Para um aprofundamento dessas ideias, cf. OLIVEIRA, Lucas Costa de. Além da liberdade: perspectivas em Nietzsche. *Revista Brasileira de Políticas Públicas*, v. 8, p. 178-191, 2018.
190. TAYLOR, Charles. *A ética da autenticidade*. Tradução de Talyta Carvalho. São Paulo: Editora É Realizações, 2011, p. 94-107.

como amplamente discutido nos capítulos anteriores. De mais a mais, a própria Constituição da República elenca a solidariedade como um dos seus objetivos precípuos. Assim, seria forçoso concluir que o Brasil representa uma nação em que há plena possibilidade de manifestações de solidariedade, cabendo a cada pessoa apenas escolher exercer ou não o altruísmo nas doações de órgãos, sangue, gametas e outros elementos corporais. Contudo, a análise de dados empíricos revela conclusão em sentido contrário.

O Relatório Brasileiro de Transplante de Órgãos do ano de 2019, por exemplo, demonstra um crescimento sensível, mas contínuo, na taxa de doadores por milhão da população (pmp). Contudo, mesmo com robustas campanhas midiáticas a nível nacional, o país ainda se encontra distante dos líderes mundiais em transplantes. Em 2018, em relação aos transplantes renais, o Brasil se encontrava na trigésima posição, com uma taxa de 29 pmp, ao passo que Espanha e Estados Unidos apresentavam uma taxa de 70,8 e 69,3 pmp respectivamente.[191] Em relação aos gametas, os dados apresentados na introdução desta pesquisa demonstram o triste cenário de escassez de óvulos e espermatozoides para reprodução humana assistida, o que leva a uma busca incessante de meios alternativos para exercer os direitos reprodutivos, como a importação, inseminações caseiras, mercado negro, dentre outros.

Ora, se mesmo com o incentivo jurídico e moral para a prática da doação de gametas, ainda há a escassez crônica, quais seriam as alternativas possíveis? Ao menos duas se mostram evidentes. A primeira aponta para a insistência das práticas altruístas como meio de se alcançar uma sociedade fundada em valores mais elevados, como a solidariedade e a justiça distributiva, ainda que essa alternativa cause danos diretos e imediatos aos envolvidos, impedindo o pleno exercício da autonomia procriativa, por exemplo. Trata-se de uma hipótese baseada em teorias ideais de justiça. A segunda alternativa, calcada em teorias não ideias de justiça, indica a possibilidade de se pensar em outras alternativas imediatas para que seja possível compatibilizar os diversos interesses em conflito, como o direito ao livre planejamento familiar e à autonomia privada, por um lado, e a busca por uma sociedade mais justa e igualitária, por outro. Assim, seguindo a posição de Margaret Radin adotada na presente pesquisa, nos casos de mercadorias contestadas, seja pela pluralidade interna ou externa de valorações, a regulação seria a maneira mais adequada de compatibilizar e adequar as diferentes motivações e valorações que podem existir sobre um mesmo bem social.

4.1.2   Justiça

A justiça, especialmente em sua relação com a equidade, também pode ser entendida como um dos valores comunitários que corre o risco de eliminação ou deterioração, caso seja instituído um mercado de gametas. Novamente, recorda-se que os valores mais importantes da comunidade política são aqueles erigidos à categoria de direitos

---

191. BRASIL. Associação Brasileira de Transplante de Órgãos. *Registro Brasileiro de Transplantes*, Ano XXV, n. 4, 2019, p.4. Disponível em: <https://bit.ly/3mYWpCF>. Acesso em 14 abr. 2021.

fundamentais e, nesse sentido, cabe destacar que a justiça também é elencada como um dos objetivos fundamentais da República Federativa do Brasil no já mencionado art. 3º. Convém evidenciar que, quando se refere à justiça nesse contexto da comodificação dos gametas humanos, refere-se à noção de justiça distributiva, entendida como a busca por princípios ou critérios que estabelecem "como uma sociedade ou grupo deve alocar seus recursos ou produtos entre indivíduos com necessidades e reivindicações conflitantes".[192]

Certamente, o conceito de justiça distributiva está longe de ser uniforme. Samuel Fleischaker, por exemplo, demonstra as vicissitudes do termo, evidenciando como a ideia de justiça distributiva variou conforme a evolução histórico-filosófica, apresentando finalidades e escopos bastante distintos – ainda que sob a mesma nomenclatura. Em relação aos princípios ou critérios que devem guiar a distribuição desses bens sociais, a diferença se mostra ainda mais substancial, variando em grande medida a depender dos pressupostos teórico-conceituais de cada proposta. Em razão da amplitude das teorias existentes, não haveria espaço para abordar, de maneira satisfatória, as diferentes vertentes de justiça distributiva. Assim, para a correta apresentação do argumento a ser desenvolvido, adotar-se-á uma concepção moderna e mais generalista, buscando delinear um núcleo central do conceito:

> "Justiça distributiva", em seu sentido moderno, impõe ao Estado a garantia de que a propriedade seja distribuída na sociedade de modo com que todos recebam certo grau de bens materiais. Debates sobre justiça distributiva tendem a se centrar na quantidade dos meios que devem ser garantidos e na quantidade de intervenção estatal necessária para que esses bens sejam distribuídos. Esses são assuntos relacionados. Se o nível de bens que todos devem ter é baixo o suficiente, pode ser que o mercado possa garantir uma distribuição adequada; se todos devem ter uma ampla gama de proteções para o bem-estar, o Estado pode precisar redistribuir os bens para corrigir as imperfeições de mercado; se o que todos devem ter é uma fração ideal de todos os bens, a propriedade privada e o mercado terão provavelmente que ser trocados por um sistema estatal de distribuição de bens. Justiça distributiva é, então, entendida como necessária para qualquer justificação dos direitos de propriedade, de modo que pode implicar a rejeição da propriedade privada.[193]

A noção de justiça distributiva adotada nesta pesquisa possui relação direta com um dos parâmetros apresentados por Debra Satz. Segundo a autora, um mercado deve ser considerado nocivo quando "enfraquece a estrutura social necessária para que as pessoas interajam como iguais, como indivíduos com igual posição e consideração".[194] Nesse sentido, para que as pessoas ocupem posições de igualdade, faz-se necessário que elas tenham as mesmas condições de acesso aos bens sociais que julguem ser mais importantes. Trata-se, portanto, de uma noção de justiça como equidade – aqui entendida em sentido amplo. Assim, o argumento contra a comodificação de gametas baseado na justiça distributiva pode ser apresentado, não sem alguma simplificação, pelo seguinte

---

192. FLEISCHACKER, Samuel. *A short history of distributive justice*. Cambridge: Harvard Press, 2004, p. 1.

193. FLEISCHACKER, Samuel. *A short history of distributive justice*. Cambridge: Harvard Press, 2004, p. 4-5, tradução nossa.

194. SATZ, Debra. *Why some things should not be for sale*: the moral limits of markets. New York: Oxford University Press, 2012, p. 97, tradução nossa.

silogismo: (i) os bens sociais devem ser distribuídos com base em critérios de justiça distributiva que garantam igualdade de oportunidades aos membros da comunidade política; (ii) um mercado regulado não representa um mecanismo apto a distribuir gametas humanos de forma justa e equânime; (iii) assim, deve-se proibir a comodificação de gametas.

A análise do argumento parte de uma constatação fática: no atual cenário brasileiro, a distribuição de gametas já é realizada com base em um critério predominantemente mercadológico. Embora haja, em tese, a proibição da comercialização de gametas, o crescimento vertiginoso da importação de óvulos e esperma demonstra que apenas quem possui mais recursos financeiros tem acesso imediato à matéria-prima da reprodução humana assistida. O sistema de transferência de gametas baseado em doações altruístas não consegue suprir a demanda, como se percebe da pouca presença de bancos de gametas em território nacional, especialmente bancos públicos. Como consequência desse contexto, observa-se que as oportunidades de efetivação de um livre planejamento familiar se encontram longe de condições de igualdade, tornando-se um direito restrito a classes mais abastadas. Por outro lado, famílias vulneráveis e com menos recursos financeiros acabam por depender do Sistema Único de Saúde que, embora tenha toda a competência e qualidade para gerir esses recursos, depende da solidariedade de pessoas que estejam aptas a doar gametas. Se, no caso da doação de esperma, o processo é simples e rápido, no caso da doação de óvulos a situação é mais complexa, exigindo um grande dispêndio de energia, tempo e saúde da mulher doadora.

Passada a fase de constatação fática, torna-se possível a apresentação de propostas para superar a objeção da injustiça. Ora, como argumentado anteriormente, um mercado regulado torna possível a compatibilização de vários interesses e valores, podendo aumentar a oferta de gametas em território nacional ao mesmo tempo que permite um acesso mais amplo aos direitos reprodutivos. A partir desse momento, passa-se a analisar quatro possíveis propostas, sem a pretensão de esgotar as infinitas possibilidades de regulação. A primeira, muito debatida dentro da temática do mercado regulado de órgãos e tecidos humanos, diz respeito à criação de um monopsônio em que o Estado é o único comprador e o responsável pela distribuição gratuita conforme critérios pre-estabelecidos, como necessidade e prioridade.[195] Nesse modelo haveria uma tendência de se obter um aumento na oferta de gametas, uma vez que haveria incentivo econômico para a disposição, criando um robusto sistema de bancos de gametas públicos. Assim, afastar-se-ia a objeção de que somente pessoas com recursos financeiros teriam oportunidade de realizar um planejamento familiar baseado na reprodução assistida, tornando possível um cenário mais próximo ao de igualdade de oportunidades. Obviamente, outras críticas poderiam ser feitas, como a indagação acerca de quem seriam os doadores ou vendedores – críticas que serão aprofundadas nos próximos tópicos, uma vez que se referem a danos direcionados às pessoas envolvidas, e não aos valores em si.

---

195. Cf. ERIN, Charles; HARRIS, John. An ethical market in human organs. *Journal of Medical Ethics*, n. 29, 2003; p. 137-138.

CAPÍTULO III • A COMODIFICAÇÃO DE GAMETAS HUMANOS

Uma segunda alternativa possível seria a regulação do mercado de gametas com a exigência de transferência de parte dos gametas produzidos aos bancos de gametas públicos. Nesse modelo de regulação haveria a permissão da compra e venda de gametas entre particulares sob critérios determinados pela legislação, mas com o dever legal de efetivar a doação de uma parcela dos gametas produzidos aos bancos de gametas geridos pelo poder público. Um modelo estruturado nesses moldes teria como resultado um acréscimo na oferta de gametas em território nacional, evitando-se a necessidade de se recorrer a bancos estrangeiros, bem como uma afirmação de autonomia entre os particulares envolvidos nas transações privadas, mas com o fortalecimento dos bancos de gametas públicos que continuariam a ser distribuídos conforme critérios de justiça distributiva para além das regras de mercado. Essa proposta conseguiria, em alguma medida, compatibilizar interesses pessoais e egoísticos, no sentido de efetivar projetos individuais, mas com a imposição de compartilhamento de gametas, o que levaria a uma situação de solidariedade – ainda que compulsória.

Uma terceira alternativa aventada seria fundada em princípios distributivos puramente econômicos, aproximando-se de uma visão mercadológica – a qual foi rechaçada ao longo desta pesquisa. Segundo essa perspectiva, seria reconhecida a permissibilidade do mercado de gametas, de forma próxima ao livre mercado, de tal maneira que traria como consequência lógica o aumento da oferta e do número de biobancos existentes, bem como a diminuição dos preços, o que tornaria os gametas humanos produtos mais acessíveis à toda população. Embora tal hipótese possa parecer absurda e reducionista para muitos, entende-se que ainda representa uma alternativa melhor do que a situação contraditória que existe atualmente no contexto brasileiro, em que se apresenta um discurso proibitivo e moralista contra a comodificação de gametas, mas, na realidade, são difundidas diversas práticas que possuem como principal consequência a distribuição desigual e baseada puramente na capacidade econômica.

Uma pequena alteração nessa última hipótese pode torná-la mais atrativa e coerente com as demandas de justiça distributiva. Como se argumentou acima, um mercado de gametas humanos teria como consequência provável o aumento na oferta e a diminuição dos preços. Não obstante, ainda haveria alguma possibilidade de pessoas em situação de vulnerabilidade não conseguirem obter os gametas e terem seus direitos reprodutivos tolhidos. Assim, uma alternativa possível seria impor ao Estado o dever de fornecer a essas pessoas os gametas necessários para a implementação das técnicas de reprodução humana assistida, uma vez que o direito ao livre planejamento familiar é um direito fundamental.[196] Inclusive, como previsto pela Lei de Planejamento Familiar, em seu art. 5º, "é dever do Estado, através do Sistema Único de Saúde, em associação, no que couber, às instâncias componentes do sistema educacional, promover condições e

---

196. Art. 226. A família, base da sociedade, tem especial proteção do Estado. [...] § 7º Fundado nos princípios da dignidade da pessoa humana e da paternidade responsável, o planejamento familiar é livre decisão do casal, competindo ao Estado propiciar recursos educacionais e científicos para o exercício desse direito, vedada qualquer forma coercitiva por parte de instituições oficiais ou privadas. BRASIL. *Constituição da República Federativa do Brasil de 1988*. Disponível em: <http://bit.ly/2zaHKw2>. Acesso em 29 ago. 2021.

recursos informativos, educacionais, técnicos e científicos que assegurem o livre exercício do planejamento familiar".[197]

Assim, pode-se concluir que a adequada regulação de um mercado de gametas, a qual pode ser realizada de diversas maneiras e com base em diferentes critérios de justiça distributiva, é capaz de conciliar visões e objetivos conflitantes, ocasionando uma situação de ganha-ganha entre todos os envolvidos.

4.2 Comodificação e pessoalidade

A presente investigação apresenta a hipótese de que os gametas humanos podem ser compreendidos como objetos de propriedade inseridos em um mercado regulado com base em parâmetros éticos, desde que não viole o livre desenvolvimento da pessoalidade e os valores mais importantes da comunidade política. Como argumentado ao longo desta pesquisa, entende-se que, para plena emergência da pessoalidade, possibilitando a cada pessoa se tornar aquilo que escolha ser, faz-se necessário a presença de certos atributos, quais sejam, autonomia, alteridade e dignidade.[198] Apesar da importância desses atributos para a emergência da pessoalidade, com a finalidade de tornar mais eficiente a análise da correção ética de um mercado regulado de gametas, optou-se por partir das propostas apresentadas por Stephen Wilkinson e Debra Satz.[199] A escolha ocorre por diversas razões. Primeiro, são teorias que se mostram compatíveis com a tese da comodificação incompleta, desenvolvida por Margaret Radin e adotada nesta pesquisa como marco teórico, uma vez que ambos defendem a possibilidade da criação de mercados regulados sobre mercadorias contestadas, especialmente aquelas relacionadas ao corpo humano, quando não houver a violação dos parâmetros apresentados. Segundo, a análise realizada por meio de critérios mais específicos torna a investigação mais precisa, clara e aplicável, evitando-se objeções no sentido de obscuridade ou abstração do argumento.

A partir de uma combinação dos parâmetros apresentados por Wilkison e Satz, optou-se por analisar a permissividade ética de um mercado regulado de gametas humanos a partir de quatro critérios fundamentais: (i) Exploração; (ii) Coerção (iii); Danos; e (iv) Objetificação. Com base na análise desses parâmetros, acredita-se ser possível avaliar eticamente os possíveis impedimentos ao livre desenvolvimento da pessoalidade e, com isso, determinar a viabilidade de um mercado regulado de gametas humanos.[200]

---

197. BRASIL. *Lei 9.263, de 12 de janeiro de 1996*. Regula o § 7º do art. 226 da Constituição Federal, que trata do planejamento familiar, estabelece penalidades e dá outras providências. Disponível em: <https://bit.ly/3vvRFqZ>. Acesso em 29 abr. 2021.

198. STANCIOLI, Brunello. *Renúncia ao exercício de direitos da personalidade* (ou como alguém se torna o que quiser). Belo Horizonte: D'Plácido, 2017.

199. WILKINSON, Stephen. *Bodies for sale*: ethics and exploitation in the human body trade. New York: Routledge, 2003; SATZ, Debra. *Why some things should not be for sale*: the moral limits of markets. New York: Oxford University Press, 2012.

200. Os parâmetros apresentados por Stephen Wilkinson também foram utilizados na investigação sobre o mercado de órgãos e tecidos humanos realizada pelo autor em sua dissertação de mestrado. Assim, serão inevitáveis semelhanças e sobreposições na análise dos argumentos, especialmente porque a teoria de Wilkinson se apresenta como uma proposta generalista para a avaliar eticamente os diversos fenômenos relacionados à comodificação

4.2.1 Exploração

A objeção da exploração pode ser decomposta no seguinte silogismo: (i) a exploração tem como consequência o agravamento das condições de vulnerabilidade, devendo ser rechaçada; (ii) um mercado regulado de gametas humanos causa a exploração de pessoas vulneráveis, deixando-as em situação mais desfavorável; (iii) logo, o mercado regulado de gametas humanos deve ser proibido.

Inicialmente, é necessário identificar o que significa explorar alguém. Stephen Wilkinson esclarece que a exploração pode ser entendida em um sentido descritivo e em um sentido moral. No primeiro sentido, não haveria uma pretensão explícita de normatividade ou valoração, buscando a descrição da realidade sem impor julgamentos morais – na maior medida do possível. Nessa perspectiva, significa utilizar ou usufruir de algum recurso, oportunidade ou talento (v.g. exploração de recursos minerais; exploração das habilidades pessoais). O segundo sentido, por sua vez, é mais complexo e possui dois caminhos semânticos: o uso indevido e a disparidade de valor.[201]

O uso indevido indica uma maneira de agir contrária à suposta natureza da ação, ao passo que a disparidade de valor indica uma desproporção na distribuição dos benefícios envolvidos na troca de bens e serviços. Desse modo, quando se argumenta que um mercado de gametas humanos causaria a exploração dos mais vulneráveis, pode-se querer dizer que essa prática causaria o uso indevido dessas pessoas ao tratá-las de maneira instrumental; ou que essa prática promoveria uma disparidade de valor, na medida em que a venda de gametas seria realizada por preços injustos ou não teria uma distribuição adequada dos lucros gerados. Pegue-se a prostituição para ilustrar o argumento. Quando se fala que a prostituição causa a exploração das mulheres, pode-se dizer que as mulheres são tratadas como objetos sexuais (uso indevido); ou que as mulheres são mal remuneradas pelo serviço que prestam (disparidade de valor).[202] No presente tópico, o foco será a exploração no sentido da disparidade de valor, enquanto a exploração como uso indevido será estudada no tópico específico sobre a objetificação.

Antes de adentrar no debate sobre a exploração, faz-se indispensável evidenciar o conceito de vulnerabilidade, uma vez que a exploração teria como consequência o agravamento das vulnerabilidades de certos grupos sociais. Segundo Debra Satz, um mercado é nocivo quando reflete as condições extremas de vulnerabilidade que subjazem às transações econômicas. No debate acerca da comodificação do corpo humano, o argumento da exploração se vincula à vulnerabilidade no seu sentido econômico. A ideia consiste em perceber e evidenciar que, quando sujeitos com condições econômicas extremamente desiguais realizam transações econômicas, há uma grande possibilidade

---

do corpo humano. Para localização e conferência do uso dos argumentos de Stephen Wilkinson, cf. OLIVEIRA, Lucas Costa de. *Mercado regulado de órgãos e tecidos humanos:* entre o Direito, a Economia e a Ética. Porto Alegre, 2020, p. 115-149.

201. WILKINSON, Stephen. *Bodies for sale:* ethics and exploitation in the human body trade. New York: Routledge, 2003, p. 9-15.

202. WILKINSON, Stephen. *Bodies for sale:* ethics and exploitation in the human body trade. New York: Routledge, 2003, p. 12.

da ocorrência de uma exploração da pessoa com menos recursos e, portanto, mais vulnerável. Assim, tradicionalmente, a crítica da exploração indica que a comodificação de gametas recairia sobre as pessoas mais pobres, ocasionando uma situação de exploração em decorrência da vulnerabilidade econômica das pessoas dispostas a ceder seus gametas por dinheiro. Essa vulnerabilidade implicaria tanto em uma agência deficiente, a qual será analisada adiante, mas também em prejuízo ou agravamento no *status quo*, representando mais uma forma gravosa de exploração da classe social economicamente vulnerável.[203]

Não obstante a importante constatação da vulnerabilidade socioeconômica, faz-se mister ir além. Os estudos sobre interseccionalidade demonstram como outros recortes metodológicos, a exemplo da raça, gênero, orientação sexual, nacionalidade e idade, se inter-relacionam e afetam a avaliação das práticas e relações sociais.[204] Especialmente em um país marcado pela desigualdade, racismo estrutural e preconceito, torna-se indispensável evidenciar que a exploração pode ocorrer de maneiras distintas em cada uma dessas intersecções. O primeiro recorte, já mencionado em diversas passagens desta pesquisa, diz respeito ao gênero. Seja pelas condições mais complexas e danosas para se obter óvulos, seja pela estrutura patriarcal em que a sociedade ocidental é fundada, ainda atribuindo à mulher a função precípua de procriação, a vulnerabilidade se torna um fator a ser destacado nesse contexto. Soma-se ainda ao gênero, o recorte etário, uma vez que existe um fator biológico que impõe um senso de urgência para a reprodução humana, na medida em que, após os 35 anos, a qualidade dos óvulos começa a decair de maneira substancial. Ainda, destaca-se a raça como um fator que aumenta a propensão de uma situação de exploração, especialmente no contexto brasileiro em que raça e classe social estão altamente imbricados. Por fim, como demonstram os relatórios da ANVISA, a necessidade de gametas atinge de maneira determinante os grupos compreendidos na sigla LGBTQI+ (lésbicas, gays, bissexuais, travestis e transexuais, *queers*, intersexuais e outros), visto que, na maioria dos casos, necessitam da doação de gametas de terceiros para efetivar um livre planejamento parental. Assim, conclui-se que a possibilidade de exploração decorrente da vulnerabilidade no contexto da comodificação de gametas humanos está principalmente vinculada à classe social, mas não se restringe a esse recorte. Raça, gênero, orientação sexual, idade e outros fatores identitários contribuem para agravar a possibilidade de ocorrência de exploração, devendo ser levados em consideração para uma análise ética acerca do mercado regulado de gametas.

Um contra-argumento frequentemente utilizado para rebater a objeção da exploração parte da facticidade, identificando uma série de situações em que os pobres já são explorados sem que haja uma proibição absoluta. Argumenta-se que os pobres já estão sujeitos a trabalhos com maiores riscos e menores remunerações, bem como possuem menos possibilidades e alternativas para atingirem seus objetivos pessoais. Nesse último

---

203. SATZ, Debra. *Why some things should not be for sale:* the moral limits of markets. New York: Oxford University Press, 2012, p. 97-98.
204. AKOTIRENE, Carla. *Interseccionalidade*. São Paulo: Editora Jandaíra, 2020, p. 18-55.

CAPÍTULO III • A COMODIFICAÇÃO DE GAMETAS HUMANOS

aspecto, ressalta-se que o atual contexto de reprodução humana assistida já se apresenta como alternativa improvável para as pessoas economicamente vulneráveis, uma vez que são ofertadas com base na capacidade financeira dos interessados, especialmente se for necessária a importação de gametas. Assim, a proibição da venda de gametas poderia representar uma dupla injustiça. Seria como dizer a essas pessoas: "Você não pode ter o que a maioria das pessoas têm e não vamos permitir que você faça o que quiser para conseguir essas coisas."[205] Aqui, novamente, percebe-se o conflito entre uma teoria ideal e não ideal de justiça. Em uma perspectiva ideal, dever-se-ia defender um mundo em que ninguém tivesse que vender seus gametas para ter as mesmas chances que as outras pessoas, contudo, não é o mundo em que se vive. Se uma pessoa chega ao extremo de decidir dispor dos seus gametas somente com a finalidade de se obter uma renda extra, pode-se dizer que a pessoa está sendo explorada e que sua situação será pior do que se a venda fosse proibida? Mais uma vez percebe-se o dilema do duplo vínculo, uma vez que tanto a proibição quanto a permissão são aptas a causar danos, devendo-se avaliar em qual contexto há uma situação mais gravosa ao livre desenvolvimento da pessoalidade.

Sob outra perspectiva, o argumento da exploração pode se manifestar no sentido de que as pessoas de baixa renda possuem poucas opções para sair da situação de vulnerabilidade. Uma vez que a comodificação de gametas se apresente como a única alternativa possível para que essas pessoas amenizem a condição de vulnerabilidade, ocorreria uma situação de exploração. Contra essa objeção, argumenta-se que um mercado regulado de gametas humanos teria como consequência um acréscimo de alternativas para essas pessoas, porquanto nem o Estado, nem a sociedade, conseguem proporcionar um efetivo aumento de oportunidades para a eliminação da vulnerabilidade, impossibilitando um contexto apto ao livre desenvolvimento da pessoalidade. Dessa maneira, não haveria como um mercado desse tipo explorar essas pessoas, já que não seria uma imposição, mas apenas mais uma alternativa disponível para que os envolvidos possam sopesar os valores e as consequências, tomando decisões autônomas.

Por outro lado, Simon Rippon, ao analisar a hipótese de um mercado regulado de órgãos, aponta que nem sempre mais alternativas geram melhores condições. Trata-se de argumento complexo que será desenvolvido com maior profundidade no debate sobre o consentimento. Em síntese, a principal razão levantada por Rippon seria que adicionar a opção de vender um órgão causaria uma grande pressão nas pessoas de baixa renda para efetivar a comercialização – uma pressão diferente e mais grave que aquela envolvida no processo de doação. Essa possibilidade de escolha, compreendida por si só, acarretaria uma situação de exploração e danos às pessoas em condição de vulnerabilidade.[206]

De todo modo, parece ser correta a afirmação de que a comodificação de gametas humanos atingiria predominantemente a população de baixa renda, negra e periférica – afinal aqueles que possuem outras alternativas dificilmente se submeteriam a esse tipo

---

205. SAVULESCU, Julian. Is the sale of body parts wrong? *Journal of Medical Ethics*, n. 29, 2003, p. 139.
206. RIPPON, Simon. Imposing options on people in poverty: the harm of a live donor organ market. *Journal of Medical Ethics*, n. 40, 2014, p. 145-150.

de mercado somente por razões financeiras. Os já mencionados dados do mercado de sangue estadunidense comprovam essa tendência, como ressalta Richard Titmuss.[207] Por outro lado, os dados mais recentes apresentados por Debora Spar sobre o mercado de gametas demonstram que a prática recai, sobretudo, sobre universitários de classe média que precisam obter renda adicional para pagar os altos custos escolares.[208] Assim, é necessário fazer algumas ponderações. A primeira é que pessoas vulneráveis já são exploradas em sua vivência diária, em diversas práticas que, muitas das vezes, não são questionadas da perspectiva moral, uma vez que já se encontram naturalizadas e sedimentadas na estrutura de opressão social. Trata-se, portanto, de um problema estrutural do modelo de sociedade capitalista em que se vive. Certamente, o fato de haver uma situação de exploração constante não justifica uma nova modalidade de exploração, mas serve para constatar que se trata de um problema mais abrangente – e não exclusivo da comodificação de gametas humanos e da eventual criação de um mercado regulado.

Não se defende uma banalização da exploração, tampouco uma falácia utópica: parte-se da facticidade. É nesse sentido que se adota a tese pragmática e não ideal de Margaret Radin, uma vez que o fenômeno da comodificação é analisado a partir das contingências e vicissitudes da vida, afastando-se de um modelo utópico de sociedade que ignora o contexto de exploração, desigualdade e injustiça vigentes:

> Então, o duplo vínculo: tanto a comodificação quanto a não comodificação podem ser danosas. [...] Assim, parece que a solução para o duplo vínculo não é resolvê-lo, mas dissolvê-lo: remover as circunstâncias de opressão. Mas, ao mesmo tempo, se nós somos praticamente limitados a essas duas escolhas, qual devemos escolher? Penso que a resposta deve ser pragmática. Precisamos olhar atentamente para as circunstâncias não ideais em cada caso e decidir qual caminho do dilema é melhor (ou menos pior), e precisamos também manter as condições de escolha ao longo do tempo. Ao mesmo tempo, precisamos buscar por meios de escapar de ver nossas escolhas como limitadas a esse modelo binário.[209]

Outra constatação importante reside no fato de que não existem ações suficientes para a eliminação da desigualdade e exploração, como pontuado pelo argumento da dupla injustiça. Novamente parece ser um problema do tipo de sociedade em que se vive, um modelo que tem em sua base a exploração. Por fim, percebe-se que a vedação desse mercado pode também causar uma exploração dos grupos vulneráveis, já que são levados para o âmbito do mercado negro ou informalidade, em que os riscos de exploração são potencializados, ou permanecem sem acesso a diversos bens sociais.

Em face desse pano de fundo, é possível pensar em duas alternativas contra o problema da exploração. A primeira, mais desejável, porém mais utópica, é a erradicação do contexto de vulnerabilidade, desigualdade e pobreza, possibilitando um cenário com um maior leque de alternativas para essas pessoas. A segunda, mais realista, porém mais

---

207. TITMUSS, Richard. *The gift relationship*: from human blood to social policy. New York: New Press, 1997, p. 163-172.

208. SPAR, Debora. *O negócio de bebés:* como o dinheiro, a ciência e a política comandam o comércio da concepção. Tradução de Benedita Bittencourt. Coimbra: Almedina, 2007, p. 9-21.

209. RADIN, Margaret Jane. *Contested commodities*. Cambridge: Harvard Press, 2001, p. 127-128, tradução nossa.

CAPÍTULO III • A COMODIFICAÇÃO DE GAMETAS HUMANOS

controversa, é a regulação de um mercado de gametas para que a prática seja realizada de maneira que minimize a ocorrência de exploração. Como argumentado anteriormente, a presente pesquisa se posiciona no sentido da segunda hipótese.

4.2.2   Coerção

A objeção da coerção pode ser apresentada da seguinte maneira: (i) tomadas de decisão e escolhas sobre vida boa devem ser respeitadas apenas quando forem autônomas; (ii) a escolha por dispor economicamente dos gametas não pode ser considerada autônoma, uma vez que as pessoas seriam coagidas por não possuírem outras alternativas; (iii) assim, a comodificação de gametas deve ser proibida.

Em primeiro lugar, faz-se preciso esclarecer o que torna uma tomada de decisão válida. Um bom parâmetro para avaliar a tomada de decisão em questões bioéticas se dá pela utilização do consentimento livre e esclarecido, também conhecido como consentimento informado. Nessa perspectiva, tomando como pressuposto a relação médico-paciente, pode-se dizer que o consentimento é livre e esclarecido quando: (i) o paciente está esclarecido do diagnóstico, do tratamento mais adequado a se implementar e de seus efeitos positivos e negativos. Nesse sentido, a informação deve ser transmitida de maneira clara e abrangente, em um processo dialógico; (ii) o paciente possui discernimento para a tomada de decisões. Isso significa estabelecer diferença, saber distinguir, fazer apreciação valorativa; (iii) o paciente não está condicionado de maneira determinante por fatores internos ou externos à manifestação de vontade. Assim, a vontade deve ser livre, sem qualquer tipo de vício – seja social ou de consentimento.[210] Em síntese, "consentimento significa uma decisão voluntária, sem coação, tomada por uma pessoa suficientemente competente ou autônoma, com base em informação e deliberação adequadas, para aceitar ou rejeitar algum curso de ação proposta."[211]

Desses requisitos, o mais problemático para o caso da comodificação de gametas humanos é a voluntariedade, representado na ausência de coerção. Seria um argumento fraco pensar em uma objeção genérica e ampla pautada na falta de discernimento de todos aqueles que se disponham a vender gametas, uma vez que o simples fato de querer vender óvulos ou esperma não torna alguém incapaz ou incompetente para tomada de decisões. A mesma lógica se desenvolve em relação à ausência de informação adequada, posto que uma pessoa pode estar plenamente esclarecida e informada de todos os benefícios e riscos e, ainda assim, optar por comercializar seus gametas.

Faz-se indispensável observar que nenhuma ação é absolutamente livre, sem a influência de condicionantes externos e internos, afinal, o ser humano é um ser social, dialógico, não-hermético. Friedrich Nietzsche já advertia nesse sentido:

---

210. SÁ, Maria de Fatima Freire de; NAVES, Bruno Torquato de Oliveira. *Manual de Biodireito*. 3. ed. Belo Horizonte: Del Rey, 2015, p. 108-109.

211. WILKINSON, Stephen. *Bodies for sale*: ethics and exploitation in the human body trade. New York: Routledge, 2003, p. 76, tradução nossa.

A *causa sui* é a mais formosa autocontradição que foi até agora pensada, é uma espécie de estupro da lógica, é algo contra a natureza; mas o desmedido orgulho do homem chegou a envolver-se profunda e terrivelmente nessa coisa sem sentido. O desejo da "liberdade da vontade" no sentido superlativo metafísico que infelizmente ainda reina hoje nos cérebros semidoutos; o desejo de atribuir a si mesmo toda a responsabilidade de seus próprios atos, desobrigando a Deus, o mundo, os antepassados, o acaso, a sociedade, em última análise, é apenas o desejo de ser *causa sui* e de levantar-se a si mesmo pelos cabelos, com audácia mais que muchauseana, do pântano do nada até a existência das coisas.[212]

Nesse sentido, importante destacar os avanços da neurociência acerca dos estudos sobre tomadas de decisão autônomas e sobre a possibilidade do livre-arbítrio, chegando-se inclusive à negação de uma vontade livre.[213] Contudo, questionar a existência do livre-arbítrio extrapolaria o escopo da presente pesquisa, razão pela qual se adota, para o adequado desenvolvimento do argumento, o pressuposto de que é possível uma tomada de decisão autônoma, ainda que conformada por fatores sociais, culturais, genéticos, biológicos e químicos. Assim, deve-se buscar uma decisão satisfatoriamente autônoma, uma decisão situada entre o completamente autônomo e o completamente não autônomo: "Pode-se concluir que um ato autônomo perficiente, em termos fenomenológicos, não existe. No entanto, pode haver um ato cujo grau de autonomia seja satisfatório, ou um ato substancialmente autônomo".[214] Portanto, é preciso diferenciar os condicionantes internos e externos. Os primeiros são aqueles que influenciam psicologicamente a pessoa, como a pressão cultural e social, ou aqueles que determinam o comportamento humano em alguma medida, como a composição bioquímica do cérebro. Já os segundos são exercidos de maneira externa ao indivíduo, podendo-se mencionar como exemplo os vícios do consentimento, como erro, dolo, coação, dentre outros.[215]

Pensar que o fato de uma pessoa querer ser remunerada pela disposição dos seus gametas a torna incapaz de consentir, ou incompetente para tomada de decisões, parece ser um argumento frágil. A pobreza e a vulnerabilidade não geram, por si só, incapacidade. O pobre é pressionado a trabalhar em empregos mal remunerados e com maiores riscos, e nem por isso o seu consentimento é considerado inválido.[216] Dessa forma, sendo o consentimento voluntário, informado e discernido, é possível considerá-lo válido – inclusive no contexto de um mercado regulado de gametas humanos.

De mais a mais, mesmo nos casos de doações puramente altruístas, se é que existe algo assim, a manifestação de vontade é conformada por uma série de fatores que constrangem a livre manifestação de vontade, especialmente no que se refere à pressão social e familiar, como ilustra Maria de Fátima Freire de Sá:

---

212. NIETZSCHE, Friedrich. *Além do bem e do mal*. Rio de Janeiro: Vozes, 2012. p. 35-36. Para um desenvolvimento mais aprofundado desse argumento, cf. OLIVEIRA, Lucas Costa de. Além da liberdade: perspectivas em Nietzsche. *Revista Brasileira de Políticas Públicas*, v. 8, p. 178-191, 2018.

213. LIBET, Benjamin. Do we have free will? In: KANE, Robert (Ed.). *The Oxford handbook of free will*. Oxford: Oxford University Press, 2002, p. 551-564; EAGLEMAN, David. *Incógnito*: as vidas secretas do cérebro. Tradução de Ryta Vinagre. Rio de Janeiro: Rocco, 2012.

214. STANCIOLI, Brunello. *Relação jurídica médico-paciente*. Belo Horizonte: Del Rey, 2004, p. 43.

215. SÁ, Maria de Fatima Freire de; NAVES, Bruno Torquato de Oliveira. *Manual de Biodireito*. 3. ed. Belo Horizonte: Del Rey, 2015, p. 109.

216. SAVULESCU, Julian. Is the sale of body parts wrong? *Journal of Medical Ethics*, n. 29, 2003, p. 139.

[...] há que se discorrer sobre o caso de uma paciente de cinco anos de idade, com insuficiência renal progressiva, que não conseguia se adaptar bem à hemodiálise crônica. Devido a tal circunstância, a equipe médica considerou a possibilidade de realização de transplante renal. Contudo, havia um obstáculo a ser superado: a paciente possuía características de histocompatibilidade difíceis de serem encontradas em um doador. Após exames preliminares, verificou-se que a mãe da criança não era histocompatível, ao contrário do pai, que além de ser, possuía características anatômicas circulatórias que favoreciam o transplante. Contudo, em consulta realizada na presença apenas do pai, esse decide não doar seu rim à filha, justificando sua decisão no sentido de que sentia medo da cirurgia; falta de coragem; prognóstico incerto, mesmo com o transplante; a possibilidade, ainda que remota, de obter um rim de doador cadáver e o sofrimento que sua filha havia passado. O malfadado pai solicitou ao médico que não revelasse aos demais membros da família o verdadeiro resultado de seu teste. Envolvido nesta situação incômoda, após refletir sobre o assunto, o profissional da medicina afirmou a impossibilidade de doação do rim pelo pai, "por razões médicas".[217]

Pegue-se o caso em que uma pessoa esteja necessitando de óvulos para reprodução assistida, tendo elegido como objetivo máximo da sua vida passar pelo processo de gestação e vivenciar a experiência da maternidade biológica. Nesse caso, certamente haverá uma forte pressão familiar para que irmãs e/ou parentes doem os óvulos. Contudo, se a ação for voluntária e informada não há quem levante a objeção do consentimento inválido. Seria o caso da cessão onerosa de gametas diferente?

Um raciocínio bastante utilizado para defender a comodificação do corpo humano indica que um acréscimo de alternativas aos interessados não poderia nunca implicar em uma prática exploratória, danosa ou coercitiva, uma vez que não seria impositiva. Ou seja, sendo a venda de gametas opcional, haveria sempre a possibilidade de não vender ou continuar dispondo dos gametas de maneira gratuita. Assim, se uma mulher decide vender óvulos, subentende-se que ela considerou todas as outras opções disponíveis e concluiu que essa era a sua melhor opção. A proibição dessa alternativa adicional teria como consequência a redução das escolhas disponíveis, tratando-se de uma forma inaceitável de paternalismo.[218]

Não obstante, Simon Rippon, defende a tese de que possuir um maior leque de opções nem sempre implica melhores resultados. Em determinadas situações, a mera ampliação das alternativas disponíveis poderia ocasionar uma coerção que, por si só, causaria danos:

Irei argumentar que ter a opção de vender um órgão pode resultar, em circunstâncias que são previsivelmente comuns dentre aqueles em situação de pobreza, em indivíduos sendo pressionados por outros para tomar essa decisão e, mais importante, responsabilizados por falhar em tomar a opção disponível. [...] Assim, iríamos prejudicar as pessoas em situação de pobreza ao dar-lhes a opção de vender seus órgãos, não porque *retirar* a opção seria pior para elas, mas porque *ter* a opção as sujeitaria a danos previsíveis.[219]

---

217. SÁ, Maria de Fátima Freire de. *Biodireito e direito ao próprio corpo*. Belo Horizonte: Del Rey, 2003, p. 68.
218. RIPPON, Simon. Imposing options on people in poverty: the harm of a live donor organ market. *Journal of Medical Ethics*, n. 40, 2014, p. 145.
219. RIPPON, Simon. Imposing options on people in poverty: the harm of a live donor organ market. *Journal of Medical Ethics*, n. 40, 2014, p. 146, destaque do autor, tradução nossa.

Partindo dessa lógica, no momento em que elementos corporais se tornassem mercadorias, as relações pessoais seriam alteradas. Desse modo, as pessoas poderiam ser pressionadas, por razões morais, jurídicas ou econômicas, a vender seus gametas para pagar dívidas ou mesmo para obter melhores condições para seu núcleo familiar. Ainda, cabe questionar se, uma vez permitida a venda de gametas, continuariam as instituições públicas e privadas a desenvolver com o mesmo empenho os programas de assistência social.[220]

Assim, o ponto central desse argumento é que a mera possibilidade de vender órgãos, aqui expandido por analogia aos gametas, causaria uma situação coercitiva que seria danosa para as pessoas. Ao acrescentar a possibilidade da venda, haveria uma pressão para escolher o "certo", para tomar decisões responsáveis – e isso mudaria o caráter das outras alternativas. Nesse sentido, apesar de representar uma adição de escolha, a consequência seria uma redução na liberdade de agir. Se a pessoa tiver uma dívida ou se encontrar em situação de pobreza e vulnerabilidade, a simples possibilidade de vender gametas causaria uma pressão para a tomada de decisão nesse sentido. Seria como dizer a essas pessoas: "Você se encontra nessa situação por uma escolha sua, afinal, você pode dispor de seus gametas". Dessa maneira, a pressão envolvida em um mercado, mesmo regulamentado, seria muito maior e mais grave do que aquela envolvida na doação.

Não obstante, cabe ponderar que a comercialização de gametas em um mercado regulado seria limitada em diversos aspectos, dentre eles, a remuneração a ser recebida em cada transferência, bem como o número de transferências permitidas. Dessa forma, dificilmente um vendedor, ainda que habitual, de gametas humanos conseguiria uma mudança de classe social ou uma melhora efetiva na qualidade de vida somente com a contraprestação devida no processo de cessão onerosa de gametas. A permissão da comercialização atuaria muito mais como um incentivo para a prática do que como um ato capaz de gerar mudanças socioeconômicas efetivas nas vidas das pessoas que resolverem ceder seus gametas.

Desse modo, mesmo com as considerações levantadas, retorna-se ao que foi apresentado sobre a validade do consentimento. A tomada de decisão nunca é plenamente livre, sem influências externas ou pressões. Como ensina João Baptista Villela: "O exercício da autodeterminação constitui, ao mesmo tempo, grandeza e dor, crescimento e pena, morte e ressurreição do ser humano. Quem, pois, se recusa a liberdade, não padece a angústia de decidir. Ao preço, porém, de não crescer".[221] A grande questão é, portanto, avaliar a amplitude dessa pressão, bem como sobre a possibilidade de enfraquecê-la em um mercado propriamente regulado. Entende-se que um mercado regulado pode estabelecer mecanismos para avaliar a validade do consentimento, por exemplo, impondo a necessidade de um consentimento livre esclarecido, acompanhado por uma equipe multidisciplinar, permitindo o arrependimento até a tradição, dentre outros fatores que possam garantir uma tomada de decisão autônoma.

---

220. RIPPON, Simon. Imposing options on people in poverty: the harm of a live donor organ market. *Journal of Medical Ethics*, n. 40, 2014, p. 148.
221. VILLELA, João Baptista. *Direito, Coerção & Responsabilidade*: por uma ordem social não-violenta. Belo Horizonte: Faculdade de Direito da UFMG, 1982, p. 31.

4.2.3 Danos

O argumento dos danos pode ser estruturado da seguinte maneira: (i) o processo de estimulação, retirada e transferência implica em danos ao doador; (ii) no caso da cessão onerosa de gametas esses danos seriam potencializados; (iii) assim, a comodificação de gametas humanos deve ser rechaçada.

O primeiro aspecto consiste em avaliar os danos envolvidos na prática. Ressalta-se que os danos aqui analisados se referem aos danos físicos, uma vez que os danos sociais já foram abordados na seção sobre a exploração. Nessa linha de investigação, insta observar que os danos envolvidos nos procedimentos de cessão de gametas variam de maneira substancial a depender do gênero do doador. A cessão de esperma implica em danos desprezíveis ao homem, uma vez que o esperma é produzido de maneira constante, podendo ser considerados como células renováveis. Assim, não há impacto na fertilidade masculina, ainda que o procedimento seja feito de maneira habitual ou, até mesmo, profissional. Ademais, o processo para extração do esperma é bastante rudimentar, não sendo necessário nenhum tipo de procedimento invasivo ou cirúrgico, nem mesmo qualquer tipo de estimulação química. A situação da mulher, por outro lado, mostra-se mais complexa.[222]

O procedimento para cessão de óvulos demanda uma série de exames iniciais para avaliar a condição biológica da mulher. No primeiro momento, faz-se necessário bloquear o ciclo reprodutivo para depois induzir a hiperestimulação ovariana, permitindo com que vários óvulos cresçam no mesmo ritmo e com o mesmo tamanho. Todo esse procedimento de impedimento e estimulação envolve uma alta dosagem de medicamentos e hormônios, necessitando um acompanhamento médico próximo, inclusive para realizar a introdução dos hormônios e para avaliar o desenvolvimento dos óvulos. Entre seis e quatorze dias após o início da indução, são realizados exames de sangue e ultrassonografia para avaliar o desenvolvimento da ovulação da mulher. Se tudo estiver de acordo com o esperado, aplica-se o hormônio de maturação e, então, acontecerá a coleta ou aspiração dos óvulos. A coleta envolve um procedimento cirúrgico que dura cerca de trinta minutos, sendo necessária a aplicação de anestesia e sedação. Por meio de uma finíssima agulha, alcança-se o ovário e, com base no auxílio de imagens de ultrassom, identificam-se os folículos para que seja feita a aspiração.[223]

Irene Woo e Richard Paulson afirmam que complicações sérias nas doações de oócitos são raras, sendo que menos de 1% das doadoras necessitam de hospitalização ou intervenção de emergência em decorrência de complicações, incluindo a síndrome da hiperestimulação ovariana, reações à anestesia, infecção pélvica e hemorragia interna. A síndrome da hiperestimulação ovariana, um dos principais receios no processo de doação de óvulos, é uma complicação decorrente de uma resposta exacerbada dos ovários

---

222. OLMOS, Paulo Eduardo. *Quando a cegonha não vem*: os recursos da medicina moderna para vencer a infertilidade. São Paulo: Cia dos Livros, 2010, p. 189.
223. OLMOS, Paulo Eduardo. *Quando a cegonha não vem*: os recursos da medicina moderna para vencer a infertilidade. São Paulo: Cia dos Livros, 2010, p. 188-189.

ao estímulo hormonal, o que leva a um número elevado de óvulos, podendo ocasionar quadros clínicos bastante graves. Contudo, com os protocolos mais recentes, a chance de ocorrência da síndrome está virtualmente eliminada. Ainda, o principal aspecto de incerteza em relação à doação de óvulos diz respeito aos efeitos a longo prazo, havendo poucas informações precisas acerca dos efeitos na saúde e na fertilidade da doadora, bem como o aumento na probabilidade de câncer mamário e ovariano. Em relação aos efeitos das drogas de fertilidade e a ocorrência de câncer, estudos apontam não haver relação direta de causa e efeito comprovada. Não obstante, em razão do procedimento de doação de óvulo ser relativamente recente, torna-se difícil estabelecer com precisão os efeitos a longo prazo da prática.[224]

Há várias maneiras de contra argumentar a objeção dos danos. Primeiro, observa-se que os riscos envolvidos na doação de gametas e na venda de gametas seriam os mesmos. Assim, não haveria razão para tratar as duas práticas de maneiras diferentes com fundamento na ocorrência dos danos. Poder-se-ia argumentar que na comercialização de gametas as pessoas se sentiriam compelidas a realizar o procedimento de maneira reiterada como meio de se obter um acréscimo na renda. Contudo, sob um mercado regulado, poderia haver a limitação do número de vezes que uma mesma pessoa poderia dispor dos seus gametas, tanto em razão da possibilidade de ocorrência de danos, mas também em razão de diminuir as chances de relações incestuosas involuntárias – preocupação que já existe nos casos de doação, mas que, em razão do crescimento exponencial das importações e das práticas informais, torna-se extremamente difícil de se controlar. Mesmo nos Estados Unidos, em que há um modelo próximo ao livre mercado, há uma limitação por parte das clínicas, embora não seja estabelecida por lei e nem seja uma regra clara. Uma segunda maneira de contra argumentar a objeção dos danos seria afirmar que, em um contexto de informalidade, os riscos são maiores, tanto para quem dispõe dos gametas, quanto para quem recebe. Assim, sob a perspectiva dos possíveis danos na comodificação de gametas, entende-se que não é um argumento que demandaria uma proibição do mercado de gametas, exigindo-se apenas a sua regulação.

Há, ainda, a possibilidade de refutar o argumento dos danos e, em alguma medida, o argumento da coerção, com base na noção de paternalismo. Obviamente, o debate sobre a tensão entre autonomia e paternalismo é extremamente complexo e abrangente, de tal forma que se deve fazer um recorte para que se possa entender como a noção de paternalismo poderia afastar essas objeções.[225] *Grosso modo*, o paternalismo pode ser entendido como a pretensão de proteger as pessoas das suas próprias decisões. Assim, poder-se-ia argumentar que uma proposição nesse sentido corresponderia a uma violação da autonomia das pessoas, devendo, portanto, ser rechaçada. Julian Savulescu, por exemplo, afirma que "impedir as pessoas de tomar essas decisões, é julgar que elas são

---

224. WOO, Irene; PAULSON, Richard. Oocyte Donation. In: GARDNER, David; SIMÓN, Carlos (Ed.). *Handbook of in vitro fertilization.* 4. ed. Boca Raton: CRC Press, 2017, p. 307; PEARSON, Helen. Health effects of egg donation may take decades to emerge. *Nature,* v. 442, 2006, p. 607-608.

225. Essa discussão também pode ser encontrada, com algumas modificações, em OLIVEIRA, Lucas Costa de. *Mercado regulado de órgãos e tecidos humanos:* entre o Direito, a Economia e a Ética. Porto Alegre, 2020, p. 71-75.

incapazes de tomar decisões sobre o que é melhor para as próprias vidas. É paternalismo em sua pior forma".[226] No mesmo sentido, Gerald Dworkin se posiciona: "parece-me paternalismo ao extremo, dada essa injustiça, negar às pessoas pobres escolhas que elas entendem aumentar o seu bem-estar".[227] Por conseguinte, faz-se necessário indagar se a proibição da comercialização de gametas humanos não seria uma forma de paternalismo incoerente com a consolidação do Estado Democrático de Direito e com a concepção da pessoa como ser autônomo e livre para buscar a vida boa a partir de suas próprias convicções e concepções de felicidade.

Certamente, entende-se que nenhum direito é absoluto quanto ao seu exercício, não sendo diferente no caso da autonomia privada. Dessa maneira, nem todo paternalismo deve ser compreendido como uma interferência condenável. É preciso, assim, estabelecer quando o paternalismo é justificável e quando representa uma violação indevida à autonomia. Erik Malmqvist apresenta um argumento contrário ao paternalismo: "Nas sociedades liberais é geralmente assumido que as pessoas devem ser livres para viverem suas vidas como desejarem, a menos que haja boas razões para restringir essa liberdade".[228] O exemplo mais consolidado de uma razão que pode justificar uma limitação de liberdade ocorre quando o exercício da autonomia pode causar danos não consentidos a terceiros. Dessa forma, pode-se afirmar que, em sociedades que valorizam a liberdade, haveria uma presunção contra o paternalismo.

A tese de Malmqvist é que nem todo paternalismo é injustificável. Para fundamentar sua tese, apresenta duas formas de paternalismo: o paternalismo-suave e o paternalismo-rígido. No primeiro caso, o paternalismo interfere em uma decisão que não é autônoma, ou seja, tem como objetivo a proteção de pessoas que não possuem discernimento para tomada de decisões (v.g. proibição de crianças comprarem bebidas alcoólicas ou cigarro). O paternalismo-suave também pode interferir em decisões não voluntárias ou não autônomas de pessoas que são capazes (v.g. impedir que uma pessoa capaz atravesse uma ponte perigosa). Por outro lado, o paternalismo-rígido representa uma interferência em condutas autônomas de pessoas capazes. Restringe-se a liberdade dessas pessoas para a proteção delas mesmas (e.g. imposição de transfusão de sangue para testemunhas de Jeová maiores de idade). Erik Malmqvist conclui no sentido de que a capacidade de justificar racionalmente a restrição na autonomia deve determinar se houve um paternalismo inaceitável. Por essas razões, entende que o paternalismo-rígido seria sempre injustificável, ao passo que o paternalismo-suave poderia ser justificável.[229]

Em sua análise específica do mercado regulado de órgãos e tecidos humanos, conclui que seria uma forma de paternalismo-suave, portanto, uma maneira justificável de

---

226. SAVULESCU, Julian. Is the sale of body parts wrong? *Journal of Medical Ethics,* n. 29, 2003, p. 139, tradução nossa.

227. DWORKIN, Gerald. Market and Morals: The case for organ sale. In: DWORKIN, Gerald. *Morality, Harm and the Law.* Westview, 1994, p. 157, tradução nossa.

228. MALMQVIST, Erik. Are bans on kidney sales unjustifiably paternalistic? *Bioethics,* v. 28, n. 3, 2014, p. 111, tradução nossa.

229. MALMQVIST, Erik. Are bans on kidney sales unjustifiably paternalistic? *Bioethics,* v. 28, n. 3, p. 110-118, 2014.

limitação da autonomia. Sua conclusão deriva de três pressupostos: (i) que essa prática causa prejuízos aos vendedores; (ii) que esses vendedores, em sua maioria, não tomariam decisões autônomas; (iii) que não seria possível distinguir entre aqueles que tomariam decisões autônomas e aqueles que tomariam decisões não autônomas.

Trazendo o debate para o caso específico da comodificação de gametas humanos, a proibição parece ser um caso de paternalismo-rígido, uma vez que não há como defender, de modo genérico e absoluto, a incapacidade ou incompetência dos potenciais vendedores, nem mesmo danos substanciais relacionadas à prática, especialmente porque estes seriam os mesmos da já consolidada prática de doação de gametas. Assim, novamente, pode-se afirmar que, sob a perspectiva dos danos envolvidos na comercialização de gametas, entende-se que não se trata de argumento que demandaria uma proibição do mercado de gametas, exigindo-se apenas a sua regulação. Nesse sentido, argumenta-se que a proibição sob o fundamento dos danos potenciais seria uma forma de paternalismo injustificável.

4.2.4   Objetificação

O argumento da objetificação pode ser apresentado, de maneira simplificada, no seguinte silogismo: (i) tratar pessoas como meros objetos é moralmente errado; (ii) a comodificação de gametas humanos implica a objetificação das pessoas; (iii) logo, a comodificação de gametas humanos é errada.

Primeiramente, deve-se destacar que o conceito de objetificação é extremamente contestado e polissêmico. Martha Nussbaum, em texto importante sobre a temática, apresenta sete noções que podem estar envolvidas na ideia de objetificação:

> 1. *Instrumentalidade*: o objetificador trata o objeto como uma ferramenta para seus propósitos pessoais;
>
> 2. *Negação de autonomia*: o objetificador trata o objeto como algo sem autonomia e autodeterminação;
>
> 3. *Inércia*: o objetificador trata o objeto como algo sem agência e, talvez, também sem atividade;
>
> 4. *Fungibilidade*: o objetificador trata o objeto como intercambiável (a) como outros objetos do mesmo tipo e/ou (b) com objetos de outros tipos;
>
> 5. *Violabilidade*: o objetificador trata o objeto como algo sem uma barreira de integridade, como algo que é permissível quebrar, esmagar, invadir;
>
> 6. *Propriedade*: o objetificador trata o objeto como algo que pode ser possuído por terceiros, que pode ser comprado e vendido;
>
> 7. *Negação da subjetividade*: o objetificador trata o objeto como algo cujo as experiências e sentimentos não precisam ser levados em consideração.[230]

Poder-se-ia questionar se há, de fato, uma autonomia conceitual entre todas as noções apresentadas por Nussbaum. Stephen Wilkinson, por exemplo, entende que

---

230. NUSSBAUM, Martha C. Objetification. *Philosophy & Public Affairs*, v. 24, n. 4, 1995, p. 257, tradução nossa, destaque no original.

CAPÍTULO III • A COMODIFICAÇÃO DE GAMETAS HUMANOS

essas sete maneiras de objetificação podem ser extraídas dos princípios kantianos.[231] Assim, como a maioria das objeções sobre a comodificação são baseadas no conceito de objetificação formulado com base na doutrina de Immanuel Kant, optou-se por analisar o argumento partindo desse pressuposto.[232] Nesse sentido, a objetificação pode ocorrer de duas maneira principais: uma é relacionada ao imperativo categórico: "Age de tal maneira que uses a humanidade, tanto na tua pessoa como na pessoa de qualquer outro, sempre e simultaneamente como fim e nunca simplesmente como meio".[233] A outra é relacionada à distinção entre preço e dignidade, desdobramento do imperativo categórico: "No reino dos fins tudo tem ou um *preço* ou uma *dignidade*. Quando uma coisa tem um preço, pode-se pôr em vez dela qualquer outra como equivalente; mas quando uma coisa está acima de todo o preço, e portanto não permite equivalente, então tem ela dignidade".[234] Dessa forma, pode-se concluir que a objetificação é apontada como gênero que tem como espécies a instrumentalização e a comodificação.[235]

A instrumentalização se relaciona ao uso indevido de alguém. Quando se instrumentaliza uma pessoa, pode-se dizer que ocorre um uso indevido desta, uma vez que é utilizada como mero meio para satisfação de interesses alheios. Sobre esse ponto, uma observação se mostra importante. Kant parece não concluir que é proibido tratar pessoas simplesmente como meio *tout court*, mas afirma que existe uma obrigação de tratá-las sempre, *simultaneamente*, como fim. Essa afirmação indica, a princípio, que é possível tratar pessoas como um meio, desde que as trate, também, como um fim. Não se trata, portanto, de uma relação excludente entre meio e fim, mas integrativa. A grande questão seria, portanto, identificar se é possível tratar as pessoas como meio e fim ao mesmo tempo. Stephen Wilkinson esclarece o pensamento de Immanuel Kant sobre o tema:

> Seu pensamento é que, quando nos tornamos focados no valor instrumental da pessoa, na sua utilidade para nós, temos a tendência de desconsiderar o fato que ela é um ser autônomo que merece respeito. Em outras palavras, pensar na pessoa em termos de uso nos encoraja a negligenciar o fato que ela não é apenas para o nosso uso, mas também um fim-em-si-mesma.[236]

---

231. WILKINSON, Stephen. *Bodies for sale*: ethics and exploitation in the human body trade. New York: Routledge, 2003, p. 28.

232. "É incomum que escritos de filósofos morais de séculos anteriores sejam citados nos debates contemporâneos de bioética. Uma exceção notável são as passagens dos escritos de Immanuel Kant concernentes a como uma pessoa deve tratar seu corpo, as quais são frequentemente citadas no debate sobre o mercado de partes do corpo humano e argumentos relacionados, tais como se uma pessoa deve possuir ou ter propriedade sobre o corpo e suas partes". GERRAND, Nicole. The misuse of Kant in the debate about a market for human body parts. *Journal of Applied Philosophy*, v. 16, n. 1, 1999, p. 59, tradução nossa.

233. KANT, Immanuel. *Fundamentação da metafísica dos costumes*. Tradução de Paulo Quintela Lisboa: Edições 70, 2011, p. 69.

234. KANT, Immanuel. *Fundamentação da metafísica dos costumes*. Tradução de Paulo Quintela Lisboa: Edições 70, 2011, p. 77, destaque no original

235. WILKINSON, Stephen. *Bodies for sale*: ethics and exploitation in the human body trade. New York: Routledge, 2003, p. 29.

236. WILKINSON, Stephen. *Bodies for sale*: ethics and exploitation in the human body trade. New York: Routledge, 2003, p. 37.

De toda forma, a principal maneira de afastar essa posição conceitual kantiana é atacar as suas premissas. Como argumentado exaustivamente alhures, a presente pesquisa defende que não há uma dicotomia absoluta e metafísica entre pessoas e coisas. Nesse sentido, foi proposto um modelo mais flexível, em que pessoas e coisas não são dois pontos sem qualquer contato, mas um *continuum* em permanente tensão. Assim, os conceitos de pessoa e coisa não devem ser compreendidos de maneira tudo ou nada. Haveria, portanto, a possibilidade de gradações, nuances e sobreposições entre os dois extremos da dicotomia, de modo que, entre os conceitos paradigmáticos e reducionistas de pessoa e coisa, haveria uma infinidade de possíveis manifestações de pessoalidades e de "coisalidades". Posto isso, conclui-se que o deslocamento conceitual entre os extremos da dicotomia é necessário e se perfaz em uma análise estrutural, funcional e situacional – afinal, parte-se de uma visão pós-metafísica de mundo.[237]

Por outro lado, a comodificação, entendida como uma espécie da objetificação, também já foi tratada com o devido rigor anteriormente.[238] Em um sentido moral, a comodificação se refere à prática social de tratar as pessoas como mercadorias, atribuindo-se preço a quem se deve atribuir dignidade. Nessa direção, o estabelecimento de um mercado regulado de gametas humanos afetaria esse princípio, na medida em que se atribuiria preço a partes do corpo humano. Contudo, como defendido nos capítulos anteriores, a presente pesquisa adota a tese da comodificação incompleta, desenvolvida por Margaret Radin. Como se sabe, a autora defende uma visão pluralista dos valores, uma vez que defende a possibilidade da coexistência e sobreposição de valores, princípios e critérios distributivos divergentes sobre um mesmo bem ou relação social. Assim, o mercado pode ser permeado por valores extrapatrimoniais, da mesma maneira que relações existenciais podem conter aspectos econômicos, sem que isso ocasione uma dominação ou corrupção de valores.[239] Desse modo, estendendo o raciocínio de Radin, pode-se inferir que há a possibilidade de que uma coisa tenha, ao mesmo tempo, preço *e* dignidade, da mesma maneira que se defendeu que as ações podem ser movidas por intenções, *ao mesmo tempo*, altruístas e econômicas.

Da perspectiva interna da teoria kantiana, também é possível questionar a conclusão de que gametas e partes do corpo não devem ser objetificados. Primeiramente, faz-se necessário verificar se a objetificação de partes do corpo implica, necessariamente, a objetificação da pessoa. Uma resposta mais direta e literal é em sentido afirmativo. Nessa linha de argumentação, o corpo e, por extensão, suas partes, seriam indissociáveis da pessoalidade, sendo que a objetificação de qualquer das partes do corpo humano implicaria a objetificação da pessoa, violando a sua humanidade.[240] Esse é normalmente o caminho argumentativo utilizado por autores que partem da doutrina kantiana para se opor a qualquer tipo de comodificação do corpo e seus elementos destacados. A se-

---

237. Cf. Capítulo 2, tópico 6: "*Repensando a dicotomia pessoa-coisa*".
238. Cf. Capítulo 3, tópico 2: "*Comodificação: a construção de um conceito*".
239. RADIN, Margaret. *Contested Commodities*. Cambridge: Harvard University Press, 2001, p. 30-45.
240. GERRAND, Nicole. The misuse of Kant in the debate about a market for human body parts. *Journal of Applied Philosophy*, v. 16, n. 1, 1999, p. 60.

guinte passagem, reiteradamente utilizada nos debates sobre a comodificação do corpo humano, justificaria esse posicionamento:

> O homem não pode dispor de si mesmo porque não é uma coisa. Ele não é sua própria propriedade – o que seria uma contradição. Na medida em que ele é uma pessoa, é um sujeito, o qual pode ter a propriedade de outras coisas. Agora, fosse ele algo possuído por si mesmo, seria uma coisa sob a qual poderia ter propriedade. Ele é, contudo, uma pessoa, o que não é propriedade, então ele não pode ser algo que poderia possuir, uma vez que é impossível, evidentemente, ser, ao mesmo tempo, coisa e pessoa, proprietário e propriedade. Então, um homem não pode dispor de si mesmo; ele não tem o direito de vender um dente, ou qualquer de seus membros.[241]

Contudo, Jean-Cristophe Merle aponta que, em uma leitura mais abrangente da doutrina kantiana, seria possível distinguir três espécies diferentes de partes do corpo que demandariam, por consequência, princípios morais distintos. A primeira espécie seria referente às partes vitais do corpo, as quais, na sua ausência, a pessoa não sobreviveria – por exemplo, o coração ou o cérebro. A segunda espécie seria referente às partes integrantes do corpo, as quais não poderiam ser repostas ou regeneradas pelo próprio organismo caso fossem removidas – por exemplo, a remoção de um rim, o qual não é essencial para a sobrevivência, mas não se regenera. Por fim, haveria as partes regeneráveis, como o cabelo e o sangue.[242] Nesse sentido, Merle argumenta que haveria deveres diferentes em relação a cada uma das espécies de elementos corporais descritos. Assim, quando Kant impõe um dever de integridade das partes do corpo, não estaria se referindo a qualquer parte, mas somente àquelas vitais ou integrantes, de tal forma que não seria um crime doar ou vender cabelo, por exemplo:[243]

> Ninguém pode, portanto, se automutilar voluntariamente nas *partes importantes* do seu corpo, e menos ainda para obter ganhos, sem rebaixar a si mesmo. Por exemplo, aceitar dinheiro para ter um dente retirado para o uso de terceiros. O corte de cabelo seria, sem dúvidas, diferente, uma vez que cresce novamente e não é parte essencial do corpo. Ainda assim, se fosse feito por dinheiro, haveria algo ignóbil sobre isso.[244]

Trazendo o debate para a temática mais específica, pode-se afirmar que os gametas se enquadram de maneira mais apropriada como partes do corpo regeneráveis. Em relação aos gametas masculinos, o enquadramento categórico é perfeito, uma vez que são células renováveis, assim como o sangue e o cabelo. Em relação aos óvulos, a situação é um pouco diferente, uma vez que as mulheres possuem um número predefinido de óvulos desde o nascimento – cerca do 400 mil, na forma de folículos. Em cada ciclo menstrual, alguns desses folículos são liberados pelo ovário, sendo alimentados por

---

241. KANT, Immanuel. *Lectures on ethics.* Translation by Peter Heath. Cambridge: Cambridge University Press, 1997, p. 157, tradução nossa.
242. MERLE, Jean-Cristophe. A Kantian argument for a duty to donate one's own organs. A reply to Nicole Gerrand. *Journal of Applied Philosophy*, v. 17, n. 1, 2000, p. 94-96.
243. MERLE, Jean-Cristophe. A Kantian argument for a duty to donate one's own organs. A reply to Nicole Gerrand. *Journal of Applied Philosophy*, v. 17, n. 1, 2000, p. 98.
244. KANT, Immanuel. *Lectures on ethics.* Translation by Peter Heath. Cambridge: Cambridge University Press, 1997, p. 157, p. 391, tradução nossa, destaque nosso.

hormônios que possibilitam seu crescimento. Assim, embora não se possa falar que são células regeneráveis, em razão da quantidade de células disponíveis e da limitação biológica a cada ciclo menstrual, pode-se dizer que a categoria que melhor se enquadra aos óvulos é a dos elementos corporais renováveis.[245]

Ainda, em relação à suposta diferença moral entre a doação e a comercialização de partes do corpo humano, por mais que a passagem acima mencionada indique uma desaprovação da comodificação *per si*, Nicole Gerrand evidencia o equívoco na utilização da doutrina kantiana para esse fim. Segundo Gerrand, o posicionamento bioético contrário à comodificação de partes do corpo humano é utilizado de maneira parcial, sendo necessária uma leitura abrangente da filosofia moral apresentada por Immanuel Kant. A sua tese indica que o fundamento para proibição de disposição de partes do corpo é a ideia de que o corpo humano e, por consequência, as partes que o compõe, são partes essenciais das pessoas, sendo indispensáveis para o desenvolvimento da pessoalidade. Assim, a degradação de uma parte do corpo seria correspondente à degradação da própria pessoa, correspondendo a uma violação da sua dignidade, aqui entendida como valor infungível e incomensurável, bem como da sua humanidade, uma vez que haveria uma afronta ao imperativo categórico. Desse modo, tratar elementos corporais como coisas, como meros instrumentos para determinada finalidade instrumental, seria contraditório com o valor da pessoa humana, pois seria compreender a própria pessoa como um objeto.[246]

Assim, Nicole Gerrand afirma que a utilização da filosofia kantiana para justificar a proibição da comodificação do corpo humano e seus elementos destacados, utilizando-se a mesma fundamentação para justificar a doação de partes destacadas do corpo humano seria incoerente com uma visão mais ampla e holística da sua teoria. Para a autora, a ideia kantiana de objetificação proibiria tanto a comercialização, quanto a doação de partes do corpo humano:

> Desfazer-se de uma parte integrante como órgão (mutilar-se), por exemplo, *dar ou vender* um dente para que seja implantado no maxilar de alguém ou deixar-se castrar para poder viver mais comodamente como cantor etc., fazem parte do suicídio parcial; mas deixar-se retirar, amputando-o, um órgão gangrenando ou que ameaça gangrena e que, por isso é prejudicial à vida, ou deixar-se retirar aquilo que é indubitavelmente parte do corpo, mas que não é um órgão, por exemplo, o cabelo, isto não pode considerar-se como um crime contra a própria pessoa; se bem que no último caso não seja totalmente isento de culpa quando visa um ganho exterior.[247]

Dessa maneira, pode-se concluir que, tanto em uma análise a partir da própria teoria kantiana, quanto em uma análise das suas premissas teóricas, torna-se possível afastar o argumento da objetificação. Em uma objeção kantiana à sua própria teoria,

---

245. OLMOS, Paulo Eduardo. *Quando a cegonha não vem*: os recursos da medicina moderna para vencer a infertilidade. São Paulo: Cia dos Livros, 2010, p. 25-27.
246. GERRAND, Nicole. The misuse of Kant in the debate about a market for human body parts. *Journal of Applied Philosophy*, v. 16, n. 1, 1999, p. 60-62.
247. KANT, Immanuel. *A metafísica dos costumes*. 3. ed. Tradução de José Lamego. Lisboa: Fundação Calouste Gulbenkian, 2017, p. 348, destaque nosso.

observa-se dois possíveis argumentos. O primeiro indica que nem toda parte do corpo deve ser tutelada pelos mesmos princípios morais. Assim, os deveres em relação a partes do corpo renováveis, aqui compreendidos os gametas humanos, seriam diferentes dos deveres relacionados a partes vitais ou integrantes. Dessa forma, seria possível concluir que não há um dever de não objetificação de elementos corporais regeneráveis. Ainda na perspectiva kantiana, poder-se-ia argumentar que, em uma análise abrangente e coerente de sua teoria, seria vedado tanto a comercialização, quanto a doação de partes do corpo humano, o que afastaria a maioria dos argumentos que se utilizam da teoria kantiana para rechaçar a comodificação, ao mesmo tempo que incentiva a doação de elementos corporais. Em relação às premissas, como desenvolvido em tópicos anteriores desta pesquisa, defende-se que não há uma oposição absoluta entre pessoas e objetos, bem com entre o comodificado e o não comodificado. Assim, argumenta-se pela possibilidade de sobreposição dessas categorias, afastando-se a visão metafísica e dicotômica desenvolvida por Kant, uma vez que não se coaduna com os pressupostos teóricos da presente pesquisa.

5. CONCLUSÃO

O presente capítulo buscou analisar o fenômeno moral da comodificação de gametas humanos. O primeiro passo consistiu no aclaramento semântico do termo "comodificação". Argumentou-se que o termo passou a ter uma relevância moral e normativa a partir da tradição marxista, a qual desenvolveu uma argumentação crítica e pessimista do fenômeno da expansão irrestrita e dominante do mercado. Assim, a crítica marxista seria fundada em dois elementos-chave: uma teoria da justiça e uma teoria metafísica da corrupção. A teoria da justiça seria calcada na ideia de que a sociedade capitalista somente atinge seus objetivos por meio da exploração. Por outro lado, a teoria metafísica da corrupção indica que a cultura da comodificação leva, necessariamente, à degradação do sistema de valoração e entendimento da realidade. Desse modo, delimitou-se que o termo "comodificação" seria utilizado para denotar e enfatizar a dimensão moral do fenômeno da mercantilização, especialmente em relação a objetos que tradicionalmente se inserem fora da lógica mercantil – a exemplo do corpo humano e seus elementos destacados.

Em sequência, argumentou-se que a deliberação racional acerca do fenômeno da comodificação dos gametas humanos deveria partir de algum arcabouço teórico que estabelecesse parâmetros para avaliar os limites morais do mercado. Não obstante, seria inviável analisar todas as teorias que levantam pretensões normativas sobre os limites do mercado e da racionalidade econômica, visto que toda teoria da justiça engendra, direta ou indiretamente, pretensões nesse sentido. Assim, adotou-se o panorama apresentado por Margaret Radin como ponto de partida, uma vez que consegue delimitar as principais correntes que se colocam de maneira efetiva no debate sobre a comodificação.

Em síntese, a hipótese da comodificação universal compreende a razão econômica como puramente instrumental, de tal modo que admitir a expansão do mercado não implicaria a corrupção de valores pessoais ou comunitários. Dessa forma, tudo poderia ser explicado a partir de uma retórica econômica e proprietária. A hipótese da não comodificação universal entende que o mercado é um mal em si mesmo, uma vez que sempre enfraquece ou elimina outros valores mais importantes da comunidade política, possuindo o mesmo efeito em relação aos valores constitutivos de cada pessoa. Por fim, a hipótese da compartimentalização propugna que o mercado não representa um mal em si mesmo, mas deve permanecer restrito a uma esfera determinada da sociedade. Isso seria necessário devido a razão econômica ter um poder de corrupção e dominação sobre outros tipos de racionalidade.

Após a breve apresentação dessas vertentes teóricas, optou-se por rechaçá-las, adotando-se a hipótese da comodificação incompleta, desenvolvida originalmente por Margaret Radin. Nesse sentido, entende-se que a compreensão do mundo por meio de um único valor seria insuficiente para capturar a pluralidade de razões, valores e princípios distributivos que regem a vida humana em sociedade. Dessa maneira, Radin propõe um modelo teórico situado entre os extremos da comodificação e não comodificação universais, mas que também se opõe ao modelo da compartimentalização. Argumenta que haveria, entre os dois extremos hipotéticos, um *continuum* que permitiria a existência de bens mais ou menos comodificados e a coexistência de valores instrumentais e não instrumentais sobre um mesmo bem social. A teoria da comodificação incompleta admite que podem existir mercadorias que não são totalmente regidas por uma lógica econômica. Essas mercadorias incompletas deveriam ser reguladas de forma que a pluralidade de valores possa ser identificada e compatibilizada. Ainda, a teoria da comodificação incompleta se identifica como uma teoria não ideal, partindo suas proposições sempre do mundo da vida, com as suas vicissitudes, constrições e limitações sociais, econômicas e interpessoais. A partir desse contexto, Radin refuta a teoria do dominó, conceito próximo à noção ética de ladeira escorregadia, e trabalha com o dilema do duplo vínculo, uma espécie de dilema moral em que tanto a permissão, quanto a proibição de determinada prática pode causar danos à pessoa. Nesses casos, como se infere da visão mais ampla da proposta da autora, a saída seria a regulamentação da prática.

Contudo, Radin afirma que nem sempre a regulação do mercado será possível, uma vez que haverá situações em que a comodificação de determinado bem implicará em consequências mais danosas do que a sua proibição. Segundo a autora, o critério decisivo seria o florescimento humano – conceito de matriz essencialista e aristotélica, uma vez que elenca atributos naturais e circunstâncias necessárias para o desenvolvimento desses atributos. Em relação a esse aspecto, a presente pesquisa apresentou divergências, seguindo caminho parcialmente distinto. Como descrito no *layout do argumento*, entende-se que os gametas humanos devem ser tratados como objetos de propriedade que podem ser comercializados sob um mercado regulado, a menos que atinja de modo determinante o livre desenvolvimento da pessoalidade ou os valores mais importantes de uma comunidade política. A construção desse argumento possui como pressuposto conceitual a noção de pessoa como processo, como um ente que não possui grilhões metafísicos para justificar sua existência e seus modos de ser feliz. Nesse sentido, a busca pela vida boa é formatada pela própria pessoa, na construção da sua pessoalidade, a qual não possui um itinerário definido *a priori*. Assim, o conceito de florescimento humano, compreendido de maneira essencialista, não se mostrou adequado à proposta defendida nesta pesquisa, sendo necessário seguir orientação distinta.

Nesse sentido, argumentou-se que a análise acerca da violação do livre desenvolvimento da pessoalidade e dos valores mais importantes da comunidade política não deveria ocorrer em abstrato. Se há um consenso entre os estudiosos do fenômeno da comodificação, este se refere à não possibilidade de uma teoria abstrata ou generalista. Dessa maneira, a investigação sobre a viabilidade jurídica ou a correção moral da comodificação deve ser específica, levando-se em consideração o tipo de bem que está sendo comodificado, o contexto da prática, além dos danos pessoais e comunitários. Assim, adotando-se como marco teórico a hipótese da comodificação incompleta e uma metodologia analítica, buscou-se identificar e problematizar os argumentos contrários à comodificação de gametas humanos com a finalidade de avaliar se a referida prática impacta de maneira determinante os limitadores da hipótese apresentada.

Em relação aos argumentos fundados em valores comunitários, entendidos como aqueles erigidos à categoria de direitos fundamentais, analisou-se a solidariedade e a justiça. Em relação à solidariedade, questionou-se o valor moral estabelecido de maneira apriorística às relações de doação, evidenciando que essas relações também podem ser permeadas por estruturas de poder, dominação, expectativa e crédito. Evidenciou-se, também, que em uma sociedade cada vez mais individualista e moralmente fragmentada, torna-se mais complexo realizar atos de solidariedade com base em uma reciprocidade que é futura, indeterminada e incerta. Ainda, refutou-se a afirmação de que motivações altruístas seriam incompatíveis com motivações econômicas a partir de construções teóricas e dados empíricos. Em relação à objeção da justiça distributiva, constatou-se que a situação fática na reprodução humana assistida já é calcada em um modelo de distribuição baseada na capacidade financeira e que, em um mercado regulado, há diversas maneiras de se garantir que os gametas sejam distribuídos de maneira justa, como por exemplo em um modelo de monopsônio em que o estado realiza a distribuição por critérios de necessidade e prioridade médica.

Passou-se, então, à análise dos argumentos relacionados à pessoalidade, iniciando-se com a exploração. A objeção da exploração indica que um mercado de gametas humanos deixaria as pessoas vulneráveis em piores condições, devendo ser rechaçada. Realmente, pode-se supor que as pessoas dispostas a vender gametas seriam pessoas em situação de vulnerabilidade, especialmente em um país extremamente desigual como o Brasil, em que situações de vulnerabilidade e exploração se interseccionam nos diversos recortes possíveis, como raça, gênero, idade e classe social. Contudo, observou-se que essas pessoas, em uma perspectiva mais ampla, já se encontram em uma situação de potencial exploração, possuindo poucas alternativas para sair dessa condição. Assim, longe de querer recair em uma falácia naturalista perversa, identificou-se um dilema do duplo vínculo, no qual tanto a proibição, quanto a permissão da comodificação de gametas humanos pode ocasionar uma situação de exploração. Entretanto, partindo de uma teoria não ideal da justiça, entendeu-se que um mercado regulado conseguiria limitar as potenciais causas de exploração.

Relacionado ao argumento da exploração, o debate sobre coerção indica que pessoas em situação de vulnerabilidade não estariam aptas a oferecer um consentimento livre e esclarecido. Essa objeção foi afastada em razão de ser *non sequitur*. Não se pode concluir, de maneira absoluta e *a priori*, que todo o consentimento de pessoas vulneráveis seria inválido. Caso assim fosse, os contratos de trabalhos perigosos ou em condições insalubres deveriam ser considerados inválidos. De mais a mais, caso a objeção fosse relativa à incapacidade de as pessoas vulneráveis consentirem na comercialização de gametas, não haveria problemas caso a comercialização fosse feita por pessoas de classe média e com alta escolaridade – como ocorre nos Estados Unidos, onde a maioria dos vendedores são universitários que buscam renda extra para pagar as altas taxas escolares. Assim, argumentou-se que é necessário buscar um consentimento cujo grau de autonomia seja satisfatório, ou um ato substancialmente autônomo. Para tanto, basta que se busque um consentimento informado, por meio de termo de consentimento livre e esclarecido, acompanhado por equipe multidisciplinar, se for o caso, para que se busque uma tomada de decisão competente.

A análise dos danos envolvidos na comercialização de gametas humanos demonstrou que a prática não traz riscos aos homens, ao passo que apresenta alguns riscos para as mulheres. Contudo, no atual estado da arte, os riscos são pequenos e controláveis, o que não representaria um argumento forte o suficiente para rechaçar a comodificação de gametas sob esse fundamento. De mais a mais, o argumento decisivo indica que os riscos envolvidos na venda de gametas humanos são os mesmos envolvidos na prática de doação, a qual é permitida sem maiores questionamentos. Poder-se-ia argumentar que haveria a potencialização dos riscos caso a venda fosse estabelecida sob um livre mercado que permitisse a prática sem quaisquer balizas éticas, porém, em um mercado regulado haveria limites, por exemplo, para a quantidade de vendas permitidas por uma mesma pessoa, bem como a imposição de acompanhamento médico.

Por fim, em relação à objetificação, concluiu-se que, tanto em uma análise a partir da própria teoria kantiana, quanto em uma análise das suas premissas teóricas, torna-se possível afastar a objeção. Em uma perspectiva intrassistêmica, ressaltou-se que nem toda parte do corpo deve ser tutelada pelos mesmos princípios morais. Assim, os deveres em relação a partes do corpo renováveis, aqui compreendidos os gametas humanos, seriam diferentes dos deveres relacionados a partes vitais ou integrantes. Dessa forma, concluiu-se que não haveria um dever de não objetificação de elementos corporais regeneráveis. Ainda na perspectiva kantiana, argumentou-se que, em uma análise abrangente e coerente de sua teoria, seria vedado tanto a comercialização, quanto a doação de partes do corpo humano, o que afastaria a maioria dos argumentos que se utilizam da teoria kantiana para rechaçar a comodificação. Em relação às premissas, defendeu-se que não há uma oposição absoluta entre pessoas e objetos, bem como entre o comodificado e o não comodificado. Assim, argumentou-se pela possibilidade de sobreposição dessas categorias, afastando-se a visão metafísica e dicotômica desenvolvida por Immanuel Kant, uma vez que não se coaduna com os pressupostos teóricos desta pesquisa.

Assim, pode-se concluir que a comodificação de gametas humanos, desde que realizada por meio de um mercado regulado a partir de critérios éticos, torna-se uma alternativa viável. Percebe-se, nesse sentido, que os problemas aventados não decorrem diretamente da comodificação de gametas, mas de circunstâncias periféricas que podem ser eliminadas ou enfraquecidas por meio de um mercado devidamente regulado.

Conclusão
A SUPERAÇÃO DOS DESAFIOS DA COMODIFICAÇÃO DE GAMETAS

Ao longo desta investigação, tomou-se o cuidado metodológico de apresentar as conclusões parciais ao final de cada capítulo de maneira minuciosa. Assim, neste momento, serão retomadas as *principais conclusões* da pesquisa com a finalidade de verificar se a hipótese originalmente apresentada foi confirmada ou refutada.

(i) Os dados empíricos que estruturam o argumento da pesquisa evidenciam que, em maior ou menor medida, os gametas humanos têm sido tratados como objetos inseridos em um contexto mercadológico, seja em uma perspectiva global, seja em território nacional. Práticas como a compensação sem critérios claros e precisos, a doação compartilhada de oócitos, a importação e exportação de gametas sem se atentar às diferenças sociais e legislativas de cada país, além das práticas informais e paralelas, demonstram que o ímpeto pela reprodução humana tende a ignorar restrições éticas e jurídicas.

(ii) A única maneira de inserir os gametas no escopo proibitivo do art. 199, § 4º da Constituição da República seria enquadrá-los nos limites semânticos do termo "substâncias humanas". Contudo, a redação pré-moderna e metafísica do texto normativo não contribui para a sua delimitação conceitual. Em interpretação generalista, englobaria a vedação de comercialização de qualquer matéria de origem humana, inclusive aquelas sobre as quais não há qualquer problematização ética e jurídica, a exemplo dos cabelos. Ainda, uma interpretação generalista levaria a questionamentos acerca de substâncias produzidas sinteticamente, mas com a mesma composição química das substâncias humanas, como no caso dos hormônios. Por outro lado, negar qualquer força normativa ao termo em questão parece contrariar o escopo da norma constitucional.

(iii) O ordenamento jurídico brasileiro se posiciona, em diversos níveis e em momentos diferentes, de maneira contrária ao uso comercial do corpo humano. Essa conclusão pode ser alcançada com base na investigação histórica da norma constitucional, além das disposições previstas na Lei de Doação de Órgãos e Tecidos Humanos, Lei de Doação de Sangue, Lei de Biossegurança e, até mesmo, na Lei de Propriedade Industrial. O próprio Código Civil, embora não tenha previsão específica sobre o tema, é compreendido, a partir de uma leitura naturalizada dos direitos da personalidade, como uma codificação contrária ao uso comercial do corpo humano.

(iv) Acerca do debate sobre o que constitui a comercialização, a partir do momento em que o Supremo Tribunal Federal passa a entender que benefícios indiretos não estão enquadrados no escopo da norma constitucional, há uma vasta gama de situações que podem ser excepcionadas da vedação prevista no art. 199, § 4º da Constituição da República: meia-entrada em eventos culturais e isenção no pagamento de taxas para concursos públicos nos casos de comprovação de doação de sangue, pagamento das custas com sepultamento e funeral nos casos de doação de órgãos, bem como isenções e abatimentos em tributos para incentivar práticas socialmente desejáveis.

(v) Assim, argumentou-se que há uma ampla proibição de comercialização do corpo e seus elementos destacados, contudo, trata-se de uma posição *prima facie*, podendo ser afastada quando a "substância" não se enquadrar como órgão, tecido, sangue ou hemoderivado. Nesse caso, haveria o ônus argumentativo de se demonstrar as razões para o não enquadramento na vedação constitucional.

(vi) No que diz respeito ao status jurídico das partes destacadas do corpo humano, entendeu-se que devem ser compreendidas como coisas tuteladas pelo direito de propriedade. Defendeu-se a hipótese da separação como modo originário de aquisição de propriedade por parte da própria pessoa. Em relação ao conteúdo, compreendeu-se que a elasticidade e abertura semântica do direito de propriedade permitem a sua adaptação a novos contextos e objetos. Dentre as vantagens da abordagem proprietária, destacaram-se o controle e a proteção dos proprietários sobre seus bens, além da flexibilidade estrutural e funcional desse direito subjetivo. Em relação às objeções, ressaltaram-se a comercialização dos elementos corpóreos, o esvaziamento conceitual e normativo do direito de propriedade e sua vinculação a valores individualistas e liberais, além das pretensões absurdas que essa abordagem poderia ocasionar. Após o estudo dessas críticas, concluiu-se que elas não são características necessárias ao direito de propriedade, justamente em decorrência da flexibilidade e abertura desse direito subjetivo, sendo marcado pela pluralidade de valores que extrapolam a perspectiva liberal e individualista.

(vii) Argumentou-se que se faz necessário repensar a dicotomia pessoa-coisa, especialmente no que diz respeito à sua fundamentação metafísica e à sua concepção rígida e estática. Nesse sentido, defendeu-se um arquétipo teórico que reconheça a historicidade e contingência das categorias jurídicas, bem como o movimento e a fluidez que há entre pessoas e coisas. Esse modelo alternativo permite pensar para além da mera oposição conceitual, admitindo que entre pessoas e coisas existe um *continuum* que possibilita uma pluralidade de manifestações de pessoalidades e "coisalidades" – para além das concepções paradigmáticas e reducionistas. A vantagem dessa proposta consiste em evidenciar as nuances e vicissitudes que existem nos diferentes tipos de coisas que merecem a tutela jurídica. Com isso, torna-se possível uma melhor regulação acerca dos elementos corpóreos, reconhecendo as suas diferenças biológicas, funcionais e contextuais.

(viii) Os elementos corpóreos que vierem a ser desvinculados do corpo podem e devem ser compreendidos como coisas submetidas ao arcabouço jurídico relativo ao direito de propriedade. Com isso, garante-se um robusto aparato dogmático *prima facie* para lidar com os novos e complexos conflitos que surgem em relação às partes destacadas do corpo humano, especialmente em decorrência dos avanços biotecnológicos.

CONCLUSÃO • A SUPERAÇÃO DOS DESAFIOS DA COMODIFICAÇÃO DE GAMETAS

Certamente a casuística é fundamental para a concreção das normas aplicáveis, cabendo à jurisprudência e aos estudiosos apontar os caminhos possíveis. Nesse sentido, deve-se analisar o tipo de parte que está sendo analisada (v.g. cabelo, unhas, gametas ou órgãos); o contexto envolvido (v.g. uso próprio, uso de terceiros, pesquisas); e a finalidade a que se propõe (v.g. usos medicinais, usos reprodutivos, usos econômicos).

(ix) Em relação à comodificação, argumentou-se que o termo passou a ter relevância moral e normativa a partir da tradição marxista, a qual desenvolveu uma argumentação crítica e pessimista do fenômeno da expansão irrestrita e dominante do mercado. Assim, a crítica marxista seria fundada em dois elementos-chave: uma teoria da justiça e uma teoria metafísica da corrupção. A teoria da justiça seria calcada na ideia de que a sociedade capitalista somente atinge seus objetivos por meio da exploração; por outro lado, a teoria metafísica da corrupção indica que a cultura da comodificação leva, necessariamente, à degradação do sistema de valoração e entendimento da realidade.

(x) A teoria da comodificação incompleta, desenvolvida por Margaret Radin e adotada como marco teórico, entende que a compreensão do mundo por meio de um único valor seria insuficiente para capturar a pluralidade de razões, valores e princípios distributivos que regem a vida humana em sociedade. Dessa maneira, trata-se de modelo teórico situado entre os extremos da comodificação e não comodificação universais, mas que também se opõe ao modelo da compartimentalização. Entre os dois extremos hipotéticos, haveria uma linha de continuidade que permitiria a existência de bens mais ou menos comodificados e a coexistência de valores instrumentais e não instrumentais sobre um mesmo bem social. A teoria da comodificação incompleta admite que podem existir mercadorias que não são regidas por uma lógica puramente econômica. Essas mercadorias incompletas deveriam ser reguladas de forma que a pluralidade de valores possa ser identificada e compatibilizada. Ainda, a teoria da comodificação incompleta se identifica como uma teoria não ideal, partindo suas proposições sempre do mundo da vida, com as suas vicissitudes, constrições e limitações sociais, econômicas e interpessoais. Por fim, Radin refuta a teoria do dominó e trabalha com o dilema do duplo vínculo, uma espécie de dilema moral em que tanto a permissão, quanto a proibição de determinada prática pode causar danos à pessoa. Nesses casos, a saída seria a regulamentação da prática.

(xi) A partir desse contexto, argumentou-se que os gametas humanos devem ser tratados como objetos de propriedade inseridos em um mercado regulado, a menos que atinja de modo determinante o livre desenvolvimento da pessoalidade ou os valores mais importantes de uma comunidade política. A construção desse argumento possui como pressuposto conceitual a noção de pessoa como processo, como um ente que não possui grilhões metafísicos para justificar sua existência e seus modos de ser feliz. Nesse sentido, a busca pela vida boa é formatada pela própria pessoa, na construção da sua pessoalidade, a qual não possui um itinerário definido de maneira apriorística.

(xii) Em relação ao argumento da solidariedade, questionou-se o valor moral estabelecido de maneira absoluta às relações de doação, evidenciando que estas também podem ser permeadas por estruturas de poder, dominação, expectativa e crédito. Evidenciou-se ainda que, em uma sociedade cada vez mais individualista e moralmente fragmentada, torna-se mais complexo realizar atos de solidariedade com base em uma reciprocidade que é futura, indeterminada e incerta. Por fim, refutou-se a afirmação de que motivações altruístas seriam incompatíveis com motivações econômicas a partir de construções teóricas e dados empíricos.

(xiii) Em relação ao argumento da justiça distributiva, constatou-se que a situação fática na reprodução humana assistida já é calcada em um modelo de distribuição baseado na capacidade financeira e que, em um mercado regulado, há diversas maneiras de se garantir que os gametas sejam distribuídos de maneira justa, como por exemplo em um modelo de monopsônio em que o estado realize a distribuição por critérios de necessidade e prioridade médica.

(xiv) Em relação ao argumento da exploração, evidenciou-se que, provavelmente, as pessoas dispostas a vender gametas seriam pessoas em situação de vulnerabilidade, especialmente em um país extremamente desigual como o Brasil, em que situações de vulnerabilidade e exploração se interseccionam nos diversos recortes possíveis, como raça, gênero, idade e classe social. Contudo, observou-se que essas pessoas, em uma perspectiva mais ampla, já se encontram em uma situação de potencial exploração, possuindo poucas alternativas para sair dessa condição. Assim, longe de querer recair em uma falácia naturalista perversa, identificou-se um dilema de duplo vínculo, no qual tanto a proibição, quanto a permissão da comodificação de gametas humanos pode ocasionar uma situação de exploração. Entretanto, partindo de uma teoria não ideal da justiça, entendeu-se que um mercado regulado conseguiria limitar ou eliminar as potenciais causas de exploração.

(xv) Em relação ao argumento da coerção, este indica que pessoas em situação de vulnerabilidade não estariam aptas a oferecer um consentimento livre e esclarecido. Contudo, não se pode concluir, de maneira absoluta e *a priori*, que todo o consentimento de pessoas vulneráveis seria inválido. Caso assim fosse, os contratos de trabalhos perigosos ou em condições insalubres deveriam ser considerados inválidos. De mais a mais, caso a objeção fosse relativa à incapacidade de as pessoas vulneráveis consentirem na comercialização de gametas, não haveria problemas caso a comercialização fosse feita por pessoas de classe média e com alta escolaridade – como ocorre nos Estados Unidos, onde a maioria dos vendedores são universitários que buscam renda extra para pagar as altas taxas escolares. Assim, argumentou-se que é necessário buscar um consentimento cujo grau de autonomia seja satisfatório, ou um ato substancialmente autônomo. Para tanto, basta que se busque um consentimento informado, por meio de termo de consentimento livre e esclarecido, acompanhado por equipe multidisciplinar, se for o caso, para que se busque uma tomada de decisão competente.

(xvi) Em relação ao argumento dos danos, demonstrou-se que a prática não traz riscos aos homens, ao passo que apresenta riscos potenciais para as mulheres. Todavia, no atual estado da arte, os riscos são pequenos e controláveis, de forma a não representar um argumento forte o suficiente para rechaçar a comodificação de gametas sob esse fundamento. De mais a mais, o argumento decisivo indica que os riscos envolvidos na venda de gametas humanos são os mesmos envolvidos na prática de doação, a qual é permitida sem maiores questionamentos. Poder-se-ia argumentar que haveria a potencialização dos riscos caso a venda fosse estabelecida sob um livre mercado que permitisse a prática sem quaisquer balizas éticas. Contudo, em um mercado regulado haveria limites, por exemplo, para a quantidade de vendas permitidas por uma mesma pessoa, bem como a imposição de acompanhamento médico.

(xvii) Em relação ao argumento da objetificação, concluiu-se que, tanto em uma análise a partir da própria teoria kantiana, quanto em uma análise das suas premissas teóricas, torna-se possível afastar a objeção. Em uma perspectiva intrassistêmica, ressaltou-se que nem toda parte do corpo deve ser tutelada pelos mesmos princípios morais. Assim, os deveres em relação a partes do corpo renováveis, aqui compreendidos os gametas humanos, seriam diferentes dos deveres relacionados a partes vitais ou integrantes. Dessa forma, concluiu-se que não haveria um dever de não objetificação de elementos corporais regeneráveis. Ainda na perspectiva kantiana, argumentou-se que, em uma análise abrangente e coerente de sua teoria, seria vedado tanto a comercialização, quanto a doação de partes do corpo humano, o que afastaria a maioria dos argumentos que se utilizam da teoria kantiana para rechaçar a comodificação. Em relação às premissas, defendeu-se que não há uma oposição absoluta entre pessoas e objetos, bem com entre o comodificado e o não comodificado. Assim, haveria a possibilidade de sobreposição dessas categorias, afastando-se a visão metafísica e dicotômica desenvolvida por Kant, uma vez que não se coaduna com os pressupostos teóricos desta pesquisa.

(xviii) Assim, pode-se concluir que a comodificação de gametas humanos, desde que realizada a partir dos critérios éticos apresentados, levando-se em considerações os potenciais riscos identificados, torna-se uma alternativa possível para a regulamentação dos atos de disposição das células germinais humanas. Nesse sentido, entende-se que os problemas aventados não decorrem diretamente da comodificação de gametas, mas de circunstâncias periféricas que podem ser eliminadas ou enfraquecidas por meio de um mercado regulado.

REFERÊNCIAS

1. Livros, dissertações e teses

AGAMBEM, Giorgio. *Profanations*. Translation by Jeff Fort. New York: Zone Books, 2007.

AKOTIRENE, Carla. *Interseccionalidade*. São Paulo: Editora Jandaíra, 2020.

ALVES, José Carlos Moreira. *Direito Romano*. 19. ed. Rio de Janeiro: Forense, 2019.

ANDERSON, Elizabeth. *Value in ethics and economics*. Boston: Harvard University Press, 1993.

ANDREWS, Lori; NELKIM, Dorothy. *Body bazaar:* the market for human tissue in the biotechnology age. New York: Crown Publishers, 2002.

ARONNE, Ricardo. *Propriedade e domínio:* reexame sistemático das noções nucleares de direitos reais. Rio de Janeiro: Renovar, 1999.

ASCENSÃO, José de Oliveira. *A tipicidade dos direitos reais*. Lisboa: Petrony, 1968.

BAUD, Jean-Pierre. *Il caso della mano rubata*. Traduzioni di Laura Colombo. Milano: Giuffrè Editore, 2003.

BAUMAN, Zygmunt. *Vida para consumo:* a transformação das pessoas em mercadoria. Tradução de Carlos Medeiros. Rio de Janeiro: Zahar, 2008.

BECKER, Gary. *Human capital*. 3. ed. Chicago: The University of Chicago Press, 1995.

BECKER, Gary. *The economics of discrimination*. 2. ed. Chicago: The University of Chicago Press, 1971.

BECKER, Gary; POSNER, Richard. *Uncommon sense:* economics insights, from marriage to terrorism. Chicago: The University of Chicago Press, 2009.

BERLINGUER, Giovanni; GARRAFA, Volnei. *O mercado humano:* estudo bioético da compra e venda de partes do corpo. Tradução de Isabel Regina Augusto. 2. Ed. Brasília: Editora UnB, 2001.

BESSONE, Darcy. *Direitos reais*. 2. ed. São Paulo: Saraiva, 1996.

BETTELHEIM, Frederick et al. *Introdução à química orgânica*. 9. Ed. Tradução de Mauro de Campos Silva e Gianluca Camillo Azzellini. São Paulo: Cengage Learning, 2012.

BEVILÁQUA, Clóvis. *Theoria Geral do Direito Civil*. 2. ed. Rio de Janeiro: Livraria Francisco Alves, 1929.

BITTAR, Carlos Alberto. *Os direitos da personalidade*. São Paulo: Saraiva, 2015.

BOBBIO, Norberto. *Da estrutura à função*. Tradução de Daniela Beccaccia Versiani. Barueri: Manole, 2007.

BRENNAN, Jason; JAWORSKI, Peter M. *Markets without limits:* moral virtues and commercial interests. New York: Routledge, 2016.

CARVALHO, Nara Pereira. *A pessoa atravessa o espelho*: (re)(des)construção ético-jurídica da identidade pessoal. Tese (Doutorado em Direito) Faculdade de Direito da Universidade Federal de Minas Gerais, Belo Horizonte, 2017.

CASTRO, Thamis Viveiros de. *Bons costumes no Direito Civil brasileiro*. São Paulo: Almedina, 2017.

CHOMSKY, Noam. *O lucro os as pessoas?* Neoliberalismo e ordem global. Tradução de Pedro Jorgensen Jr. Rio de Janeiro: Bertrand Brasil, 2018.

CIFUENTES, Santos. *Derechos personalíssimos*. Buenos Aires: Editorial Astrea, 2008.

CORTINA, Adela; NAVARRO, Emilio Martínez. *Ética*. Tradução de Silvana Cobucci Leite. 5. ed. São Paulo: Loyola, 2005.

CUPIS, Adriano de. *Os direitos da personalidade*. Tradução de Afonso Celso Furtado Rezende. São Paulo: Quórum, 2008.

DAM, Cees Van. *European Tort Law*. 2. ed. Oxford: Oxford University Press, 2013.

DI PIETRO, Maria Sylvia Zanella. *Direito administrativo*. 32. ed. Rio de Janeiro: Forense, 2019.

DICKENSON, Donna. *Body shopping:* the economy fuelled by flesh and blood. Oxford: Oneworld, 2008.

EAGLEMAN, *David. Incógnito:* as vidas secretas do cérebro. Tradução de Ryta Vinagre. Rio de Janeiro: Rocco, 2012.

ESPOSITO, Roberto. *As pessoas e as coisas*. Tradução de Adrea Santurbano e Patricia Peterle. São Paulo: Rafael Copetti Editor, 2016.

FACHIN, Luiz Edson. *Estatuto Jurídico do Patrimônio Mínimo*. 2. ed. Rio de Janeiro: Renovar, 2006.

FARIAS, Cristiano Chaves de; ROSENVALD, Nelson. *Curso de Direito Civil:* Reais. São Paulo: Editora jus Podivm, 2016.

FERRAZ JR, Tercio Sampaio. *Introdução ao estudo do direito:* técnica, decisão, dominação. 5. ed. São Paulo: Atlas, 2007.

FLEISCHACKER, Samuel. *A short history of distributive justice*. Cambridge: Harvard Press, 2004.

FRIAS, Lincoln. *A ética do uso e da seleção de embriões*. Florianópolis: Editora da UFSC, 2012.

GAIUS. *Institutas do jurisconsulto Gaio*. Tradução de José Cretella Jr. e Agnes Cretella. São Paulo: Revista dos Tribunais, 2004.

GOGLIANO, Daisy. *Direitos privados da personalidade*. São Paulo: Quarter Latin, 2012.

GOLD, Richard. *Body parts:* property rights and the ownership of human biological materials. Washington: Georgetown University Press, 1996.

GOMES, Orlando. *Direitos reais*. 19. ed. Atualizada por Luiz Edson Fachin. Rio de janeiro: Editora Forense, 2009.

GOMES, Orlando. *Introdução ao Direito Civil*. 10. ed. Rio de Janeiro: Forense, 1992.

GUERRA, Alexandre. *Princípio da conservação dos negócios jurídicos:* a eficácia jurídico-social como critério da superação das invalidades negociais. São Paulo, Almedina, 2016.

GUSTIN, Miracy Barbosa de Sousa. *Das necessidades humanas aos direitos:* ensaio de sociologia e filosofia do direito. Belo Horizonte: Del Rey, 1999.

GUSTIN, Miracy Barbosa de Sousa; DIAS, Maria Tereza Fonseca. *(Re)pensando a pesquisa jurídica:* teoria e prática. 4. ed. Belo Horizonte: Del Rey, 2015.

HARDCASTLE, Rohan. *Law and the human body:* property rights, ownership and control. Portland: Hart Publishing, 2007.

HOEYER, Klaus. *Exchanging human bodily material:* rethinking bodies and markets. Dordrecht: Springer, 2013.

HOPPE, Nils. *Bioequity:* property and the human body. Farnham: Ashgate Publishing, 2009.

JHERING, Rudolf Von. *A luta pelo Direito*. Tradução de João de Vasconcelos. Rio de Janeiro: Forense, 2017.

KANT, Immanuel. *A metafísica dos costumes*. 3. ed. Tradução de José Lamego. Lisboa: Fundação Calouste Gulbenkian, 2017.

KANT, Immanuel. *Fundamentação da metafísica dos costumes*. Tradução de Paulo Quintela. Lisboa: Edições 70, 2011.

KANT, Immanuel. *Lectures on ethics*. Translation by Peter Heath. Cambridge: Cambridge University Press, 1997.

KELSEN, Hans. *Teoria pura do direito.* Tradução de João Baptista Machado. São Paulo: Martins Fontes, 2006.

KOURILSKY, Philippe. *O manifesto do altruísmo.* Trad. Luana Pagin. Rio de Janeiro: Elsevier, 2012.

KURKI, Visa A. J. *A theory of legal personhood.* Oxford: Oxford University Press, 2019.

LARA, Mariana. *O direito à liberdade de uso e (auto) manipulação do corpo.* Belo Horizonte: Editora D'Plácido, 2014.

LEITE, Rafaela Fernandes. *Constituição da sexualidade e autonomia das mulheres que se prostituem:* contributos dos fundamentos de justiça e de liberdade para a ordenação das racionalidades estruturantes do direito privado. Dissertação (Mestrado em Direito) Universidade Federal de Ouro Preto, Ouro Preto, 2019.

LIMA, João Alberto de Oliveira; PASSOS, Edilenice; NICOLA, João Rafael. *A gênese do texto da Constituição de 1988.* Brasília: Senado Federal, Coordenação de Edições Técnicas, 2013. v. 1.

LOCKE, John. *Ensaio acerca do entendimento humano.* 5. ed. Tradução de Anoar Aiex. São Paulo: Nova Cultural, 1991.

LUKÁCS, Georg. *História e consciência de classe:* estudos sobre a dialética marxista. Tradução de Rodnei Nascimento. São Paulo: Martins Fontes, 2003.

MACKAAY, Ejan; ROSSEAU, Stéphane. *Análise econômica do direito.* 2. ed. Tradução de Rachel Sztajn. São Paulo: Editora Atlas, 2015.

MARGOTTI, Alessandra. *Direito à prostituição:* legalização e regulamentação do lenocínio no Brasil. Belo Horizonte, D`Plácido, 2017.

MARX, Karl. *O capital:* crítica da economia política. Livro I: o processo de produção do capital. Tradução de Rubens Enderele. 2. ed. São Paulo: Boitempo, 2017.

MARX, Karl; ENGELS, Friedrich. *Manifesto comunista.* Tradução de Álvaro Pina e Ivana Jinkings. São Paulo: Boitempo, 2010.

MATA-MACHADO, Edgar de Godoi da. *Elementos de teoria geral do direito.* 3. ed. Belo Horizonte: Editora UFMG, 1986.

MAUSS, Marcel. *Ensaio sobre a dádiva.* Tradução de António Filipe Marques. Lisboa: Edições 70.

MEIRELLES, Hely Lopes. *Direito administrativo brasileiro.* 42. ed. São Paulo: Malheiros, 2016.

MEIRELLES, Jussara. *A vida humana embrionária e sua proteção jurídica.* Rio de Janeiro: Renovar, 2000.

MELLO, Marcos Bernardes de Mello. *Teoria do fato jurídico:* plano da validade. 14. ed. São Paulo: Saraiva, 2015.

MENEZES CORDEIRO, António. *Tratado de Direito Civil português.* Coimbra: Almedina, 2004. v. I, Parte Geral, t. III, Pessoas.

MIRANDOLA, Giovanni Pico Della. *Discurso sobre a dignidade do homem.* Tradução de Maria de Lurdes Sirgado Ganho. Edições 70, 1998.

NAVES, Bruno Torquato de Oliveira. *O direito pela perspectiva da autonomia privada:* relação jurídica, situações jurídicas e teoria do fato jurídico na segunda modernidade. 2. ed. Belo Horizonte: Arraes, 2014.

NAVES, Bruno Torquato de Oliveira; SÁ, Maria de Fátima Freire de. *Direitos da personalidade.* Belo Horizonte: Arraes Editores, 2017.

NIETZSCHE, Friedrich. *Além do bem e do mal.* Rio de Janeiro: Vozes, 2012.

OLIVEIRA, Deborah Ciocci Alvarez; BORGES JR., Edson. *Reprodução humana assistida:* até onde podemos chegar. São Paulo: Editora Gaia, 2000.

OLIVEIRA, Lucas Costa de. *Mercado regulado de órgãos e tecidos humanos:* entre o Direito, a Economia e a Ética. Porto Alegre, 2020.

OLMOS, Paulo Eduardo. *Quando a cegonha não vem:* os recursos da medicina moderna para vencer a infertilidade. São Paulo: Cia dos Livros, 2010.

PENTEADO, Luciano de Camargo. *Direito das coisas*. São Paulo: Ed. RT, 2012.

PEREIRA, Caio Mário da Silva. *Instituições de Direito Civil:* Direitos Reais. 24. ed. Atualizado por Carlos Edison do Rêgo Monteiro Filho. Rio de Janeiro: Editora Forense, 2016.

PEREIRA, Caio Mário da Silva. *Instituições de Direito Civil:* teoria geral do direito civil. Atualizado por Maria Celina Bodin de Moraes. 22. ed. Rio de Janeiro: Forense, 2007.

PEREIRA, Caio Mário da Silva. *Instituições de Direito Civil:* teoria geral do direito civil. Atualizado por Maria Celina Bodin de Moraes. 33. ed. Rio de Janeiro: Forense, 2020.

PERLINGIERI, Pietro. *Perfis do Direito Civil:* introdução ao direito civil constitucional. 3. ed. Rio de Janeiro: Renovar, 2007.

POLAYNI, Karl. *A grande transformação*. Tradução de Miguel Serras Pereira. Lisboa: Edições 70, 2016.

PONTES DE MIRANDA, Francisco Cavalcanti. *Tratado de Direito Privado:* Parte Geral. 3. ed. Rio de Janeiro: Editor Borsoi, 1970. t. II.

POSNER, Richard. *Economic analysis of the Law*. 3. ed. Boston: Little, Brown and Company, 1986.

POSNER, Richard. *Sex and reason*. Cambridge: Harvard University Press, 1994.

QUIGLEY, Muireann. *Self-ownership, property rights, and the human body:* a legal and philosophical analysis. Cambridge: Cambridge University Press, 2018.

RADIN, Margaret Jane. *Contested commodities*. Cambridge: Harvard University Press, 2001.

RADIN, Margaret Jane. *Reinterpreting property*. Chicago: The University of Chicago Press, 1993.

RAVÀ, Adolfo. *I diritti sulla própria persona nella scienza e nella filosofia del diritto*. Torino: Frateli Bocca Editori, 1901.

RAWLS, John. *Uma teoria da justiça*. Tradução de Almiro Pisetta e Lenita Maria Rímoli Esteves. São Paulo: Martins Fontes, 2002.

RIBEIRO, Daniel Mendes. *De coisas a pessoas:* sistemas, emergência e reconhecimento a partir de um estudo da escravidão no Brasil. Dissertação (Mestrado em Direito) – Faculdade de Direito, Universidade Federal de Minas Gerais, Belo Horizonte, 2012.

RIBEIRO, Daniel Mendes. *Dignidade humana versus dignidade da pessoa*: uma análise das modificações radicais da estrutura do *homo sapiens*. Tese (Doutorado em Direito) Faculdade de Direito da Universidade Federal de Minas Gerais, Belo Horizonte, 2017.

RODOTÀ, Stefano. *El terrible derecho:* estudios sobre la propriedad privada. Traducción de Luis Díez-Picazo. Santiago: Olejnik, 2019.

RODOTÀ, Stefano. *La vida e las reglas:* entre el derecho y el no derecho. Traducción de Andrea Greppi. Madrid: Editorial Trotta, 2010.

RODOTÀ, Stefano. *Solidarietà:* un`utopia necessaria. Roma: Editori Laterza, 2014.

SÁ, Maria de Fátima Freire de. *Biodireito e direito ao próprio corpo*. Belo Horizonte: Del Rey, 2003.

SÁ, Maria de Fatima Freire de; NAVES, Bruno Torquato de Oliveira. *Manual de Biodireito*. 3. ed. Belo Horizonte: Del Rey, 2015.

SANDEL, Michael. *O que o dinheiro não compra:* os limites morais do mercado. Tradução de Clóvis Marques. Rio de Janeiro: Civilização Brasileira, 2014.

SANDEL, Michael. *Justiça:* o que é fazer a coisa certa? Tradução de Heloísa Matias e Maria Alice Máximo. 4. ed. Rio de Janeiro: Civilização Brasileira, 2011.

SATZ, Debra. *Why some things should not be for sale:* the moral limits of markets. New York: Oxford University Press, 2012.

SCHETTINI, Beatriz. *O tratamento jurídico do embrião no ordenamento jurídico brasileiro*. Ouro Preto: Editora Ouro Preto, 2015.

SCHREIBER, Anderson. *Direitos da personalidade*. 3. ed. São Paulo: Atlas, 2014.

SEN, Amartya. *Sobre ética e economia*. Tradução de Laura Teixeira Motta. São Paulo: Companhia das Letras, 1999.

SERPA LOPES, Miguel Maria de. *Curso de direito civil: direito* das coisas. 3. ed. Rio de Janeiro: Livraria Freitas Bastos, 1964.

SILVA, Cláudio Henrique Ribeiro da. *Teoria simplificada do sujeito de direito*. Tese (Doutorado em Direito) – Faculdade de Direito, Pontifícia Universidade Católica de Minas Gerais, 2012.

SILVA, Denis Franco. *Entre o sagrado e o profano:* em busca de um estatuto jurídico para o cadáver. Dissertação (Mestrado em Direito) – Faculdade de Direito, Universidade Federal de Minas Gerais, Belo Horizonte, 2004.

SKLOOT, Rebecca. *A vida imortal de Henrietta Lacks*. Tradução de Ivo Korytowski. São Paulo: Companhia das Letras, 2009.

SMITH, Adam. *A riqueza das nações*: uma investigação sobre a natureza e as causas da riqueza das nações. Tradução de Norberto de Paula Lima. Rio de Janeiro: Editora Nova Fronteira, 2017.

SOUSA, Rabindranath Capelo de. *O direito geral de personalidade*. Coimbra: Coimbra Editora, 2011.

SPAEMANN, Robert. *Persons:* the difference between someone and something. Oxford: Oxford University Press, 2006.

SPAR, Debora. *O negócio de bebés:* como o dinheiro, a ciência e a política comandam o comércio da concepção. Tradução de Benedita Bittencourt. Coimbra: Almedina, 2007.

STANCIOLI, Brunello. *Relação jurídica médico-paciente*. Belo Horizonte: Del Rey, 2004.

STANCIOLI, Brunello. *Renúncia ao exercício de direitos da personalidade* (ou como alguém se torna o que quiser). Belo Horizonte: D'Plácido, 2017.

STRAWSON, Peter. *Análise e metafísica:* uma introdução à filosofia. Tradução de Armando Mora de Oliveira. São Paulo: Discurso Editorial, 2002.

SZANIAWSKI, Elimar. *Direitos de personalidade e sua tutela*. São Paulo: Revista dos Tribunais, 1993.

TAYLOR, Charles. *A ética da autenticidade*. Tradução de Talyta Carvalho. São Paulo: Editora É Realizações, 2011.

TEIXEIRA DE FREITAS, Augusto. *Código Civil - Esbôço*. Ministério da Justiça e Negócios Interiores, 1952.

THIBAUT, Anton Friedrich Justus. *An introduction to the study of jurisprudence*. Translation by Nathaniel Lindley. Philadelphia: T. & J.W. Law Booksellers, 1855.

TITMUSS, Richard. *The gift relationship*: from human blood to social policy. New York: New Press, 1997.

TOULMIN, Stephen. *Os usos do argumento*. Tradução de Reinaldo Guarany. São Paulo: Martins Fontes, 2006.

VASCONCELOS, Pedro Pais de. *Teoria Geral do Direito Civil*. 8. ed. Coimbra: Almedina, 2017.

VILLELA, João Baptista. *Direito, coerção e responsabilidade*: por uma ordem social não-violenta. Belo Horizonte: Faculdade de Direito da UFMG, 1982.

WALDBY, Catherine; MITCHELL, Robert. *Tissue economies*: blood, organs and cell lines in late capitalism. London: Duke University Press, 2006.

WALZER. Michael. *Spheres of justice:* a defense of pluralism and equality. New York: Basic Books, 1983.

WILKINSON, Stephen. *Bodies for sale:* ethics and exploitation in the human body trade. New York: Routledge, 2003.

WITTGENSTEIN, Ludwig. *Tratado lógico filosófico e Investigações filosóficas*. 6. ed. Tradução de M. S Lourenço. Lisboa: Fundação Calouste Gulbenkian, 2015.

2. Artigos e capítulos de livro

ALPINAR-SENCAN, Zumrut. Reconsidering Kantian arguments against organ selling. *Medical Health Care and Philosophy*, v. 19(1), p. 1-11, 2015.

AMAYUELAS, Esther Arroyo. Entre propiedad y persona: disposición de partes y productos del cuerpo. Un análisis desde el Derecho Civil. In: CASADO, Maria (Ed.). *De la solidariedade al mercado:* el cuerpo humano y el comercio. Barcelona: Edicions de la Universitat de Barcelona, p. 135-155, 2017.

ARAUJO JR., Ari Francisco de; SHIKIDA, Cláudio Djissey. Microeconomia. In: TIMM, Luciano Benetti (Coord.). *Direito e Economia no Brasil.* Indaiatuba: Editora Foco, p. 33-70, 2019.

ARROW, Kenneth J. Gifts and Exchanges. *Philosophy & Public Affairs*, v. 1, n. 4, p. 343-362, 1972.

BAUM, Kenneth. Golden eggs: towards the rational regulation of oocyte donation. *Brigham Young University Law Review*, p. 107-166, 2001.

BECK, Ceres Greh; CUNHA, Luis Henrique Hermínio. As múltiplas faces da comodificação e a constituição da crítica acerca das práticas de consumo contemporâneas. *Ciências Sociais Unisinos*, v. 53(1), p. 136-147, 2017.

BECKER, Gary. Crime and punishment: an economic approach. *The Journal of Political Economy*, v. 76, p. 169-217, 1974.

BECKER, Gary. Nobel Lecture: The economic way of looking at behavior. *The Journal of Political Economy*, v. 101, n. 3, p. 389-409, 1993.

BECKER, Gary; ELÍAS, Julio Jorge. Introducing incentives in the market for live and cadaveric organ donations. *Journal of Economics Perspectives*, v. 21, n. 3, p. 3-24, 2007.

BERGEL, Salvador Darío. Aportes para un estatuto de las partes separadas del cuerpo. *Alegatos*, n. 82, México, p. 693-724, 2012.

BLYTH, Eric. Patient experiences of an 'egg sharing' programme. *Human Fertility*, v. 7, n. 3, p. 157-162, 2004.

BOFF, Salete Oro; PEREIRA, Marta Carolina Giménez. Limites ao patenteamento de material humano na legislação brasileira. *Revista do Programa de Pós-Graduação em Direito da UFBA*, v. 28, n. 01, p. 229-250, 2018.

CARNELUTTI, Francesco. Problema giuridico dela transfusione del sangue. *Il foro italiano*, v. 63, p. 89-105, 1938.

CHAVES, Antônio. Direito à vida, ao corpo e às partes do mesmo (transplantes). Esterilização e operações cirúrgicas para "mudança de sexo". Direito ao cadáver e às partes do mesmo. *Revista de Informação Legislativa*, ano 14, n. 55, p. 125-168, 1977.

COBO, Ana. Oocytes and embryo cryopreservation. In: GARDNER, David; SIMÓN, Carlos (Ed.). *Handbook of in vitro fertilization.* 4. ed. Boca Raton: CRC Press, p. 273-290, 2017.

CORRÊA, Marilena; LOYOLA, Maria Andrea. Tecnologias de reprodução assistida no Brasil: opções para ampliar o acesso. *Revista de Saúde Coletiva*, v. 25, n. 3, p. 753-777, 2015.

DICKENSON, Donna. Exploitation and choice in the global egg trade: emotive terminology or necessary critique? In: GOODWIN, Michele (Ed.). *The global body market*: altruism`s limits. Cambridge: Cambridge University Press, p. 21-43, 2013.

DOUGLAS, Simon. The argument for property rights in body parts: scarcity of resources. *Journal of Medical Ethics*, v. 40, p. 23-26, 2012.

DOUGLAS, Simon; GOOLD, Imogen. Property in human biomaterials: a new methodology. *Cambridge Law Journal*, v. 75, n. 3, p. 478-504, 2016.

DWORKIN, Gerald. Market and Morals: The case for organ sale. In: DWORKIN, Gerald. *Morality, Harm and the Law.* Westview, p. 155-161, 1994.

DWORKIN, Gerald; KENNEDY, Ian. Human tissue: rights in the body and its parts. *Medical Law Review*, v. 1, 291-319, 1993.

ERIN, Charles; HARRIS, John. An ethical market in human organs. *Journal of Medical Ethics*, n. 29, 2003; p. 137-138.

ERTMAN, Martha M.; WILLIAMS, Joan C. Preface: Freedom, equality and the many futures of commodification. In: ERTMAN, Martha M.; WILLIAMS, Joan C. *Rethinking commodification*: cases and readings in law and culture. New York: New York University Press, p. 1-7, 2005.

FOSTER, Charles. Dignity and the use of body parts. *Journal of Medical Ethics*, v. 40, p. 44-47, 2012.

FRANÇA, Rubens Limongi. Direitos da personalidade: coordenadas fundamentais. In: MENDES, Gilmar Ferreira; STOCO, Rui (Org.). *Doutrinas essenciais*: Direito Civil, parte geral. São Paulo: Ed. RT, p. 253-667, 2011. v. 3.

FROW, John. Gift and Commodity. In: FROW, John. *Time & Commodity Culture*: essays in cultural theory and postmodernity. Oxford: Claredon Press, p. 102-217, 1997.

GARRAFA, Volnei. O mercado de estruturas humanas. *Revista Bioética*, v. 1, n. 2, p. 1-8, 1993.

GARRAFA, Volnei; SOARES, Sheila Pereira. O princípio da solidariedade e cooperação na perspectiva bioética. *Revista Bioethikos*, Centro Universitário São Camilo, v. 7(3), p. 247-258, 2013.

GERRAND, Nicole. The misuse of Kant in the debate about a market for human body parts. *Journal of Applied Philosophy*, v. 16, n. 1, p. 59-67, 1999.

GOMES, Orlando. Significado da evolução contemporânea do direito de propriedade. *Revista da Faculdade de Direito da Universidade Federal de Minas Gerais*, v. 5, p. 57-70, 1953.

GOOLD, Imogen. Trust women to choose: a response to John A. Robertson`s "Egg freezing and Egg banking: empowerment and alienation in assisted reproduction". *Journal of Law and the Biosciences*, p. 507-541, 2017.

GOOLD, Imogen; QUIGLEY, Muireann. Human biomaterials: the case for property approach. In: GOOLD, Imogen et al (Ed.). *Persons, parts and property*: how should we regulate human tissue in the 21st century? Oxford: Hart Publishing, p. 231-262, 2014.

GOOLD, Imogen; SAVULESCU; Julian. In favour of freezing eggs for non-medical reasons. *Bioethics*, v. 23, n. 1, p. 47-58, 2009.

GOSÁLBEZ, Pablo Enguer; FERNÁNDEZ, Francisca Ramón. Dilemas bioéticos y jurídicos de la reproducción asistida em la sociedad actual en España. *Revista Latinoamericana de Bioética*, v. 18, ed. 34, p. 104-135, 2018.

GROSSI, Paolo. A propriedade e as propriedades na oficina do historiador. In: GROSSI, Paolo. *História da propriedade e outros ensaios*. Tradução de Luiz Ernani Fritoli. Rio de Janeiro: Renovar, p. 1-84, 2006.

HAIMES, Erica; TAYLOR, Ken; TURKMENDAG, Ilke. Eggs, ethics and exploitation? Investigating women's experiences of an egg sharing scheme. *Sociology of Health & Illness*, v. 34, n. 8, p. 1199–1214, 2012.

HEALY, Mae Wu; HILL, Micah; DECHERNEY, Alan. IVF: the first four decades. In: GARDNER, David; SIMÓN, Carlos (Ed.). *Handbook of in vitro fertilization*. 4. ed. Boca Raton: CRC Press, p. 1-16, 2017.

HEIDEGGER, Martin. A coisa. In: HEIDEGGER, Martin. *Ensaios e conferências*. Tradução de Emmanuel Leão, Gilvan Fogel e Márcia Schuback. Petrópolis: Editora Vozes, p. 143-160, 2002.

HENG, Boon Chin. Legal and ethical issues in the international transaction of donor sperm and eggs. *The Journal of Assisted Reproduction and Genetics*, v. 24, p. 107-109, 2007.

HERRING, Jonathan. Why we need a statute regime to regulate bodily material. In: GOOLD, Imogen et al. *Persons, parts and property*: how should we regulate human tissue in the 21st century. Oxford: Hart Publishing, p. 215-230, 2014.

HODSON, Nathan; PARKER, Joshua. The ethical case for non-directed postmortem sperm donation. *Journal of Medical Ethics*, v. 47, n. 7, p. 1-4, 2020.

HONORÉ, A. M. Ownership. In: GUEST, A. G. (Ed.). *Oxford essays in jurisprudence*. Oxford: Oxford University Press, p. 107-147, 1961.

JAY, Martin. Introduction. In: HONNETH, Axel. *Reification*: a new look at an old idea. Oxford: Oxford University Press, p. 3-13, 2008.

KHUSHF, George. Solidarity as a moral and political concept: beyond the liberal/communitarian impasse. In: BAYERTZ, Kurt (Ed.). *Solidarity*. Dordrecht: Kluwer Academic Publishers, p. 57-80, 1999.

KOOL, Emmy et al. What constitutes a reasonable compensation for non-commercial oocyte donors: an analogy with living organ donation and medical research participation. *Journal of Medical Ethics*, v. 45, p. 736-741, 2019.

LANDES, Elisabeth M.; POSNER, Richard A. The economics of the baby shortage. *The Journal of Legal Studies*, v. 7, n. 2, p. 323-348, 1978.

LARA, Mariana et al. Um mercado lícito como alternativa para o problema da escassez de órgãos e tecidos: desafios e proposta. *XIX Jornadas de Jóvenes Investigadores de la Asociación de Universidades del Grupo Montevideo*, Ciudad del Este, p. 1-12, 2011.

LENK, Christian; BEIER, Katharina. Is the commercialisation of human tissue and body material forbidden in the countries of the European Union? *Journal of Medical Ethics*, v. 38, p. 342-346, 2012.

LIBET, Benjamin. Do we have free will? In: KANE, Robert (Ed.). *The Oxford handbook of free will*. Oxford: Oxford University Press, p. 551-564, 2002.

LIMA, Taisa Maria Macena de; SÁ, Maria de Fátima Freire de. Aplicação da teoria das nulidades aos atos jurídicos existenciais. In: TEIXEIRA, Ana Carolina Brochado; RIBEIRO, Gustavo Pereira Leite. (Org.). *Manual de Teoria Geral do Direito Civil*. Belo Horizonte: Del Rey, p. 667-676, 2011.

MADDOX, Neil. Limited, inclusive and communitarian: in defence of recognising property in the human body. *Northern Ireland Legal Quarterly*, v. 70, n. 3, p. 289-309, 2019.

MALMQVIST, Erik. Are bans on kidney sales unjustifiably paternalistic? *Bioethics*, v. 28, n. 3, p. 110-118, 2014.

MANRIQUE, Ricardo García. La propiedad sobre las partes separadas del cuerpo: un test para el enfoque propietarista. *Revista de Bioética y Derecho*, v. 40, p. 49-61, 2017.

MCCHESNEY, Robert. Introdução. In: CHOMSKY, Noam. *O lucro os as pessoas?* Neoliberalismo e ordem global. Tradução de Pedro Jorgensen Jr. Rio de Janeiro: Bertrand Brasil, p. 7-17, 2018.

MERLE, Jean-Cristophe. A Kantian argument for a duty to donate one's own organs. A reply to Nicole Gerrand. *Journal of Applied Philosophy*, v. 17, n. 1, p. 93-101, 2000.

MOSES, Lyria Bennet. The applicability of Property Law in new contexts: from cells to cyberspace. *Sydney Law Review*, v. 30, p. 639-662, 2008.

MOSES, Lyria Bennet. The problem with alternatives to property. In: GOOLD, Imogen et al. *Persons, parts and property*: how should we regulate human tissue in the 21st century. Oxford: Hart Publishing, p. 197-214, 2014.

MUNZER, Stephen R. An uneasy case against property rights in body parts. *Social Philosophy and Policy*, v. 11, n. 2, 259-286, 1994.

NAVES, Bruno Torquato de Oliveira Naves; SÁ, Maria de Fátima Freire de. Panorama bioético e jurídico da reprodução humana assistida no Brasil. *Revista Bioética y Derecho*, n. 34, p. 65-80, 2015.

NUSSBAUM, Martha. Human functioning and social justice: in defense of Aristotelian essentialism. *Political Theory*, v. 20, n. 2, p. 202-246, 1992.

NUSSBAUM, Martha. Objetification. *Philosophy & Public Affairs*, v. 24, n. 4, p. 249-291, 1995.

OLIVA, Milena Donato; RENTERÍA, Pablo. Autonomia privada e direitos reais: redimensionamento dos princípios da taxatividade e da tipicidade no direito brasileiro. *Civilistica*, a. 5, n. 2, p. 1-19, 2016.

OLIVEIRA, Lucas Costa de. Além da liberdade: perspectivas em Nietzsche. *Revista Brasileira de Políticas Públicas*, v. 8, p. 178-191, 2018.

OLIVEIRA, Lucas Costa de. Elementos para uma hermenêutica adequada do art. 199, § 4º, da Constituição da República. *Revista de Informação Legislativa*, v. 59, p. 129-145, 2022.

OLIVEIRA, Lucas Costa de. Mercado regulado de órganos: el caso de Irán. *Revista de Bioética y Derecho*, v. 44, p. 73-88, 2018.

OLIVEIRA, Lucas Costa de; STANCIOLI, Brunello. O corpo em pedaços: o direito de propriedade sobre partes destacadas do corpo humano. *Revista de Direito Civil Contemporâneo*, v. 29, p. 33-55, 2021.

PEARSON, Helen. Health effects of egg donation may take decades to emerge. *Nature*, v. 442, p. 607-608, 2006.

PENNINGS, Guido. Import and export of gametes: ethical and legal issues. In: LUNDIN, Susanne; PETERSEN, Michael; KROLØKKE, Charlotte et al (Ed.). *Global bodies in grey zones*: health, hope, biotechnology. Stellenbosch: Sun Press, p. 103-120, 2016.

PITTELLI, Sergio Domingos. O poder normativo do Conselho Federal de Medicina e o direito constitucional à saúde. *Revista de Direito Sanitário*, v. 3, n. 1, p. 38-59, 2002.

POTTAGE, Alain. Introduction: the fabrication of persons and things. In: POTTAGE, Alain; MUNDY, Martha (Ed.). *Law, Anthropology, and the Constitution of the Social:* making persons and things. Cambridge: Cambridge University Press, p. 1-39, 2004.

QUEIROZ, Christina. Gestações transnacionais. *Revista Pesquisa Fapesp,* p. 70-75, julho de 2018.

QUIGLEY, Muireann. Propertisation and commercialisation: on controlling the uses of human biomaterials. *The Modern Law Review*, v. 77, n. 5, p. 677-702, 2014.

QUIGLEY, Muireann. Property and the body: applying Honoré. *Journal of Medical Ethics*, v. 33, p. 631-634, 2007.

QUIGLEY, Muireann; AYIHONGBE, Semande. Everyday cyborgs: on integrated persons and integrated goods. *Medical Law Review*, v. 26, n. 2, p. 276-308, 2018.

QUIGLEY, Muireann; SKENE, Loane. Property interests in human tissue: is the law still an ass? In: STANTON, Catherine et al. *Pioneering Healthcare Law:* essays in honour of Margaret Brazier. Oxford: Routledge, p. 156-167, 2015.

QUINZACARA, Eduardo Cordero. De la propiedad a las propiedades: la evolución de la concepción liberal de la propiedad. *Revista de Derecho de la Pontificia Universidad Católica de Valparaíso*, v. 31, p. 493-525, 2008.

RAMOS, Ana Virgínia Gabrich Fonseca Freire; COUTO, Débora Soares. Doação compartilhada de oócitos sob os aspectos do direito e da bioética. *Dom Helder Revista de Direito*, v. 1, p. 155-157, 2018.

REITER, Eric H. Rethinking Civil-Law taxonomy: persons, things, and the problem of Domat's monster. *Journal of Civil Law Studies,* v. 1, p. 189-213, 2008.

REITZ, John C. How to do comparative law. *The American Journal of Comparative Law*, v. 46, p. 617-636, 1998.

RIPPON, Simon. Imposing options on people in poverty: the harm of a live donor organ market. *Journal of Medical Ethics*, n. 40, p. 145-150, 2014.

ROSA, Júlia Chequer Feu; FERREIRA, Laura de Amorim; ZAGANELLI, Margareth Vetis. Disposição do próprio corpo: interesses comerciais das partes destacáveis do corpo humano à luz do ordenamento jurídico brasileiro. *Cadernos de Dereito Actual*, n. 9, p. 217-234, 2018.

ROSTILL, Luke David. The ownership that wasn't meant to be: Yearworth and property rights in human tissue. *Journal of Medical Ethics*, v. 40, p. 14-18, 2014.

SÁ, Maria de Fátima Freire de; MOUREIRA, Diogo Luna. Os novos rumos da reprodução humana: turismo reprodutivo e aspectos polêmicos das técnicas de reprodução. In: SILVA, Michael César (Org.). *Transformações do Direito na Contemporaneidade*: reflexões sobre direito, mercado e sustentabilidade. Belo Horizonte: Centro Universitário Newton Paiva, p. 19-36, 2015.

SAVULESCU, Julian. Is the sale of body parts wrong? *Journal of Medical Ethics*, n. 29, p. 138-139, 2003.

SERTÃ, Ana Luísa; ALMEIDA, Sabrina. Ensaio sobre a dádiva. In: PEIXOTO, Fernanda Arêas; BAILÃO, André S. *Enciclopédia de Antropologia*. São Paulo: Universidade de São Paulo, Departamento de Antropologia, 2016.

SHANLEY, Mary Lyndon. El derecho reproductivo y el mercado de esperma y óvulos. *Revista Internacional de Filosofía Política*, v. 18, p. 257-284, 2001.

SINGER, Peter. Altruism and Commerce: a defense of Titmuss against Arrow. *Philosophy & Public Affairs*, v. 2, n. 3, p. 312-320, 1973.

SKENE, Loane. Proprietary interests in human bodily material: yearworth, recent australian cases on stored semen and their implications. *Medical Law Review*, v. 20, p. 227-245, 2012.

SKENE, Loane. Raising issues with a property law approach. In: GOOLD, Imogen et al. *Persons, parts and property*: how should we regulate human tissue in the 21st century. Oxford: Hart Publishing, p. 281-299, 2014.

SMITH, Anthony T. H. Stealing the body and its parts. *Criminal Law Review*, p. 622-627, 1976.

SOUZA, André Luiz; LAZZARETTI, Miguel Ângelo. A falácia do mercado autorregulado: institucionalização de liberdade e a comodificação da natureza em Karl Polanyi. *Brazilian Applied Science Review*, v. 4, n. 6, p. 3219-3310, 2020.

SPAR, Debora. Reproductive tourism and the regulatory map. *New England Journal of Medicine*, v. 352, n. 6, p. 531-533, 2005.

STANCIOLI, Brunello. Corpo, informação e tecnociências: a manipulação da plataforma empírica dos direitos fundamentais. In: DOMINGUES, Ivan (Org.). *Biotecnologias e regulações*: desafios contemporâneos. Belo Horizonte: Editora UFMG, p. 309-322, 2018.

STANCIOLI, Brunello. Geração X: Lei não prevê crime para venda de óvulos. *Consultor Jurídico*, 28 abr. 2013.

STANCIOLI, Brunello; CARVALHO, Nara Pereira. Da integridade física ao livre uso do corpo: releitura de um direito da personalidade. In: TEIXEIRA, Ana Carolina Brochado; RIBEIRO, Gustavo Pereira Leite (Org.). *Manual de Teoria Geral do Direito Civil*. Belo Horizonte: Del Rey, p. 267-286, 2011.

TALLACCHINI, Mariachiara. El cuerpo y sus partes. La ubicación jurídica de los materiales biológicos humanos. *Medicina y Etica*, v. 4, p. 35-80, 1988.

TEIXEIRA, Ana Carolina Brochado; KONDER, Carlos Nelson. Situações jurídicas dúplices: controvérsias na nebulosa fronteira entre patrimonialidade e extrapatrimonialidade. In: TEPEDINO, Gustavo; FACHIN, Luiz Edson (Org.). *Diálogos sobre Direito Civil*. Rio de Janeiro: Renovar, p. 3-24, 2012. v. III.

TEPEDINO, Gustavo. Contornos constitucionais da propriedade privada. In: TEPEDINO, Gustavo. *Temas de Direito Civil*. 3. ed. Rio de Janeiro: Renovar, p. 303-329, 2004.

TOBER, Diane; PAVONE, Vicenzo. Las bioeconomías de la provisión de óvulos en Estados Unidos y en España: uma comparación de los mercados médicos y las implicaciones em la atención a las donantes. *Revista de Antropología Social*, v. 27, n. 2, p. 261-286, 2018.

TRAHAN, John R. The distinction between persons and things: an historical perspective. *Journal of Civil Law Studies*, v. 1, n. 1, p. 9-20, 2008.

TRONCO, Arthur Abbade. O direito ao cadáver e a doação de órgãos pós-morte. *Revista de Direito Civil Contemporâneo*, v. 13, p. 69-98, 2017.

VALLE FERREIRA, José. Subsídios para o estudo das nulidades. *Revista da Faculdade de Direito da UFMG*, Belo Horizonte, v. 3, p. 29-38, 1963.

VARELA, Laura Beck. Das propriedades à propriedade: a construção de um direito. In: MARTINS-COSTA, Judith (Org.). *A reconstrução do direito privado*. São Paulo: Ed. RT, p. 730-762, 2002.

VARELA, Laura Beck; LUDWIG, Marcos de Campos. Da propriedade às propriedades: função social e reconstrução de um direito. In: MARTINS-COSTA, Judith (Org.). *A reconstrução do direito privado*. São Paulo: Ed. RT, p. 763-788, 2002.

VERA, Flávia Santinoni. Análise econômica da propriedade. In: TIMM, Luciano Benetti (Coord.). *Direito e Economia no Brasil*. Indaiatuba: Editora Foco, p. 199-222, 2019.

WOO, Irene; PAULSON, Richard. Oocyte Donation. In: GARDNER, David; SIMÓN, Carlos (Ed.). *Handbook of in vitro fertilization*. 4 ed. Boca Raton: CRC Press, p. 303-316, 2017.

ZANITELLI, Leandro Martins. O que o dinheiro não deve comprar em uma sociedade justa? Princípio da diferença, autorrespeito e limites à comodificação. *Argumenta*: Revista do Programa de Mestrado em Ciência Jurídica da Universidade Estadual do Norte do Paraná, n. 2, p. 183-201, 2014.

ZANITELLI, Leandro Martins. Teorias do direito ideal e não ideal da justiça. *Revista Direito GV*, v. 12, n. 2, p. 364-381, 2016.

ZARGOOSHI, Javaad. Iranian kidney donors: motivations and relations with recipients. *The Journal of Urology*, v. 165, p. 386-392, 2001.

3. Leis, resoluções e documentos oficiais

ANVISA. Agência Nacional de Vigilância Sanitária. *1º Relatório de amostras seminais para uso em reprodução humana assistida*. Brasília, 2017. Disponível em: <https://bit.ly/3fzh2n6>. Acesso em 16 nov. 2019.

ANVISA. Agência Nacional de Vigilância Sanitária. *2º Relatório de dados de importação de células e tecidos germinativos para uso em reprodução humana assistida*. Brasília, 2018. Disponível em: <https://bit.ly/3dnu0kY>. Acesso em 25 nov. 2019.

ANVISA. Agência Nacional de Vigilância Sanitária. *Processo para autorização de importação de pré-embriões humanos dos próprios genitores e de importação de sêmen para utilização em reprodução humana assistida*. Disponível em: <http://bit.ly/2NR6HER>. Acesso em 16 nov. 2019.

ANVISA. Agência Nacional de Vigilância Sanitária. *Resolução da Diretoria Colegiado 81, de 5 de novembro de 2008*. Dispõe sobre o Regulamento Técnico de Bens e Produtos Importados para fins de Vigilância Sanitária. Disponível em: <http://bit.ly/33O9eFg>. Acesso em 16 nov. 2019.

BELO HORIZONTE. Câmera Municipal de Belo Horizonte. *Projeto de Lei 275/2017*. Autoria: Vereador Pedro Bueno (PTN/MG). Disponível em: <http://bit.ly/2lQnCM2>. Acesso em 03 set. 2019.

BRASIL. *Anteprojeto Constitucional*: elaborado por meio da Comissão Provisória de Estudos Constitucionais, instituída pelo Decreto 91.450, de 18 de julho de 1985. Brasília: Diário Oficial, 26 set. 1986. Disponível em: <https://bit.ly/2YeAQTp>. Acesso em 19 ago. 2020.

BRASIL. *Assembleia Nacional Constituinte*. Ata da 331º sessão da Assembleia Nacional Constituinte, em 28 de agosto de 1988, p. 349. Disponível em: <https://bit.ly/3hsKAAI>. Acesso em 20 ago. 2020.

BRASIL. *Assembleia Nacional Constituinte*: Comissão da Ordem Social (Anteprojeto da Comissão). Brasília: jun. 1987. Disponível em: <https://bit.ly/2E8uLRt>. Acesso em 19 ago. 2020.

BRASIL. *Assembleia Nacional Constituinte*: Subcomissão de Saúde, Seguridade e Meio Ambiente (Atas da Comissão). Brasília: 1987. Disponível em: <https://bit.ly/319NW5Z>. Acesso em 19 ago. 2020.

BRASIL. Associação Brasileira de Transplante de Órgãos. *Registro Brasileiro de Transplantes, Ano XXV*, n. 4, 2019. Disponível em: <https://bit.ly/3mYWpCF>. Acesso em 14 abr. 2021.

BRASIL. *Bases da Assembleia Nacional Constituinte*. Comissão de Ordem Social. Emenda 00120. Autoria: Vivaldo Barbosa (PDT/RJ). Apresentada em 09 jun. 1987. Disponível em: <https://bit.ly/3hc9lBc>. Acesso em 20 ago. 2020.

BRASIL. *Bases da Assembleia Nacional Constituinte*. Comissão de Ordem Social. Emenda 00616. Autoria: Eduardo Jorge (PT/SP). Apresentada em 09 jun. 1987. Disponível em: <https://bit.ly/2EobXNI>. Acesso em 20 ago. 2020.

BRASIL. *Bases da Assembleia Nacional Constituinte*. Comissão de Sistematização. Emenda 00767. Autoria: Vivaldo Barbosa (PDT/AC). Apresentada em 13 jan. 1988. Disponível em: <https://bit.ly/3l3aDkd>. Acesso em 20 ago. 2020.

BRASIL. *Bases da Assembleia Nacional Constituinte*. Comissão de Sistematização. Emenda 00977. Autoria: José Fogaça (PMDB/RS). Apresentada em 13 jan. 1988. Disponível em: <https://bit.ly/3l79KqO>. Acesso em 20 ago. 2020.

BRASIL. Conselho Federal de Medicina. *Resolução CFM 1.805/2006*. Na fase terminal de enfermidades graves e incuráveis é permitido ao médico limitar ou suspender procedimentos e tratamentos que prolonguem a vida do doente [...]. Disponível em: <http://bit.ly/2kAn50K>. Acesso em 14 set. 2019.

BRASIL. Conselho Federal de Medicina. *Resolução CFM 1.998/2012*. Aprova o Regimento Interno do Conselho Federal de Medicina. Disponível em: <http://bit.ly/2kIP2mX>. Acesso em 13 set. 2019.

BRASIL. Conselho Federal de Medicina. *Resolução CFM 2.232/2019*. Estabelece normas éticas para a recusa terapêutica por pacientes e objeção de consciência na relação médico-paciente. Disponível em: <https://bit.ly/31UGfjq>. Acesso em 14 set. 2019.

BRASIL. Conselho Federal de Medicina. *Resolução CFM 2.320/2022*. Adota normas éticas para a utilização das técnicas de reprodução assistida [...]. Disponível em: <https://bit.ly/3wGTaFt >. Acesso em 30 jan. 2023.

BRASIL. *Constituição da República Federativa do Brasil de 1988*. Disponível em: <http://bit.ly/2zaHKw2>. Acesso em 19 ago. 2019.

BRASIL. *Lei 3.268, de 30 de setembro de 1957*. Dispõe sobre os Conselhos de Medicina, e dá outras providências. Disponível em: <http://bit.ly/2kz5lTv>. Acesso em 13 set. 2019.

BRASIL. *Lei 9.263, de 12 de janeiro de 1996*. Regula o § 7º do art. 226 da Constituição Federal, que trata do planejamento familiar, estabelece penalidades e dá outras providências. Disponível em: <https://bit.ly/3vvRFqZ>. Acesso em 29 abr. 2021.

BRASIL. *Lei 9.279, de 14 de maio de 1996*: Regula direitos e obrigações relativos à propriedade industrial. Disponível em: <https://bit.ly/2DeYKGU>. Acesso em 31 ago. 2020.

BRASIL. *Lei 9.434, de 4 de fevereiro de 1997*. Dispõe sobre a remoção de órgãos, tecidos e partes do corpo humano para fins de transplante e tratamento. Disponível em: <http://bit.ly/2Ke5fdt>. Acesso em 12 nov. 2019.

BRASIL. *Lei 10.215, de 21 de março de 2001*. Regulamenta o § 4º do art. 199 da Constituição Federal, relativo à coleta, processamento estocagem, distribuição e aplicação do sangue, seus componentes e derivados. Disponível em: <http://bit.ly/2Od9ibf>. Acesso em: 12 nov. 2019.

BRASIL. Lei 10.406, de 10 de janeiro de 2002. Institui o Código Civil. Disponível em: <https://bit.ly/3wlYeh2>. Acesso em 12 nov. 2019.

BRASIL. Lei 11.105, de 24 de março de 2005. Regulamenta os incisos II, IV e V do § 1º do art. 225 da Constituição Federal, estabelece normas de segurança e mecanismos de fiscalização de atividades que envolvam organismos geneticamente modificados e seus derivados. Disponível em: <http://bit.ly/2q8XSgo>. Acesso em: 12 out. 2019.

BRASIL. Senado Federal. *Projeto de Lei 1.322/2019*. Autoria: Senador. Fabiano Contarato (REDE/ES). Disponível em: < http://bit.ly/2ksCeRr>. Acesso em 03 set. 2019.

DEUTSCHLAND. Bundesgerichtshof (Sixth Civil Senate), 9 November 1993, BGHZ 124, 52, with case note. Translated by Irene Snook. *German Law Archive*, 21 jun. 2013. Disponível em: <https://bit.ly/3uiUYBf>. Acesso em 28 ago. 2020.

ENGLAND. *Human Fertilisation and Embryology Act*, 1990. Disponível em: <https://bit.ly/3rMYuSA>. Acesso em 3 set. 2020.

EUROPEAN COMMISSION. *Commission staff working document*: on the implementation of the principle of voluntary and unpaid donation for human tissues and cells. Brussels, 2016. Disponível em: < https://bit.ly/31HrrVx>. Acesso em 3 set. 2020.

EUROPEAN UNION. *Directive 2004/23/EC of the European Parliament and of the Council on Setting Standards of Quality and Safety for the Donation, Procurement, Testing, Processing, Preservation, Storage and Distribution of Human Tissues and Cells*, 31 mar. 2004. Disponível em: <https://bit.ly/2B7Ifv5>. Acesso em 3 set. 2020.

FRANCE. *Code Civil*. Disponível em: <https://bit.ly/32zOkdx>. Acesso em 28 ago. 2020.

UNESCO. *Declaração universal do genoma humano e dos direitos humanos*, 1997. Disponível em: <https://bit.ly/3duY0LV>. Acesso em 31 ago. 2020.

UNIÃO EUROPEIA. Parlamento Europeu e Conselho da União Europeia. *Directiva 98/44/CE do Parlamento Europeu e do Conselho de 6 de julho de 1998 relativa à protecção jurídica das invenções biotecnológicas*. Disponível em: <https://bit.ly/34RVdKe>. Acesso em 31 ago. 2020.

4. Decisões e acórdãos

AUSTRALIA. High Court of Australia. *6 CLR 40: Doodeward v Spence*. Judges Griffith CJ, Barton J, Higgins J, 1908. Disponível em: <https://bit.ly/3rLBmEm>. Acesso em 2 abr. 2021.

BRASIL. Superior Tribunal de Justiça. *Agravo em Recurso Especial 1.081.023 – SE (2017/0076567-8)*. Relator: Min. Paulo de Tarso Sanseverino. Julgado em 24 abr. 2018. Disponível em: <http://bit.ly/2TZNhPt>. Acesso em 22 ago. 2019.

BRASIL. Superior Tribunal de Justiça. *AgRg no Recurso em Habeas Corpus n. 135.117 – MG*. Relator: Min. Nefi Cordeiro. Julgado em 2 fev. 2021. Disponível em <https://bit.ly/3Az7wYV>. Acesso em 9 set. 2021.

BRASIL. Supremo Tribunal Federal. *Ação Direta de Inconstitucionalidade 3.512-6/ES*. Relator: Min. Eros Grau. Julgado em 15 fev. 2006. Disponível em: <http://bit.ly/2lClQhm>. Acesso em 03 set. 2019.

BRASIL. Supremo Tribunal Federal. *Recurso Extraordinário 987.891/SP*. Relator: Ministro Ricardo Lewandowski. Julgado em 30 out. 2017. Disponível em: < 39DG2FY>. Acesso em 03 set. 2019.

ENGLAND. *77 ER 1389: Haynes's Case*, 1614. Disponível em: <https://bit.ly/31I4jX4>. Acesso em 03 abr. 2021.

ENGLAND. Court of Appeal (Civil Division). *EWCA Civ 37: Jonathan Yearworth and others v. North Bristol NHS Trust*. Judge Griggs. 4 Feb. 2009. Disponível em: <bit.ly/39DG2FY>. Acesso em 02 abr. 2021.

ENGLAND. Court of Appeal (Criminal Division*). 3 All E.R. 741: R v Kelly and Lindsay*. Lord Justice Rose, Justice Ognall and Justice Sullivan. 21 May 1998. Disponível em: <https://bit.ly/3mejwsi>. Acesso em 02 abr. 2021.

NEW SOUTH WALES. Supreme Court. *NSWSC 478: Jocelyn Edwards; Re the estate of the late Mark Edwards*. Justice Hulme. 23 May 2011. Disponível em: <https://bit.ly/2PMUDI5>. Acesso em 02 abr. 2021.

PARANÁ. 13ª Vara Cível de Curitiba. *Autos n. 27862/2010*. Juiz Alexandre Gomes Gonçalves. Sentença prolatada em 6 mar. 2012.

QUEENSLAND. Supreme Court. *QSC 118: Kate Jane Bazley v. Wesley Monash IVF Pty Ltd*. Justice White. 21 Apr. 2010. Disponível em: <https://bit.ly/3fC4BqB>. Acesso em 02 abr. 2021.

RIO DE JANEIRO. Tribunal de Justiça do Rio de Janeiro. *Apelação Cível 0003652-18.2017.8.19.0004*. Relator: Des. Ricardo Rodrigues Cardozo. Julgado em 30 jul. 2019. Disponível em: <http://bit.ly/2Nqeud1>. Acesso em 22 ago. 2019.

SÃO PAULO. Tribunal de Justiça de São Paulo. *Agravo de Instrumento 2194127-40.2019.8.26.0000*. Relator: José Maria Câmara Junior. Julgado em 19 fev. 2020. Disponível em <https://bit.ly/39riaF8>. Acesso em 22 set. 2021.

SOUTH AUSTRALIA. Supreme Court. *SASC 177: RE H, AE*. Justice Gray. 12 Oct. 2012. Disponível em: <https://bit.ly/3mekjtg>. Acesso em 02 abr. 2021.

5. Dicionários e enciclopédias

ABBAGNANO, Nicola. *Dicionário de Filosofia*. . Tradução de Ivone Castilho Benedetti. 5. ed. São Paulo: Martins Fontes, 2007.

BLACKBURN, Simon. *Dicionário Oxford de Filosofia*. Tradução de Desidério Murcho et al. Rio de Janeiro: Jorge Zahar Editor, 1997.

BRANDT, Reuven; WILKINSON, Stephen; NICOLA, Williams. The donation and sale of human eggs and sperm. In: ZALTA, Edward (Ed.). *The Stanford Ecyclopedia of Philosophy*, 2017. Disponível em: <https://stanford.io/2PSViYm>. Acesso em 03 abr. 2021.

BUENO, Silveira. *Dicionário da língua portuguesa*. São Paulo: FTD, 2000.

MANUILA, Ludmila et al. *Dicionário médico*. Adaptação por João Alves Falcato. 3. ed. Lisboa: Climepse Editores, 2004.

MARCOVITCH, Harvey. *Black`s medical dictionary*. London: A&C Black Publishers, 2005.

MARXISTS INTERNET ARCHIVE. *Encyclopedia of Marxism*. Glossary of Terms: Commodification. Disponível em: <http://bit.ly/3bPnDYB>. Acesso em: 18 jan. 2021.

SANDRONI, Paulo. *Novíssimo dicionário de economia*. São Paulo: Editora Best Seller, 1999.

WALSH, Adrian. Commodification. In: LAFOLLETTE, Hugh (Ed.). *International Encyclopedia of Ethics*. John Wiley & Sons, 2019.

6. Notícias, reportagens e informativos

ALVIM, Mariana. Por que cientistas defendem que esperma de homens mortos seja retirado – e doado. *BBC News Brasil*, 21 jan. 2020. Disponível em: <https://bbc.in/3rJHRXZ>. Acesso em 03 abr. 2021.

BATTY, David; PERRONE, Jane. Alder Hey organs scandal: the issue explained. *The Guardian*, 27 Apr. 2001. Disponível em: <https://bit.ly/3ujedKS>. Acesso em 03 abr. 2021.

CAMPBELL, Olivia. This new app is tinder for sperm and egg donors. *HuffPost*, 5 May 2017. Disponível em: <https://bit.ly/3mgVxst>. Acesso 03 abr. 2021.

CORSINI, Camila. Este brasileiro busca a imortalidade inseminando desconhecidas. *Vice Brasil*, 21 fev. 2019. Disponível em <https://bit.ly/3dqdnoW>. Acesso em 03 abr. 2021.

HORMÔNIO no mercado. *Revista Pesquisa Fapesp*, ed. 82, dez. 2002. Disponível em <https://bit.ly/3cLpgGK>. Acesso em 03 abr. 2021.

KAZ, Roberto. Toma que o óvulo é teu. *Revista Piauí*, v. 9, 2007. Disponível em <https://bit.ly/3sHpl3X>. Acesso 03 abr. 2021.

KOLATA, Gina. $50,000 Offered to Tall, Smart Egg Donor. *The New York Times*, 3 Mar. 1999. Disponível em: <https://nyti.ms/3uhU9c2>. Acesso em 03 abr. 2021.

LEMOS, Vinícius. Os brasileiros que doam sêmen para inseminações caseiras. *BBC Brasil*, 29 nov. 2017. Disponível em: <https://bbc.in/3d7UCVa>. Acesso em 03 abr. 2021.

LOW, Harry. Spikes - and other ways disabled people combat unwanted touching. *BBC News*, 14 Oct. 2019. Disponível em: <https://bbc.in/3mh98jJ>. Acesso em 03 abr. 2021.

MARREN, Niamh; JONES, Nick. Movement of gametes and embryos across borders (HFEA 872). *Human Fertilisation and Embryology Authority*, 8 Mar. 2018. Disponível em: <https://bit.ly/30JYKrP>. Acesso em 03 abr. 2021.

PARA pagar contas, pessoas vendem os cabelos para fabricantes de perucas. *Época Negócios*, 18 set. 2016. Disponível em: <https://glo.bo/2OhFQVn>. Acesso em 03 abr. 2021.

PEARSON, Samantha. Demand for american sperm is skyrocketing in Brazil. *The Wall Street Journal*, 22 Mar. 2018. Disponível em: <https://on.wsj.com/3frzOJF>. Acesso em 03 abr. 2021.

WOMAN who donated kidney to husband now wants it back. *HuffPost*, 29 Jan. 2014. Disponível em: <https://bit.ly/3wiROhN>. Acesso em 19 mai. 2020.

7. Literatura e pinturas

DUDLEY, Robert. *Shylock: "Is that the Law?"* – llustration of Act IV, scene 1 of "The Merchant of Venice" (1597). London: The Library Shakespeare, 1856.

FROST, Robert. O caminho que não tomei. In: SIMÕES, António. *Antologia de poesia anglo-americana*: de Chaucer a Dylan Thomas. Porto: Campo das Letras, 2002.

SHAKESPEARE, William. O mercador de Veneza. In: SHAKESPEARE, William. *Comédias e romances*: teatro completo, volume 2. Tradução de Barbara Heliodora. Rio de Janeiro: Nova Aguilar, 2009.